LUX ET VERITAS

MÉMOIRES

L'Intervention Française au Mexique

PAR LE

Colonel Ch. BLANCHOT

Ancien Officier d'Etat-Major
Commandeur de la Légion d'Honneur
Officier de l'Instruction Publique

Cette Edition contient des documents, plans, portraits et vignettes

TOME III

PARIS
LIBRAIRIE ÉMILE NOURRY
62, rue des Ecoles, 62

1911

LUX ET VERITAS

MÉMOIRES

L'Intervention Française au Mexique

PAR LE

Colonel Ch. BLANCHOT

Ancien Officier d'Etat-Major
Commandeur de la Légion d'Honneur
Officier de l'Instruction Publique

Cette Edition contient des documents, plans, portraits et vignettes

TOME III

PARIS
LIBRAIRIE ÉMILE NOURRY
62, rue des Ecoles, 62

1911

L'Intervention Française au Mexique

LE MARÉCHAL BAZAINE

LUX ET VERITAS

MÉMOIRES

L'Intervention Française au Mexique

PAR LE

Colonel Ch. BLANCHOT

Ancien Officier d'Etat-Major
Commandeur de la Légion d'Honneur
Officier de l'Instruction Publique

Cette Edition contient des documents, plans, portraits et vignettes

TOME III

PARIS
LIBRAIRIE ÉMILE NOURRY
62, rue des Ecoles, 62

1911

CHAPITRE PREMIER

ANARCHIE GOUVERNEMENTALE

Du 1ᵉʳ Septembre au 31 Décembre

Fêtes de l'indépendance. — Incidents. — Les princes Iturbide. — Adoption de l'un d'eux. — Incidents provoqués par la mère du Prince. — Décrets futiles — Inauguration de la statue de Morélos. — Projets d'émancipation des Indiens. — Fameux décret draconien du 9 octobre 1865. — Attentats divers. — Décrets insignifiants. — Voyage de l'impératrice au Yucatan.

L'Empereur Maximilien vivait tranquille au bord du gouffre qu'il creusait chaque jour. Lorsque parfois il envisageait le danger de la situation, il se répandait en récriminations non fondées, mais ne tenait aucun compte des conseils désintéressés qui lui étaient prodigués. Quand son état d'énervement devenait trop aigu, que le poids des affaires semblait trop lourd, Sa Majesté allait faire un petit voyage où, dans les ovations des pauvres Indiens abrutis, il trouvait un soulagement et une jouissance, car il se croyait adoré de ses sujets. C'est ainsi que, le 25 août, il avait quitté Mexico pour visiter les mines de Real del Monte et recevoir les vivats, plus inconscients que sincères, de 6.000 ouvriers qui y étaient employés. Une dizaine de jours après, il revenait avec de nombreux projets dans la tête. Maximilien avait des idées, beaucoup même, et souvent des bonnes, mais elles étaient stériles. Incapable de les mettre en pratique, il concevait mais n'enfantait pas. Ce fut son malheur ! La poule pondait des œufs mais ne les couvait pas.

Du reste, à ses préoccupations, à ses rêveries de chef d'Etat, une grande diversion allait être procurée par la fête nationale du 16 septembre, anniversaire de l'indépendance du Mexique, à laquelle il se préparait à donner la plus éclatante solennité.

Chaque année, l'approche de cet anniversaire remuait partout les esprits et, dans les circonstances troublées où se trouvait alors le pays, on attendait cette époque avec inquiétude, car elle était désignée comme devant amener un pronunciamiento général autour de Mexico.

Les fêtes eurent lieu avec un grand éclat auquel contribuèrent largement les troupes françaises présentes à Mexico, ainsi que leur grand chef. Cependant, un incident se produisit à leur sujet; il fut regrettable surtout pour le Gouvernement mexicain qui le fit naître, et montra une fois de plus les sentiments qui l'animaient à notre égard ainsi que la malheureuse disposition qu'avait Maximilien à se placer sur un piédestal pour oublier les services que nous lui rendions.

Dans le programme pompeux des fêtes, en signalant le rôle que devaient remplir les troupes, l'armée française était désignée sous la rubrique d'*armée auxiliaire*. Ce qualificatif, blessant pour tout le corps expéditionnaire, qui était la cheville ouvrière de l'Empire de Maximilien et l'unique soutien de son trône, était une inconvenance que le Maréchal ne laissa pas échapper. Il en fit l'observation catégorique au grand maître des cérémonies qui répondit par une lettre embarrassée ne donnant, du reste, qu'une ombre de satisfaction. Le Maréchal en envoya la traduction à Paris pour qu'on en pût apprécier les spéciosités subtiles et au fond peu satisfaisantes.

Ce ne fut pas la seule cause de mécontentement pour les Français. En effet, au gallo solennel, réception de gala par les Souverains entourés de toute la cour, des hautes personnalités civiles et militaires, mexicaines et étrangères, il y eut des discours. Celui de l'Empereur, empreint d'un grand caractère de noblesse, de sentiments élevés et généreux, produisit une excellente impression. Il n'en fut pas de même de celui qu'adressa à Maximilien le ministre d'Etat dont l'esprit retors, malheureusement et volontairement sans doute, ouvrit la porte aux commentaires du public. Après avoir fait allusion à des incidents récents dont la justification fut douteuse, il garda un silence absolu à l'égard de la France. Cette double et perfide intention dans un discours où ce soi-disant homme d'Etat qu'était l'astucieux Ramirez s'attacha à ne rien dire qui put le compromettre aux yeux d'aucun des partis qui agitaient le Mexique, produisit une très fâcheuse impression. Aussi l'*Estafette*, vaillant petit journal français, que dirigeait avec autant d'habileté que de crânerie M. Charles de Barrès, s'en fit l'écho. Il releva vigoureusement l'allusion impertinente du ministre d'Etat sur les incidents *non justifiables* et formula, au nom de la population française de Mexico, une énergique protestation à l'égard du silence dédaigneux gardé envers la France.

Si la solennité patriotique de l'Indépendance inspira des discours parfois peu satisfaisants, mais dont les conséquences furent passagères, il n'en fut pas ainsi dans les actes plus positifs dont elle fut le prétexte. L'Empereur prit une mesure dont le moindre défaut était l'inutilité et qui n'était qu'une puérilité, au propre comme au figuré. En effet, elle s'appliquait à des enfants, les petits-fils de Sa Majesté Iturbide 1er, ce brave homme qui, sous le titre d'Empereur du Mexique, régna pendant quelque temps, jusqu'au jour où, en 1824, il fut fusillé par ses sujets. Il y avait là un mauvais présage, mais Maximilien ne le vit pas. Il croyait sa dynastie perpétuelle ! Aussi n'ayant pas d'enfants, et assuré qu'il n'en aurait probablement jamais qui fussent susceptibles d'être héritiers de son trône, il avait eu l'idée, singulière tout au moins, d'adopter un des jeunes descendants de son prédécesseur couronné.

On savait depuis quelque temps, dans les régions élevées et officielles, que ce projet étrange hantait le cerveau rêveur du Souverain et on n'était pas sans inquiétudes, particulièrement dans les esprits français, sur les conditions présentes et futures dans lesquelles serait faite cette adoption du jeune prince déchu. Aussi était-il important de savoir si cette adoption maximilienne ne consacrait pas un héritier éventuel de sa couronne; mesure plus hardie que réfléchie, car elle n'était pas prévue dans la constitution et, ne rentrant pas naturellement dans les règles ou les coutumes admises dans les gouvernements monarchiques, elle devait froisser le sentiment des Mexicains, même les plus acquis à la fortune impériale de Maximilien.

D'autre part, le corps diplomatique se montrait très ému d'un pareil coup d'Etat et la diplomatie française, représentée par le ministre de France et le maréchal Bazaine, était fort préoccupée, car cette modification grave, apportée dans le caractère de la souveraineté de l'ancien Archiduc d'Autriche, pouvait ne pas s'accommoder aux considérations qui avaient déterminé l'Empereur Napoléon à accepter et à soutenir sa candidature au trône du Mexique, ni aux projets éventuels de ce Souverain. Un grand nombre de personnalités politiques s'inquiétaient même de savoir si cette mesure était prise avec le consentement de la France, et l'on se demandait si cette combinaison, qui pouvait être contraire à notre politique, n'entraînerait pas un refroidissement dans les bonnes dispositions que nous avions pour le Mexique.

D'ailleurs, laissant de côté les impressions étrangères, était-il raisonnable, dans les circonstances où se trouvait l'Empire, de prendre une semblable disposition héréditaire ? Le trône, à peine établi, était fragile sur un terrain tremblant, cette greffe dynastique ne pourrait pas végéter sur un sujet encore privé de racines, et si, par un néfaste et prochain coup du destin, l'Empereur venait à succomber, que deviendrait cet héritier sans force, sans résistance ? Ces infortunés enfants inconsciemment affublés d'un manteau princier non garanti, seraient aussitôt dévorés par les Miramon, les Santa-Anna et autres voraces naufragés de la vieille galère présidentielle du Mexique.

En vérité, ce projet n'était pas même sérieux, et toute cette émotion s'évanouit dans une fausse alerte, en ce qui concernait, tout au moins, l'hérédité.

Les décrets, impatiemment attendus et tant commentés, se bornaient dans leurs considérants à vouloir réparer l'indifférence avec laquelle le Mexique avait laissé dans l'ombre et l'abandon la famille de son premier Empereur. Il n'était pas question, pour le moment, de succession au trône. Les Souverains se bornaient à adopter simplement les deux petits-fils d'Iturbide et à assurer à l'aîné une éducation en rapport avec sa nouvelle condition.

A cet effet, le jeune prince, âgée de 7 ans, fut transféré au palais impérial, sa famille ayant été invitée à vivre hors de Mexico. Cette dernière mesure produisit dans le public une mauvaise impression, car on ne s'était pas préoccupé de solliciter le consentement de la mère à se séparer de son enfant.

Quelques semaines plus tard, survint un fâcheux et pénible incident. Il ne fit pas grand bruit, mais impressionna désagréablement les personnes qui en eurent connaissance.

La princesse Iturbide, la mère du jeune Augustin, enlevé presque par la force et en quelque sorte séquestré dans le palais de Mexico, s'était vu avec douleur arracher son enfant, et c'est la mort dans le cœur qu'elle consentit à prendre le chemin de l'exil cruel qu'on lui imposait. Mais la pauvre femme n'eut pas le courage d'aller plus loin que Puebla. Elle revint à Mexico et alla se jeter aux pieds du maréchal Bazaine, le suppliant d'intercéder et de demander grâce pour le supplice qu'on lui infligeait. Après cette entrevue émouvante, nous avons vu cette malheureuse reconduite à sa voiture par le Maréchal et la Maréchale que des relations affectueuses unissaient à elle. Une douleur profonde accablait cette mère affolée, réclamant le droit de vivre près de son enfant. Une émotion intense étreignait notre chef. Le Maréchal fit une démarche auprès de l'Impératrice et lui fit connaître le douloureux état de la mère du prince Iturbide, la suppliant de la prendre en pitié. Mais Sa Majesté s'attacha uniquement à lui démontrer qu'elle n'avait exercé aucune pression sur la princesse Iturbide pour la forcer à abandonner son enfant. Elle ne se préoccupa pas de donner la moindre satisfaction, si passagère qu'elle pût être, à la princesse Iturbide. Cette aventure produisit une fâcheuse impression car on la considérait comme une séquestration que ne pouvait justifier la raison d'Etat.

Cependant, la mère s'obstinait avec acharnement à revoir au moins son fils. Alors, pour faire cesser un scandale qui pouvait s'étendre et soulever une fâcheuse réprobation publique, et, d'autre part, mal conseillés par le parti clérical résolu à s'assurer pour l'avenir la possession du jeune Iturbide comme héritier du trône, les Souverains décidèrent de se débarrasser de la mère importune. Usant d'un subterfuge plutôt imprudent, ils l'attirèrent au palais, et la firent enlever mystérieusement avec le concours de deux soldats de la garde palatine et reconduire à Puebla !

Nous ignorions, au quartier général, les détails de ce drame de famille ; le Maréchal seul en eut connaissance par une lettre que la victime put faire parvenir à la tante de la Maréchale, Mme Pedraza, veuve d'un ancien président de la République.

Cette lettre révélatrice fut envoyée au Gouvernement français qui put apprécier avec justesse le caractère et l'importance du décret de Maximilien concernant le prince Iturbide, ainsi que les incidents regrettables que provoqua son application par trop violente.

Ce décret, vraiment trop impérial, inutile et fâcheux, qui souleva ces incidents regrettables, n'était, en définitive, qu'une mince satisfaction donnée à l'attente du public, espérant des réformes qui s'imposaient et des mesures gouvernementales et politiques qui étaient d'une urgence impérieuse. Mais, il semble que Maximilien ait voulu, en cette circonstance, ne penser qu'à l'indépendance du pays et aux grands événements de son histoire ; notamment au premier

Empereur du Mexique moderne. En fait de décisions souveraines, la montagne accoucha de ...trois souris ! Savoir : Un monument à la mémoire du premier Empereur du Mexique ; un autre à celle de Morelos, ce prêtre guerrier qui conduisit les Indiens à la conquête de l'indépendance ; enfin, encore un monument à cette indépendance elle-même. Toujours plus de beurre que de pain, mais pas d'argent pour payer ces inutilités du moment. On ne devait pas en avoir, puisqu'on en manquait pour solder les troupes.

Il est vrai que, quelques jours après, apparut une nouvelle envolée de décrets où on trouvait encore des nouveautés bien superflues et dont l'urgence était peu justifiée : la création d'une école impériale des services publics (si encore on avait dû y enseigner la moralité !) ; la construction d'un hôtel des Invalides, *sicut* Louis XIV ! Il faut reconnaître qu'après avoir ouvert ces sources de dépenses, Maximilien eut la sage pensée de promulguer les statuts de la nouvelle banque du Mexique, non celle offerte par la France, mais celle imposée par ses conseillers !

Pour en revenir à la toquade des monuments, il convient de remarquer qu'elle avait surtout un but de vulgaire popularité. Maximilien prenait prétexte à des cérémonies qu'il s'efforçait de rendre imposantes pour impressionner les esprits, et à des discours destinés à enflammer les cœurs. Il avait déjà préparé ces représentations populaires car il tenait des statues toutes prêtes. Si bien que quinze jours seulement après la grande fête de l'Indépendance, il nous fit assister à l'inauguration de l'image du grand patriote Morelos, dont c'était précisément le centième anniversaire de la naissance (30 septembre).

On avait eu recours à un grand déploiement de troupes, surtout celles « auxiliaires », les nôtres ; on avait dressé des tribunes, des estrades, des ornements décoratifs partout et dépensé beaucoup d'argent, ce qui, du reste, n'est pas toujours un indice de richesse ! Mais, par un malencontreux hasard, il plut à torrents, ce qui refroidit si radicalement l'ardeur des fonctionnaires et de la belle société de Mexico, que les tribunes restèrent presque vides. Cependant, l'Empereur, qui avait préparé un pathétique discours, ne pouvait se résigner à déverser sur des banquettes inconscientes les flots de son éloquence; il fut outré de l'indifférence des belles patriciennes de sa capitale et des fonctionnaires, qui lui devaient leurs charges, à savourer ses périodes oratoires lancées au peuple en l'honneur de la liberté. Alors, il eut un geste magnifique. Il ordonna de rompre les digues que formaient les cordons de troupes, d'abattre les barrières qui retenaient la foule, et il appela la populace, les Indiens peu vêtus, à envahir loges et tribunes pour garnir les places réservées à des plus riches. C'était absolument démocratique ! Le spectacle de cette cohue bigarrée, encadrée par les uniformes éclatants de pourpre et d'or de la Garde palatine impériale, n'était vraiment pas ordinaire : résurrection de César au forum ! Il n'y manquait qu'une garde prétorienne de Nubiens. Sa Majesté eut pu s'en entourer, puisque nous avions, à Vera-Cruz, tout un bataillon de ces noirs enfants d'Ethiopie, tout de blanc drapés pour mieux mettre en relief l'ébène de leurs corps superbes. On a beau être Maximilien, on ne pense pas à tout !

Cependant, au sein de tous ces contrastes matériels qui nous laissaient assez indifférents, apparut pour nous émouvoir profondément, un contraste moral plus saisissant encore que formulaient les cris enthousiastes de « *Viva la independencia* », vibrant sur les lèvres des malheureux Indiens déguenillés, fêtant la mémoire du héros qui crut leur donner l'indépendance, bien que pourtant leur condition du moment fut encore celle d'autrefois. Ces ilotes prédestinés n'ont jamais connu, après comme avant le cri d'affranchissement de Morelos, que la servitude et la misère, sous le joug des Mexicains comme sous celui des Espagnols. Et encore ce dernier était-il le plus léger.

Ce sentiment, Maximilien l'éprouva assurément, car au fond, son cœur était bon et généreux. Aussi, quelques jours après cette cérémonie, il promulgua un décret qu'il méditait depuis longtemps dans le but d'améliorer le sort des travailleurs, et proclama l'émancipation des *Peones*, ainsi que l'extinction de leurs dettes passées.

Décret bien intentionné mais irréfléchi, car une révolution pareille dans un des éléments de l'état social, qui est la base de la vie d'un pays, ne peut se faire simplement en détruisant un état de choses sans mettre autre chose à sa place. Cette mesure, qui rendait la liberté à plusieurs millions d'habitants, sur une population de sept millions à peine, paraissait généreuse, humanitaire, mais ne l'était pas en réalité; car elle n'arrachait ces malheureux au servage effectif quoique déguisé, que pour les plonger dans la misère. Aussi, on peut dire qu'elle ne contenta personne. En effet, les propriétaires d'hacyendas, immenses domaines qu'ils exploitaient avec le concours de ces Indiens, furent naturellement mécontents de perdre les créances qu'ils avaient sur eux, de temps immémorial, et se refusèrent à accepter les services de leurs anciens peones émancipés. Ceux-ci, d'autre part, n'ayant ni terres, ni ressources pour les exploiter en grand, se voyant condamnés à la misère, acceptèrent bénévolement de reprendre leur ancienne situation à peu près asservie.

Maximilien aurait dû être prévoyant et offrir le bien à la place du mal qu'il comptait détruire. Il eut fallu s'efforcer d'établir une réglementation du travail qui favorisât la situation du travailleur tout en ménageant les intérêts de ceux qui les faisaient travailler et, d'autre part, assurer les moyens d'existence de ces peones qui, en recouvrant ce qu'on appelait l'indépendance, perdraient leur place au râtelier où ils vivaient.

Il est vrai que Maximilien avait conçu d'autres décrets destinés sans doute à compléter celui de l'émancipation. Ils étaient relatifs à la conduite du travail, au recensement de la population, à la division de la propriété. Il demanda au Maréchal de lui faire connaître les observations que pouvaient lui suggérer ces mesures. Puis, il rencontra de sérieuses oppositions dans son gouvernement même et, en fin de compte, il ne produisit rien. Du reste, dans cet ordre d'idées, et en vue des projets de colonisation, l'Empereur avait créé une commission chargée de rechercher tous les terrains inexploités où on pourrait établir des colons; mais, mal dirigée et mal inspirée, cette commission ne fit rien. Aussi, après avoir refusé les colons américains confédérés qu'en nombre considérable offrait le général américain Slhaugter, ainsi que la colonisation puissante de M. Gwin, envoyé par Napoléon III, manquant enfin l'effet espéré par l'émancipation des Indiens peones, le Gouvernement se trouva n'avoir pas fait un pas en avant et, comme résultat final, il ne récolta que des témoignages de mécontentement. Il en allait ainsi en toutes choses, sous la main de ce malheureux Empereur, bien intentionné sans doute, mais impuissant par tempérament, qui s'obstinait à négliger les conseils impulsifs et bien désintéressés de l'intervention française et du Maréchal, son chef, pour lui reprocher ensuite avec âpreté les difficultés qu'il enfantait lui-même!

Du reste, l'anarchie était partout dans le Gouvernement où l'action du chef de l'Etat était trop souvent illusoire ou tenue en échec par les ministres, voire même par des sous-secrétaires d'Etat, qui se permettaient parfois des observations, presque des remontrances, à des dispositions arrêtées et signées par l'Empereur. Tellement qu'en plusieurs circonstances difficiles, le Souverain dût faire donner l'Impératrice pour vaincre les résistances de son conseil. C'était pitoyable!

Le 30 septembre, arriva à Mexico une grosse nouvelle attendue depuis longtemps par Maximilien et qui produisit une vive émotion dans les milieux gouvernementaux.

L'événement n'avait pourtant pas une grande importance matérielle, mais il était de nature à être exploité. Juarez, disait-on, venait de quitter le sol mexicain pour s'établir en territoire américain. Les politiciens emballés considérèrent le fait comme une abdication, et l'Empereur fut de ce nombre. C'était peut-être aller trop vite, et il eut été sage de réfléchir avant d'exploiter la situation nouvelle; c'est ce que ne fit pas Maximilien.

Il y a un vieux proverbe qui dit : « Qui quitte sa place, la perd. » C'est logique en principe; mais la politique force parfois bien des logiques à capituler. Et puis la situation de ce Président ...détrôné par la force n'était pas d'une régularité absolue ni usuelle. Car enfin, pourquoi les Américains recevaient-ils, soutenaient-ils la cause de Juarez vaincu, alors qu'ils poussaient des clameurs de Hurons furieux pour empêcher le Gouvernement siégeant à Mexico de recevoir les Confédérés vaincus ? Et, si pendant deux ans, nous avions porté aide et assistance à ces mêmes Confédérés, alors qu'ils luttaient encore, qu'auraient-ils dit ?

Ils n'ont pourtant pas invoqué la doctrine Monroë au temps jadis où nous les aidions à bouter dehors les Anglais ! Tout cela n'était, en somme, que spéciosités et chicanes diplomatiques.

D'ailleurs, un État ne peut ni ne doit tolérer sur son territoire le siège d'un gouvernement étranger dont le drapeau ne peut matériellement et moralement flotter que sur la demeure de son représentant diplomatique. En somme, Juarez ne pouvait avoir la prétention de gouverner, en résidant aux États-Unis, la République mexicaine et, en quittant le territoire de celle-ci où il n'avait plus la possibilité de résider. Puisqu'il fuyait, il abandonnait *ipso facto* la présidence de cette République. Soutenir le contraire, c'était se créer une doctrine internationale inconnue jusqu'alors et inacceptable par le droit et la raison. On était donc, à Mexico, dans le droit absolu de considérer l'abandon du sol mexicain comme un renoncement matériel, effectif, au pouvoir qui mettait Juarez dans le clan des anciens présidents en disponibilité, mais restant néanmoins prétendants à le redevenir, tels que Santa-Anna, Miramon et autres épaves présidentielles se débattant dans les flots troublés de chacune des révolutions antérieures.

Si singulière que fût la situation de Juarez, si étrange et anormale que fût l'attitude des Américains, il fallait bien les admettre comme telles, les accepter par sagesse ou les repousser par la force. C'est ce que nous aurions dû faire et pu faire. Mais Maximilien n'adopta ni l'un ni l'autre de ces partis ; et, feignant de s'appuyer sur l'abdication, il prit des mesures que celle-ci semblait justifier, ce qui fut une faute en raison de leur caractère violent. En outre, considérant cette abdication comme effective, il admit comme une de ses conséquences toutes naturelles que la reconnaissance de son gouvernement par les Etats-Unis s'imposait désormais, puisque ceux-ci accueillaient sur leur territoire le Président déchu. C'était tout simplement une folie de la part de Maximilien. Le maréchal Bazaine, du reste, ne partagea pas cette illusion.

Dans ces conditions, Maximilien, emporté par le désir d'arrêter la nouvelle levée de boucliers des dissidents et de mettre promptement fin à la résistance à laquelle l'abandon de Juarez enlevait toute raison légale, formula un manifeste, accompagné d'un décret, dont les conséquences devaient être considérables, mais pas dans le sens qu'il avait espéré. Il donna lieu aux appréciations les plus variées et à des commentaires de toutes sortes. Mexico fut pendant quelques jours la foire aux idées, que chacun débitait selon ses intérêts et la tournure de son esprit. Ce qui, dans ces manifestations de l'opinion, parut le plus singulier, c'est qu'on fit courir le bruit que le Maréchal était l'auteur du décret qui mettait les dissidents hors la loi et édictait contre eux les mesures de répression terribles ; car on pourrait les appeler mesures de suppression sans merci. Qu'on en juge : « Tous les dissidents pris les armes à la main ou convaincus d'appartenir à une bande armée, seront traduits sur-le-champ devant la cour martiale et fusillés dans les vingt-quatre heures, sans aucune espèce d'appel ou de grâce possibles. »

Ce qui était encore plus sommaire, c'est que ceux qui « seraient pris en combattant, seraient jugés séance tenante par le chef de la troupe et exécutés ». Peut-on imaginer dispositions plus draconiennes ? C'était pure sauvagerie. En somme, il y avait dans ces bandes beaucoup de bandits de profession et de tempérament ; mais on y trouvait souvent des malheureux Indiens enrôlés par la force. A plus forte raison doit-on s'indigner de voir de pareils procédés à l'égard des débris plus ou moins bien reconstitués des troupes de Juarez, dites régulières et commandées par un grand nombre d'officiers de l'armée nationale.

Le Maréchal n'eût jamais conçu de pareilles rigueurs et composé un aussi inexorable « code de la mort ». Bazaine était énergique mais pas cruel. J'en ai eu la preuve dans un grand nombre de circonstances. Lorsqu'il prenait une mesure de rigueur, c'est que celle-ci s'imposait.

La vérité, c'est que le Maréchal ne cessait de supplier l'Empereur de montrer de la fermeté, de l'énergie, de ne pas gaspiller sa bonté naturelle au bénéfice de ses ennemis, ce qu'il faisait continuellement ; mais il ne poussait jamais à la cruauté. Aussi, au sujet de cette paternité du décret si malheureux lancé par Maximilien, nous avons tous pensé, autour du Maréchal et le Maréchal lui-même, que cette rumeur émanait de gens du gouvernement et de l'entourage du Souverain dont ils voulaient détourner l'odieux de la mesure pour la faire endosser par Bazaine dont ils s'efforçaient, par tous les moyens, même les plus déloyaux, de détruire la soi-disant influence qu'on lui prêtait sur l'esprit de Maximilien. Du reste, les termes dans lesquels, par son rapport politique du 9 octobre, le Maréchal annonçait l'événement à son ministre de la Guerre, montrent bien que si, comme il le dit, « Sa Majesté s'est enfin décidée, sur mes conseils, à donner une preuve de fermeté qui a fait bon effet parmi les conservateurs », ce n'est pas lui qui a conseillé d'être aussi terrible et qu'à plus forte raison il n'est pas l'auteur de procédés d'exécutions aussi radicales et systématiques. Le Maréchal ajoute la phrase suivante dans ce rapport : « Les conservateurs espèrent y voir la fin de cette période d'indulgence par laquelle l'Empereur a mis le pouvoir entre les mains du parti opposé. » On voit qu'il s'attachait à détruire chez le Souverain la faiblesse et l'indulgence mais sans préconiser l'extermination du parti opposé.

Il est vrai que l'Empereur, avant de publier son décret tout préparé, en avait soumis le texte au Maréchal, mais personne n'a pu savoir si ce dernier n'y a pas fait des observations restrictives. Alors même que la rigueur des mesures édictées lui eût paru excessive, il eût été quelque peu embarrassé pour le faire savoir, puisqu'il avait toujours poussé le Souverain dans la voie de l'énergie. D'autre part, il trouvait dans cette nouvelle impulsion donnée à la répression du brigandage, particulièrement, un avantage important. Ce décret, en reportant sur le Gouvernement toute la responsabilité des rigueurs à appliquer à l'avenir, dégageait moralement nos troupes, surtout nos officiers, commandants de détachements, s'ils étaient dans l'obligation de procéder parfois à des exécutions sommaires. Ces sentiments du Maréchal sont absolument démontrés dans son rapport du 13 octobre où il écrivait à son ministre : « La cour martiale française a cessé de fonctionner à Mexico et a été remplacée par une cour martiale mexicaine. Il y a longtemps que je désirais voir retomber sur les Mexicains la responsabilité des mesures de répression dont on nous a trop longtemps laissé l'*odieux*. » Ce langage prouve bien que s'il admettait la nécessité de mesures aussi sévères, leur application lui répugnait.

Quoi qu'il en soit, le décret fut une faute, comme le sont généralement tous ceux de même nature. Il envenima la lutte et la rendit encore plus sanguinaire. Fortement critiqué, il ne semble pas que ces critiques fussent justifiées de la part des Américains du Nord, qui avaient mis à prix la tête de certaines notabilités d'Américains du Sud, pas plus aussi que celles formulées par certains membres de l'opposition en France qui, quelques années plus tard, firent fusiller des généraux français le long d'un mur de Paris !

Cependant, l'armée française était résolue à apporter un certain tempérament à l'exécution des prescriptions du décret, car le Maréchal, tout en se conformant aux obligations qui lui incombaient, avait donné dans ce sens des instructions à ses troupes.

Malheureusement, au moment même de la promulgation du décret, survint un incident douloureux, de nature à envenimer encore la situation, qui se produisit dans des conditions abominables, ne répondant en rien aux dispositions édictées par Maximilien. Des bandes, ou plutôt des troupes dissidentes, qui depuis quelque temps parcouraient les Terres Chaudes, attaquèrent un train du chemin de fer de Vera-Cruz. Elles y capturèrent neuf militaires français qui s'y trouvaient : un lieutenant du génie, un garde d'artillerie et sept soldats. Tous étant sans armes, ce n'était que des passagers ; les partisans de Juarez les massacrèrent en les mutilant odieusement !

Dans ces conditions, on est bien obligé de reconnaître que ce sont les dissidents qui ont commencé la lutte sanguinaire, et cela d'une façon lâche et infâme, qui aurait dû inspirer la promulgation du décret si celle-ci n'avait eu lieu au même moment que se produisit l'attentat criminel.

Aussi, le Maréchal, indigné, entra cette fois résolument dans la voie de la répression sans merci, et il adressa à ses troupes de nouvelles instructions sans pitié. Pourtant elles ne s'appliquaient qu'à des gens pris les armes à la main. C'était une guerre inexorable que le Maréchal définissait en ces termes impressionnants mais justifiés : « Je n'admets pas qu'on fasse de prisonniers ; tout individu, quel qu'il soit, pris les armes à la main sera mis à mort... C'est une guerre à mort entre la barbarie et la civilisation... des deux côtés, il faut tuer ou se faire tuer. »

Des philosophes en chambre trouveront que ces procédés sont excessifs et que la civilisation doit tendre la joue droite, quand la barbarie a frappé celle de gauche. Cela est bon à dire quand on n'est pas obligé de présenter son visage à des sauvages, à des bêtes féroces. Des philanthropes rêveurs, apôtres quand même de la paix universelle, prêcheront bien un jour à la civilisation de répondre par des oranges et des cantaloups aux boulets et aux bombes que leur projetera la barbarie. Ils ne referont pas l'espèce humaine et ne supprimeront pas les circonstances où, les passions étant déchaînées, on ne reconnaît plus qu'un principe efficace : « Dent pour dent; œil pour œil. » Et c'est grâce à son application que le colonel Dupin et sa contre-guerilla avaient purifié les Terres Chaudes jusqu'alors empoisonnées.

Au meurtre des neuf Français, la riposte ne se fit pas attendre. Dix jours après, le colonel Mendez, de l'armée impériale, opérant dans l'état de Michoacan, battit une forte colonne de dissidents et lui fit 300 prisonniers dont deux généraux, Arteaga et Zalazar. Il évacua tous ses prisonniers ne conservant que les deux généraux et se rendit à Uruapan, petite ville où, plusieurs mois avant, ces deux serviteurs de Juarez avaient fait fusiller un officier supérieur et le sous-préfet de la localité. Il les fit fusiller à leur tour, à la place même où ils avaient fait exécuter les autres.

Ce raffinement de cruauté vengeresse était presque une justification; il ne faisait qu'appliquer la peine du talion et prouvait que Mendez n'agissait pas seulement en conformité du décret impérial. Les deux victimes avaient deux titres justiciables pour être passées par les armes : elles expiaient un acte qui n'était, alors qu'elles le commirent, qu'un crime lâche et cruel. On ne pouvait donc pas considérer ces représailles comme une réponse au massacre de nos neuf victimes françaises.

Quoi qu'il en soit, l'émotion générale causée par l'apparition du décret de Maximilien se changea promptement en scepticisme à l'égard de son efficacité, car on commençait à bien connaître le caractère faible et versatile de l'Empereur. On fut convaincu que cette mesure ne serait pas appliquée dans toute sa rigueur, manquerait alors son effet utile et aurait l'inconvénient de révéler aux yeux les plus fermés l'insuffisance du Souverain qui, se manifestant en toutes choses, était la cause du grand découragement qui envahissait son parti et ranimait, au contraire, les espérances de ses ennemis.

Maximilien avait beau s'évertuer à faire des décrets, la situation n'en devenait pas meilleure. Il est vrai que si les uns étaient mauvais, comme celui dont je viens de faire le procès, les autres étaient insignifiants et même parfois si puérils qu'ils finissaient par devenir ridicules. Ce malheureux prince n'a-t-il pas eu l'incroyable idée, pour encourager la saine littérature nationale, de créer un prix de cinq mille francs pour l'auteur de la meilleure comédie ! — c'était vraiment lui qui la jouait, la comédie demandée ! — enfin un autre prix de même valeur pour la production de la plus émouvante tragédie ! Le malheureux ne se doutait pas que bientôt il serait, de ce prix, le lauréat martyr à Queretaro !

On entrait à pleines voiles dans l'invraisemblance et l'inconséquence, hélas ! pour n'en sortir jamais !

J'ai déjà dit qu'on avait reproché au maréchal Bazaine de n'avoir pas tenu convenablement son Gouvernement au courant de la situation. Je dois encore, pour confondre ces fausses accusations, reproduire ce qu'il écrivait à son ministre dans son rapport politique du 27 octobre :

« Les difficultés que nous rencontrons aujourd'hui ne doivent pas surprendre l'esprit attentif qui a suivi dans tous ses détails la marche du gouvernement de Maximilien.

« L'espèce de tactique par laquelle on a constamment rejeté l'élément français partout où il pouvait être utile se révèle en toute occasion. Les agents français que nous avons envoyés dans les départements n'ont-ils pas été réduits à un rôle ridicule et parfaitement inutile. S'agit-il de la police, on veut bien la laisser organiser par M. Maury, un agent français, mais on se refuse à donner à celui-ci aucun titre officiel ni aucun pouvoir. C'est bien la reproduction de ce qui s'est passé dans l'administration des télégraphes où, pour dominer complètement l'ingénieur français qui avait tout organisé, et pour rendre la chose plus évidente, on a mis à la tête de cette administration des mains entièrement inexpérimentées.

« Enfin, dans une sphère plus haute, c'est bien encore ce qui s'est passé au sujet de M. Langlais. A peine était-il annoncé que les conseils des ministres se sont succédés à la hâte afin d'adopter, sans son concours, des mesures financières destinées sans doute à paralyser sa mission.

« Il semble donc de plus en plus que l'ingratitude du Gouvernement mexicain envers la France commence à se manifester clairement, et si l'on ne veut pas encore prononcer le mot de déloyauté, il faut au moins constater que par une politique malheureuse nous en sommes réduits à un rôle presque ridicule, celui de *conseiller inutile*.

« J'ai signalé, par la succession de mes rapports politiques, bien des détails qu'au premier abord ne semble pas devoir comporter le cadre d'un semblable travail. Je tenais à éclairer Votre Excellence par cet ensemble de faits et à bien prouver que je ne jugeais pas à la légère la ligne de conduite qui était suivie.

« Après avoir rempli ce devoir vis-à-vis de la France, je me suis considéré comme devant en remplir un autre vis-à-vis du Gouvernement mexicain, celui de ne pas manquer une occasion d'appeler son attention sur les fautes commises.

« Je conserve par devers moi la série de toutes les communications que j'ai adressées à l'Empereur soit pour lui indiquer les nombreuses fautes commises par l'administration, soit pour l'avertir des aspirations et des plaintes des différentes localités. Les réponses qui m'ont été consignées en marge se bornent à mentionner que Sa Majesté en a pris connaissance.

« Aujourd'hui, je sais d'avance à quoi m'en tenir sur toute nouvelle communication que je puis adresser. »

D'après cela s'expliquent bien des âpres attaques, les

fourbes accusations, les odieuses calomnies qui, sourdement, traîtreusement, ont été dirigées contre le Maréchal par tous les gens que son loyalisme français gênait dans leurs intrigues et qui paralysait leurs machinations.

Dans ces conditions, qui donc est le seul responsable des malheurs de l'Empire, sinon l'Empereur lui-même ? Pourtant ce malheureux était animé des meilleures intentions et ne semblait pas soupçonner encore le danger qui le menaçait.

Aussi, après avoir produit une série de décrets et déclaré au Maréchal qu'il allait gouverner, Maximilien n'eut rien de plus pressé que de se remettre en voyage. Cette fois, il ne s'agissait pas seulement d'une promenade qui ne l'entraînerait pas très loin de la capitale ou d'une villégiature à Cuernavara, mais bien d'un voyage relativement lointain et qui nécessitait une traversée, car l'expédition par terre n'était ni pratique ni exempte de dangers dans les circonstances où l'on se trouvait.

L'Empereur, et surtout l'Impératrice, rêvaient depuis quelque temps d'aller visiter le Yucatan ou plutôt de présenter leurs augustes personnes aux Indiens de ce pays. Ce n'était pourtant pas l'heure de se livrer à la culture de l'archéologie de cette province, si antiques que fussent son histoire et sa civilisation particulière; mais bien plutôt de se consacrer à la néologie de leur Empire. Ce n'étaient pas sans doute les effluves et la végétation pittoresque des Terres Chaudes, ni les étonnants monuments aztèques qui attiraient les jeunes Souverains, mais bien les ovations ardentes, passionnées des Indiens qu'ils comptaient y trouver comme diversion puissante aux amères préoccupations qui les assaillaient chaque jour au sein de leur capitale. L'Impératrice, fantasque et rêveuse, éprouvait ces sentiments plus encore peut-être que son auguste époux. Là-bas, plus de ministres récalcitrants ou raisonneurs, plus de Maréchal trouble-fête !

Cette nouvelle avait fait un très mauvais effet dans l'esprit public et les commentaires s'égaraient dans les appréciations les plus étranges. Bon nombre de Mexicains même voulaient voir dans ce voyage un acheminement vers l'Europe des Souverains désillusionnés du Mexique. Déjà ?

Le Maréchal, fidèle à son mandat de veiller sans cesse à la marche des affaires, avait plusieurs fois exposé à Maximilien combien son absence de Mexico serait regrettable et mal appréciée. Il l'avait enfin conjuré de renoncer pour le moment à son projet de voyage, qui, du reste, n'apporterait pour l'affermissement de son Empire qu'un concours presque nul, le Yucatan étant un pays qui ne marchait pas à l'unisson du Mexique entier et fort peu inféodé à la cause de Juarez, ne demandant pas mieux que de rester fidèle à la cause impériale. Maximilien se décida enfin à renoncer au voyage, laissant à l'Impératrice le soin d'aller, par sa gracieuse influence, réchauffer les sentiments de la population aztèque qui attendait la venue des Souverains, plusieurs fois annoncée.

L'Impératrice Charlotte partit le 6 novembre, accompagnée du ministre d'Etat et de celui de la Justice, des ministres de Belgique et d'Espagne et d'une partie de sa cour. Elle se rendit à Vera-Cruz où elle s'embarqua sur le *Tampico*, vapeur mexicain qui, d'habitude, faisait des voyages sur New-York. La frégate autrichienne *Dandolo*, presque toujours mouillée à Vera-Cruz, l'escorta dans son voyage maritime. La traversée du golfe de Mexique était courte, mais elle fut particulièrement désagréable. L'Impératrice eut la mauvaise fortune de subir un de ces coups de vent du Nord qui, en cette saison, sont souvent terribles. Le 23, elle faisait son entrée à Merida, la capitale, au milieu d'un immense enthousiasme.

CHAPITRE II

COUP D'ETAT DE JUAREZ

Situation intérieure de l'Empire, fin de 1865. — Situation extérieure. — Attitude des Etats-Unis. — Relations incorrectes des autorités américaines de la frontière. — Violations de neutralité. — Apparences de conflit. — Précautions et mesures défensives prises par le Maréchal. — Exposé de la situation entre les Etats-Unis, la France et le Mexique. — Rapports du maréchal Bazaine. — Opinions d'Américains. — Complot de Santa-Anna. — Incident de Béarn — Situation militaire. — Affaire de Monterey. — Fantaisies stratégiques de Maximilien. — Découragement des populations. — Mouvement d'opinion vers la France.

Quelle était donc, en cette fin d'année, la situation générale de l'Empire ? Etait-elle partout assez rassurante pour que l'Empereur ait cru pouvoir s'éloigner des affaires et voyager ?

A l'intérieur, on pouvait constater une légère amélioration de la situation dans un certain nombre de départements, ceux principalement qui faisaient partie des grands commandements où se trouvaient nos troupes. C'était une conséquence du décret de mise hors la loi des dissidents en armes qui, en révélant l'énergie, la fermeté de l'Empereur, avait ravivé celles des fonctionnaires et chefs militaires mexicains. On signalait nombre d'agents civils qui n'avaient pas hésité à faire fusiller les Libéraux pris les armes à la main. En outre, de nombreux dissidents avaient fait leur soumission à l'Empire. Cette spontanéité parut même singulière de la part de gens si acharnés à la lutte; on pensa que ce mouvement insolite de soumissions pouvait n'être que simulé et provenir d'un mot d'ordre donné afin d'attendre un événement favorable qu'on préparait pour faire reprendre les armes à ces faux ralliés.

En outre, ce qui était plus significatif, on constatait que dans plusieurs provinces, les populations reprenaient de l'énergie, poursuivaient et attaquaient résolument les bandes qui parcouraient encore le pays. Lorsque les gardes rurales, préconisées par le Maréchal, étaient bien commandées, elles rendaient de bons services. Mais ce n'était pas le cas partout, parce que beaucoup de préfets ou gouverneurs mexicains n'étaient pas loyalement dévoués au régime impérial. Le Maréchal, avisé par ses commandants militaires, signalait bien ces fonctionnaires dangereux au Gouvernement, mais celui-ci ne tenait aucun compte de ces avertissements, ce qui était très regrettable. Dans les départements où se trouvaient des fonctionnaires convenables, il existait une entente parfaite entre eux et les commandants militaires français, aussi la situation était satisfaisante à tous les points de vue. Mais dans les centres où cette entente n'existait pas, parce que les fonctionnaires étaient lâches ou infidèles, les affaires allaient mal et les populations s'éloignaient de l'Empire. Cependant, à force de réclamations, d'observations, l'Empereur commençait à voir clair; son bon sens semblait reprendre quelque influence sur ses partis pris, obstinés à livrer son Empire à des fonctionnaires incapables ou coupables. En effet, Sa Majesté écrivit au Maréchal pour l'informer qu'elle *n'avait pas encore commencé à gouverner* (?), et lui demandait de lui remettre un travail comportant ses appréciations sur les autorités en fonctions et sur les personnages qu'il conviendrait « de remplacer comme nuisibles ». Cette demande était une naïveté ou un persiflage. Depuis des mois, le Maréchal avait journellement signalé tous ces gens-là à l'attention de l'Empereur et sollicité leur remplacement; il les connaissait donc surabondamment. Néanmoins, Bazaine, toujours correct et dévoué, se prêta de la meilleure grâce à cette nouvelle fantaisie qui aurait dû être inutile. Il fit un énorme mémoire, établi avec la plus grande conscience, mais sans s'illusionner sur le sort qui, vraisemblablement, lui serait réservé. Il exprimait, du reste, à son ministre ses sentiments à ce sujet dans son rapport du 9 décembre 1865 :

« ... Malheureusement, il n'y a peut-être pas lieu de fonder de grandes espérances sur cette nouvelle résolution du Souverain. Déjà, le 9 mai dernier, j'adressais à l'Empereur la note jointe à ce rapport et que je faisais suivre de l'envoi d'un travail consciencieux représentant tous les renseignements que j'avais pu recueillir sur les hommes en évidence de l'Empire. Le résultat de cette démarche a été nul jusqu'à ce jour ; la seconde sera peut-être plus fructueuse, maintenant que l'Empereur se trouve débarrassé, comme il le dit, « du travail législatif qui l'a occupé jusqu'à ce jour ». Cette réflexion est empreinte de la plus fine ironie ! Cependant, le Maréchal ajoutait : « On prétend que Sa Majesté, jetant un coup d'œil rétrospectif sur le temps perdu depuis son avènement, serait disposée à changer de politique intérieure et à rapprocher d'elle l'élément interventioniste qui seul peut lui donner de la force en amenant l'unité d'action. » Il était grandement temps de changer de système, si toutefois il n'était pas déjà trop tard, surtout quand on considère l'étonnant tableau d'anarchie gouvernementale militaire que trace le Maréchal ! « J'ai déjà signalé les difficultés que j'ai eues pour arrêter le général Thun dans l'expédition qu'il avait entreprise contre mon gré dans la Sierra de Puebla. Chacun tire à soi de la même manière : cabinet militaire de l'Empereur, ministère de la Guerre, les généraux placés à la tête des divisions territoriales, tous veulent augmenter leur importance en disposant des troupes mexicaines, et cela bien naturellement au détriment de mes combinaisons et de la sécurité du pays. »

C'était une vraie pétaudière que cette armée impériale !

A l'extérieur, au point de vue diplomatique, la situation paraissait plus pacifique à Washington. Mais si le Gouvernement des Etats-Unis faisait licencier des régiments de nègres dans l'armée de la frontière et ramener vers la Nouvelle-Orléans son noir personnel, il n'en était pas moins certain que le reste de cette armée encore très important était tenu journellement sur le pied d'une entrée en campagne immédiate. Si le Gouvernement américain ne laissait pas prévoir une rupture rapprochée, il se tenait néanmoins prêt à la guerre que pouvait faire éclater le moindre incident de frontière, aussi bien qu'une pression de l'opinion politique dans le Nord de l'Union. Ce n'était pas, en effet, pour rester sur la rive gauche du Rio del Norte qu'on réunissait des approvisionnements énormes, qu'on préparait des équipages de pont, mais bien pour passer de l'autre côté du fleuve.

D'ailleurs, les autorités américaines de la frontière manifestaient en toutes circonstances une insolence et un arbitraire qui étaient toujours un danger de conflit, surtout en raison des violations constantes de la neutralité.

Dernièrement, la place forte de Matamoros avait été attaquée, inutilement il est vrai, par une force dissidente dont l'importance numérique, deux ou trois mille hommes, indiquait qu'elle devait comprendre un grand nombre de flibustiers américains. En outre, les attaques avaient été suspendues en raison du défaut de munitions; mais quelques jours après, les assiégeants reçurent trois cents caisses de munitions envoyées du camp américain par ordre du général Shéridan lui-même. Cet envoi n'était même pas dissimulé, car les caisses avaient été vues portant l'adresse officielle de « République mexicaine ».

Il y a lieu même de remarquer que ces actes de violation de neutralité prenaient un caractère de gravité nouvelle chaque fois plus accusé, plus précis et moins déguisé. C'est ainsi que dans les premiers jours de novembre se produisit un grave incident.

A l'embouchure du Rio del Norte, au petit port de Bagdad, stationnait un petit vapeur mexicain, l'*Antonia*, monté par un équipage de marins français et commandé par un enseigne de vaisseau, M. de la Bédollière, celui même qui avait été envoyé en mission secrète à Brunswil pour examiner l'armée américaine. Dans les premiers jours de novembre, ce petit bâtiment, armé seulement de deux canons, naviguait sous les couleurs mexicaines et françaises et remontait le fleuve, se rendant à Matamoros, lorsqu'il fut assailli, pendant plusieurs heures, par des ennemis nombreux postés sur la rive mexicaine. Voyant le peu de résultat de leur attaque, un certain nombre d'entr'eux passèrent sur la rive américaine d'où on tira également des coups de feu sur l'*Antonia* qui, du reste, continua sa route sans riposter, bien qu'elle eût reçu plusieurs projectiles à bord. Il y avait là, sans conteste, un acte de guerre bien caractérisé.

Voilà pour le fait de violation de neutralité. Quant à la question d'insolence dans les communications des autorités américaines, voici qui la concerne dans un corollaire de l'incident qui la précède ! Le capitaine de vaisseau Cloué, commandant notre division navale du golfe, adressa une protestation au général américain Weitzel, commandant le district où s'était produite l'agression ; mais cet étonnant général renvoya la protestation sous le prétexte qu'elle était irrespectueuse pour lui et pour son Gouvernement. Alors, le commandant Cloué lui riposta avec énergie et grande dignité. Puis, il lui envoya une deuxième protestation visant spécialement les coups de feu reçus par l'*Antonia* et provenant de la rive américaine. A cette deuxième plainte, l'encore plus étonnant général Weitzel répondit par une lettre non signée que le commandant Cloué renvoya à son auteur avec une réponse appropriée à l'inconvenance du message américain.

Les copies intégrales de ces correspondances échangées furent envoyées, par le Maréchal, au Gouvernement français, et on put apprécier, à Paris, la courtoisie protocolaire de ce général qui traitait comme un confrère, confédéré sans doute, le distingué marin français qui fut depuis le très honorable amiral Cloué.

Cette attitude des autorités américaines sur la frontière.

constituait un champ fertile en excentricités de toute nature, généralement peu ordinaires. C'est ainsi que, dans son rapport du 9 novembre, le Maréchal faisait connaître une conception intellectuelle des Américains, qui révèle dans l'esprit de leurs chefs militaires une étrange notion des saines doctrines de la stratégie : « A Mexico, on prête aux Américains l'intention d'envahir les provinces du Nord du Mexique dans les parties occupées encore par les dissidents. » Le général de Castagny faisait connaître, en effet, que des forces de cinq à six mille hommes venaient de s'établir dans cette région, où se trouvait Juarez. « Ils auraient par là la folle prétention de ne pas s'attirer la guerre avec la France, en se bornant à tenir garnison chez leur allié Juarez au même titre que nous tenons garnison chez notre allié Maximilien. » Cette combinaison stupéfiante est une trouvaille que n'aurait pas désavoué Machiavel et qui honore grandement l'imagination américaine. Elle s'expliquait ainsi : « Leur but, dans ce cas, serait d'aider l'ex-président Juarez à garder pied sur le sol mexicain, à lui permettre d'augmenter ses ressources, et enfin à empêcher à jamais l'Empire de se consolider. » Pour réaliser ce projet, il fallait procurer des fonds à Juarez. Aussi, un emprunt de trente millions de piastres venait d'être lancé sur le marché de New-York, ce qui pouvait être considéré comme un acheminement vers cette politique. On prétend même que, malgré l'instabilité des garanties offertes par Juarez, il ne manquerait pas de souscripteurs, surtout si le Gouvernement de Washington patronnait l'emprunt. »

Tous ces faits, toutes ces manifestations de sentiments, hostiles tout au moins, étaient bien de nature à entretenir dans l'esprit du maréchal Bazaine les plus légitimes appréhensions, d'autant que le sentiment public était très impressionné et que les nouvelles plus ou moins vraisemblables, les appréciations les plus variées venant de différentes sources, faisaient naître les incertitudes les plus énervantes.

A Mexico, les personnalités américaines sudistes, les exgénéraux confédérés, présentaient leurs compatriotes restés aux Etats-Unis comme désillusionnés sur les conditions que subiraient les Etats vaincus. L'administration de Washington prodiguait plus de belles paroles qu'elle ne prenait d'utiles mesures. Ces émigrés confédérés déclaraient que la réaction, qui se produisait après la période de lassitude et d'épuisement qui avait fait accepter la fin de la guerre, constituait pour la France des circonstances très favorables pour tenir le langage qui lui conviendrait, et ils admettaient que devant le danger qui existait pour le Nord américain de réveiller dans le Sud une opposition sérieuse, il y aurait de grandes chances pour que la France obtînt la consolidation de son œuvre au Mexique par la reconnaissance de l'Empire. Pour cela, il lui suffirait peut-être de tenir un langage à la fois ferme et de nature à ménager l'amour-propre des Américains. Dans cet ordre d'idées, les Confédérés pensaient qu'il serait sage de ne mettre en avant la question de nos griefs relatifs à la conduite des Américains sur le Rio del Norte que si la question principale de la reconnaissance recevait aux Etats-Unis un mauvais accueil. En reléguant ainsi au second plan une discussion de nature à froisser la susceptibilité nationale, on aurait l'avantage de ne pas rendre la guerre, contre nous, populaire aux Etats-Unis et, d'autre part, on obtiendrait un stimulant qui pût entraîner l'opinion publique en France si la guerre devenait nécessaire.

Ils ajoutaient enfin que, dans cette dernière hypothèse, le moment était très favorable à la France et que les circonstances lui permettaient de parler très énergiquement, sinon très haut. D'autre part, ils faisaient remarquer que si l'occasion pour le Sud de reconquérir son indépendance ne se retrouvait pas dans les difficultés qui pourraient surgir entre les Etats-Unis et les autres puissances, l'émigration gigantesque qui se produirait alors prouverait combien serait difficile la situation dans laquelle se trouverait le Gouvernement de Washington.

Ces appréciations étaient fort justes et sagement raisonnées. Je les ai entendu formuler moi-même sous diverses formes par les généraux et hommes politiques du Sud avec qui je fréquentais à Mexico. Elles étaient sur toutes les lèvres, et le Maréchal les communiqua intégralement à Paris, ainsi même qu'une nouvelle fort suggestive, émanant de notre consul à New-York et qui était de nature à faire admettre en France la possibilité d'un conflit. Un M. Soulé, très importante personnalité politique américaine, qui avait dû suivre la cause confédérée et y avait perdu une immense fortune, avait eu, avec le président Johnson, une conversation des plus caractéristiques. M. Soulé ayant exprimé l'opinion que tôt ou tard le Mexique serait américain, le Président répondit : « Mais cela ne nous suffit pas, il faut que ce soit plus tôt. » C'était catégorique et de nature à rendre sceptique à l'égard des déclarations pacifiques et d'apparence honnête que faisait diplomatiquement et officiellement le même Président. Tous ces symptômes étaient loin d'être optimistes. Aussi le Maréchal s'était-il, depuis quelque temps, précautionné pour n'être pas pris au dépourvu. Quel est donc le général en chef, digne de ce nom, qui, se trouvant en pareille occurence, à deux mille lieues de sa patrie, n'eût pas agi de la sorte ? C'est ainsi que, dès le mois de septembre, il avait réuni les chefs de service de l'artillerie, du génie, de l'intendance et, leur ayant exposé la probabilité d'une guerre prochaine avec les Etats-Unis, il les avait invités à prendre d'urgence toutes les dispositions que comporterait cet événement possible. En outre, il avait donné l'ordre à ses généraux d'étudier les moyens de défense à appliquer à toutes les voies de pénétration du Nord par lesquelles l'ennemi pourrait opérer dans le Mexique, ainsi que celles donnant accès du golfe du Mexique, sur les plateaux, principalement de Vera-Cruz à Mexico. L'intendance s'assura de l'existence des ressources de toutes natures qui pourraient, au moment opportun, constituer des approvisionnements considérables en vivres et en moyens de transport. Le génie avait préparé un projet de la défense de Mexico, projet très complet et très remarquable qui rendait inexpugnable la capitale de l'Empire. Je l'ai sous les yeux : la grande ville devait être enserrée par une ligne presque continue renforcée par des bastions, des redans, des demi-lunes, et appuyée en avant par huit grands forts fermés établis au débouché de toutes les voies accessibles. Dès le mois de novembre, tout était prêt pour commencer les travaux et l'artillerie avait pris ses dispositions pour assurer l'armement. Enfin cette enceinte presque continue était renforcée par une ligne de forts détachés à construire au loin, en avant, de manière à constituer un immense camp retranché comprenant presque toute la riche et fertile vallée de Mexico dans laquelle une armée pourrait vivre longtemps. A l'époque où la possibilité d'un conflit s'accusait plus nettement, à la fin de 1865, le Maréchal n'avait plus qu'un ordre à donner pour que les travaux fussent immédiatement mis en œuvre. L'Empereur Napoléon III était informé de cette situation.

Il était indispensable que notre Empereur se rendît un compte exact des conditions matérielles dans lesquelles se trouvait notre puissance militaire au Mexique, surtout pour le cas où notre armée aurait à tenir tête à de nouveaux adversaires. Il devait pouvoir adopter, selon les événements, la conduite politique que commanderaient la dignité et les intérêts de la France devant l'attitude du Gouvernement des Etats-Unis, d'autant que cette attitude présentait une gravité plus grande encore que celle ressortant des relations entre les autorités militaires en présence sur le Rio del Norte, et même que celle des violations de neutralité plus ou moins indirectes qui s'étaient produites à la frontière.

A la fin de novembre, ce Gouvernement nomma le général Legan, envoyé extraordinaire et ministre plénipotentiaire des Etats-Unis auprès de Juarez. Cet événement diplomatique causa une grande émotion, aussi bien aux Etats-Unis qu'au Mexique. On se demandait des deux côtés quel objectif poursuivait ainsi le Gouvernement de la Maison-Blanche. Cette mesure était une offense directe envers la

France. Le ministre des Affaires étrangères américain avait beau répondre à notre ambassadeur, demandant des explications, que cette mesure était nécessitée uniquement par des considérations de politique intérieure, elle n'en était pas moins inconvenante, incorrecte à notre égard et injustifiée si on n'avait pas des intentions formellement hostiles. M. Seward n'eût pas osé lancer un pareil brûlot incendiaire dans le jeu d'une nation chatouilleuse dans sa dignité, comme elle l'était alors en France, s'il n'avait pas été assuré d'avoir à Paris des alliés secrets qui feraient tout pour empêcher l'Empereur Napoléon de relever le gant. Car, au fond, les Américains étaient trop pratiques pour se lancer dans les aventures d'un conflit armé avec nous. Le bluff était la seule arme dont ils se proposaient d'user. Ils voulaient seulement, en proclamant ainsi, *urbi et orbi*, la persistante existence politique et morale du président Juarez, raviver contre nous la résistance expirante de ses partisans. On donnait à cette abstraction gouvernementale de l'argent, des armes, des hommes, des encouragements, des ambassadeurs, le pain et le vin enfin ! Mais on ne se serait pas décidé à déclarer pour elle la guerre à la France. Conséquemment, en considérant les dessous de cette affaire, le procédé diplomatique était peu digne.

Enfin, pour compléter cette série de manifestations et d'actes peu rassurants, la fin de l'année fut marquée, au point de vue de la situation extérieure, par un gros événement moral qui devait, dans les esprits attentifs et dégagés de pessimisme aussi bien que d'optimisme, répandre une certaine lumière sur les probabilités de l'avenir et raviver à nouveau une légitime inquiétude au Mexique. Ce fut le message que lut, à l'ouverture du nouveau Congrès aux Etats-Unis, le président Johnson.

Si ce document ne comportait pas le coup de clairon que pouvaient faire craindre les actes indirects accomplis et les manifestations morales commises, il n'en était pas moins certain qu'il ne donnait aucune garantie pour le maintien de la paix matérielle, et les esprits réfléchis y trouvaient la preuve du contraire. D'après les paroles du Président, la politique des Etats-Unis vis-à-vis du Mexique ne s'affirmait dans aucun sens; elle restait intentionnellement nébuleuse et présentait même des réserves autorisant toutes les hypothèses. On ne pouvait espérer que le Président se prononcerait nettement dans un sens ou dans l'autre, lorsqu'on envisageait la situation dans laquelle se trouvait le Gouvernement au sortir du cataclysme intérieur qui avait failli l'engloutir, lorsqu'on appréciait les complications de toutes sortes en face desquelles il se trouvait et celles qui pouvaient surgir au cours des événements futurs. En raison de cette situation et des perspectives dont il fallait tenir compte, on devait admettre que les Etats-Unis ne pouvaient raisonnablement se lancer dans une guerre dont les résultats étaient forcément aléatoires même dans leur esprit. Un pareil événement ne pourrait être à redouter que s'il se produisait, comme en 1846, lors de leur guerre contre le Mexique, où il fut la conséquence d'un coup de tête du général américain qui commandait à la frontière. La sagesse la plus pratique commandait d'attendre au moins que le pays fût remis des secousses qu'il venait de subir et que ses plaies fussent à peu près cicatrisées.

D'autre part, le Président aurait pu régler la question de paix avec l'Empire du Mexique; mais ce qui prouvait ses intentions formellement opposées, et ses arrière-pensées pour l'avenir, c'est qu'il ne le fit en aucune façon. Tout au contraire, dans la partie de son message concernant la question extérieure, le Président réservait pour l'avenir sa liberté d'action et insistait même sur les principes peu pacifiques qui faisaient la base de la politique extérieure des Etats-Unis. Tout en laissant comprendre que pour le moment il n'était pas prêt à entrer en lutte, il s'attachait à accuser une protestation contre toute espèce d'intervention étrangère dans les Amériques. Et pourtant, comme je l'ai déjà dit et ne saurais trop le répéter, sans une intervention de ce genre que l'Angleterre et la France connaissent bien, l'orgueilleuse Union n'existerait pas et M. Johnson n'eût pas eu à parler en son nom.

Je ne puis résister au désir de reproduire l'appréciation formulée à l'égard de la mentalité des Etats-Unis alors, par le maréchal Bazaine et que je crois trop juste et trop remarquable pour la laisser dans l'oubli des cartons du ministère de la Guerre où on devrait la trouver dans son rapport du 28 décembre 1865.

« La netteté avec laquelle le président Johnson déclare se constituer, en Amérique, le défenseur des institutions républicaines, prétendant admettre comme un fait supérieur à toute discussion que le globe terrestre se trouve divisé en deux zones dont l'une ne peut rien avoir à faire avec l'autre, indique suffisamment à quel degré d'orgueil en sont arrivés les Américains et combien les a grisés l'expérience qu'ils viennent récemment de faire de leur propre puissance.

« En voyant la marche que suit rapidement son langage hautain, on est tenté de se demander si bientôt ils ne déclareront pas que leur hémisphère est supérieur au nôtre et s'ils ne chercheront pas à nous imposer leur volonté ! »

Dans ce même rapport et en dehors du jugement remarquable qu'a formulé le Maréchal, se présente un paragraphe qui, pour nous autres Français, offre bien un contraste des plus suggestifs. D'une part et bien qu'il soit de nature à amoindrir la hardiesse de leurs sentiments, il rend un juste hommage au patriotisme américain; mais, d'autre part, il fait ressortir d'une façon cruelle pour notre amour-propre national l'antipatriotisme de certains Français que j'ai eu, du reste l'occasion de stigmatiser déjà, alors que l'on démontrait que cet antipatriotisme était rémunéré !

« Il me revient de différentes sources qu'ils (les Américains) comptent beaucoup *sur l'opposition en France pour les soutenir dans leurs projets*. A ce propos, dans un rapport qui m'est adressé par le commandant de Tampico, il m'est dit que les dissidents du Tamaulipas, d'après le dire de l'officier, ont combattu aux cris de « Mort à Maximilien ! — Vive Jules Favre ! » Ce nom d'un politicien français, devenu un cri de guerre chez nos ennemis, est un fait qui se passe de commentaires. Mais je dois ajouter pour rattacher ce fait à ce qui se dit au sujet de l'appui sur lequel comptent les Américains de la part de l'opposition en France, que le Tamaulipas est jointif du territoire occupé par l'armée américaine qui, par conséquent, outre qu'elle procure à ces dissidents des armes, des hommes, etc., elle leur inspire encore ce cri de guerre significatif.

« Le langage hardi que vient de tenir le président Johnson en nous lançant, pour ainsi dire sous une forme voilée, un défi à échéance, préoccupe actuellement les esprits au plus haut degré.

« Chacun se demande avec anxiété comment la France acceptera les prétentions du peuple qui lui doit son émancipation et si elle ne cherchera pas à profiter de l'occasion, qui est belle encore, pour faire prévaloir les grandes lignes de la politique napoléonienne. » (Il s'agit évidemment ici de la pensée qu'avait eu l'Empereur de soutenir le Sud.) « Chacun comprend que l'occasion sera peut-être unique et qu'attendre même une année, ce serait compromettre un succès qui aujourd'hui ne saurait être douteux.

« La Confédération traverse, en effet, une période difficile, son mécontentement est manifeste, son dépit n'est point encore apaisé.

« Plus tard, et ce ne sera peut-être pas long dans un pays où une activité prodigue est à l'ordre du jour, plus tard, dis-je, des intérêts nouveaux se seront créés, l'esprit public sera changé par les flots d'immigration déversés à la fois de l'Europe et du Nord des Etats-Unis, il sera plus difficile, sinon impossible, de réveiller dans cette portion de la grande République le parti qui, malgré la solution définitive donnée à la question de l'esclavage, en aurait aujourd'hui profité probablement pour soi dans un conflit avec le Nord, si un appui matériel de la France venait à leur secours. »

Cette envolée de philosophie politique dût produire dans la pensée du Gouvernement français, et surtout de Napoléon III, une impression profonde. Si Napoléon III avait cru pouvoir la communiquer à la France elle-même, celle-ci l'aurait comprise et aurait relevé la tête. Mais hélas ! les Américains qui ne voulaient pas la guerre, même encore moins que nous, savaient bien que les alliés qu'ils avaient au corps législatif valaient pour eux l'armée et la marine qu'ils n'avaient pas alors pour tenir tête à l'amour-propre français, blessé par leurs menaces non déguisées.

J'ai tenu à reproduire ces considérations si justes et si habilement formulées par le Maréchal pour éclairer son Gouvernement et lui assurer l'indépendance dans les décisions qu'il jugerait nécessaire de prendre. Je dois ajouter d'autres indications que j'ai recueillies personnellement sur le fond réel des sentiments américains à l'égard de la possibilité d'une guerre. Ces indications résultent des entretiens nombreux que j'eus alors à Mexico avec des personnalités américaines importantes, très qualifiées pour formuler des appréciations sûres et fondées. Voici leur langage :

« Comment en France et vous-mêmes ici, pouvez-vous admettre que les Américains aient la pensée arrêtée de vous déclarer la guerre ? Soyez logiques. Vous prétendez toujours que nous n'adorons que le « Dieu Dollar » ! Raisonnez donc d'après cette conception. Les Etats-Unis, et vous le reconnaissez vous-même très justement, ont sur les mers une flotte de commerce dix fois plus nombreuse que la vôtre et comme vous disposez d'une flotte de guerre beaucoup plus puissante que celle que nous avons, vous ferez à notre marine marchande un mal considérable et à notre commerce un préjudice énorme. En admettant même que nos forces militaires navales soient égales, vous nous détruirez logiquement dix fois plus de bâtiments que nous détruirons des vôtres : par conséquent notre commerce subira pour le moins dix fois plus de pertes que celui de la France, ce qui serait pour nous désastreux. Et quel avantage trouverions-nous à faire de pareils sacrifices, en admettant même que nous ayons le dessus dans la lutte, ce qui, du reste, est problématique ? Serait-ce celui d'absorber le Mexique ? Cela ne vaudrait pas nos sacrifices; d'autant que nous n'aurions pas un grand intérêt à le conserver puisque nous n'avons pas tenu à le faire à la suite de notre précédente guerre avec ce pays. Du reste, nous lui avons déjà acquis les provinces qui pouvaient nous convenir.

« Il faut bien remarquer, en outre, qu'alors que vous conserveriez une situation prépondérante quelconque au Mexique, nous y trouverions toujours, nous aussi, un avantage considérable sans y avoir aucune charge. Vous feriez tous les frais de régénération du pays, vous en développeriez la richesse, vous en tireriez profit, c'est certain; mais nous aussi, en raison de notre proximité.

« Vous voyez bien que n'ayant pas d'avantages à vous faire la guerre, devant subir, au contraire, des pertes considérables, nous nous en tiendrons au culte du « Dieu Dollar ». Il est vrai qu'on tient, aux Etats-Unis, à l'application de la doctrine Monroë, mais il ne faudrait pas qu'elle nous coûtât trop cher. Le Gouvernement de Washington fera tout ce qu'il pourra pour vous intimider, vous dégoûter de votre entreprise et vous faire quitter le Mexique, mais il n'ira jamais jusqu'à la guerre. »

Ces considérations étaient justes, d'une sagesse prudente et conforme à l'esprit pratique des Américains. C'était le bluff mis politiquement au service du dollar !

Le Gouvernement français ne l'ignorait pas, sans doute, mais la nation française l'ignorait assurément et il se trouvait au Parlement des avocats qui s'attachaient à le lui cacher, grâce encore au Dieu Dollar qui avait passé la mer.

Quelque sévère que puisse être le jugement que comporte la politique sourde du Gouvernement américain, on doit reconnaître que celle-ci était une arme à deux tranchants qui pouvait devenir très dangereuse pour celui qui l'employait.

Du reste, beaucoup d'esprits clairvoyants autour du Gouvernement même le jugeaient ainsi ; nous en avons eu des preuves rendues publiques par des lettres publiées dans les journaux français de Mexico.

D'un autre côté, aux Etats-Unis, on se préoccupait aussi de cette affaire et ce qui manquait absolument de loyauté, on faisait courir le bruit à New-York et à Washington qu'on consentirait, contre certaines concessions, l'abandon de la Sonora peut-être, à reconnaître l'Empire après le départ des troupes françaises. On laissait même entendre cette mauvaise plaisanterie d'une manière presque officielle. C'est bien plutôt à Juarez qu'on aurait extorqué la Sonora sous le prétexte de se rembourser de l'emprunt qu'à New-York on faisait souscrire en faveur de sa cause : car la déesse *Buzeness* pas plus que le dieu *Dollar*, son cousin, ne perd jamais ses droits.

Je retrouve une combinaison analogue, mais en sens inverse, formulée par le Maréchal, dans son rapport du 28 décembre où, en vue d'un compromis peut-être possible, il disait : « Si, au lieu de céder le pas aux Américains nous les amenions, au contraire, à reconnaître l'Empire avant le retrait de nos troupes, notre départ pourrait être possible à une époque relativement prochaine et on pourrait peut-être s'y engager en échange de la reconnaissance de l'Empire. »

Il est probable que cette solution de pis-aller n'a pas souri à Paris, et je le comprends sans peine, car elle n'aurait certainement pas été accueillie à Washington.

Le vent était donc à la guerre extérieure, à l'invasion, et il recommançait à souffler à la guerre intérieure en raison de la persistance de Juarez qu'alimentaient des appuis de toutes sortes. En présence de ces redoutables perspectives, quels étaient les moyens de défense de l'Empire ? Une armée nationale qui attendait toujours sa réorganisation, une armée étrangère qui se désagrégeait en partie et qui, la légion autrichienne surtout, perdait le prestige qu'elle aurait dû conserver ; enfin l'armée française toujours redoutable mais qui, régulièrement, devait commencer à reprendre le chemin de la France en vertu des conventions de Miramar.

Maximilien avait paru comprendre la gravité de la situation ; mais, au lieu de se mettre immédiatement à l'œuvre pour y remédier, il eut la naïve inspiration de s'adresser encore à Napoléon III pour le tirer d'embarras. Dès le mois d'octobre, il demanda au Gouvernement français de réviser certaines clauses du traité de Miramar, c'est-à-dire l'ajournement des rapatriements échelonnés de nos troupes et la continuation par la France du paiement de ces troupes ainsi que tous les frais des opérations qu'elles auraient à entreprendre au Mexique. Il faut reconnaître qu'à ce moment les relations avec les Etats-Unis n'étaient pas encore devenues trop menaçantes ; mais, d'autre part, il convient de considérer que le moment était mal choisi, alors que Maximilien venait de faire à M. Langlais un accueil qui devait soulever le mécontentement à Paris et faire repousser toute faveur financière, puisqu'on se refusait à améliorer l'état des finances. En outre, les déclarations presque impertinentes du premier ministre à l'égard de l'intervention française avaient fort déplu en France. La série noire des mesures vexatoires dont j'ai fait connaître des échantillons et surtout l'attitude agressive de l'Empereur contre le Maréchal, avaient fait la plus mauvaise impression à Paris. Aussi le Gouvernement opposa un refus formel à ces prétentions.

L'Empereur Napoléon, depuis longtemps, contenait sa mauvaise humeur bien naturelle à l'égard de l'Empereur Maximilien dont rien ne pouvait modifier le caractère et les habitudes déplorables dans sa manière de gouverner et qui s'obstinait à résister à l'impulsion et aux supplications de son premier représentant au Mexique. Aussi commença-t-il à perdre patience et à laisser voir son mécontentement, ainsi qu'en témoigne sa lettre de fin de novembre, au Maréchal.

« ... Il est indispensable, disait-il, que je prenne des mesures énergiques... ; en attendant, mettez tous vos soins à organiser l'armée mexicaine, afin que nous puissions, dans un temps donné, évacuer le pays... » Ces instructions étaient peu conformes aux demandes que venait de faire Maximilien ; mais, d'un autre côté, l'Empereur ne se rendait pas bien compte que cet ordre formel donné à son lieutenant était bien difficile à exécuter sans le concours de Maximilien, qui avait fait défaut jusqu'alors.

« Il faut que l'Empereur Maximilien comprenne que nous ne pouvons pas rester indéfiniment au Mexique... »

Cette phrase a dû coûter à son auteur. Elle montre avec quelle amertume Napoléon III sentait la maladresse du Prince qu'il avait cru capable de jouer le rôle prépondérant dans la grande et magnifique entreprise que comportait l'exécution de ses projets ; cette maladresse allait anéantir sa grande conception initiale à l'égard du Mexique.

Aussi, avec une juste sévérité, il disait encore au Maréchal qu'au lieu de construire des théâtres et des palais, Maximilien ferait mieux de mettre de l'ordre dans les finances et... sur les grandes routes.

Ces reproches, les premiers que faisait entendre officiellement Napoléon III, étaient absolument mérités, j'ajouterai même beaucoup trop adoucis. Si, depuis, des écrivains au cœur généreux, se sont efforcés d'atténuer les responsabilités de Maximilien, ils ont, à mon avis, dépensé des trésors d'une charité chrétienne que leur impérial client ne méritait pas. Si, à cette époque, la cause de l'Empire mexicain paraissait compromise, c'était Maximilien lui-même qui l'avait mise en cet état et cela malgré tous les efforts faits par nous pour éviter ce malheur. Il se condamnait lui-même, lorsqu'il annonçait, au bout de dix-huit mois de règne, qu'*il allait commencer à gouverner*. Il est bien temps de saisir la barre quand le vaisseau désemparé n'a plus de gouvernail et flotte à l'aventure au milieu des écueils ! Un tel pilote ne mérite ni excuse ni pitié, même si, dans le naufrage, il périt dévoré par les requins !

Si, comme il le dit dans un discours prononcé à la visite des condoléances officielles, à l'occasion de la mort du roi

Léopold de Belgique, au lieu de consacrer ses veilles à toutes sortes de productions législatives plus ou moins opportunes, Maximilien avait gouverné de façon à conserver l'attachement et la confiance de ses amis, et à détruire par ce fait les espérances de ses ennemis, il eût, sans nul doute, tiré le plus grand profit d'un événement privé et qui devait se produire obligatoirement vers la fin de cette année, événement dont l'importance intrinsèque était minime mais qui, bien exploité, aurait eu une portée considérable pour la consolidation de son Empire. C'était la fin légale de la présidence de Juarez, l'expiration de ses pouvoirs. Un gouvernement habile et prévoyant aurait dû escompter cette échéance et en profiter. Mais on n'y avait même pas pensé !

En effet, l'Indien paisible, honnête et désintéressé, le patriote qui s'obstinait à végéter dans une présidence uniquement morale dans le seul but de sauver son pays et surtout la forme de gouvernement qu'il représentait *in partibus;* cette épave de chef d'Etat, déjà échouée presque en territoire étranger, eut l'idée, toujours par désintéressement sans doute, de faire un coup d'Etat, tout seul, ce qui était assurément facile et sans danger.

Elu pour quatre années, son mandat expirait le 30 novembre 1865, et, conformément à la constitution dont il avait la garde, la présidence intérimaire jusqu'au moment où on procéderait à une nouvelle élection, passait de droit et *ipso facto* au président de la cour suprême. Mais, ce président était alors le général Ortega, l'énergique soldat qui défendit si vaillamment contre nous, en 1863, la forteresse de Puebla, fut fait prisonnier et alla se retirer aux Etats-Unis avec l'autorisation de la France.

Alors, le rusé Juarez, ne voulant pas lâcher la proie présidentielle défunte, qu'allaient ressusciter, selon toutes probabilités, les fautes de Maximilien d'une part, les engagements protecteurs des Etats-Unis d'autre part et aussi, surtout peut-être, les assurances venues de Paris qu'on forcerait l'Empereur Napoléon à évacuer le Mexique, le président de la République déchu, se sacra lui-même dictateur, par la grâce ineffable d'un décret, signé, le 8 novembre, à Paso del Norte, sur la frontière même. Ce document extraordinaire, ou plutôt extra-légal, prorogeait ses pouvoirs présidentiels jusqu'au moment où il serait possible de nommer son successeur. Mais la constitution, qu'en faisait-il ? Ortega avait le droit et le devoir de réclamer, dans les mêmes conditions *in partibus* le titre de président jusqu'au moment de ces fameuses élections ! Que fit alors le doux, l'intègre Juarez ? Il produisit un autre décret mettant purement et simplement hors la loi Ortega, sous le prétexte qu'il était retiré aux Etats-Unis, c'est-à-dire en territoire étranger. Et pourtant, cette situation du général mexicain n'était pas volontaire, puisqu'elle était la conséquence fatale de son grand dévouement à la patrie qui l'avait fait défendre son principal rempart jusqu'à tomber entre les mains de l'ennemi pour être emmené en captivité. Mais, au contraire, ces titres honorables qui l'auraient fait nommer président au jour des élections, le firent traiter plus cruellement par Juarez, qui le déclara déchu de ses droits et ordonna son arrestation et sa mise en jugement, s'il avait l'audace de reparaître sur le territoire mexicain, pour revendiquer légalement les mêmes droits qui étaient imprescriptibles !

Les deux décrets promulgués par Juarez étaient absolument arbitraires et anticonstitutionnels; le second était en plus odieux et ne comporta aucune excuse. Il fut très sévèrement jugé par un des rares fidèles compagnons du Président, qui même était président intérimaire de la cour suprême en l'absence forcée d'Ortega, c'était le général Ruiz. Celui-ci quitta Juarez, alla faire acte de soumission à l'Empire et lança une proclamation qui, constitutionnellement, était légale, flétrissant la violation que venait de commettre Juarez pour rester illégalement au pouvoir. Puis, ce patriote écœuré se retira de la vie publique.

Si, à ce moment, l'Empire avait été organisé sur de plus fortes bases comme il l'aurait été avec tout autre homme que Maximilien, la cause personnelle de Juarez était perdue. Mais dans la situation du moment, elle fut renforcée par ce coup d'Etat, si invraisemblable qu'il pût être.

Cependant, Maximilien, au milieu des labeurs qu'aurait dû lui créer sa résolution de gouverner, avait constamment des distractions à côté, qui lui faisaient négliger les charges du pouvoir.

C'est ainsi, qu'apprenant le retour de l'Impératrice de son voyage au Yucatan, et son débarquement à Vera-Cruz, le 20 novembre, il se décida à aller au devant d'elle jusqu'au delà des monts, sur la route de Puebla. Un matin, en galant et brillant paladin, monté sur beau destrier andalou, il apparut à sa noble et fière épouse, qui chevauchait heureuse et pensive par une claire et ensoleillée matinée, non loin de la jolie ville de San-Martino.

La rencontre fut naturellement touchante; mais au lieu de continuer leur route sur Mexico où les appelaient pourtant tant de devoirs impériaux et surtout impérieux, ils prirent la direction de Cuernavaca où, renvoyant au lendemain les affaires sérieuses, ils allaient s'abandonner aux charmes d'une villégiature champêtre plus humaine que mondaine. Qu'était-ce donc que ce Cuernavaca si attractif? Une charmante petite ville, sise au pied des derniers rameaux du Popocatepelt, sur les bords riants d'un ruisseau glacé par les fontes des neiges éternelles du grand volcan. Elle est à quinze ou seize lieues de Mexico, sur la frontière des Terres Chaudes du Pacifique. C'est dans un des bosquets naturels de ce paradis embaumé d'orchidées, où l'on savoure déjà le mangot doré, aux sucs aphrodysiaques parfumés à la térébenthine, que Maximilien s'est offert un petit domaine fleuri, transformé en cottage délicieux où il aime à se reposer des charges du pouvoir. L'Impératrice Charlotte s'y plaît beaucoup, mais l'Empereur bien davantage, dit-on, car il y a établi une sorte de jardinier-régisseur, possesseur d'une épouse exceptionnellement belle et séduisante!

Cependant, si le ciel de Cuernavaca était pur et souriant

pour les Souverains, celui de l'Etat s'assombrissait chaque jour. Un orage, qui grondait sourdement depuis longtemps, commençait, à cette époque, à devenir menaçant, et s'amoncelait à l'horizon : c'était le complot de Santa-Anna.

Nous avons déjà vu, au commencement de l'année, ce vieux, ce perpétuel prétendant, exilé depuis des années, chercher à pénétrer sur la terre mexicaine, portant fallacieusement en main un rameau d'olivier, mais violant aussitôt la parole donnée sur l'honneur de ne pas entreprendre de menées politiques. Nous avons vu aussi que, grâce à la ferme initiative du Maréchal, ce déloyal brandon de discorde avait été repoussé au delà des mers et transporté par un croiseur français de Vera-Cruz à la Havane.

Dès le mois de juillet, on eut, à Mexico, la preuve certaine qu'un grand nombre de conservateurs et de cléricaux, qui n'avaient jamais déserté la cause de Santa-Anna avant la proclamation de l'Empire, auquel ils s'étaient franchement ralliés, perdant confiance dans la stabilité du régime impérial, et surtout considérant comme certain le départ des troupes françaises, commençaient à retourner à leurs anciennes sympathies, espérant y trouver une garantie de salut. Ces conservateurs travaillaient sourdement à rapprocher les causes de Santa-Anna et de Juarez pour créer ainsi un terrain sur lequel on pourrait établir un jour un *modus vivendi* acceptable pour tout le monde. Des pourparlers étaient déjà entamés avec les deux Présidents, et ces menées étaient favorisées même par certains membres du Gouvernement dont la fidélité à l'Empire était rien moins que douteuse. Mais Maximilien ne sembla pas se préoccuper de ce danger, qui aurait cependant dû attirer son attention sur la fragilité de son œuvre. Il ne vit sans doute pas que ce mouvement d'opinions et de manœuvres ténébreuses donnait à la venue de Santa-Anna à Vera-Cruz une importance plus grande qu'une simple fantaisie de la part du vieux et incorrigible conspirateur.

Un incident fortuit, mais original dans la forme, se produisit vers le milieu de septembre, qui mit le Maréchal absolument au courant des pensées secrètes et des projets du général Santa-Anna.

Un jeune officier d'état-major, le lieutenant de Béarn, se rendait au Mexique sur un paquebot qui fit escale à Saint-Thomas. Apprenant que le fameux Santa-Anna habitait princièrement cette ville, il eut l'idée audacieuse mais géniale d'aller lui rendre visite, incognito bien entendu. Parlant parfaitement l'allemand, il se présenta en touriste allant visiter le Mexique et fut pris pour un citoyen d'outre-Rhin, héritier d'une principauté (?), que ne démentait pas du reste sa blonde chevelure.

M. de Béarn fut reçu d'abord avec une grâce parfaite par Mme Santa-Anna, femme charmante sur laquelle notre élégant voyageur fit la meilleure impression, ce qui lui valut de la part de son mari, qui s'était très dignement fait attendre au salon, l'accueil le plus cordial. La belle dame l'avait pris pour un Allemand, ainsi qu'il le dit lui-même avec une charmante simplicité dans son récit : « Je vis que j'étais pris pour un officier allemand et je me laissai faire. »

Le vieux birbe, convaincu qu'il avait affaire à un Allemand de vieille race, fut très expansif et ne déguisa pas ses sentiments d'exécration pour les Français, coupables, à ses yeux, de lui avoir enlevé la jambe qui lui manquait, et qu'il aurait certainement exterminés à Saint-Jean-d'Ulloa sans cette amputation brutale et vraiment impardonnable. Puis, enhardi par la bonhomie naïve de son visiteur, il exposa sans détours ses idées sur la situation où se trouvait le Mexique et particulièrement sur les événements qui devaient se produire prochainement. Il lâcha tout : ses relations constantes et secrètes avec Mexico et le pays tout entier; ses menées occultes, enfin et surtout le concours absolu que lui prêtaient les Américains avec armée, marine, tout enfin pour soulever le Mexique et renverser le trône branlant de Maximilien, en nous jetant cette fois bien effectivement à la mer. C'était complet. Il montra même la fameuse proclamation qu'il tenait prête à lancer pour mettre le feu aux poudres et, sur la demande de M. de Béarn de lui faire l'honneur d'un exemplaire de ce document destiné à devenir historique, il lui en donna une collection avec prière de la répandre, surtout en Europe.

M. de Béarn, stupéfait du résultat de sa visite, sut cependant conserver avec art le sang-froid ingénu que comportait la circonstance; il subit avec onction cette expansion torrentielle du grand homme assurément incompris, s'associant avec beaucoup de tact à ces révélations, par des approbations mimées et discrètes, laissant échapper aux bons moments quelques paroles approbatives; puis, semblant vouloir éviter d'être importun, mais surtout préoccupé de rentrer à bord, il prit congé, avec une parfaite déférence, de son hôte expansif, étreignit plusieurs fois la main affable qui lui était tendue et regagna son paquebot absolument ravi du succès d'une démarche à laquelle il n'aurait jamais pensé devoir donner une si grosse importance.

Naturellement, dès son arrivée à Mexico, il communiqua au Maréchal cet incident de son voyage dans une relation très détaillée et des plus intéressantes. Lorsque l'aventure fut connue, nous fîmes fête à ce jeune et déjà distingué camarade qui venait de débuter par un coup de maître dans sa carrière d'officier d'état-major.

Le manifeste de Santa-Anna n'apprenait pas grand chose; ce n'était qu'un tissu de fourberies; mais les confidences qu'il avait faites à « l'officier allemand » étaient des plus importantes, suggestives même, par leurs révélations compromettantes, non seulement pour nombre de hautes personnalités mexicaines, mais, ce qui était plus grave, pour le Gouvernement américain qu'elles montraient sous un aspect... peu flatteur ! Comment, on soutenait, d'une part, moralement, militairement, financièrement la cause de Juarez et, d'autre part, on promettait à Santa-Anna des armées, de l'argent, etc. ! Mais enfin, on n'avait cependant pas, à Washington, la prétention de doter la République mexicaine de deux présidents à la fois !! C'est ce que, bien effectivement, on pourrait qualifier de politique à double face !

Alors que les esprits étaient tendus vers la frontière pour y découvrir la paix ou la guerre, que le Gouvernement ne faisait rien pour mettre de l'ordre dans les finances et dans les administrations, la situation militaire à l'intérieur était-elle meilleure ? Pas du tout. Dans les derniers mois de l'année 1865, des actions de guerre, malheureusement mauvaises quelquefois, se produisaient un peu partout. Et pourtant Maximilien avait cru pouvoir reprocher au Maréchal de ruiner le trésor *avec les expéditions qu'il faisait entreprendre*. On était bien obligé de les entreprendre, ces expéditions, puisque la mauvaise administration du pays faisait renaître des ennemis où il n'y en avait plus et qu'il y avait trop souvent des combats à livrer.

Maximilien, sur les instances du Maréchal, s'était enfin décidé à mettre en campagne sa légion autrichienne qu'il avait tenue trop longtemps casernée dans Puebla et sur la route de Vera-Cruz; mais celle-ci avait subi des échecs, même des revers de mauvaise nature.

Au mois de septembre, un officier autrichien, qui occupait la petite ville de Téhuacan, non loin d'Orizaba, à dix lieues de la route de Vera-Cruz, s'était laissé enlever une colonne d'une centaine d'hommes, puis attaqué dans sa place même, au lieu de lutter dans son réduit, ce qu'il pouvait faire tant qu'il aurait des vivres et des munitions, il eut la faiblesse de se rendre, laissant 1.500 fusils et 20.000 cartouches à l'ennemi qui leva une contribution de cent mille piastres sur la ville et se sauva, du reste, en apprenant qu'une troupe française, débarquée à Vera-Cruz, marchait contre elle. N'était-ce pas déplorable ? Un autre officier autrichien commandait à Oajaxa, entouré de bandes reformées avec les prisonniers que nous y avions faits et que Maximilien avait prescrit de relâcher. Dans une sortie de reconnaissance, il se laissait enlever la moitié de sa colonne et rentrait se faire bloquer dans la ville. On fut obligé de lui envoyer 500 hommes de renfort. Cette opération aurait dû être évitée ! Le résultat de cette insuffisance d'une partie de ces troupes non encore aguerries, fut que la route de la capitale à la mer n'était plus praticable et que la rumeur publique réclama qu'on envoyât des troupes françaises pour la garder.

Tout le monde reconnaissait, du reste, que les Autrichiens étaient impuissants à faire cette guerre de chicanes, de surprises, dans laquelle excellaient, au contraire, les soldats français. Lorsque le général Brincourt commandait le département de Puebla avec quelques bataillons à peine, la tranquillité régnait partout; mais avec les Autrichiens, cinq fois plus nombreux, il n'y avait de sécurité nulle part. Aussi, le Maréchal dut-il déplacer encore des troupes françaises pour aller en Terres Chaudes protéger le chemin de fer de Vera-Cruz.

Quant aux opérations de concentration prescrites par l'Empereur Napoléon et nécessitées par les menaces américaines, les mouvements se dessinaient; mais cette manœuvre s'opérant sur d'immenses surfaces, ne se faisait pas partout sans motiver quelques incidents plus ou moins sérieux. Je tiens à en rappeler un qui montre une fois de plus à quel degré d'entraînement, d'énergie et d'endurance en étaient arrivés nos soldats.

A la bifurcation des deux plus importantes voies de pénétration des Etats-Unis, dont celle de Matamoros, à 60 lieues de cette ville et à 40 lieues de la frontière, se trouve la ville importante de Monterey, et à 20 lieues en arrière de celle-ci, la petite ville de Saltillo.

Le 4 novembre, les troupes françaises occupant Monterey quittèrent cette place pour se concentrer à Saltillo, laissant la première de ces deux villes à la garde de troupes mexicaines. Huit jours plus tard, le général Jeanningros, qui commandait à Saltillo, craignant des mouvements de troupes dans la région de Matamoros, se mit en route avec une colonne légère d'un millier d'hommes et une section d'artillerie de montagne. N'ayant pas rencontré les Libéraux, il eut l'idée de revenir par Monterey pour rassurer ses habitants que notre départ avait plongé dans les transes.

Mais, pendant son opération, les Libéraux qui avaient été repoussés par le général Mejia dans une attaque infructueuse contre Matamoros, s'étaient dirigés en nombre considérable sur Monterey où ils entraient le 23 novembre, forçant la garnison mexicaine, que nous y avions laissée, à se renfermer dans la citadelle, et s'établissant solidement au centre de la ville dans la partie la plus riche. Ainsi maîtres de la situation, les Libéraux frappèrent aussitôt une contribution de deux cent mille piastres (un million), payable dans les 48 heures. Ils étaient pressés d'avoir leur argent, car ils savaient le général Jeanningros à plusieurs jours de marche et Saltillo dégarni de troupes. Les habitants affolés, se préparaient à recueillir les fonds exigés. Ils avaient cependant expédié de tous côtés des courriers rapides pour informer les troupes françaises qu'on pourrait atteindre, mais principalement Saltillo.

Ces courriers rapides méritent une mention spéciale, car ils sont extraordinaires. Un Indien à qui on a confié une nouvelle urgente, établit une grosse pierre sur son dos pour tenir le corps penché en avant, il met dans ses dents un morceau de bois ou une plume d'oiseau pour scander et régulariser sa respiration; ainsi équipé, il part au pas de course. Il évite les routes et suit à travers le pays une direction à peu près droite vers son but où il trouvera une hacyenda ou un rancho (hameau), après deux heures de marche environ. Là, il se fait relayer par un Indien frais et dispos qui emporte, à son tour, la nouvelle et opère ensuite de la même façon que le premier courrier. Les relais s'improvisent ainsi jusqu'à destination. Par ce procédé, les messages parcourent les plus grandes distances avec une vitesse incroyable.

C'est ainsi qu'à Saltillo on fut prévenu cinq heures après l'entrée de l'ennemi à Monterey. Là se trouvait, comme chef supérieur de nos troupes, un homme d'une énergie de fer et de décision soudaine, que j'ai bien des fois admiré alors qu'il était capitaine au 3ᵉ zouaves, le même qui, d'un coup de poing, assommait un taureau. C'était le commandant de La Hayrie.

Choisir 150 hommes de la Légion étrangère, faire atteler dix chariots à douze mules, mettre dedans les sacs de ses hommes et la moitié de sa troupe, furent l'affaire de quelques minutes et il partait au secours de Monterey. Les hommes alternant entre eux pour faire en voiture la moitié de la route.

Après avoir parcouru ainsi plus de 20 lieues en 24 heures, il arrivait le 25 à 4 heures du matin, se renforçait des 150 Mexicains qui s'étaient réfugiés dans le réduit et, avec 300 hommes, il s'établissait brusquement dans un édifice tout proche du quartier où étaient fortifiés les 1.300 Libéraux qu'il fallait tenir en échec. Ce qu'il fit en les harcelant sans cesse, et évitant de laisser voir l'infériorité numérique considérable de sa troupe, mais en les empêchant de recueillir l'imposition demandée.

L'intrépide La Hayrie n'aurait pas pu jouer ce rôle hardi pendant bien longtemps. Heureusement, dans l'après-midi, subitement, on vit les Libéraux se sauver au plus vite et on entendit résonner, à l'autre extrémité de la ville, les fanfares des clairons français. C'était le général Jeanningros qui, lui aussi, accourait au secours de la ville et en même temps de son lieutenant dont il ignorait la présence.

C'était la veille, à l'aube, que le général avait appris qu'une forte colonne de Libéraux menaçait Monterey. Il était à 30 lieues. Jeanningros, lui non plus, n'hésita pas, il partit avec toute sa colonne. Il marcha pendant 32 heures, sans autres arrêts que ceux nécessaires pour faire le café, et, le 25 à 3 heures, il entrait dans Monterey. Il eût été temps encore pour sauver la caisse, alors même que La Hayrie ne fut pas arrivé le matin. La population était folle de joie : « Quels soldats ! — Ce sont des hommes, ceux-là ! » criait-elle à nos héroïques troupiers.

Nous aussi, Français de quarante ans après, nous leur devons toute notre admiration; et si nous leur crions : « C'étaient des hommes, ceux-là ! Quels soldats ! » nous devons ajouter : « Quels chefs que ces La Hayrie, ces Jeanningros ! » Et les chefs de cette trempe étaient partout dans notre armée du Mexique !

Le général Jeanningros voulait bien poursuivre l'ennemi, mais il ne pouvait pas demander un nouvel effort à une infanterie qui venait de faire 30 lieues en 32 heures. Quel record ! Alors il lança ses deux escadrons de cavalerie qui parvinrent à joindre la queue de la colonne en fuite, la mirent en déroute en lui tuant une centaine d'hommes.

Ce double incident de guerre ne saurait être trop rappelé, et nous pouvons dire plus que jamais : « Quelles troupes nous avions alors ! » En aurons-nous encore ? Pourquoi pas !

La situation militaire n'était donc pas plus satisfaisante que les autres et je ne puis mieux la caractériser, aussi bien dans ses effets que dans ses causes, qu'en présentant l'exposé qu'en fait le Maréchal, dans son rapport du 9 décembre :

« Les populations éprouvent une grande inquiétude du retrait de nos troupes. Ce résultat devait être prévu dans un pays où on met si mal le temps à profit. Il est d'ailleurs la conséquence de la concentration partielle des troupes françaises à laquelle nous oblige l'aspect des choses du côté des Etats-Unis.

« Avec un Gouvernement plus fort, plus prévoyant, avec des autorités plus actives et animées d'un plus grand patriotisme, j'aurais pu espérer concentrer l'armée française sans avoir les mêmes craintes pour les pays que nous avons délivrés de l'oppression des Juaristes et qui, dès notre approche, se sont spontanément prononcés pour l'Empire.

« Malheureusement, les causes qu'en maintes occasions, j'ai dû exposer à V. E. ne me permettent guère d'espérer ce résultat et, comme après tout, entre deux inconvénients il faut choisir le moindre, je dois risquer de voir quelques points provisoirement arrachés au Gouvernement de l'Empire Maximilien, plutôt que de voir compromis le drapeau français.

« Les mouvements de nos troupes n'ont pas seulement atteint le Chihuahua. Le département du Sinaloa, dont la partie Sud est depuis longtemps soumise à l'Empire, devrait présenter aujourd'hui une organisation suffisamment forte pour nous permettre de nous retirer sans crainte. C'est à peine si j'ose l'espérer, considérant toutes les difficultés qu'il m'a fallu combattre pour mettre des troupes mexicaines en état de nous remplacer. Les mouvements de ces troupes doivent enfin se faire ces jours-ci et contribueront, j'aime à le croire, au maintien de l'ordre.

« J'ai l'honneur d'adresser à Votre Excellence copie de la correspondance que j'ai échangée à ce sujet avec l'Empereur Maximilien. Votre Excellence verra, par la lecture de ces documents, que je ne cache pas la vérité au Souverain du Mexique et que, d'un autre côté, je ne me laisse pas détourner de la voie que je me suis tracée dans l'intérêt de nos troupes et pour la sauvegarde de l'honneur de nos armes. »

Ces explications sont concluantes et suffisamment topiques pour stériliser les récriminations et confondre les reproches que, trop souvent, Maximilien adressait au Maréchal au sujet de l'abandon par nos troupes de populations dévouées.

Du reste, ce malheureux prince manifestait sans cesse des désirs vraiment enfantins. C'est ainsi qu'au 5 septembre 1865, il demanda au Maréchal de faire occuper, par des troupes françaises, presque toute la frontière du Nord, afin d'empêcher cette frontière d'exposer aux yeux des Américains un état de désordre de nature à faire mal juger la situation intérieure du Mexique. Il eut fallu cinquante mille hommes pour constituer ce rideau plus que ridicule. Le Maréchal envoya copie de la lettre impériale qu'on aurait pu mettre en doute, ainsi que le texte de la réponse correcte mais sévère qu'il y fit. Les élucubrations stratégiques de Maximilien étaient par trop fantaisistes.

En résumé, on peut dire que, dans l'ensemble, la quatrième année de notre présence au Mexique arrivait à son terme dans des conditions générales fort peu satisfaisantes. Pour expliquer cette triste situation et par exception, je passe la plume à un de ces informateurs officieux dont la correspondance privée allait jusqu'à l'Empereur Napoléon, les unes pour jeter le trouble dans son esprit, d'autres, au contraire, pour y apporter l'expression de jugements plus sincères et plus vrais. Je reproduis les appréciations formulées à cette époque par un officier d'un grade élevé, appartenant à une arme spéciale qui était le correspondant fortuit et indépendant d'un aide de camp de Napoléon III, officier général du génie. On retrouve, dans cet exposé, des sentiments que j'ai signalés et qui sont précisés d'une façon suggestive sous la plume de cet écrivain militaire impartial. Je dis suggestive car ils montrent combien la pensée originelle de l'Empereur d'établir au Mexique un protectorat français était fondée, puisque quatre années plus tard, sous l'influence des événements qui se sont succédés et de l'état de choses que ceux-ci ont créé, cette question de régénération du pays vient à l'esprit d'un grand nombre de personnes non prévenues et appartenant surtout à l'élément mexicain qui est un des plus intéressés. Je cite le correspondant du général Frossard :

« Je crains de passer à vos yeux pour un alarmiste et pourtant je ne me sens rien moins que cela. Mais je ne puis me refuser à l'évidence. Je ne peux pas ne pas voir ce qui frappe tous les yeux et ne pas entendre ce que chacun crie tout haut. Or, dans ce moment, il y a un découragement très grand, presque complet, tant chez les Mexicains que chez les Européens, en voyant que le Gouvernement actuel n'a pu encore rien organiser, rien asseoir et que tout va comme par le passé avec les mêmes iniquités. On a longtemps attendu et comme rien ne vient, malgré les souffrances trop bien constatées du moment, on a cessé d'avoir confiance et on n'espère plus rien de l'Empereur. Beaucoup de gens vont beaucoup plus loin et je parle de gens de la haute société, presque du palais; ils déclarent hautement que le Gouvernement actuel a fait acte d'impuissance, qu'il ne pourra jamais relever le pays de l'abîme où il se trouve et que l'Empereur doit abdiquer. Ces personnes sont prêtes à ajouter que la France doit administrer le Mexique pour son compte et à l'aide de ses agents. Et ces propos-là, mon général, ne se tiennent pas à Mexico seulement, mais dans presque tout l'Empire. Ce n'est pas l'écho d'un faible parti, mais le cri de la grande masse. Je ne veux pas tirer de ce fait une conséquence exagérée mais seulement vous faire remarquer ce que l'Empereur a perdu dans l'opinion publique...

« J'ai hésité, mon général, à vous donner de telles appréciations et je m'en serais abstenu, si elles m'avaient été seulement personnelles, mais elles sont celles d'une si grande masse que j'ai cru devoir vous en rendre compte à l'égard de tous les autres renseignements que j'ai pris à cœur de vous fournir sur les affaires mexicaines. »

L'officier, en écrivant ces impressions, savait parfaitement qu'elles seraient mises sous les yeux attentifs de Napoléon III.

Je puis donc, en terminant l'exposé des souvenirs de cette première période du règne de Maximilien, déclarer qu'au 31 décembre de l'année 1865, l'Empire était condamné dans tous les esprits et même dans celui du malheureux Empereur! Nous le sentions tous au quartier général.

(19 avril 1906.)

CHAPITRE III

GRAVES INCIDENTS

Du 1ᵉʳ Janvier 1866 à fin de Mars

Année 1866, sombre jour de l'an. — Retour de l'Impératrice. — La Peralta. — Les souverains à Cuernavaca. — Incident de Bagdad. — Monstrueuse violation du droit des gens à la frontière américaine. — Protestations énergiques. — Demi-mesures de recul du gouvernement américain. — Mort du roi Léopold. — Incident relatif au colonel Dupin. — Attitude imprudente et fâcheuse de Maximilien. — Lettres du maréchal Bazaine. — Récriminations du général Douay. — Nouvelle apparition spontanée de Salar ; ses projets.

L'aurore de la troisième année du règne apparut toute pâle dans un ciel sombre. Les cérémonies officielles du jour de l'an ne furent rayonnantes que de l'éclat des uniformes qu'exhibaient les visites obligatoires ; mais les visages ne rayonnèrent ni de joie ni d'espérance. Les pensées restaient sous l'impression pénible des angoisses de la veille et appréhendaient les tristesses probables du lendemain.

Il n'y eut pas dans la capitale de grands raouts officiels, de fêtes de gala, mais seulement des réunions privées, plutôt intimes dans nos familles militaires où, la gaieté gauloise reprenant son droit national, on but du vin français en pensant à la France. Et pourtant ce ne pouvait être avec l'espoir de la revoir bientôt, car, en présence des orages qui menaçaient au loin d'éclater un jour, nous pouvions tous prévoir que de grandes épreuves nous attendaient encore.

Le Gouvernement, le monde politique se maintinrent officiellement mornes et silencieux; pas de pompes, pas de manifestations oratoires; partout une atonie qui impressionna, car le chef de l'Etat manquait. Par une conséquence fâcheuse du voyage de l'Impératrice au Yucatan et de la déplorable décision prise à son retour par les Souverains d'aller s'isoler à Cuernavaca au lieu de rentrer dans leur palais de Mexico, où les attendait une réception officielle, Leurs Majestés passèrent le jour de l'an sur la grande route. Quelle fut donc la cause de ce coup d'Etat en miniature?

Par un hasard étrange, pendant le voyage de retour de la Souveraine, débarquait à Vera-Cruz une enfant du Mexique, devenue, en Europe, une cantatrice de talent, qui revenait de Milan, où elle était chanteuse au théâtre royal de la Scala. C'était une étoile, l'unique même du firmament artistique mexicain, qui venait savourer les applaudissements de ses compatriotes et, sans doute aussi, récolter leurs piastres ou mieux encore leurs onces d'or. La *Peralta* était précédée par une renommée de talent, de charmes et de beauté qui avait conquis toutes les sympathies enthousiastes de ses compatriotes prêts à lui faire une réception magnifique pour laquelle on prenait des dispositions absolument insensées : fleurs, guirlandes, artifices, pavoisement des maisons, cortège avec la municipalité, presque une entrée triomphale. Or, toutes ces dispositions coïncidaient avec le retour de l'Impératrice dont le carrosse suivait à un ou deux jours de marche la diligence qui portait la Peralta.

Sa Majesté, informée de ce qui se passait, fut outrée des manifestations que les habitants de sa capitale préparaient à une chanteuse et dont l'importance égalait sans doute celle qu'elle attendait pour elle-même. Profondément froissée dans son orgueil, elle déclara à l'Empereur, accouru à sa rencontre, à une étape de Mexico, qu'elle ne voulait pas entrer en ville mais se rendre à Cuernavaca. Décision bien grave pour un prétexte aussi futile, mais, hélas! bien féminin.

En tout cas, maladresse et mauvais augure, qui firent impression à Mexico. On ne comprit pas, en effet, que l'Empereur et l'Impératrice, qui, cependant, aimaient tant les pompes de la cour, parussent s'éloigner de la population de leur capitale, au lieu de rechercher cette occasion pour resserrer, par les expansions des fêtes de la nouvelle année, les liens qui devaient les unir.

C'était bien un fâcheux augure, car l'année devait être néfaste et l'Empire entrait dans une ère nouvelle que l'histoire devait appeler l'ère de la décadence.

Dès les premiers jours, des événements graves se produisaient déjà. Les Américains se décidaient à soulever le masque qui jusqu'alors « sauvait la face », et c'est à peine si, même, ils dissimulaient leur pavillon qu'ils lançaient, tout au moins moralement, sur le territoire mexicain. Ce fut l'importante affaire de Bagdad.

Bagdad, petit port et comptoir commercial mexicain, est située à l'embouchure du Rio del Norte, dans le golfe du Mexique. Un détachement de troupes impériales de 150 hommes y tenait garnison et l'*Antonia*, petit vapeur mexicain dont j'ai déjà parlé, à propos d'incidents de frontière, s'y trouvait amarré. Le port n'est qu'à une dizaine de lieues de Matamoros par terre, mais à vingt lieues par les méandres du fleuve. La corvette à vapeur française *Tisiphone* était en station, mouillée en dehors de la barre.

Le 5 janvier, avant le jour, les habitants sont éveillés par des clameurs sauvages retentissant de tous côtés. C'est une avalanche de Nègres armés qui font irruption dans toutes les rues; ils sont conduits par des officiers américains et, après avoir envahi la prison où ils enlèvent un compatriote, ils se ruent sur les habitations pour saccager, piller et massacrer. Devant cette invasion, que fait la garnison impériale? Conformément à un usage très en faveur chez les Mexicains, les 150 hommes se joignent à l'ennemi et font cause commune avec lui, ainsi que tous les Libéraux de la population. En outre, une bande mexicaine juariste, qui se trouvait dans les environs et était évidemment au courant de ce qui allait se passer, arrive à son tour pour prendre part au pillage.

A ce moment, il y avait fortuitement à Bagdad une trentaine de matelots de la *Tisiphone* qui, débarqués de la veille, et n'ayant pu, en raison du mauvais temps, regagner leur bord, avaient dû coucher à terre. Surpris par l'événement, nos marins français courent au port et montent à bord de l'*Antonia*. Ce petit bâtiment, qui portait pavillon mexicain et pavillon français, allume aussitôt ses feux et démarre au plus vite pour gagner Matamoros. La ville mexicaine est, dès lors, la proie inerte des troupes américaines qui se livrent aux plus abominables excès sous les yeux bienveillants et complices de leurs officiers.

Il importe tellement, en raison de la gravité de cet événement, qu'on l'envisage sous son vrai jour et dans ses détails, pour le juger avec la sévérité qu'il mérite, que je fais appel au rapport officiel du Maréchal présentant l'exposé des comptes rendus exacts qui lui ont été faits par tous les témoins du drame et qu'il a dû attendre assez longtemps, les communications étant devenues fort difficiles. Aussi, ce n'est que dans son rapport du 28 janvier qu'il peut faire un historique complet et formuler des appréciations exactes.

« Il ressort de la lecture de différents rapports qui m'ont été adressés, que Bagdad n'a pas été envahi par les bandes mexicaines sous les ordres de Cortina (1) mais bien par des nègres plus ou moins licenciés de l'armée américaine, qui furent assistés dans cette entreprise par leurs propres officiers.

« Lorsque l'affaire eut été lancée par les hordes indisciplinées et que, grâce à la surprise de la garnison, qui ne pouvait s'attendre à une traîtrise semblable, bien des individus qui ne s'en seraient pas mêlés, ont voulu avoir leur part, et le pillage est devenu général.

« Le général Wetzel (2), ayant le désir d'arrêter ces scè-

---

(1) Général juariste.
(2) Général américain.

nes barbares de vol, de massacre et de viol, ou voulant profiter peut-être de ce prétexte pour mettre le pied sur le territoire mexicain, fit partir pour Bagdad un détachement de 300 hommes, sous les ordres de leurs officiers. Cette troupe, aussi indisciplinée que celle qu'elle devait mettre à la raison, ne put résister à la contagion, et les officiers eux-mêmes donnèrent l'exemple du vol, comme le constatent les pièces que j'ai l'honneur d'envoyer à Votre Excellence, savoir : 1° Rapport de M. Legrand, habitant Bagdad ; 2° Interrogatoire de trois individus échappés de Bagdad et recueillis par la *Tisiphone*.

« La ville de Bagdad a été complètement déménagée de la rive mexicaine sur la rive américaine. La *Tisiphone*, empêchée par la barre et le mauvais temps de s'approcher de terre, ne put que constater le délit. Le commandant de ce bâtiment essaya de s'opposer au pillage en faisant armer un canot en guerre et lui donnant l'ordre de s'approcher de la plage. Ce mouvement fit démasquer une batterie que, d'après le rapport du commandant de la *Tisiphone*, on disait armée de canons venus de la rive américaine ; le feu de cette batterie et celui d'une autre construite plus au Nord que la première, fut éteint par le tir combiné de la corvette et de ses embarcations.

« L'*Antonia* se trouvait amarrée au môle de Bagdad au moment de la surprise ; elle eut heureusement le temps d'obtenir la pression de vapeur qui lui était nécessaire pour s'éloigner. Le détachement de 28 marins français, que le mauvais temps avait empêché de rejoindre la *Tisiphone*, se trouvait à bord de l'*Antonia*. Le rapport du maître canonnier La Guippe rend compte de la lutte soutenue par ce bâtiment avant de s'éloigner de la rive et constate que l'ennemi qui les attaquait comprenait des soldats des Etats-Unis commandés par des officiers en bourgeois, portant autour de leur chapeau un ruban blanc sur lequel était écrit le nom de « Cortina ». Cependant, d'après tous les renseignements qui me sont parvenus, Cortina n'aurait paru à Bagdad que dans la matinée de la prise, alors que tout était déjà fait.

« Si, au point de vue de l'exécution, la responsabilité des faits incombe peu à Cortina, il n'en est pas de même des autorités impériales. Je n'ai pas besoin d'appeler l'attention de Votre Excellence sur le fait constaté par les rapports que je lui envoie de la trahison des autorités mexicaines de Bagdad (police, capitaine de port, etc.), dont toutes étaient d'anciens agents de Cortina.

« Le général Crawford et le colonel Reid, dont j'ai déjà envoyé à Votre Excellence les affiches de recrutement, ont joué, avec un certain nombre d'officiers de l'armée des Etats-Unis, le premier rôle dans cette déshonorante affaire. La pièce n° 5 représente un passeport délivré par un des officiers des Etats-Unis et constate qu'il agit au nom de son quartier général. »

A la suite de ces faits inqualifiables, des protestations écrites furent adressées aux autorités américaines, d'abord par le commandant du *Tartare*, croiseur français, qui se trouva remplacer la *Tisiphone* au moment des événements, puis par le général Mejia, commandant à Matamoros, et enfin par le Maréchal, lorsqu'il connut, à Mexico, l'exacte et complète vérité sur les faits.

La protestation que le gouverneur de Matamoros adressa aussitôt au général Shéridan fut des plus dignes et des plus énergiques; elle réclamait l'évacuation immédiate du territoire mexicain par ses troupes. Celle du Maréchal fut inspirée par les sentiments les plus élevés; maintenant très haut la dignité de son drapeau et l'honneur de ses armes, elle laissait énergiquement prévoir l'opportunité des représailles les plus vigoureuses si venait à se reproduire une pareille violation de neutralité, inadmissible entre des nations civilisées et respectueuses du droit des gens. Cette protestation demandant, elle aussi, l'évacuation immédiate du territoire mexicain par les troupes américaines, fut portée de Vera-Cruz à Brazos (port américain voisin de Bagdad) par un croiseur français qui avait l'ordre d'attendre la réponse.

Mais, entre temps, la manifestation du général Mejia avait déjà obtenu satisfaction. Le général Shéridan avait désapprouvé les actes accomplis et blâmé la violation commise. Il avait rappelé ses troupes de Bagdad et changé le commandant des troupes de Brunswill; il eut enfin la sagesse prudente de faire éloigner de la frontière les troupes américaines afin d'éviter, à l'avenir, toutes chances de conflit.

Lorsque le croiseur français, porteur du message du Maréchal, arriva à l'embouchure du Rio del Norte, le pavillon mexicain avait reparu sur Bagdad. Dans ces conditions et ainsi qu'il en avait reçu l'ordre dans ce cas, son commandant ne remit pas la protestation du Maréchal au général américain. C'était préférable puisque celui-ci avait déjà donné satisfaction à celle du général mexicain Mejia.

Le général Wetzel s'excusa de l'affaire de Bagdad sous le puéril et ridicule prétexte qu'il avait été appelé par le général juariste Escobedo. C'était une singulière façon d'entendre le droit des gens, d'autant que son cas était beaucoup plus complexe.

En effet, ce Wetzel, qui était un général peu ordinaire, avait déjà combiné avec les chefs juaristes, avec qui, du reste, il s'entendait fort bien, une ingénieuse opération de guerre qui devait être la conséquence de l'affaire de Bagdad. Il était convenu que si, selon toute probabilité, le général Mejia envoyait une partie des troupes défendant Matamoros au secours de Bagdad, on se jetterait sur la forteresse dégarnie d'une portion de sa garnison et on l'enlèverait de vive force. En effet, au moment de l'attaque, son armée était déployée en face de Matamoros, sur la rive opposée du fleuve, des ponts étaient préparés pour le franchir aussitôt que les troupes juaristes attaqueraient par terre. Mais le rusé Mejia se méfiait; il se tint prêt, éleva en hâte des retranchements sur le bord du fleuve, déploya toutes ses troupes en face des Américains et fit prendre vaillamment les armes à la population. En présence de ces énergiques dispositions, l'héroïque Wetzel n'osa pas tenter son coup de flibustier.

Du reste, ce général s'était déjà révélé un voisin insupportable qui avait la manie de se mêler de ce qui ne le regardait pas, car, deux jours avant, il s'était embarqué dans une autre affaire avec un sans-gêne et une inconscience surprenants, faisant naître un incident qui aurait pu amener les plus graves complications. Le 1er janvier, il avait écrit officiellement au général Mejia une lettre portée par un aide de camp, pour le prier de ne pas faire fusiller des prisonniers juaristes, conformément au décret impérial du 3 octobre, comme rebelles. Le général mexicain répondit que les coupables dépendaient déjà de la cour martiale et que leur sort résulterait du jugement de ce tribunal. Belle réponse à une demande ridicule et incompétente. Cependant, l'incroyable général Wetzel ne comprit pas, et, le lendemain, il envoya une lettre comminatoire de protestation, déclarant que ces prisonniers devaient être considérés comme belligérants. Mejia ne répondit pas, fit continuer l'instance en cour martiale et avisa le Maréchal de l'incident. Celui-ci soumit le cas à l'Empereur du Mexique, qui décida de faire exécuter la sentence, quelle qu'elle fût. Cette réponse, qui s'imposait, fut portée d'urgence à Matamoros par le vapeur *Sonora*. Puis, afin d'éviter le retour de pareilles difficultés inqualifiables, Maximilien ordonna de ne plus faire siéger de cours martiales sur la frontière, de les établir en arrière et d'y faire conduire les justiciables. Quelle situation ! Quel gâchis ! Le général Mejia n'en conserva pas moins la crainte, bien naturelle du reste, de voir les Américains intervenir de force ! Mais, heureusement, la solution obtenue à l'égard de l'affaire de Bagdad les fit tenir tranquilles pour le moment.

Le 23 janvier ils évacuèrent cette ville, qu'ils avaient occupée en territoire étranger contre tous droits et qu'ils avaient mise dans « un état de dévastation impossible à décrire ». (Rapport officiel.)

Deux jours après l'évacuation, le 25 janvier, Bagdad était occupé par un détachement de la légion autrichienne et ce poste, placé sous le commandement du colonel Kodolitch, également autrichien, le même qui fut, plus tard, attaché militaire à l'ambassade d'Autriche auprès de Napoléon III.

Ces événements causèrent naturellement une grande émotion aux Etats-Unis, mais le Gouvernement de Washington montra, en cette circonstance une sage prudence et fit machine en arrière. Renchérissant sur les mesures prises par le général Shéridan, il ordonna que le général Crawfort fût mis en jugement et licencia le général Wetzel.

J'ouvre ici une parenthèse historique pour demander si ce Crawfort ne serait pas devenu le héros des cent millions de Thérèse H... ? Une partie du magot pourrait bien provenir de Bagdad !

La série des incidents frontière paraissait épuisée, pour un temps tout au moins ; mais ceux-ci n'en constituaient pas moins un sérieux avertissement. A ce propos, il convient de signaler, à d'autres points de vue, la situation grave dans laquelle se trouvait cette partie de la frontière du Nord et surtout la place de Matamoros où commandait si dignement le brave Mejia, qui méritait mieux que l'oubli dans lequel le laissait Maximilien.

Il se produisit alors un incident qui caractérise la coupable incurie du Gouvernement impérial. Le fidèle et énergique serviteur qu'était Mejia était abandonné à deux cents lieues de Mexico, au milieu d'ennemis de toutes couleurs et de difficultés de toutes sortes. Il avait beau réclamer des subsides, on ne lui répondait même pas. Enfin, à bout de ressources pour soutenir ses troupes, il profita du retour du croiseur français *Lutin*, envoyé à Brunswil, pour écrire au Maréchal, lui exposer ses doléances et le supplier de faire payer ses soldats, sans solde, dénués de tout et qui, las de supporter misères et privations, seront entraînés à déserter. C'est ainsi qu'étaient traitées les troupes chargées de garder le principal rempart de l'Empire ! Le Maréchal fit aussitôt auprès de Maximilien les démarches les plus pressantes, afin qu'on envoyât à Matamoros les fonds indispensables pour sauver la situation ; il s'engagea même, afin de donner plus promptement et plus sûrement satisfaction à des nécessités si urgentes, à faire porter les subsides par un navire de guerre français. Pour toute réponse, il reçut un *non possumus*. Le trésor était vide ; du moins, on le disait. Il n'y avait pas à hésiter, il fallait donner de l'argent ou perdre Matamoros, notre unique point d'appui frontière. Le Maréchal dut se résoudre à faire encore une avance de fonds par le trésor français dont on extraya encore, plus ou moins régulièrement, trois cent mille francs qu'on envoya immédiatement.

Le Maréchal pouvait-il faire autrement ? Pourtant on lui a reproché d'avoir fourni des fonds au Gouvernement mexicain, alors qu'on ne devait plus le faire. D'autre part, on lui adresse sans cesse le reproche, contradictoire du premier, de n'avoir pas soutenu suffisamment Maximilien. Toutes ces critiques sont vraiment bien injustifiées et injustes !

Pendant que tous ces événements si graves se produisaient à la frontière, le couple impérial savourait, chacun à sa façon, les délices du séjour charmant de Cuernavaca ; mais soudain, un coup du destin vint les rappeler aux réalités les plus graves. Le Roi des Belges, Léopold, père de l'Impératrice Charlotte, venait de mourir. Les Souverains, profondément affectés, rentrèrent aussitôt à Mexico, où la nouvelle avait produit une grande impression, car elle fut considérée comme un lugubre présage.

Quelques jours après — c'était le soir du 15 janvier — Leurs Majestés, en deuil, reçurent solennellement les condoléances officielles du corps diplomatique et des hauts fonctionnaires civils et militaires, groupés dans la grande salle de gala du palais. L'Empereur, placé sur le trône, ainsi que l'Impératrice, écouta le discours de M. Ramirez, premier ministre, et lui répondit en un langage froid et solennel; il expédia rapidement, à l'adresse du défunt, son royal beau-père, une oraison funèbre sommaire, aride et dépourvue de la note sentimentale que comportaient les circonstances ambiantes et son rôle personnel dans le deuil; il s'abandonna complaisamment à un long et peu modeste panégyrique de sa personne et de son impériale épouse, se couvrant de fleurs et de lauriers, faisant parfois aussi, d'un ton doctoral et pédantesque, l'exposé de ses idées gouvernementales et sociales, décochant même avec maladresse un trait déplacé aux critiques et aux observations dont plusieurs de ses actes avaient été l'objet et qu'il qualifiait imprudemment de calomnies, ce qui fit généralement, dans la haute assistance, une assez fâcheuse impression. Il termina enfin par une rodomontade que condamnaient son manque de fermeté, la versatilité de son esprit, la faiblesse et l'indécision de son caractère : « Fort de l'appui de ma conscience et de la rectitude de mes intentions, je contemple l'avenir avec tranquillité. Le Mexique a placé son honneur dans mes mains; qu'il sache bien que dans mes mains son honneur ne sera jamais en péril ! » Son honneur peut-être, mais sa fortune ? Quelle inconscience !

Quant à cette armée française, dont le représentant, entouré de son haut personnel, était présent; quant à ce Maréchal de France, à ces généraux, à ces hauts personnages français qui lui offraient la sincère expression de leur sympathie et de leur dévouement, il n'eut pour eux ni un geste ni une parole.

Cette réserve impolitique avait produit une impression générale fâcheuse, lorsque celle-ci fut encore aggravée par un incident très caractéristique et sûrement prémédité, qu'après son discours, fit naître l'Empereur lui-même.

Le fait avait une réelle gravité et, pour l'exposer, je cite les termes mêmes dans lesquels le maréchal Bazaine en a rendu compte à son ministre, dans son rapport politique du 17 janvier 1866.

« Je n'ai pas besoin d'appeler l'attention de Votre Excellence sur la réponse faite en cette circonstance par Sa Majesté au discours de son premier ministre. Il y est peu parlé du Roi des Belges, tandis qu'il y est parlé beaucoup politique. L'Empereur a appuyé sur les calomnies dont son gouvernement serait l'objet à l'Etranger, sur son intention de soutenir les démocrates au Mexique et a prononcé tout le discours d'un air très froid et très sévère.

« Le corps diplomatique semblait très étonné que Sa Majesté ait choisi une telle occasion pour faire sa profession de foi, lorsqu'un incident est venu mettre le comble à cet étonnement.

« L'Empereur, descendant de son trône, s'est dirigé vers M. Dano (le ministre de France) et lui a exprimé, dans des termes que je ne puis répéter puisque je ne les ai pas entendus, tout son mécontentement au sujet du retour du colonel Dupin. »

Ici, je dois ouvrir une parenthèse pour expliquer sinon justifier la colère impériale. J'ai déjà fait connaître la personnalité peu banale du colonel Dupin, commandant la contre-guerilla des Terres Chaudes de Tampico qui, pendant trois ans, avait débarrassé ce pays des innombrables bandits de tous poils qui l'infestaient. Il avait rendu les plus grands services mais il s'était fait une réputation de cruauté qui scandaliserait les doux philosophes au cœur tendre qui savourent leurs rêveries philanthropiques sous les ombrages des squares de Paris. Si ces moralistes avaient été rêver, pendant quelques mois de l'année 1863, sous les vierges futaies des territoires de chasse de Dupin, ils auraient, sans doute, changé la note de leurs sympathies pacifistes, et admis, comme nécessaire, le système de moralisation du colonel Dupin.

Il faut reconnaître, il est vrai, que cet homme de fer employait parfois des moyens un peu violents; mais on doit admettre aussi que ces moyens étaient les seuls efficaces. En somme, il commandait une contre-guerilla qui n'avait pas

LE COLONEL DUPIN

affaire à du monde ordinaire et dont les clients ne méritaient presque toujours que les procédés d'un justicier.

Or, dans le courant de 1865, le colonel Dupin était rentré en France, muni d'un congé, pour se reposer du dur métier qu'il avait fait pendant si longtemps dans un climat meurtrier. Il fut remplacé dans son commandement par le lieutenant-colonel de Gallifet, si mes souvenirs sont exacts.

Une fois réconforté, Dupin, toujours passionné pour la vie active mais encore en non-activité dans l'armée française, demanda à l'Empereur Napoléon de le renvoyer au Mexique. Comme ce pays paraissait plus que jamais avoir besoin d'hommes énergiques, le Souverain le remit à la disposition du maréchal Bazaine, sans, naturellement, consulter celui-ci, ni affecter d'emploi au colonel Dupin. Finalement, au commencement de janvier 1866, l'homme terrible débarqua à Vera-Cruz et se rendit à Mexico, ayant repris sa tenue pittoresque et redoutable de Fra Diavolo.

Le Maréchal ne fut pas autrement satisfait de ce retour qu'il n'avait pas demandé; mais, enfin, il accueillit cordialement le colonel Dupin et chercha un nouvel emploi où on utiliserait son énorme valeur et ses infatigables services.

Mais cette apparition avait ému profondément tous les Libéraux, plus ou moins ostensiblement fidèles à Juarez, qui voyaient avec terreur rentrer en scène le bourreau des plus précieux soutiens de leur cause. Ceux qui se trouvaient clandestinement affiliés au Gouvernement impérial, firent entendre des clameurs indignées contre le retour de ce grand destructeur de bandits. Maximilien, qui se laissait toujours monter la tête par les gens qui criaient le plus fort, partagea leur indignation et il eut l'imprudence de la témoigner très maladroitement au Maréchal dans cette communication bi-latérale (demandes et réponses), échangée journellement entre lui par son cabinet et le bureau politique du quartier général. Dans ce document, daté du 10 janvier, l'Empereur écrivait sèchement : « Le télégraphe m'apprend, à mon extrême surprise, que le colonel Dupin est revenu.

Je désire connaître quelles sont les raisons qui ont motivé son retour et empêché l'exécution des instructions que je vous avais données à son sujet dans une conférence spéciale à Mexico. » Le Maréchal négligea avec tact l'esprit de cette communication et, sans répondre à la question plus qu'indiscrète et mal fondée que contenait la communication impériale, il fit connaître simplement qu'il avait été surpris du retour du colonel Dupin, mais qu'il ne pouvait donner d'autres explications puisque c'était son Souverain qui l'avait renvoyé à sa disposition et que, pour trancher la question, il le plaçait sous les ordres du général Douay.

Il est inouï que Maximilien ait cru pouvoir demander au Maréchal des explications sur une mesure prise par l'Empereur des Français et lui donner des instructions au sujet du choix des officiers de l'armée française ! En tout cas, quelqu'imprudentes et maladroites qu'aient été ces prétentions, la réponse du Maréchal était parfaite et d'une correction absolue; elle donnait satisfaction au fond mais avec tact, négligeait le mauvais esprit qui avait dicté la lettre et était de nature, en valeur absolue, à clore l'incident. Mais, malheureusement, cette lettre n'était pas encore parvenue avant le 15 janvier et l'Empereur n'avait eu ni la patience ni le sang-froid nécessaire pour l'attendre. Le soir, à la réunion officielle de condoléances, Sa Majesté eut la malheureuse inspiration, née d'un ressentiment préconçu et irréfléchi, de soulever publiquement et officiellement, devant tout le corps diplomatique, sur une question secondaire, infime même dans la circonstance, un incident qui, en raison de la solennité de la réunion et des personnages en cause, prenait une réelle gravité et que le Maréchal ne pouvait se dispenser de relever. Aussi le fit-il et de façon magistrale dans une lettre dont le texte est reproduit plus loin.

En rendant compte de l'incident à son Gouvernement et lui communiquant sa réponse à Maximilien, le maréchal Bazaine l'explique et la justifie par les considérations suivantes : « La lettre explicative que j'ai adressée à l'Empereur ne lui était pas parvenue. Mais je ne puis admettre que l'Empereur Maximilien s'immisce dans la discipline de notre armée et donne des appréciations sur ses chefs, car, presque toujours, ces appréciations proviennent d'autorités civiles qui nous sont hostiles. Et à cet égard, je dirai à Votre Excellence que l'Empereur Maximilien est très changeant dans ses appréciations sur les gens. »

Voici, du reste, la lettre adressée à Maximilien :

« Sire,

« Son Excellence le ministre de France m'a fait part des expressions de mécontentement et de blâme que Votre Majesté l'a chargé de me transmettre sur une décision prise par notre ministre de la Guerre et qui est complètement du domaine de la discipline de l'armée française.

« Leur publicité me fait un devoir de protester, car un Maréchal de France ne relève que de son Souverain, et, comme je considère ce blâme infligé devant tout le corps diplomatique comme immérité et pouvant en outre porter atteinte à la considération qui m'est due de la part de l'armée et aussi à la mission que je remplis auprès de Votre Majesté, j'ai l'honneur d'informer l'Empereur que les dites expressions seront transmises à qui de droit, en manifestant la pénible impression qu'elles ont produites sur celui qui a toujours servi Votre Majesté avec zèle et loyauté.

« J'ai l'honneur d'être de Votre Majesté le très respectueux serviteur.

« *Le Maréchal de France,*
« Bazaine. »

Cette réplique, si déférente, si protocolaire dans la forme, si digne dans le fond, avait grande allure. Elle relevait fièrement une haute dignité offensée, elle faisait ressortir avec un tact parfait l'incompétence des reproches formulés et en appelait habilement du jugement téméraire et inconsidéré de l'Empereur Maximilien à la juridiction suprême et seule compétente de son unique maître, l'Empereur Napoléon.

Aussi cette démarche produisit-elle un effet salutaire sur Maximilien, qui comprit qu'il avait dépassé la mesure et sentit qu'il est dangereux pour un Souverain de se laisser emballer par les incitations venimeuses de courtisans mal intentionnés et surtout maladroits. Je ne doute pas, du reste, que l'inspirateur de cette gaffe impériale fût le Padre Fischer qui, dans l'ombre, a dû pousser l'Empereur dans cette algarade déplorable et détourner la première réponse du Maréchal, qui était de nature à arrêter le Souverain dans la voie du scandale où il l'avait poussé.

Heureusement, grâce à l'habile et sage influence du capitaine Pierron qui, de sous-chef du cabinet militaire, venait de prendre la direction du secrétariat particulier, Sa Majesté reçut le coup sans broncher et, comprenant qu'elle avait eu tort, elle ne riposta pas. Oubliant enfin, ou feignant d'oublier, elle reprit ses relations d'apparente cordialité avec le maréchal Bazaine dont l'attitude fut, du reste, pleinement approuvée par son Gouvernement.

Cette histoire devait-elle servir de leçon au monarque mexicain ? Assurément non, parce que cet infortuné Maximilien ne commettait, le plus souvent, que des impairs, et cela à propos de tout, principalement dans ses combinaisons stratégiques. C'est ainsi que, le même jour, 15 janvier, Sa Majesté écrivait au Maréchal pour appeler son attention sur la situation difficile dans laquelle se trouvait la frontière du Nord et l'engager à lui faire connaître quelles mesures il comptait prendre pour assurer la pacification de cette importante partie de l'Empire placée sous les yeux des Américains. C'était la deuxième démarche que faisait Maximilien pour le même objet et avec la même considération relative aux yeux des Américains. Cette manifestation d'amour-propre national était vraiment naïve, et imprudente était la demande de réponse qu'elle formulait. Maximilien aurait dû comprendre que c'était précisément ce voisinage peu platonique des Américains qui rendait cette pacification fort difficile, sinon impossible, avec le concours des troupes impériales; d'autre part, il aurait dû se rendre compte du danger qui résulterait du rapprochement des forces françaises des hordes indisciplinées que comportaient les débris de l'armée des Etats-Unis, rapprochement qui risquerait chaque jour de faire naître un nouveau et très grave conflit.

A ce propos, comme les événements de Bagdad ont, dans une partie de l'opinion publique française, provoqué des reproches à notre armée pour n'avoir pu s'opposer à cet événement, que plus tard on a rejeté sur elle les malheurs de l'Empire qui allaient suivre, je dois remettre au point ces jugements non justifiés en reproduisant la réponse que fit aussitôt à l'Empereur du Mexique le maréchal Bazaine.

....

« Je ne fatiguerai pas la haute attention de Votre Majesté en lui rappelant tous les efforts que j'ai inutilement faits auprès de son Gouvernement pour obtenir que la division Mejia fût renforcée en temps opportun, que des autorités réellement organisatrices fussent placées à Monterey, Matamoros, etc...

« L'Empereur est suffisamment édifié à ce sujet pour que ce coup d'œil rétrospectif ne lui apprenne rien de nouveau. Je me bornerai donc à lui faire connaître les ordres que j'ai donnés au général Douay. A cet effet, j'ai l'honneur d'adresser à Votre Majesté copie de la lettre envoyée à cet officier général en date du 15 janvier dernier. »

Ce début oratoire, si net, où un grain d'ironie se trouve finement insinué, mettait les choses au point et répartissait sans appel les responsabilités.

« Lorsque toutes les troupes auront reçu les contingents qui leur arrivent de France et auront été organisées pour entrer à nouveau en campagne, mon intention est de les mettre en mouvement sur tous les points à la fois et Votre

Majesté verra que la question militaire au Mexique n'est pas celle qui doit la préoccuper le plus.

« Des troupes qui, depuis trois ans, ont parcouru sans s'arrêter des distances aussi grandes que celles qui se trouvent ici, avaient besoin de se reposer et de se réorganiser avant d'entreprendre de nouveaux travaux. Si un cavalier doit ménager sa monture pour qu'il lui soit permis d'aller plus loin, il en est de même d'un général en chef d'une armée, et l'on ne doit pas s'imaginer que des troupes puissent indéfiniment courir de droite à gauche après des bandes de guerilles qui fuient toujours, sans qu'il soit besoin de les arrêter un moment. »

Cette leçon de stratégie, si adroitement exposée à un Empereur, avait vraiment une saveur de haut goût, et Maximilien ne l'avait pas volée ! Le Maréchal la compléta encore.

« Ce devoir m'était imposé d'autant plus impérieusement que des complications sérieuses menacent d'éclater du côté des Etats-Unis et j'aurais été très coupable vis-à-vis de mon pays et au point de vue de mes obligations militaires, si, en cas de guerre, je n'avais su présenter aux Américains envahissant le territoire que les restes épuisés de mon armée.

« Telles sont, Sire, les raisons qui m'ont été imposées par la force des choses et qui ont dû me faire négliger certaines parties du territoire et conserver le *statu quo*. De même que dans un incendie, on doit faire la part du feu. »

Voilà certes une preuve nouvelle et éclatante que, quoiqu'en aient dit ses détracteurs ou ses accusateurs, le Maréchal n'a jamais caché à Maximilien la vérité.

On peut juger, d'après ces agitations intellectuelles de l'Empereur Maximilien à l'égard de la conduite des affaires militaires, combien était difficile la situation personnelle du Maréchal. Ainsi, après les événements du Rio del Norte, il avait dû prendre l'initiative de dispositions spéciales pour rapprocher de cette frontière une partie de ses troupes. La démarche de Maximilien prouve que s'il n'avait pas pris ces mesures, il se serait attiré, de sa part, les récriminations les plus amères. Et, d'après les observations que le Maréchal lui adressa à ce sujet, on est forcé de reconnaître que celui-ci, d'une part, se préoccupait constamment de ménager ses troupes quand cela était possible, et d'autre part, avait un projet vaste et bien arrêté en vue de parer aux éventualités d'événements probables. Pourtant, malgré cette conduite absolument logique, sage et prévoyante, il accumulait sur sa tête les malédictions de certain de ses lieutenants, plus prompt à blâmer et à critiquer qu'à éclairer son jugement. C'est ainsi que le général Douay, mécontent, on ne sait pourquoi, des ordres que lui avait adressés le Maréchal, le 15 janvier, mécontent peut-être parce qu'il lui fallait recommencer à courir de tous côtés, écrivait, de San-Luis de Potosi, le 2 février, à son frère Abel Douay :

« A la suite de l'affaire de Bagdad, le Maréchal me donne l'ordre de partir pour le Nord. Je me mettrai en route dans trois ou quatre jours. Nous ne pouvons marcher qu'en petites colonnes à cause de la grande difficulté de vivre en route. Sur de longs espaces, nous sommes obligés de porter jusqu'à l'eau pour boire. J'aurai pour opérer dans un pays plus grand que la France avec ses limites naturelles (??), 4 bataillons de la Légion étrangère à 400 hommes, 3 escadrons, 12 pièces. Enfin, ma garde impériale sera composée de 500 zéphirs, ce sera le plus solide morceau de mon infanterie, car la Légion..... » Je supprime ici une philippique acerbe, cruelle, que lui inspire de façon fâcheuse son tempérament grincheux à l'égard de cette troupe, qu'il soupçonne notamment de devoir déserter en masse si on la rapproche de la frontière. Et pourtant, il ignore si on la conduira jusqu'à quelques kilomètres seulement de cette frontière. Mais il ronchonne quand même; c'est son caractère ! C'est ainsi qu'il dit inconsidérément : « Je ne sais trop ce qu'il arrivera quand ils (les légionnaires) n'auront qu'à courir quelques kilomètres pour être à l'abri (c'est-à-dire passer la frontière). Je m'en inquiète peu, parce que, en homme prévoyant, j'ai fidèlement rendu compte des faits passés au

Maréchal. J'ai signalé le danger sans commentaires, le laissant libre d'en dégager les conséquences.

« Le Maréchal est assuré (comment le sait-il ?), et je crois cela sans peine, que le Gouvernement américain ne fera pas d'invasion. C'est en considération de cette assurance qu'il me fait marcher pour repousser au delà du Rio Bravo les bandes de flibustiers qui viennent en aide aux dissidents. Je n'ai pas non plus de peine à croire que ces gaillards-là se retireront dans le Texas. Nous ferons, sans aucun doute, une partie de barres, là comme partout ailleurs, et, bien entendu, le jour où nous tournerons le dos, ils reviendront. Tire-toi de là ! » Quelle insolente ironie !

« Le Maréchal persiste, bien entendu, à conduire de sa chaise, à Mexico, la moindre évolution du moindre détachement. Je te laisse à penser ce que produit un système aussi insensé. »

Cette lettre démontre surabondamment l'état d'esprit du général et il est déplorable qu'un homme de son âge, de son expérience, perde la tête à ce point d'écrire de pareilles récriminations impertinentes à l'égard de son chef, alors qu'il n'a aucune donnée précise pour asseoir son jugement.

Dix jours plus tard, le 15 février, il écrit encore au frère Abel : « L'aveuglement du Maréchal qui veut diriger jusqu'au plus petit mouvement de troupes porte ses fruits ; nous ne faisons, en vérité, que des choses insensées... Son Excellence se carre dans ses vastes projets qui sont le sublime de l'absurde. » Quelle incohérence ! Ce pauvre général avait bien raison de dire, dans sa précédente diatribe, que son cerveau était plus malade que son corps. C'est un de ces hommes malheureux qui n'ont jamais eu la belle humeur pour fortune. Il est pénible de voir qu'un grand chef ait pu se dévoyer ainsi ; que ses jérémiades sans fondement, ses récriminations indisciplinées aient pu, par l'intermédiaire dudit frère Abel, jeter le trouble dans les esprits des plus hautes personnalités gouvernementales et même aux Tuileries où on les a trouvées depuis. Et voilà comment on enfante une légende !

Cependant, de quelque côté qu'on portât son attention, on découvrait des symptômes funestes et décourageants, des intrigues de toutes sortes qui, à tous les points de vue, compliquaient encore la situation.

C'est ainsi que, dans un fait politique d'apparence étrangère à la question mexicaine, on vit surgir une intrigue sérieuse qui devait augmenter les inquiétudes.

On apprit, en effet, dès le commencement de février, que M. Seward, secrétaire d'Etat aux Etats-Unis, était en croisière dans les eaux du Mexique et des Antilles et qu'il s'était arrêté à Saint-Thomas, sous le prétexte de négociations entamées pour l'achat de cette île au Danemark. La vérité était que cet homme d'Etat avait été conférer avec Santa-Anna, auquel il aurait déclaré que les Etats-Unis ne reconnaîtraient jamais l'Empire de Maximilien, car le sentiment américain était résolu à observer la doctrine Monroë, cette tête de Méduse que les Américains promenaient alors dans le nouveau monde et faisaient grimacer vers l'ancien.

De cette entrevue on concluait que les Américains étaient disposés à considérer Santa-Anna comme devant représenter le parti mexicain hostile à l'Empire. Mais comment concilier cette hypothèse avec la nomination récente d'un représentant diplomatique auprès de Juarez et la souscription d'un emprunt pour soutenir la cause de celui-ci ? Tout cela était quelque peu incohérent. Il est vrai qu'on prétendait aussi que Juarez et Ortega, n'étant pas fixés sur les résultats de la lutte qu'ils étaient décidés à continuer, seraient sans doute disposés à se rallier à la solution Santa-Anna. Tout cela était un gâchis plus ou moins machiavélique, mais en tout cas un gâchis inquiétant.

Ainsi qu'il l'avait promis au Maréchal, en partant pour Cuernavaca, l'Empereur revint à Mexico le 5 février pour y expédier quelques affaires courantes. C'est ainsi qu'il se décida à signer, sur la demande expresse de M. Langlais, un décret prescrivant la réorganisation de l'administration des douanes et la plaçant absolument sous l'action des agents français et la direction de M. Langlais. C'était déjà un commencement de protectorat.

L'Empereur commençait à paraître écœuré de la misère noire dans laquelle se trouvait son Gouvernement et lui-même, et à désirer sortir de cette situation humiliante mais surtout incommode. Il avait hâte de voir enfin M. Langlais prendre la direction suprême des affaires financières, ce qui aurait lieu effectivement dès que le budget préparé par ses soins pour l'année 1866 serait accepté, voté et surtout équilibré. En attendant cet heureux moment, le résultat le plus clair de toutes ces lenteurs était qu'il nous fallait encore fournir de l'argent. Mais enfin c'était déjà pour nous une consolation que d'apercevoir enfin la « terre promise ».

D'autre part, certains indices semblaient accuser dans l'esprit du Souverain, jusqu'alors si opiniâtre à résister à la salutaire influence des Français, une tendance à un rapprochement et à la confiance que son intérêt le plus absolu commandait d'accorder à notre concours dévoué. Il ne nous parut pas douteux alors que cette heureuse disposition naissante devait être l'œuvre de notre distingué camarade, le capitaine Pierron, dont l'Empereur avait eu la judicieuse inspiration de faire son secrétaire particulier et dont l'action habile paralysait, quoiqu'insuffisamment cependant, l'influence désastreuse de la camarilla impériale et surtout celle occulte, ténébreuse, mystique, insaisissable de l'abominable Padre Fischer.

Pierron atténuait, autant qu'il le pouvait, par sa franchise et sa loyauté, cette obstruction dangereuse faite autour des Souverains, qui arrêtait au passage, même les communications du Maréchal Bazaine, pour soustraire l'Empereur à son influence.

Vers cette époque, fin de février, où l'on était toujours sous le coup impressionnant des événements de Bagdad, où l'émotion qu'ils causèrent était toujours entretenue par l'attitude irréductible du Gouvernement de Washington, les esprits envisageaient un conflit comme inévitable. Ce sentiment était éprouvé partout, sur le continent américain ; aussi, on se préparait à cette grave éventualité d'une lutte entre la France et les Etats-Unis.

. Cet état des esprits se révéla au Maréchal d'une façon toute particulière, par une démarche caractéristique et très honorable pour son auteur. Elle émut et flatta notre amour-propre national, car elle prouvait que, si loin que la France porte son drapeau, elle trouve toujours, dans ses moments de crise où le danger menace, des Français chez lesquels l'ardeur patriotique n'a jamais pu s'éteindre et qui accourent lui apportant le concours spontané et généreux de leur dévouement, de leur audace et de leur esprit de sacrifice.

C'est ainsi que nous vîmes réapparaître, au quartier général, le vieux loup de mer dont j'ai déjà fait connaître la pittoresque personnalité. C'était Salar, cet ancien officier de la marine française, puis de celle du Mexique, devenu le roi des flibustiers et de tous les gens de mer côtiers de l'immense rivage des Amériques dans le Pacifique. Cet entreprenant et hardi aventurier des nobles causes avait déjà fait ses offres de services au général en chef et lui avait procuré, en maintes circonstances délicates, les informations les plus précieuses sur les territoires mexicains du littoral occidental, notamment la Sonora. Salar voyant venir avec les Etats-Unis le conflit qu'il n'avait cessé de considérer comme inévitable, accourut en vieux Français toujours fidèle à son pays, offrir à la France sa hache d'abordage de marin intrépide. Il tint au Maréchal à peu près ce langage :

« Donnez-moi une lettre de course et je me rends aussitôt dans quelque port du Pacifique où je me tiendrai prêt à tous les événements. Aussitôt accomplie la rupture avec les Etats-Unis, je prends la mer avec 40 ou 50 barques de flibustiers bien montées et vais me poster en observation sur la route que suivent les paquebots faisant régulièrement le service de San-Francisco et la côte jusqu'à Panama et au delà. Ils suivent toujours la même voie maritime et sont constamment chargés de plusieurs millions de dollars à frêt. J'en aborde un et, enfermant l'équipage et les passagers dans les cales, j'arme le navire avec mes hommes, je me porte rapidement sur un point de la côte où j'embarque quelques centaines de flibustiers bien armés et je mets le cap sur San-Francisco où j'entre par surprise. Il n'y a dans cette grande ville aucune force militaire. Je lance à terre mes hommes de combat qui terrorisent la population. Je prélève une imposition de guerre de 20 ou 30 millions de dollars et je reprends la mer pour apporter ces millions dans la caisse du trésor du corps expéditionnaire français. Puis, je continue la guerre de course, affolant la navigation et semant la ruine dans toute la marine de commerce américaine. »

J'ai ignoré ce que conclut secrètement le Maréchal, mais ce que j'ai vu c'est que Salar reprit, content et plein d'espoir, le chemin qui conduisait au Pacifique. Ce nouveau Jean Bart aurait tenu parole.

Salar attendit, hélas ! pendant longtemps, et je ne le revis plus au Mexique. Mais, cinq ans plus tard, en 1871, dînant un soir dans le jardin qui, alors à Paris, faisait un des charmes du restaurant Champeaux, sur la place de la Bourse, j'aperçus à une table voisine le visage caractéristique d'un type vécu dans le lointain des années ; je compris Salar et le fixai pour attirer son regard. Il me reconnut à son tour et vint à moi. Ce me fut une grande joie de causer longuement avec cette autre épave de la cause française au Mexique, et c'est avec émotion que Salar me rappela ce qu'il aurait pu faire pour cette France qu'il venait de retrouver meurtrie, mutilée, et m'exprima un profond regret qu'elle eût reculé devant les Etats-Unis, car les malheurs du moment ne se seraient sans doute pas produits. Le prestige qu'elle aurait acquis par une autre fin de l'affaire mexicaine aurait fait dévier les événements survenus en Europe.

CHAPITRE IV

RAPPEL DES TROUPES

Déclaration de Napoléon III du 15 janvier 1866. — Envoi du baron Saillard auprès de Maximilien. — Mort subite de M. Langlais. — Incident des scellés. — Suspicions de criminalité. — Affaire des bons Jecker. — Le Maréchal mis en cause calomnieusement. — Vraies responsabilités. — Justification du Maréchal. — Changement de ministère. — Diminution des employés et de leur traitement. — Situation intérieure compromise. — Incidents fâcheux. — Attentat contre la mission belge. — Mission du baron Saillard — Discours du trône de Napoléon III. — Campagne diplomatique déplorable avec les Etats-Unis.

Si les préoccupations étaient grandes au Mexique, l'inquiétude à Paris n'était pas moindre. Nos politiciens, l'Empereur même, paraissaient reconnaître, depuis quelque temps, qu'il n'y avait rien à tirer de Maximilien, incapable de jouer un rôle, pas même celui qui lui incombait personnellement et que la réalisation des projets du début et des combinaisons successives qui devaient le mener au résultat final, c'est-à-dire le protectorat, ne semblait plus possible. Alors ils cherchaient quelque moyen de pouvoir se retirer de la façon la moins désastreuse. Il fallait au moins s'efforcer d'obtenir la reconnaissance de l'Empire mexicain par sa grande voisine, la République américaine. Malheureusement, on s'acharna trop longtemps à la poursuite de cette reconnaissance et on ne vit pas, assez tôt, que toutes les démarches, toutes les concessions qu'on pourrait faire dans ce but, n'auraient pour effet, au contraire, que de rendre le Gouvernement de Washington plus intransigeant.

C'est ainsi qu'à la fin de l'année 1865 on commit la faute

de faire des avances et de formuler des concessions en échange de cette reconnaissance. On eut la malheureuse idée de consentir à prendre des engagements à l'égard du retrait de nos troupes. C'était ne pas connaître le caractère de la diplomatie américaine. On faisait acte de condescendance courtoise; on prit cet acte pour un témoignage de faiblesse et on nous répondit par une fin de non-recevoir, formulée par des raisonnements alambiqués, interprétant les considérants de la proposition française d'une façon peu digne.

Il était incontestable que le Gouvernement américain ne voulait pas de conflit matériel. Aussi, après les événements peu recommandables de Bagdad, se produisirent des réclamations justement énergiques et indignées contre ces actes de barbarie condamnables devant le droit des gens. Le Gouvernement de Washington, voulant, à tout prix, éviter d'attacher le grelot d'un conflit aussi aventureux, eut la sagesse prudente de désavouer et de destituer le général qui avait « mis la main à la pâte », de remplacer le général en chef qui avait paru se borner à laisser faire, de licencier enfin les hordes de nègres qu'il avait placées sur la frontière pour s'en débarrasser et de mettre à leur place des troupes plus régulières, moins turbulentes et moins compromettantes. Toutefois, le Gouvernement était bien disposé à empêcher l'établissement de l'Empire et à déterminer le départ des troupes françaises par des procédés furtifs, indirects et clandestins, en soutenant la résistance de Juarez, en excitant sourdement les compétitions de Santa-Anna, d'Ortega, etc., en un mot, en ameutant tout le monde contre nous et en exploitant même le concours antipatriotique des leaders verbeux du corps législatif français. Mais ce Gouvernement, dis-je, ne voulait pas « franchir le Rubicon ». Et si la France, le mettant au pied du mur, avait réédité ces belles paroles d'un Français héroïque : « Messieurs les Américains, tirez les premiers », la poudre aurait fusé dans le canon des rifles !

Du reste, quelques semaines auparavant, l'Empereur Napoléon avait à peu près le même sentiment, lorsque, le 29 novembre 1865, il écrivait au maréchal Bazaine : « ... Il est indispensable que je prenne une résolution énergique, car nous ne pouvons pas rester dans cet état d'incertitude qui paralyse tous les progrès et augmente les charges de la France.

« Je vais mûrement réfléchir aux mesures à prendre ; en attendant, mettez tous vos soins à organiser l'armée mexicaine afin que nous puissions, dans un temps donné, évacuer le pays. *J'espère que les Américains, malgré leur jactance, ne voudront pas entrer en guerre avec nous; mais ce danger écarté, il s'agit de savoir dans quel état nous laisserons le Mexique après notre départ.* »

D'ailleurs, on aurait dû comprendre, en France, que plus on ferait cas de l'obstruction tacite et sournoise des Américains, plus ceux-ci se montreraient arrogants et intraitables. Ce n'était vraiment pas la peine d'être le plus fort pour ne montrer que de la pusillanimité, ce qui était vrai dans les deux termes de l'équation. C'est avec chagrin qu'on constate cette pusillanimité de la part du Gouvernement français. Elle s'accuse formellement dans la lettre que l'Empereur écrivit, le 15 janvier, au maréchal Bazaine. Cette lettre est un document historique, car elle fait date dans la fin de l'intervention française au Mexique. Elle fut un coup de foudre terrible dans le ciel déjà assombri de l'Empire mexicain.

Palais des Tuileries, le 15 janvier 1866.

« Mon cher Maréchal,

« Les difficultés que me suscite sans cesse l'expédition du Mexique me forcent de fixer définitivement l'époque du rappel de mes troupes. Le plus long temps que je puisse accorder pour le rapatriement du corps d'armée, qui ne doit se faire que successivement, est le commencement de l'année prochaine. Je vous envoie le baron Saillard pour qu'il s'entende avec vous et avec l'Empereur Maximilien relativement à l'exécution de cette mesure. Je voudrais que l'évacuation du Mexique ne compromit pas le pouvoir de l'Empereur. Avisez donc aux moyens d'organiser solidement la Légion étrangère et l'armée mexicaine. Il faut que l'Empereur montre une grande énergie et trouve dans son pays les ressources nécessaires pour subvenir à ses dépenses. Je viens d'ailleurs d'écrire dans ce sens à l'Empereur Maximilien lui-même.

« Recevez, mon cher Maréchal, l'assurance de ma sincère amitié.

« Napoléon. »

Cette lettre ultimatum est éminemment suggestive pour un observateur philosophe qui la soumettrait à la loupe du raisonnement, pour rechercher la mentalité directrice de son auteur. Comment a-t-il pu se faire que le Souverain, jusque-là si ferme, si persévérant dans ses conceptions politiques, si mesuré, si conciliant dans la notification de ses décisions, ait fait subitement un pareil sacrifice de la mission qu'il s'était tracée et qui, sans plus d'efforts, abandonnant soudain tout esprit de résistance et de lutte, ait jeté le manche après la cognée, et, comme un capitaine d'un navire qui va sombrer, ait jeté sa cargaison à la mer? Quelles considérations ont donc pu pousser l'Empereur des Français à cette détermination? Serait-ce l'attitude presque comminatoire des Etats-Unis? Il serait surprenant qu'il eût pu céder si promptement à la pression encore purement diplomatique du Gouvernement de Washington, celui-ci ayant assez de plaies profondes à cicatriser et sa puissance combative sur terre comme sur mer, plus apparente que redoutable, ne justifiant pas un désir formel d'engager un conflit. Il convient même de remarquer que lorsque cette lettre était écrite, Napoléon III n'avait pas connaissance des événements de Bagdad. Il me semble même que ce contre-temps doit être regretté, car sous l'effet de cette bravade plus ou moins volontaire et préméditée, son chauvinisme se serait révolté et sa fierté nationale l'aurait empêché de signer cette sorte de capitulation. Il eut relevé le gant et, si alors, au lieu d'envoyer au Mexique M. le baron Saillard pour régler les conditions du rappel des troupes, il y avait expédié deux ou trois régiments de renfort, ce geste simple mais empreint de crânerie, aurait produit beaucoup plus d'effet pacifique et conciliateur que toutes les subtilités de ce diplomate, si habile qu'il fût.

D'autre part, on peut supposer que l'opposition qui, dans les Chambres françaises, s'acharnait contre ses vues sur le Mexique, ait pu exercer une puissante influence sur ses décisions. Mais alors, qu'étaient donc devenues en lui les aptitudes de « l'Homme du Deux Décembre »? Il paraît cependant difficile d'admettre que les foudres de quelques beaux parleurs, fussent-ils du clan des opposants, aient pu exercer une telle pression sur ses déterminations, et lui imposer ce brusque abandon d'une politique qu'il suivait depuis quatre ans. Aussi, semblerait-il plus logique d'admettre que l'Empereur a cédé surtout aux préoccupations que causaient déjà dans le monde diplomatique d'alors les menaces de la politique internationale d'Europe qui devait aboutir à Sadowa.

Du reste, en dehors de ces considérations métaphysiques, il faut reconnaître que Napoléon III s'efforçait de répandre dans sa lettre quelques palliatifs destinés à masquer les ressentiments qu'il éprouvait à l'égard de Maximilien; mais ces palliatifs ne se révélaient qu'à la surface et n'étaient que des précautions oratoires pour atténuer la signification de la condamnation à mort de l'Empire mexicain.

En effet, « le plus long temps que je puisse accorder pour le rapatriement est le commencement de l'année prochaine », cette apparente faveur qui a même le défaut intrinsèque de n'être pas conforme au traité de Miramar, n'est elle-même qu'une illusion, car la concentration des troupes pour ce rapatriement devra commencer longtemps à l'avance; ce qui réduira à bien moins d'une année le répit laissé au Gouvernement impérial pour se préparer à se suffire à lui-même et surtout à se défendre.

« Je voudrais que l'évacuation du Mexique ne compromit pas le pouvoir de l'Empereur. » Heureusement que cette volonté s'exprime conditionnellement, car ce désir est vraiment déconcertant de la part de Napoléon III, qui est parfaitement au courant de la situation et qui sait absolument que rien n'a été fait sérieusement pour maintenir ce pouvoir après notre départ. Ce désir est vraiment trop platonique !

« Il faut que l'Empereur montre une grande énergie. » Quelle mystification !

« Avisez aux moyens d'organiser solidement la Légion étrangère et l'armée mexicaine. » Cette dernière obligation, qui le visait directement, a dû plonger le Maréchal dans une rêverie profonde, lui qui, depuis deux ans, faisait des efforts constants, mais sans cesse paralysés, pour arriver à constituer cette malheureuse armée.

Après tout, cependant, ce message de Napoléon aurait peut-être au moins l'heureux effet de faire sortir Maximilien de sa torpeur.

Je conclus néanmoins, de ce document de haute volée (?), que le langage diplomatique est bien fait, en vérité, pour embrouiller les affaires, déguiser les réalités et tromper sur la qualité de la marchandise.

Ces messages sensationnels arrivèrent le 16 février. Le Maréchal n'en fut pas troublé, et l'élément militaire en éprouva une réelle satisfaction. Ce sentiment était peut-être égoïste, et pourtant tous ceux de la première heure qui commençaient à trouver lourd le poids de quatre années passées aussi loin de leur pays, avaient bien quelque droit d'aspirer à le revoir un jour.

Chez les Mexicains, que nous étions venus soutenir, l'impression fut tout autre : une véritable stupeur, car bien peu d'entr'eux se faisaient d'illusions sur l'avenir qui leur était réservé.

Quant à l'Empereur Maximilien ce fut pour lui le déchirement d'un voile épais qui lui couvrait les yeux, et ce coup inattendu, imprévu, n'en fut que plus durement ressenti. L'Impératrice Charlotte, particulièrement atterée, éprouva une véritable commotion mentale.

Néanmoins, les Souverains s'obstinaient à rester terrés à Cuernavaca. Alors que Maximilien aurait dû avoir hâte de conférer avec le Maréchal et de voir le baron Saillard, arrivé à Mexico en même temps que le courrier de Napoléon III. Décidément rien ne pouvait l'arracher à son apathie naturelle et à ce déplorable système qu'il pratiquait de *remettre au lendemain les affaires sérieuses*. Il se figurait sans doute que l'orage s'apaiserait avec le temps.

Il fallut qu'un nouveau malheur, hélas ! bien imprévu et bien effectif, celui-là, vint encore le frapper pour le décider à sortir de sa retraite. Le 24 février, mourut subitement M. Langlais. L'Empereur revint aussitôt à Mexico où était déjà retournée l'Impératrice, afin de recevoir une mission officielle venue de Belgique pour annoncer aux Souverains du Mexique l'accession au trône de Belgique du Roi Léopold II, frère de l'Impératrice Charlotte.

J'étais de service de jour au quartier général, et le Maréchal faisait, avec Mme Bazaine, sa promenade habituelle en voiture, lorsque, vers 5 heures, on vint annoncer que M. Langlais venait de mourir subitement. Nous ignorions où notre chef avait dirigé sa promenade et ce n'est qu'à son retour qu'il apprit l'événement.

Il en fut profondément affecté et envoya aussitôt un officier d'ordonnance au domicile du défunt. Le dîner fut assombri naturellement par les pensées attristées de tous ; puis, au sortir de table, le Maréchal me donna l'ordre de me rendre à la Légation de France pour informer notre ministre qu'il importait de mettre, le soir même, les scellés au domicile de M. Langlais, et qu'il lui envoyait un de ses aides de camp pour le représenter dans l'accomplissement de cette formalité légale.

Je trouvai M. le Ministre dans sa salle de billard, faisant, sur le tapis vert, avec ses secrétaires de légation, la partie digestive du « post scenam ». Après mes salutations respectueuses, je fus reçu plus que froidement et je déclinai l'objet de la mission dont j'étais chargé. M. Dano, sur un ton maussade et peu protocolaire, me dit d'un air hautain : « Ah ça, Monsieur, vous croyez qu'on vous a attendu pour savoir qu'il fallait apposer les scellés sur les papiers de M. Langlais ? Ils sont déjà mis. » Sans me troubler devant cet accueil, dont le moindre défaut était de manquer de formes, je répondis : « C'est bien, Monsieur le Ministre, je n'ai pas qualité pour répondre à la question que vous me posez ainsi, et dont je suis fort surpris, car je ne suis que le représentant de M. le Maréchal et, n'ayant plus rien à faire ici, je vais rendre compte à Son Excellence de la seule partie de la mission que j'ai pu remplir et de l'accueil que j'ai reçu. » Je saluai et je partis.

Cet incident montre à quel point les relations étaient tendues entre tout le monde alors, même entre les deux personnages qui auraient dû être les plus unis. Il me laissa une impression peu flatteuse pour ce grincheux et, ravivant la mauvaise opinion que j'avais de lui depuis longtemps, il m'inspira les hypothèses assez sévères que comportait l'empressement que ce ministre avait mis, sans entente préalable avec le Maréchal, à apposer les scellés sur les papiers de M. Langlais, parmi lesquels se trouvait naturellement la correspondance du Maréchal, *ainsi que la sienne propre*, afin, sans doute, de connaître la première et de soustraire la seconde à la connaissance du Maréchal. Cette hypothèse était très conforme à l'appréciation que j'avais sur l'attitude frondeuse de M. Dano envers le Maréchal. Je ne sais si celui-ci éprouva les mêmes sentiments; mais lorsque je lui fis part de l'accomplissement de ma mission, il ne parut pas étonné, et pourtant il ne put cacher une expression de mécontentement.

En dehors de ce détail particulier, si la mort de M. Langlais provoqua une émotion profonde dans tous les milieux de Mexico, elle éveilla aussi les plus graves suspicions. Pour mon compte personnel, ma première pensée fut que M. Langlais avait été victime d'une crime politique, et que c'était à sa qualité de réformateur financier que le forfait s'était attaqué. Ce qui confirmait ce sentiment dans mon esprit, c'est que déjà deux financiers, qui l'avaient précédé dans sa mission réformatrice, avaient mal disparu, notamment le dernier, M. Bonnefons.

Il faut considérer, dans cet ordre d'idées, qu'il existait au Mexique un nombre considérable de gens, politiciens, fonctionnaires, préfets, administrateurs de toutes sortes, financiers ou autres, même des gros personnages gouvernementaux, qui ne vivaient que du désordre perpétuellement entretenu dans l'administration financière du pays et voyaient avec terreur des administrateurs avisés et des financiers intègres, désintéressés, mettre de l'ordre et supprimer les concussions, dilapidations, abus et pillages qui ruinaient le pays et l'Etat. De là des haines mortelles, des vœux passionnés pour la suppression de ces intrus, de ces trouble-fête qui venaient arracher à tout ce joli monde le pain de la bouche.

Cependant, si on se place à un autre point de vue pour chercher une explication dramatique, on pourrait la trouver dans les conséquences d'un événement qui, depuis plusieurs mois, avait produit une certaine émotion dans le monde politique et financier, et était entouré d'intrigues susceptibles de permettre bien des suspicions graves et de révéler des compromissions plus graves encore.

A cette époque, milieu de 1865, un intérêt plutôt privé et en tout cas secondaire qui s'était greffé sur l'intervention française, dès son début, voyant que les années se succédaient sans qu'on parût disposé à lui donner satisfaction, sentant l'Empire mexicain compromis, voulut jouer son va-tout pour tirer enfin son épingle du jeu, et celle-ci était grosse ! Je veux parler de l'affaire Jecker.

Cette malheureuse question qui avait déjà servi, d'une façon si inopportune, de point d'appui à l'opposition en France pour soulever l'opinion contre l'entreprise mexicaine, venait encore de troubler les esprits non seulement à Paris mais encore au Mexique.

Si j'insiste sur l'incident personnel des scellés Langlais, qui comporterait peu d'importance, en apparence du moins, c'est qu'il me semble remettre à leur vraie place les responsabilités qu'une malveillance systématique a appliquées alors au maréchal Bazaine et qu'un parti-pris déplorable inflige, parfois encore de nos jours, à la mémoire d'un homme tombé, surtout, sous les coups de la calomnie au service de la politique. Ces scellés néfastes et précipités, illégaux même dans leur application, ont eu, vraisemblablement, grâce à la suppression probable d'une correspondance révélatrice, pour effet regrettable d'empêcher la divulgation des vrais agents de la manœuvre financière qui devait assurer le remboursement des millions réclamés par la banque Jecker. Ces scellés, en dissimulant ces agents, ont permis, en outre et surtout, de faire accuser traîtreusement le Maréchal d'avoir trempé dans cette opération véreuse et non désintéressée.

Et pourtant cette affaire était toujours restée dans le domaine de nos agents financiers qui se sont succédés au Mexique jusqu'à M. Langlais *inclusivement*. Il est vrai que MM. Corta et Bonnefons n'ayant pas à régler les importantes obligations financières contractées par le Gouvernement de Maximilien envers la France, puisqu'elles étaient déterminées par le traité de Miramar, n'avaient eu à se préoccuper que de celle relative à la maison Jecker, qui s'appliquait à des intérêts privés français, pour déterminer avec le Gouvernement la quotité de cette dette qui fut ainsi fixée à 27 millions environ, et dont on sollicita le paiement sur un des emprunts faits en France par le Mexique.

Si ce procédé n'était peut-être pas très heureux pour la France, il ne satisfaisait pas complètement non plus la maison Jecker qui, en présence de la détresse financière du Gouvernement mexicain, ne prévoyait guère quand elle serait payée. Alors, celle-ci, ayant recours à un moyen détourné, appuyé par des arguments et des procédés en faveur au pays, l'affaire fut menée de longue main. Dès le milieu de 1865, on parvint, à force d'intrigues de palais, à faire nommer ministre des Finances une personne *dévouée* sur laquelle on pouvait compter et pour cause? un petit agent financier du Gouvernement, un certain Senior Cesar, maigre receveur des douanes. Cela étant, M. Jecker demanda que le Gouvernement se décidât à commencer le paiement de ce qui lui était dû, tout au moins en plusieurs échéances et, en acceptant un sacrifice de cinq millions, si on consentait à lui souscrire trois versements assurés par des traites à échéances successives de deux mois en deux mois, tirées sur la commission des Finances du Mexique à Paris, chargée du réglement du dernier emprunt. Les deux premières traites, formant un total de douze millions, furent établies par le ministre Cesar et signées par l'Empereur. Malheureusement, elles furent mal accueillies par le Gouvernement français, qui se plaignit à Maximilien et à M. Langlais. Ce dernier, alors, parvint à décider l'Empereur du Mexique à ne pas signer la troisième traite de dix millions.

Cette histoire produisit à Paris et à Mexico un effet déplorable, et les ennemis, les détracteurs, les envieux du Maréchal insinuèrent que c'était sur ses instances que cette opération avait été faite. Des rapports furent adressés dans ce sens. Par qui le furent-ils? Peut-être par ceux mêmes qui avaient été les instigateurs intéressés! Car, en somme, il y eut des gens intéressés dans cette affaire.

Du reste, ces insinuations malveillantes furent officieuses sinon officielles, car, à la suite des informations plus ou moins directes venues du Mexique, et dans celles-ci je puis classer, avec regret, celles formulées par le général Douay dans la médisante correspondance qu'il entretenait avec son frère, on demanda officiellement des explications au maréchal Bazaine. Heureusement pour lui, le ministre de la Guerre, maréchal Randon, plus catégorique que d'autres membres du Gouvernement français, et ne croyant pas à la possibilité d'une pareille action de la part d'un Maréchal de France, ne lui cacha rien et, le mettant franchement au courant des accusations portées contre un collègue en dignité, lui demanda catégoriquement la vérité sur cette ténébreuse affaire et sur les tripotages qu'elle recélait. Alors le maréchal Bazaine, qui avait dédaigné plusieurs fois les commérages de la malveillance, fut obligé de se préoccuper de la nouvelle attaque qui portait atteinte à sa considération jusque devant son Gouvernement, devant son ministre et devant l'Empereur Napoléon lui-même. Il ne chercha pas à se disculper par des protestations directes qui auraient offensé sa haute situation et sa conscience. Puisque son ministre lui demandait la vérité, il se mit en devoir de la rechercher tout entière, de la présenter avec son éloquence naturelle afin d'établir, devant ses chefs tout au moins, les vraies responsabilités.

Il procéda à une enquête personnelle, minutieuse et naturellement longue, pour mettre en pleine lumière tous les détails des intrigues qui avaient amené le réglement financier de l'affaire Jecker, et soulevé tant de récriminations et d'accusations calomnieuses; il se préoccupa surtout de réunir des documents qui constituaient des preuves irréfutables. Puis il établit la genèse et l'historique de l'affaire dans un long mémoire auquel étaient joints les documents et les correspondances précisant les responsabilités et démontrant la parfaite exactitude des faits exposés dans le mémoire. Ce rapport fut envoyé au ministre de la Guerre avec une lettre explicative empreinte d'un grand sentiment de dignité et de modération, mais aussi de sincérité qui ne pouvait laisser aucun doute sur la non-intervention du Maréchal dans cette triste affaire, à laquelle il est resté absolument étranger. Celle-ci a été traitée exclusivement par la mission financière française, la Légation de France et le cabinet civil de l'Empereur Maximilien, qui se partagèrent les responsabilités de l'opération des millions affectés à la maison Jecker et des conditions plus ou moins correctes dans lesquelles elle fut déterminée.

Ce qui est plus piquant encore dans cet imbroglio organisé, c'est que le Maréchal n'a été mis au courant de ces tripotages de pots de vin qu'accidentellement, après que les premières traites étaient déjà lancées, et qu'il ne s'en est occupé que pour empêcher l'envoi des traites suivantes. Son intervention fort opportune, du reste, a consisté à demander des explications à M. Langlais lui-même et à l'inviter à s'opposer formellement à l'exécution de ces mesures financières inadmissibles dans le fonds comme dans la forme. De ces faits, il résulte que non seulement le maréchal Bazaine n'a jamais inspiré ni soutenu la convention passée, en 1865, avec la maison Jecker, mais encore que c'est lui-même qui, en 1866, a empêché, par son action sur M. Langlais, l'exécution de la deuxième partie du programme et la signature des traites complémentaires pour achever le remboursement des 27 millions accordés en principe à M. Jecker.

Du reste, le Maréchal, en envoyant à son ministre l'exposé de la vérité entière sur cette affaire, exprime de la façon la plus formelle au maréchal Randon son désir que l'Empereur Napoléon prenne connaissance de son mémoire et de tous les documents qui l'accompagnent, afin qu'il ne puisse subsister aucun doute dans l'esprit de son Souverain.

Comme épilogue à cette affaire, personnelle au maréchal Bazaine, je dois faire ressortir la note la plus grave que renferme la protestation pourtant bien modérée du Maréchal offensé. Il y avait, en effet, des interventions véreuses dans le remboursement des créances Jecker, puisque la maison qui les recouvrait ainsi, a dû faire le sacrifice de 800.000 piastres, soit 4 millions de francs, qui se seraient égarés dans l'entourage même de Maximilien et dans le portefeuille du fameux César, ministre des Finances, qui aurait reçu la forte somme de 300.000 piastres, soit quinze cent mille francs.

Du reste, l'Empereur Maximilien, à la suite du mécontentement qu'on lui avait exprimé de Paris, comprit qu'il lui fallait sacrifier son ministre des Finances; mais il semblait qu'un lien invisible et difficile à rompre l'attachait à lui, et il ne se décida à prendre cette mesure de sévérité, anodine cependant, que péniblement et forcé, lorsqu'il vit que son obstination à conserver dans son Gouvernement un pareil ministre était sévèrement jugée par l'opinion publique qui ne ménageait même pas sa personne dans le rôle joué par elle dans l'affaire.

Le ministre vénal disparut enfin de Mexico et, quelque temps après, un paquebot partit de Vera-Cruz vers l'Europe, portant le « César et sa fortune » moderne style !

Ces événements, restés alors plus ou moins secrets ou mystérieux, sont de nature à expliquer l'empressement incorrect et irrégulier que mit M. Dano, ministre de France, à apposer les scellés sur les papiers de M. Langlais, aussitôt sa mort et sans se concerter avec le Maréchal pour cette opération. Ils justifient en outre les doutes que manifesta l'opinion publique sur les conditions de la mort subite de M. Langlais et les suspicions qui imposèrent une autopsie médicale plus ou moins probante dans ses conclusions. Etait-ce un suicide ou une mort violente ?? Cette dernière hypothèse était soutenable et possible; d'abord parce que de nombreux intérêts particuliers et peu scrupuleux exigeaient la disparition de M. Langlais, et ensuite parce que les procédés nécessaires pour se débarrasser d'un gêneur sont nombreux et d'un usage relativement facile et peu compromettant.

Il faut considérer, en effet, que les Locuste abondent dans ce pays où la flore est riche en toxiques appropriables à tous les goûts, à tous les tempéraments, ainsi qu'à toutes les circonstances, et dont un certain nombre ont la précieuse propriété de ne laisser aucune trace révélatrice de leurs effets souvent foudroyants. Les femmes indiennes ont des aptitudes remarquables pour administrer ces substances naturelles, pourvu qu'on y mette le prix. Dans ces conditions, bien des suppressions deviennent possibles.

Du reste, je ne fus pas le seul à avoir ces soupçons; la voix publique les clama partout et tellement que le Gouvernement s'en émut et que le ministre de France dut demander officiellement qu'on procédât à l'autopsie. C'est ce qui eut lieu, je crois, à l'égard de l'infortuné M. Langlais. La docte faculté conclut à une embolie cardiaque. Et on classa l'affaire ! Pourtant, qui donc là-bas pourrait affirmer qu'il n'existe pas une noix dont l'amande contiendrait des sucs qui produisent l'embolie au cœur ? et cela au bout d'un nombre de jours égal à celui de ceux écoulés entre le moment où le fruit a été cueilli et celui où il a été absorbé par le patient voué à la mort ? Dans ces conditions terribles, que peuvent découvrir les médecins d'une part et la justice de l'autre ? C'est alors que le jugement doit se baser sur le calcul des probabilités comparées.

Enfin, que la cause du décès ait été naturelle, volontaire ou criminelle, la disparition de M. Langlais fut, à tous les points de vue, un gros événement, un malheur pour l'Empire. Ainsi s'évanouissaient toutes les espérances de régénération de l'état financier du Mexique sur laquelle reposait la consolidation du régime impérial et sans laquelle son existence même devait être compromise.

Cependant, M. Langlais avait fait deux élèves dans les adjoints qu'il avait amenés de France, MM. de Maintenant et de Mondésir, deux financiers d'élite. Ils avaient collaboré avec le maître à l'établissement des projets remarquablement conçus et élaborés en vue de la réorganisation des finances du pays. Ils avaient été initiés à toutes les idées de M. Langlais et l'un d'eux, M. de Maintenant, pourrait sans doute prendre sa succession et ne pas laisser péricliter l'œuvre entreprise. Le Maréchal l'espérait. Mais ce jeune financier pourrait-il, au milieu de cette société gouvernementale et financière si jalouse, si intransigeante et si réfractaire aux réformes nécessaires et destinées à imposer l'ordre et l'honnêteté dont beaucoup ne voulaient pas, acquérir la notoriété et la confiance que M. Langlais avait eu tant de peine à gagner, malgré qu'il fût si puissamment appuyé, soutenu par l'intervention personnelle de l'Empereur Napoléon ? C'était là un point d'interrogation grave, redoutable.

Maximilien, fortement ému par le coup double qui venait de le frapper : le rappel des troupes françaises et la mort de M. Langlais, parut vouloir entrer franchement dans une voie de gouvernement plus conforme à ses intérêts. Il s'était décidé, depuis quelque temps déjà, sur les instances du Maréchal, à changer son ministère, afin de le reconstituer d'après de nouveaux principes et d'y faire entrer M. Langlais, avec le portefeuille des finances. Il ne pouvait plus remplir cette dernière condition; mais il reconstitua néanmoins un cabinet où il fit entrer des hommes qui ne réalisaient pas encore la perfection, mais qui, tout au moins, avaient sur leurs prédécesseurs l'avantage de n'être pas des ennemis avérés de l'intervention française et de la politique qu'elle préconisait. Cependant, ils ne satisfaisaient pas complètement tous les gens désintéressés, soucieux de la consolidation de l'Empire, qui auraient désiré voir confier le gouvernement à des hommes de valeur, même plus ou moins étrangers au pays, ayant l'avantage de n'appartenir à aucun parti et d'être ainsi plus indépendants dans la gestion des affaires.

Maximilien compléta ce petit coup d'Etat par quelques mesures secondaires démontrant qu'il comprenait enfin la nécessité de réduire les dépenses publiques. C'est ainsi qu'il diminua le nombre des ministres et ministères. Il n'en resta plus que cinq : c'était, en vérité, bien suffisant. On put ainsi grouper divers services et supprimer bon nombre d'employés. En outre, il opéra des réductions importantes dans les services particuliers affectés à sa personne. Il supprima, enfin, ses deux cabinets, civil et militaire, où, sans nul profit, mais en entravant souvent l'expédition des affaires, grouillaient une nuée d'employés de toutes nationalités, des Autrichiens, des Belges, des Russes, des Mexicains, qui potinaient à l'envi quand ils ne frondaient pas, et, avec ensemble, dévoraient le budget à belles dents. Un simple secrétariat remplaça ces impédimenta dispendieux.

Il était un peu tard pour fermer la caisse, alors qu'elle était presque vide ! Aussi une mesure, plus grave encore par ses conséquences, allait s'imposer par la force même des circonstances que créait la pénurie des ressources. On fut obligé de réduire les appointements des hauts fonctionnaires, des ministres en particulier, auxquels on n'alloua bientôt plus que la moitié des tarifs. Il est aisé de comprendre qu'avec un pareil système, si obligatoire qu'il fût, on devait produire des effets désastreux en développant, d'une part la tendance à la concussion et de l'autre, en anémiant fortement la fidélité et le dévouement d'un grand nombre de fonctionnaires. Tout se tenait dans ce malheureux édifice et tout se désorganisait ensemble.

Cette situation financière déplorable commençait à porter ses fruits partout; le manque de confiance et d'argent paralysait le concours de tout ce qui était dévoué à l'Empire et développait la hardiesse de ses ennemis ainsi que leurs moyens d'action. Dans ces conditions, les populations honnêtes étaient impuissantes à maintenir la tranquillité là où elle était complète un an auparavant. Les régions non occupées par les troupes françaises, qui ne pouvaient pas être partout, étaient dans une insécurité complète qui anéantissait toutes les transactions et donnait libre cours aux exactions qui ruinaient le pays. Sans parler de nombreux incidents fâcheux mais de peu d'importance, il se produisait parfois de gros événements du plus déplorable effet. C'est ainsi que, vers la fin de février, un grand convoi de marchandises, d'une valeur de plusieurs millions, se rendant de Tampico à San-Luis, escorté par des troupes impériales, fut attaqué et, peu défendu par l'escorte dont une partie passa à l'ennemi, il fut capturé, produisant une perte immense au commerce. En outre, à la même époque, la petite ville de Tlaxcala, près Puebla, fut enlevée par une bande qui fit prisonnière toute la garnison mexicaine, le préfet politique et rançonna cruellement la population. Non loin de là, on enlevait à son escorte une forte somme d'argent envoyée par la compagnie du chemin de fer de Vera-Cruz pour payer ses ouvriers.

Tout cela se passait dans la contrée que nous occupions depuis quatre ans et que traversait la route de Vera-Cruz, notre unique ligne d'opération.

Enfin, pour mettre le comble à cette situation déconcertante, survint, dans les premiers jours de mars, un événement qui, en raison de l'importance des personnalités qui furent les victimes, fut absolument déplorable, humiliant même pour le Gouvernement et l'Empereur qui avaient manqué de prévoyance et n'avaient pris aucune mesure pour l'empêcher.

J'ai déjà fait connaître l'arrivée à Mexico d'une mission belge portant aux Souverains du Mexique notification de l'avènement au trône de Léopold II. Son mandat rempli, la mission repartait pour l'Europe et, le 5 mars, quittait la capitale dans une diligence spéciale, mais sans escorte. Cet oubli des règles les plus élémentaires pour voyager au Mexique ne peut être reproché à ces Européens qui croyaient le pays pacifié, tout au moins sur la route de Vera-Cruz ; mais il est absolument impardonnable à l'Empereur et à l'Impératrice qui connaissaient ou avaient le devoir de connaître la situation du moment. Après tout, par amour-propre, Leurs Majestés ont peut-être voulu cacher l'état d'insécurité où on se trouvait pour faire croire en Belgique qu'on était en paix à l'intérieur du nouvel Empire ; elles se contentèrent pour toute sauvegarde de faire accompagner les membres de la mission par un officier mexicain, officier d'ordonnance de l'Empereur ! On va voir comment ce valeureux guerrier remplit son rôle.

La berline gravissait péniblement la longue côte qui s'élève sur le flanc de la Cordillère pour atteindre le fameux col de Rio-Frio, célèbre par les crimes et les attentats qui, de tous temps, s'y étaient commis sur les voyageurs; on n'était guère qu'à une dizaine de lieues de Mexico, lorsque, soudain, une troupe de bandits surgissant du maquis, faisaient feu sur la voiture et, tirant avec une précision bien rare pour des gens de cette espèce, tuaient un officier belge, lieutenant d'artillerie, le comte d'Huart, aide de camp du comte de Flandre, et blessaient trois autres membres de l'ambassade. Les survivants bondirent de la voiture qu'entouraient les brigands, firent feu avec leurs revolvers et chargèrent avec leurs sabres pour repousser les agresseurs; puis, un moment dégagés, ils remontèrent dans la voiture qui partit au galop, emportant le malheureux officier tué, ainsi que l'aide de camp de l'Empereur du Mexique. Celui-ci, au départ, avait pris place sur l'impériale, à côté du conducteur, sans doute pour surveiller au loin le pays; dès qu'il aperçut les bandits faisant feu sur la voiture, il se cacha sous la bâche et s'y blottit entre les malles; il ne reparut que lorsqu'on arriva au premier poste. Je suppose que lorsque les membres de la mission le virent réapparaître, ils ont dû lui adresser quelques compliments de circonstance; mais qu'importait la honte à ce misérable? il avait sauvé sa peau! Les officiers de l'armée impériale n'étaient pas tous semblables à celui-là, mais il y en avait malheureusement beaucoup trop de son espèce. Ce qui est plus incroyable encore, c'est qu'au lieu de faire passer cet ignoble soldat devant un conseil de guerre et le dégrader ignominieusement, Maximilien se contenta de l'obliger à donner sa démission. C'était s'en tirer à bon compte.

Cet événement comporte, en outre, un corollaire peu flatteur pour les aptitudes combatives d'un grand nombre de Mexicains. A quelque distance, 3 ou 400 mètres à peine, en arrière de la voiture des officiers et diplomates belges, venait la diligence publique régulière. Elle était pleine de voyageurs, tous armés. Or, ceux-ci, dès qu'ils entendirent les premiers coups de feu, sautèrent à terre et se cachèrent dans les broussailles. Ils ne reparurent que longtemps après la disparition des bandits. Et pourtant, s'ils avaient couru au secours des autres, les brigands se seraient prestement sauvés. Quel contraste entre ces deux catégories de voyageurs ! Les Belges se sont très honorablement comportés en hommes de cœur et d'énergie; mais les autres.... ?

Ce malheureux événement produisit à Mexico une grande émotion, à la ville comme à la cour, surtout dans le cœur de l'Impératrice Charlotte qui se sentit profondément humiliée par la moralité d'un pareil attentat sur ses compatriotes. Quant à Maximilien, il ne sembla pas en tirer le moindre enseignement. Et pourtant, il commençait à être impressionné par la situation générale; mais, ne discernant pas la véritable cause des mécomptes qui l'énervaient, il s'en prit inconsidérément aux hommes qui pourtant étaient bien innocents. C'est ainsi que persuadé qu'il avait été mal servi en France, il en rendit coupable son ministre à Paris qui n'avait pas su soutenir ses intérêts auprès du Gouvernement français. Il retira sa confiance à ce diplomate et remplaça M. Hidalgo par le général Almonte, qu'il savait très apprécié à la cour de Napoléon et qu'il n'était pas fâché d'éloigner de Mexico ainsi que de sa cour, foyer d'intrigues dans lesquelles Almonte était forcément entraîné, mais dans un sens qui ne plaisait pas à la camarilla. Ce vieux serviteur avait l'esprit droit, pondéré, et voyait avec regret la voie néfaste dans laquelle on poussait l'Empereur. C'était donc encore une faute d'éloigner un des rares hommes dévoués et sincères qui l'entouraient.

Du reste, ce changement de diplomate à Paris était trop tardif et, en admettant que le général Almonte, bien en cour aux Tuileries, eût pu antérieurement obtenir de meilleurs résultats que M. Hidalgo, il était évident qu'il serait désormais impuissant à rien modifier dans les projets du Gouvernement français; car l'Empereur Napoléon avait pris, vis-à-vis de son Parlement, des engagements trop formels pour qu'il pût les négliger, à moins d'un événement brutal, tel qu'une rupture avec les Etats-Unis. En effet, le discours du trône, prononcé le 22 janvier et dont les déclarations furent connues à Mexico à la fin de février, ne devaient laisser aucun espoir, même à Maximilien. Ces déclarations étaient si formelles, accompagnées de considérations si précises, qu'elles indiquaient une volonté inébranlable d'en finir.

« Je m'entends avec l'Empereur Maximilien pour fixer l'époque du rappel de nos troupes, afin que leur retour s'effectue sans compromettre les intérêts français que nous avons été défendre dans ce pays lointain. » Comment l'Empereur, éclairé par toutes les correspondances du Maréchal, a-t-il pu formuler un pareil espoir ? Mais ce qui passe les bornes de ma compréhension dans ce discours impérial, c'est le coup d'encensoir que Napoléon III envoie aux Etats-Unis : « La France qui n'oublie aucune noble page de son histoire, fait des vœux sincères pour la prospérité de la grande République américaine et pour le maintien de relations amicales bientôt séculaires. L'émotion produite aux Etats-Unis par la présence de notre armée sur le sol mexicain, s'apaisera devant la franchise de nos déclarations. Le peuple américain comprendra que notre expédition à laquelle nous l'avons convié, n'était pas opposée à ses intérêts. Deux nations également jalouses de leur indépendance, doivent éviter toute démarche qui engagerait leur dignité et leur honneur. »

C'était bien peu connaître le caractère et la mentalité des Américains du Nord pour tenir un pareil langage à leur égard, et se bercer de si formidables illusions. Les politiciens de la Maison-Blanche ont dû éprouver une douce gaieté en lisant ces jolies phrases sentimentales qui, à Paris, avaient soulevé les bravos des gens de la politique. Oui, la France n'oublie pas les nobles pages de son histoire; mais l'Amérique les oublie ! La République américaine n'a que faire des vœux de prospérité que lui adressent les autres Gouvernements; elle entend assurer elle-même cette prospérité; elle ne connaît pas les sentiments platoniques; pour elle, « les affaires sont les affaires ! »

Quoi qu'il en soit de cette déclaration impériale, il n'en ressortait pas moins, très formellement, que Napoléon III s'entendait avec Maximilien pour fixer l'époque du rappel des troupes; mais il eût été plus vrai de dire qu'il *s'efforçait* de s'entendre. En effet, cette parole si solennelle aurait dû être pour l'Empereur du Mexique un son de cloche d'une implacable éloquence. Mais Maximilien ne l'entendit pas ainsi pour répondre aux démarches de Napoléon III. Celui-ci envoyait bien M. Saillard auprès de Maximilien, et, si ce diplomate habile, obligé à certains ménagements protocolaires, ne voulut pas brutaliser les impressions du jeune Empereur, il précisa cependant très clairement l'objet de la mission que lui avait confiée son Souverain. Mais la potion était trop édulcorée; elle ne produisit pas l'effet attendu. Maximilien ne voulut rien savoir. Il erra dans de vagues propositions, de vaporeuses déterminations, mais il ne conclut rien. C'est à peine s'il avait l'air de prendre au sérieux le rôle et le caractère du plénipotentiaire de Napoléon III, qu'il laissa à Mexico et courut se replonger dans les délices de Cuernavaca, sous les cajoleries d'une beauté mexicaine et les exhortations mystiques du Padre Fischer. Quelles oppositions ?

Dans ces conditions, le baron Saillard, après s'être mis d'accord avec le Maréchal et d'après son conseil, se décida à repartir. Il y avait pourtant quinze jours à peine qu'il était arrivé, mais il ne lui avait pas fallu plus longtemps pour reconnaître qu'on ne pouvait rien tirer de l'Empereur du Mexique. Il partit pour Vera-Cruz où il devait stationner pendant quelques jours. Ce n'était, en effet, qu'une fausse sortie convenue avec le Maréchal, destinée à impressionner et à faire réfléchir Maximilien; d'autant que le maréchal Bazaine devait faire, pendant ce temps, des démarches directes auprès du Souverain pour le faire sortir de sa torpeur ou de son mauvais vouloir. Mais cette manœuvre avorta comme les autres, et le messager de Napoléon III reprit le paquebot pour aller rendre compte de l'avortement de sa mission. Que faire, en vérité, avec un chef d'Etat comme Maximilien qui ne voulait rien faire ?

Maximilien s'était sans doute imaginé que la déclaration faite par l'Empereur des Français à l'ouverture du corps législatif, n'était qu'une satisfaction platonique donnée aux impatiences du Parlement et de l'opinion publique en France, et que la mission du baron Saillard n'était qu'une sanction apparente de cette déclaration. Il crut alors d'une habile politique de se soustraire à une entente formelle et précise avec ce diplomate au sujet du retrait de nos troupes, ce qui aurait rendu vaines toutes les démarches qu'il comptait tenter pour reculer le plus possible cette échéance et notamment celle dont il avait chargé le commandant d'état-major Loysel, son ancien chef de cabinet, qu'il envoyait en mission auprès de Napoléon III.

Ce malheureux prince était voué à toutes les illusions. En tout cas, cet acte était d'une diplomatie médiocre.

Il est vrai, d'autre part, dans la même affaire mais dans un ordre inverse, que le Gouvernement français commit un acte encore plus maladroit et qui eut des conséquences bien plus graves. Cet acte fut la suite et la conséquence de l'attitude qu'avait déjà tenue le Gouvernement de l'Empereur Napoléon vis-à-vis des Etats-Unis. Je dis le Gouvernement, parce que Napoléon III a cédé, en cette affaire franco-américaine, à la pression de son cabinet et de ses conseils. Cette attitude n'avait jamais été dans son tempérament.

En effet, aussitôt après la déclaration formulée dans son discours du trône au sujet du rappel de ses troupes, son ministre des Affaires étrangères, M. Drouin de Lhuys, faisait demander au Gouvernement des Etats-Unis, par M. de Montholon, son ministre à Washington, l'assurance qu'il maintiendrait au moins à l'égard du Mexique une stricte neutralité. C'était une lourde faute qu'un diplomate prudent et avisé n'aurait pas commise. Pourquoi relancer ainsi un lièvre qu'on désirait voir rester au gîte ? Il fallait attendre et ne pas prendre les devants. Qu'avait-on tant à craindre, pour mettre un tel empressement à offrir un os à ronger à cet ogre plus maussade et plus malin que belliqueux ? On n'avait pas à redouter, je pense, qu'il envoyât tout à coup les quelques monitors à vapeur dont il disposait bombarder Vera-Cruz. Alors pourquoi cet acte de condescendance, de faiblesse non fondée ?

L'Empereur des Français avait parlé à son peuple pour lui faire connaître ses intentions; cela suffisait, car cette parole était entendue par le monde entier. Si quelque puissance avait des observations à formuler, elle n'avait qu'à le faire par son représentant auprès de notre Gouvernement. Principalement, en ce qui concernait les Etats-Unis, il importait au plus haut point de leur laisser l'embarras d'attacher le grelot. Pourquoi leur demander l'assurance d'une neutralité, puisqu'à la suite des événements de Bagdad, ils l'avaient eux-mêmes très soigneusement affirmée en prenant toutes les mesures matérielles nécessaires pour la garantir contre les emballements possibles de leurs troupes de frontière.

Si les Etats-Unis croyaient pouvoir demander à la France des affirmations plus catégoriques, plus précises, il convenait de leur en laisser l'initiative; j'ajouterai surtout l'embarras et la difficulté.

D'ailleurs, il est des circonstances où il est préférable d'attendre une attaque que de provoquer une riposte toujours moins réfléchie, moins pondérée que la première. Cela paraît surtout vrai en diplomatie. On aurait assurément évité la réponse qui nous fut faite, réponse d'une habileté qu'avait fait naître notre maladresse, et d'une audace inspirée seulement par notre pusillanimité. Cette réponse est, en effet, extraordinaire. En d'autres temps de notre histoire elle n'eut pas été accueillie comme elle le fut alors par le Gouvernement de la France.

La jactance qu'avait déjà signalée et dédaignée Napoléon III était devenue de l'arrogance devant laquelle son Gouvernement, son Parlement allaient s'incliner !

Il faut cependant reconnaître, comme circonstance atténuante, qu'il y avait en France une opposition qui soutenait nos ennemis d'alors et leur inspirait cette arrogance qui, grâce à elle, devenait sans danger probable.

Le 12 février, M. Seward, ministre des Etats-Unis, répondait au Gouvernement français :

« Les Etats-Unis ne peuvent supposer que l'Empereur se propose d'établir au Mexique, avant de retirer ses forces, les institutions mêmes qui leur déplaisent et qui justifient matériellement les objections soulevées contre son intervention. Nous regardons, au contraire, l'Empereur comme nous ayant annoncé son intention immédiate de faire cesser le service de ses armées au Mexique, de les rappeler en France et de s'en tenir fidèlement, sans aucune stipulation ni condition de notre part, au principe de non-intervention sur lequel il est désormais d'accord avec les Etats-Unis.

« La France n'a que faire de retarder d'un instant la retraite promise de ses troupes, par quelques craintes que les Etats-Unis se montrent infidèles à la politique qu'ils ont toujours pratiquée, et qu'ils s'éloignent de la règle de conduite qui a été donnée par Washington lui-même.

« Nous serons charmés lorsque l'Empereur nous donnera l'avis définitif de l'époque à laquelle on pourra compter que finiront les opérations militaires de la France au Mexique. »

Cette réponse est inqualifiable et constitue un document diplomatique dont, sans doute, il n'existe point aucun similaire dans les chancelleries des nations policées. Quelle mauvaise foi et quelle morgue prétentieuse !

D'abord l'Empereur n'avait rien promis aux Etats-Unis; il avait seulement fait connaître ses intentions et M. Drouin de Lhuys avait simplement demandé l'assurance de la neutralité des Etats-Unis. On n'a donc pas voulu répondre *franchement* à la demande formulée.

Le Gouvernement français n'a pas annoncé qu'il ferait cesser *immédiatement* le service de ses armées au Mexique. Il a précisé, au contraire, qu'il allait s'entendre pour fixer l'époque de leur rappel, de manière à ne pas compromettre les intérêts français engagés au Mexique; ce qui est l'opposé de ce que dit la réponse américaine.

Le deuxième paragraphe est phénoménal : « La France n'a que faire de retarder d'un instant la retraite promise de ses troupes. » Cette assertion est injustifiable puisque la France a dit, au contraire encore, qu'elle avait des intérêts à sauvegarder. Le reste n'est que du verbiage absolument hors de la question.

Enfin, la déclaration finale : « Nous serons charmés.... » est tout simplement *charmante*. On ne peut vraiment être plus accommodant et plus ironique !

Les Etats-Unis ont eu de la chance que la France et son Gouvernement aient changé leur tempérament d'autrefois, surtout celui qui soutenait la cause de l'émancipation de la jeune Amérique contre l'Angleterre. Alors, elle n'aurait accepté de qui que ce fut un pareil langage.

Hélas ! la France fit semblant de ne pas comprendre et, tout en tournant très habilement les apparences de condescendre à une injonction comminatoire, son Gouvernement fit connaître, le 6 avril, les époques de rapatriement des troupes, tout en déclarant malicieusement « qu'il n'hésitait jamais à offrir *à ses amis* les explications qu'ils demandaient ».

Singuliers amis que nous avions là ! Qu'auraient donc fait des ennemis ?

Conclusion : cette campagne diplomatique fut absolument déplorable.

CHAPITRE V

CAMPAGNE DE CALOMNIES

Du 1ᵉʳ au 30 avril 1866

Aggravation de la situation de l'Empire, au dedans comme au dehors. — Rapports du Maréchal. — Situation militaire difficile. — Désastre de Santa-Isabel. — Le lieutenant Bastidon à Paras. — Prétentions révoltantes des Américains. — Mécontentement dans le corps expéditionnaire. — Correspondances d'officiers français. — Action funeste et attitude du général Douay. — Attitude de Bazaine. — Situation et existence privée de la colonie militaire française à Mexico. — La vie au quartier-général.

La situation politique extérieure de l'Empire était donc absolument grave et ne laissait guère d'espoir d'avenir aux esprits clairvoyants du pays, et encore moins dans la pensée du monde étranger. Ce qui était peut-être plus inquiétant c'est qu'à l'intérieur, et à tous les points de vue, politique, social et financier, la situation s'aggravait de jour en jour. Si on pouvait constater, en ce mois de mars 1866, une accalmie dans les craintes causées par les Américains sur la frontière, les appréhensions augmentaient au sujet de l'état des affaires à l'intérieur. C'est ainsi que, dans son rapport politique du 9 mars, s'exprimait le Maréchal :

« La situation politique ne s'améliore presque nulle part et cet état stationnaire s'explique en songeant que le Gouvernement n'a su inspirer aucune direction aux autorités départementales. Presque partout les caisses des administrateurs des rentes sont dans le plus complet dénûment. Les rentrées des impôts se font imparfaitement. Le désordre est tel que presque partout les dépenses excèdent de beaucoup les entrées et l'on est aux expédients pour payer les gardes rurales. Malgré tous les renseignements que je ne cesse de communiquer au Gouvernement, la justice laisse à désirer dans la plupart des localités. De sorte que, si la situation matérielle des populations ne s'améliore pas en raison du manque de forces solides et bien organisées pour les garder, la situation morale ne s'améliore pas non plus, puisque les exemples les plus regrettables font douter des intentions du Gouvernement.

« J'ai obtenu que l'Empereur approuvât les mesures que le général de Castagny avait prises d'urgence pour révoquer des autorités ineptes ou incapables, et les remplacer par d'autres plus sérieuses; malheureusement l'administration se venge de la pression que nous avons exercée en cette occasion par des lenteurs sans doute calculées et qui paralysent l'action des nouveaux promus. Beaucoup de paroles, de protestations, mais pas de coopération effective, et c'est ainsi partout.

« Il règne à Guadalajara un état de malaise très grand, le commerce n'a aucune activité, les fêtes et les réunions ont disparu. Tout est mort.

« A la suite de la promulgation dans ce département de la loi sur le mariage civil, le clergé a pris une attitude défavorable au Gouvernement. »

Cette attitude du clergé qui relevait la tête, après avoir été si bien maté dans ses excès par la Régence et le maréchal Bazaine, attitude inspirée par une intransigeance rétrograde irréfléchie, ne se serait pas manifestée si Maximilien avait gouverné d'une façon ferme et suivi une politique résolue.

La situation des affaires militaires recevait un contre-coup fatal des conditions dans lesquelles se trouvaient la politique extérieure ou intérieure, ainsi que les intérêts matériels des populations, car ces conditions mauvaises avaient une influence capitale sur la direction qu'il convenait de donner aux éléments militaires de l'Empire ainsi qu'aux forces de l'intervention, et, ce qui est plus grave, elles faisaient renaître et se développer la puissance et l'énergie de la résistance, de l'offensive même dans le parti de Juarez.

C'est ainsi que, dans les premiers mois de cette année, les troupes françaises avaient dû évacuer les provinces les plus éloignées de Mexico ou trop rapprochées de la frontière. De grandes villes avaient été abandonnées et leur garde confiée à des troupes impériales; des capitales même durent subir ce sort. En janvier, Chihuahua, que Juarez avait adoptée comme siège *in extremis* de son gouvernement fantôme, après avoir été deux fois abandonnée et reprise, fut en dernier lieu évacuée par le commandant d'état-major Billot qui, après l'avoir mise en état de défense, la confia à la garde des troupes maximiliennes. Mais peu de temps après, elle fut livrée à l'ennemi par ces mêmes troupes !

En février, le général Jeanningros occupait de nouveau Monterey, capitale de la province-frontière où les Américains nous causaient tant d'ennuis. J'ai déjà signalé les épisodes qui amenèrent la réoccupation de cette ville par nos troupes; quelques semaines plus tard, celles-ci durent l'abandonner de nouveau pour occuper plus fortement la ville de Saltillo, en arrière, sur la route de Mexico, dont la position stratégique plus importante allait devenir le quartier général du général Douay. Enfin Monterey devait être réoccupée le 20 mars par la légion belge.

C'est à cette époque qu'eut lieu un des incidents les plus regrettables qu'aient subi nos armes dans cette dernière période de notre action militaire.

Il se produisit à quelque distance au nord de Paras, petit chef-lieu de département, à quelque trente lieues de Saltillo, presque sur la lisière de l'immense désert de Mapimi.

Le commandant de Brian, de la Légion étrangère, avait été envoyé à Paras pour réinstaller le préfet politique de la localité. Il avait avec lui quatre compagnies de la Légion, deux compagnies et deux escadrons mexicains qui étaient destinés à l'occupation de Paras. Quelques jours après son arrivée, le 2 mars, il apprit que les Libéraux, en forces assez importantes, 1.500 hommes environ, se trouvaient à trois lieues de lui. Plus ardent et entreprenant que sage, sans avoir essayé de faire reconnaître l'ennemi et la position qu'il occupait, il laissa une compagnie à la garde de Paras et, avec le reste de sa petite troupe, il se mit en route, à minuit, pour aller déloger les dissidents. Bravoure et audace trop téméraires, parce qu'il n'avait dans la main que des éléments de combat trop peu nombreux et dont la moitié se composait de troupes mexicaines sur lesquelles il ne devait pas compter jusqu'au sacrifice.

Dans ces conditions, au petit jour, il attaqua. Que se passa-t-il alors ? On ne le sut jamais positivement; tous les principaux acteurs de cette héroïque folie l'ayant payée de leur vie ! Il est évident que les 300 légionnaires du commandant de Brian se sont lancés sur l'ennemi avec leur impétuosité légendaire, sans se rendre compte des obstacles formidables contre lesquels ils allaient se briser; car il a été reconnu depuis que la position que formait l'hacyenda de Santa-Isabel, au fond d'un défilé tortueux, entouré d'un dédale de collines rocheuses, constituait un ensemble défensif inattaquable de front, surtout avec des forces si inférieures à celles d'un ennemi puissamment retranché. Ils se seront heurtés à une résistance inébranlable. Ayant pénétré dans la masse ennemie, ils restèrent enfermés par le nombre et les obstacles naturels. Ont-ils été secondés par les auxiliaires du commandant de Brian, peu vaillants par nature et mal commandés ? On l'ignora. En tout cas, 40 cavaliers mexicains se sont sauvés pour porter la nouvelle du désastre. Tout ce qui était français est resté aux mains de l'ennemi, presque tous morts; un officier seulement et 78 hommes, dont 24 blessés, furent faits prisonniers. L'ordonnance de l'adjudant-major Caze put seul s'échapper en sautant sur le cheval de son capitaine tué.

Ce valeureux coup d'audace fut, pour notre Légion étrangère, le douloureux pendant de l'intrépide défense de Camaron ; deux glorieuses actions poussées jusqu'au suprême sacrifice. Il eut, du reste, le lendemain, un magnifique épilogue.

Leur victoire consommée, mais avec des pertes énormes, les Libéraux coururent à Paras pour l'occuper.

Le lieutenant Bastidon, qui commandait la compagnie restée pour garder la ville, ayant appris le désastre, comprit qu'il serait attaqué par l'ennemi victorieux et prit aussitôt ses dispositions pour résister dans le réduit choisi pour la défense. Sur la terrasse, il plaça les deux canons qu'on lui avait laissés et fit prendre les armes à tout son monde. Le chef libéral Trevinio envoya un parlementaire au lieutenant Bastidon pour lui annoncer le désastre et l'inviter à mettre bas les armes, toute défense étant impossible et ne pouvant amener que la destruction de la garnison. Mais le vaillant officier fit répondre qu'il se défendrait à outrance et s'ensevelirait plutôt sous les ruines de son réduit, et que si on lui envoyait encore de pareilles propositions, il ferait pendre le porteur.

Cette fière énergie sauva la ville et la garnison, car, ne voulant sans doute pas ternir ses lauriers par un combat sans gloire de cinquante contre un, ou plutôt parce qu'il n'était pas certain de triompher d'un pareil adversaire, Trevinio sortit de la ville qu'il avait déjà occupée en partie et se retira vers le Nord.

D'autre part, la nouvelle des événements de Santa-Isabel était parvenue à Saltillo et le commandant Saussier partait aussitôt avec son bataillon pour sauver Paras qu'il savait en danger. Il arriva après une marche forcée et recueillit, en route, cachés depuis plusieurs jours dans une barranca, les débris de la cavalerie de Brian échappée du combat.

Enfin, quelques jours après, le général Douay qui allait arriver à Saltillo, ayant été prévenu, avait, avec une colonne légère, couru aussi à Paras où il arriva après quatre jours de marches forcées. Il tenta de châtier les vainqueurs de Santa-Isabel, mais ceux-ci, avisés de son approche, disparurent dans le désert de Mapimi, où on ne pouvait songer à leur donner la chasse, même avec de la cavalerie. Le général Douay ayant renforcé la place, repartit pour Saltillo.

La nouvelle de ce désastre produisit, à Mexico, une véritable stupeur et contribua à augmenter les inquiétudes. Le Maréchal fut personnellement très affecté. Il ne manifesta pas le moindre sentiment de réprobation pour l'imprudence plus hardie que réfléchie du malheureux chef qui, rêvant un beau succès, avait été la première victime d'une témérité, ambitieuse peut-être; mais il sentit bien que ce coup d'audace, inutile dans les circonstances où il s'accomplit, aurait dû être évité. D'autant que des événements de cette nature éclaircissaient, sans le moindre avantage, les rangs de ses troupes dont il allait lui être impossible de combler les vides.

En effet, et cela est triste à redire, le Gouvernement de Washington, sous le prétexte que l'Empereur des Français avait eu la condescendance, bien regrettable du reste, de lui faire connaître qu'il rapatrierait ses troupes dans un délai déterminé, eut l'outrecuidante audace de l'inviter, de façon comminatoire, à ne pas envoyer de nouveaux contingents à la Légion étrangère au Mexique. Protestant contre le départ d'un détachement de renfort pour cette Légion qui allait s'embarquer à Alger, il déclarait même qu'il n'admettait pas qu'on recrutât des noirs au Soudan pour maintenir l'effectif du bataillon égyptien qui tenait garnison à Vera-Cruz et dans les Terres Chaudes. C'étaient vraiment des prétentions monstrueuses et d'une mesquinerie inqualifiable; surtout, alors que, de leur côté, les Américains faisaient passer *clandestinement* à nos ennemis les Juaristes, des renforts en hommes qui allaient grossir leurs rangs, ainsi que toutes sortes d'objets de contrebande de guerre.

Ils firent mieux encore. Ils s'attaquèrent à l'Autriche, à propos de la légion autrichienne de Maximilien. Un contingent de volontaires, qui n'étaient plus sous le drapeau autrichien, allaient être embarqués à Trieste pour le Mexique afin de combler les vides de la légion maximilienne; mais le ministre des Etats-Unis à Vienne protesta énergiquement, déclarant même qu'il avait l'ordre de rompre les relations diplomatiques si on faisait partir le contingent. Que ne l'a-t-on pas laissé faire !

Il me semble qu'on ne pourrait rien trouver de semblable dans l'histoire des relations diplomatiques entre les peuples. Si au moins les Etats-Unis avaient été en guerre avec le Mexique, ils auraient eu quelques raisons de protester; encore eut-il fallu le faire d'une façon plus convenable.

Et la France, l'Autriche, la Belgique cédèrent à ces rodomontades ! Il est vrai qu'à ce moment la Prusse, devenue ambitieuse et gourmande, continuait à troubler gravement la tranquillité de l'Europe. C'est donc grâce à ce facteur, déprimant l'Europe, que la politique yankée eut ces audaces !

Cependant, si on tremblait en Europe, il n'en était pas ainsi dans le corps expéditionnaire. S'il n'avait pas eu d'autres soucis que ceux provenant du côté américain, le Maréchal eût été bien plus à l'aise dans l'emploi de ses troupes. Il y avait parfois des revers fortuits, mais sans conséquences, et, alors même que ces engagements eussent été heureux, ils n'auraient pas modifié la mauvaise impression générale que motivait l'inaction relative dans laquelle étaient tenues la plus grande partie de nos troupes, réparties sur le vaste territoire qu'elles occupaient encore après leur premier mouvement de concentration jugée nécessaire lorsque l'attitude des Américains devint menaçante.

Ces deux conditions imposées par les événements et les circonstances n'étaient généralement pas comprises, aussi bien dans le pays que dans le corps expéditionnaire lui-même et produisaient un mécontentement qui visait trop souvent le Maréchal et se traduisait en récriminations plus ou moins acerbes et violentes, d'autant plus peut-être qu'elles étaient injustes et non fondées.

Malheureusement ces récriminations, ainsi que je l'ai déjà signalé, se manifestaient plus particulièrement et parfois plus dangereusement dans la correspondance et allaient ainsi engendrer l'inquiétude dans les esprits en France, surtout à Paris, aux Tuileries même. J'ai signalé et pris à partie la catégorie la plus dangereuse, celle du général Douay. Il y en eut bien d'autres, sans doute, car on a l'esprit frondeur en France; mais de toutes celles connues, il n'y en eut point de plus perfides et de plus néfastes, car elle n'éclairait pas les esprits, elle les affolait. On n'ignorait pas, au quartier général, le caractère de ces correspondances soi-disant privées, d'autant que le ministre de la Guerre s'en était plaint au Maréchal et l'avait invité à recommander aux officiers d'apporter une sage retenue dans les informations et les réflexions qu'ils adressaient en France. Je dois dire, à l'honneur de notre corps d'officiers en général, que, tout en exprimant leurs sentiments plus ou moins pessimistes, ils conservèrent dans leurs lettres l'esprit de la discipline et le respect des convenances.

Quant au général Douay, il se livrait dans ses lettres à des critiques de toute nature, principalement contre les actes de son chef. On m'assurait que ses correspondances étaient lues à la cour. Je pensais alors qu'elles étaient adressées à sa femme qui était fille du général Lebreton, commandant militaire des Tuileries, ou bien plutôt à ce dernier, car je m'étais laissé dire que certains refroidissements étaient survenus entre le général Douay et Madame, dont l'humeur parfois fantasque n'était pas commode à brider, circonstance qui, à mon sens, rendait invraisemblables ces épanchements épistolaires au sein d'un ménage peu tendre. Quel que fût, du reste, le chemin choisi, les diatribes du général parvenaient jusqu'au trône.

Au commencement de 1865, le général Douay ayant demandé un congé, partit pour la France; ce voyage nous parut singulier, car sa présence était toujours nécessaire à la tête de ses troupes, occupant les régions encore tourmentées de l'Empire mexicain. Quelques officiers connaissant bien l'esprit généralement taciturne et bilieux du général, dont l'humeur était plus sévère pour les autres que pour lui, pensaient que las, physiquement et moralement, de guerroyer contre des ennemis insaisissables mais toujours renaissants, il partait avec le secret espoir de ne plus revenir. Une fois en France, il n'est pas douteux qu'il donna libre cours à la manifestation de ses sentiments d'hostilité contre son chef auquel, par ignorance des choses, il imputait la responsabilité de situations difficiles et d'événements fâcheux. Il dut évidemment confier toutes ses doléances à l'Empereur, aux ministres, à tout le monde enfin, pour ameuter l'opinion publique dans les hautes sphères gouvernementales; et, s'il réussissait à faire rentrer en France le maréchal Bazaine, il *daignerait* consentir à retourner au Mexique pour y prendre sa place, convaincu qu'il ferait mieux que lui et que peut-être il sauverait la situation ! Terrible illusion, car il n'avait, à aucun point de vue, l'étoffe nécessaire pour accomplir une pareille tâche. Ce qui lui manquait le plus, c'était la souplesse de caractère pour manœuvrer au milieu de toutes les intrigues souvent déloyales qui se tramaient au Mexique.

Il n'est pas douteux que la question de changement dans la direction de l'intervention fut envisagée à Paris; mais le maréchal Bazaine avait été toujours si franc, si sincère, si clairvoyant dans tous ses rapports, que le général Douay dût reprendre, gros Jean comme devant, la route du Mexique où il revint au commencement de juin 1865.

On a prétendu que le Maréchal, après son succès d'Oajaxa, avait demandé à rentrer en France. Je n'ai jamais cru qu'il ait pris l'initiative d'une semblable démarche. Peut-être, en un jour où il était obsédé par les bruits qu'on faisait courir sur son rappel, a-t-il pu écrire à son ministre, que si on croyait que d'autres pourraient faire mieux que lui, il était prêt à passer la main ? Ce qui expliquerait que le maréchal Randon, pour le remettre en confiance, lui écrivit, dans une de ses lettres manuscrites, que sa mission était loin d'être terminée et que « l'Empereur et le Gouvernement comptaient toujours sur lui, sur son dévouement et ses hautes qualités ».

Du reste, si notre chef avait eu, à un moment quelconque, la pensée de demander à rentrer en France, nous qui ne le quittions pas, nous aurions découvert quelque indice d'une pareille détermination. Au contraire, au commencement de l'année 1865, tout en lui indiquait sa solidarité ferme avec la grande mission qui lui était confiée. J'ajouterai que les plus intimes et ardents sentiments l'attachaient plus que jamais au Mexique, puisqu'il allait épouser une jeune fille du pays; ce que, du reste, le public ignorait encore.

La vérité dans cette histoire du retour en France du maréchal Bazaine, est que la rumeur de son départ, mise en circulation, était tout simplement une vilaine manœuvre tendancieuse, ayant pour but de faciliter celle, non moins vilaine, qu'opérait, à Paris, le général Douay, et de rendre toute naturelle la substitution qui allait se produire dans le commandement. C'était le masque qui dissimulait la jolie formule : « Ote-toi de là, que je m'y mette. »

Donc, le général Douay nous revint. Sa fausse sortie et sa campagne d'intrigues avortées auraient dû le ramener à de meilleurs sentiments et le rendre plus circonspect, plus silencieux et surtout plus correct dans sa situation hiérarchique; mais il n'en fut rien, car quelques semaines s'étaient à peine écoulées depuis la reprise de son commandement qu'il reprenait aussi la plume. C'était plus fort que lui; l'esprit frondeur, médisant et intrigant, l'emportait sur le devoir et la raison.

On sut bien, au bout de quelque temps, que le général avait recommencé à écrire; mais on ne pouvait apprécier le caractère véritable de sa nouvelle correspondance, bien que j'aie appris de Paris qu'elle était très violente. Aussi, plus tard, lorsque le général revint à Mexico pour rallier Vera-

Cruz avec sa division, je ne pus m'empêcher, dans une conversation assez expansive qu'il voulut bien entretenir avec moi, de lui dire, avec la déférence la plus correcte, alors qu'il semblait voir clair enfin sur les événements passés, combien il était regrettable qu'il ait écrit des lettres peut-être trop sévères, qui avaient semé l'inquiétude à Paris et égaré le Gouvernement par des appréciations et des jugements qui ne pouvaient être fondés ; à la distance où il était de Mexico, il ne pouvait envisager les choses sous leur vrai jour, les comprendre même, puisque les situations politiques changeant à chaque instant, il n'en percevait que des échos rares, lointains, incomplets et forcément trompeurs. Je dois ajouter, en sa faveur, qu'il eut la bonté de reconnaître qu'il s'était laissé emballer par son désir de voir les événements suivre une marche plus heureuse. Soit ! mais si, d'après lui, l'intention était bonne, le résultat était bien mauvais. Je n'en conservai pas moins toute la respectueuse sympathie que j'avais toujours eue pour mon ancien colonel au 2° voltigeurs de la Garde.

Hélas ! vingt ans après, un hasard ou plutôt la main inexorable du destin déchira pour moi le voile qui avait caché le caractère véritable de cette correspondance néfaste, et ternir, à mes yeux tout au moins, la mémoire de ce chef vénéré. Et maintenant que j'ai passé l'âge qu'il avait alors, je puis me permettre de juger ses lettres avec toute la sévérité qu'elles comportent, car elles ont fait un mal immense.

Je les ai sous les yeux, à cette heure tardive où je recueille mes souvenirs, ces dix-sept lettres abominables, qui seraient de la délation, si la bonne foi que j'ai peine à refuser à leur auteur n'en a fait que de la calomnie, inconsciente peut-être, mais terrible. On en jugera par les citations que j'aurai l'obligation de faire au cours des événements qu'elles ont concerné plus ou moins directement, pour les travestir ou en tirer des conclusions fausses ou calomnieuses.

Malgré que la vie officielle s'écoulât à Mexico dans une atmosphère toujours orageuse et troublée, bien que l'ogre américain montrât ses dents voraces, menaçant de nous dévorer tous et le Mexique avec, la colonie militaire française de la capitale ne se laissait pas hypnotiser par ces manifestations troublantes, et, si elle s'associait comme il convenait aux préoccupations qui agitaient l'esprit du monde politique, elle attendait avec sérénité et conscience de sa force combative, le moment de se mesurer avec ce nouvel adversaire. Aussi, en dehors des obligations sérieuses qui incombaient à chacun, la société militaire française, en déplacement au Mexique, entendait mener, jusqu'au moment du combat, l'existence la meilleure et la plus gaie que les circonstances permettaient.

Du reste, à ce moment, le clan militaire français possédait dans son sein à Mexico tous les éléments, toutes les ressources les plus favorables à la satisfaction de ce désir bien naturel chez des guerriers au repos, d'y vivre au mieux les jours qui peuvent leur rester.

Aux débuts de l'année 1866, la colonie française avait pris une importance et un éclat tout à fait exceptionnels en raison de la venue au Mexique d'un très fort contingent de personnalités civiles, fonctionnaires de toutes sortes, mis par le Gouvernement français à la disposition de l'Empereur Maximilien, et d'un grand nombre d'officiers qui, n'ayant pas eu l'heur de participer aux campagnes initiales du corps expéditionnaire, accouraient, avant la fin qu'on pressentait, pour récolter au moins quelques-unes des dernières faveurs de la fortune des armes. Bon nombre de ces derniers appartenaient à l'état-major, c'étaient les capitaines Magnan, Tordeu, d'Hendecourt, de Montfort, de Saint-Sauveur, de Rancy, etc., une brillante constellation en laquelle scintillait, en outre, tout près du pôle, le capitaine de Massa, du régiment des Guides, qui, arrivé dès le mois de janvier, avait été gardé par le Maréchal comme officier d'ordonnance. Enfin, la maison du commandant en chef s'était encore accrue d'un jeune et distingué lieutenant d'artillerie, Adolphe Bazaine, troisième neveu du Maréchal. Presque tous les officiers nouveaux venus, qui étaient mariés, avaient amené ou fait venir leurs femmes.

Malgré ces contingents nouveaux de brillante jeunesse, je dois cependant reconnaître que le quartier général avait perdu de son entrain, de sa gaieté. Et pourtant la maréchale Bazaine était bien la maîtresse d'une grande maison, la plus gracieuse, la plus accueillante qu'on pût désirer; grande dame avec les grands, elle savait être affable et enjouée avec les petits. Mais la Maréchale de France ne pouvait plus être l'oiseau bleu scintillant et voltigeant qui avait séduit son seigneur et maître. Et puis, elle allait être mère; des préoccupations nouvelles commençaient à naître dans son esprit et dans son cœur. Enfin, la situation générale de son pays lui causait forcément de graves préoccupations. Elle sentait bien que l'Empire croulait, et alors qu'adviendrait-il ? Elle avait des parents, des amis dans tous les clans mexicains; elle avait été, depuis sa tendre jeunesse, témoin de convulsions politiques sans cesse renouvelées. Que réservait l'avenir ? Quel serait le sort du palais de Buena-Vista, sa dot, sa seule fortune? Il y avait bien de quoi assombrir les pensées d'une jeune femme dont le sort était lié à un homme qui, si haut qu'il fût placé, n'en avait pas moins trente ans de plus qu'elle. L'avenir, hélas ! a cruellement justifié ces appréhensions.

Dans ces conditions, le palais du Maréchal n'avait plus cette gaieté, cet insouciant abandon qu'il avait jadis.

Le matin, on jouait bien encore au bolitche, mais les boules et les quilles semblaient moins bondissantes. Le carrosse aux panneaux barrés des bâtons de Maréchal de France parcourait bien chaque après-midi la longue avenue du Paseo, mais on n'y saluait plus les shake-hand gracieux et provocants de la belle Pepita Pena; c'était plus solennel. On dînait souvent en nombre, mais le champagne paraissait moins pétillant. On y voyait, le soir, réunie toute la colonie française, surtout les ménages militaires, mais on y dansait moins, on n'y flirtait plus. Le Maréchal, dans l'intimité de ses officiers, était toujours d'une bonté parfaite et toute paternelle, joviale comme autrefois. Il en était à peu près ainsi pour tous les officiers du dehors qu'il accueillait toujours de la façon la plus sympathique; mais, lorsque, dans ses salons, il recevait les gros bonnets du monde civil, français ou mexicain, gens qui n'avaient pas toujours comme lui, le cœur sur la main, il n'avait que rarement sa bonne figure souriante et expansive.

En somme, la vie mondaine au quartier général était devenue plutôt sévère. Heureusement, par ailleurs, il n'en était pas ainsi, et partout, dans notre monde français résonnait avec éclat une note plus gaie, plus entraînante. Les jeunes officiers trouvaient une partie de leurs satisfactions personnelles dans les noviotages et j'en sais de bien haut placés encore qui ne les ont jamais oubliés; d'aucuns, à certaines heures du soir, folâtraient avec la dame de pique, dans les salons de certaines Dames de cœur, qui tenaient table ouverte pour le monte, le baccarat ou l'écarté, notamment chez la grande Louise, amie d'un de nos camarades à graines d'épinards, une belle Parisienne qui, le jour, jouait la grande modiste-couturière. On cumulait volontiers là-bas, car elle tenait aussi un grand magasin de nouveautés, dit : « A los précios de Francia », aux prix de France, et fut même l'objet d'une cruelle médisance dont j'ai parlé à l'égard du Maréchal. Médisance qui se trompait d'adresse !

D'autres camarades pratiquaient avec audace les rôles de cavalier seul. Il en existe encore un, à ma connaissance, très répandu actuellement dans le monde parlementaire à Paris, qui ne me démentira pas. Fréquemment, à la nuit depuis longtemps tombée, il enfourchait un cheval valeureux, pas plus que lui assurément, et courait au loin hors la ville, au risque d'être « suriné » par quelque apache du pays, pour filer, aux pieds d'une Omphale représentée par la très belle Concha L..., qui résidait à quelques lieues de Mexico, dans une oasis de verdure. Cette admirable et séduisante créature joua, un peu plus tard, un rôle politique galant, sur lequel j'aurai à revenir, guidé par une chronique étrange et mystérieuse.

Enfin, dans des conditions plus correctement mondaines, comme pain quotidien de nos soirées, les ménages de la colonie militaire française surtout, quelques ménages de nos camarades belges et autrichiens se réunissaient en concerts, sauteries, bals quelquefois, et, oubliant les préoccupations sérieuses. On se croyait en France et on était heureux. Et pourtant nous étions toujours prêts, si venait à sonner le boute-selle, à courir à nouveau dans l'âpre sentier qui mène à la bataille, car l'homme de guerre doit posséder trois qualités essentielles et personnelles : manger et dormir quand il le peut, cueillir le plaisir partout où il le trouve et se faire tuer chaque fois qu'il le faut !

CHAPITRE VI

AGGRAVATION DE LA SITUATION FINANCIÈRE

Du 1er Mai au 30 Juin

Les troupes ne sont plus payées. — Le Maréchal acculé dans une impasse. — 1er mai, l'Empereur convoque un grand conseil d'Etat avec le ministre de France et le Maréchal. — Séance émouvante. — Le Maréchal consent à sauver l'Empire, en avançant encore des fonds. — Considérations sur cet acte important de Bazaine sauvant Maximilien. — Conséquences du refus possible du Maréchal. — Ce refus fut une faute, mais sa justification.

Les jours et les mois se succédaient au Mexique, accumulant les embarras, les difficultés, augmentant les inquiétudes, désagrégeant les dévouements, les fidélités, laissant renaître de nouveaux ennemis, car le désordre augmentait sans cesse, la misère également et les finances ne se réorganisaient pas, l'armée pas davantage.

Il est vrai que la mort subite de M. Langlais avait arrêté le mouvement des réformes financières. Pourtant, M. de Maintenant, qui avait pris la tâche de poursuivre l'œuvre de son chef, l'avait terminée très heureusement; mais la mise à exécution des projets se heurta à l'apathie impériale, secrètement entretenue par une camarilla néfaste et par certains fonctionnaires mexicains intéressés au maintien du désordre financier. Cependant, le nouveau ministre des Finances, Lacunza, qui était un vieux républicain, se rendait un compte exact de la situation. Voyant le danger et comprenant que l'Empire était au bord du fossé où il tomberait avant que les réformes financières proposées par nous fussent assez efficaces pour le sauver, il s'adressa alors franchement au Maréchal pour obtenir de lui la seule branche de salut qui existait, c'est-à-dire encore le concours financier de la France, bien que celle-ci vînt de le supprimer formellement. Il mettait ainsi le Maréchal dans une situation absolument déconcertante, car il lui démontrait, avec la dernière évidence, ce que le Maréchal ne voyait que trop lui-même, que si la France ne continuait pas ses secours financiers jusqu'à ce que les réformes qu'elle allait faire appliquer par ses agents aient produit leur effet, ces réformes étaient absolument inutiles, irréalisables même, car tout l'édifice impérial croulerait avant que leur application eût produit le moindre résultat matériel. Enfin, pour sauver tout au moins l'honneur du Gouvernement et celui même de la France qui le soutenait, il fallait, à tout prix, avoir de l'argent immédiatement pour solder les troupes mexicaines réduites aux expédients les plus déplorables, ainsi que les légions belge et autrichienne qui, pour vivre, avaient dû contracter des emprunts et se trouvaient à bout de crédit. Alors, le Maréchal fut obligé de faire assurer leur solde par la trésorerie de l'armée et, naturellement, dans les mêmes conditions que les troupes françaises. Mais Maximilien, en recrutant la légion belge, avait assuré à ses volontaires une solde du soldat supérieure à celle que touchaient nos hommes. Les Belges, voyant leurs sous de poche réduits, manifestèrent un mécontentement extrême, et ce n'est que grâce à l'influence très grande que leur chef, le colonel Van der Smissen, avait sur ses hommes, qu'une mutinerie fut évitée; mais le mécontentement n'en subsista pas moins. Enfin, et ce qui était le plus humiliant, la garnison même de Mexico n'avait pas reçu de solde depuis des mois.

L'argument moral présenté par le ministre, tout spécieux qu'il fût, était absolument juste au point de vue mexicain. La France, l'Empereur Napoléon, peuvent-ils, sans leur donner le temps de refaire leurs finances, laisser les Mexicains, qui ont accepté, soutenu l'Empire qu'on leur offrait, perdre les bienfaits de cette intervention, faute de leur donner les moyens de vivre quelques mois encore?

Le Maréchal, ainsi acculé dans une impasse et lié par des ordres formels, était dans une situation morale profondément pénible et sa volonté ébranlée. Maximilien le comprit et, fait extraordinaire, il prit une résolution décisive. Il convoqua un grand conseil de gouvernement pour décider quel parti il restait à prendre dans la situation désespérée où se trouvait l'Empire mexicain abandonné pécuniairement par la France. L'Empereur invita le Maréchal à vouloir bien assister à cette réunion extraordinaire afin d'associer sa personne et la France, tout au moins par sa présence, aux décisions capitales dont les circonstances exigeaient l'adoption.

La tenue de ce conseil peut être considérée comme historique, car du résultat de ses décisions pouvaient naître les plus graves événements et produire des conséquences incalculables. Elle eut lieu le 1er mai 1866. La France y était représentée par le maréchal Bazaine, M. Dano, ministre de France et M. de Maintenant, directeur de la mission financière française.

La réunion était solennelle, et pourtant elle ne comportait qu'une question à résoudre, mais c'était une question de vie ou de mort pour l'Empire. Le Maréchal tenait dans sa main chacune de ces deux solutions. Il était investi depuis quelque temps déjà par l'Empereur Napoléon III des pleins pouvoirs pour soutenir l'Empire, si cela était possible, ou le laisser tomber, le renverser même, si cette mesure extrême était nécessitée par les circonstances dans l'intérêt de la France.

Le renversement de l'Empire se fût-il imposé que le Maréchal n'aurait jamais pu se décider à assumer une si lourde responsabilité; il n'avait pas le tempérament nécessaire pour faire un pareil coup d'Etat; mais la situation du moment était telle que, *s'il l'avait voulu*, qu'il fut inspiré par un sentiment personnel ou par l'unique souci de l'accomplissement de ses devoirs, il pouvait laisser l'Empire crouler lui-même, en restant inébranlable sur le principe de la non-intervention des finances françaises. Il était l'arbitre légal et fatal de la situation du moment.

En ouvrant la séance, l'Empereur exposa très nettement la situation, faisant ressortir, de façon irréfutable, l'impossibilité d'attendre que les nouveaux procédés financiers aient produit leur effet possible, si le Gouvernement français ne fournissait pas à celui du Mexique les fonds nécessaires pour vivre pendant cette période, si courte qu'elle put être. Il déclara formellement que si la France ne prêtait pas le concours financier nécessaire, le Gouvernement de l'Empire mexicain serait forcé de licencier immédiatement presque toute l'armée mexicaine existant alors. En conséquence, Maximilien demandait que le trésor français payât les troupes mexicaines.

A cette proposition, le Maréchal communiqua les instructions précises envoyées récemment par son Gouvernement, interdisant désormais l'avance de sommes d'argent quelconques.

En présence de cette communication, l'Empereur et son ministre des Finances firent ressortir les graves responsabilités qu'assumerait la France dans son honneur engagé, en imposant au Mexique qu'elle avait pris sous sa protection, les désastres qui seraient la conséquence de son refus de secours financier et les sacrifices que ces désastres imposeraient à elle-même.

Cependant le Maréchal restait muet et impassible devant cet exposé douloureux, mais il était profondément ému, car il comprenait combien ces considérations étaient justes et fondées; il sentait à quel point était cruel pour la fierté de race de ce jeune Souverain d'être réduit à mendier ainsi quelques subsides pour sauver sa couronne, à ceux même qui l'avaient placée sur sa tête.

Quant à M. de Maintenant, en financier expert et avisé,

il sortit du domaine du sentimentalisme et aborda nettement la question des chiffres, afin de savoir quelle était l'importance du concours financier nécessaire pour sauver la situation. Il fallait un million par mois, et ce chiffre n'était qu'un minimum.

La discussion se poursuivit sur la difficulté où se trouvaient les représentants de la France de prendre sur eux de consentir à un pareil sacrifice. Alors l'Empereur, rentrant en scène, sembla clore le débat en déclarant que la question était simple et que, quelles que pussent être les considérations à formuler, il fallait choisir entre la *banqueroute* ou le *salut* de l'Empire.

L'argument était sans réplique et il n'y avait plus à épiloguer. Le Maréchal, dont le *non possumus* faisait crouler l'Empire, ne put se résoudre à le prononcer. Il admit le principe d'une aide provisoire qui permît d'attendre la réponse du Gouvernement français. Sur ce terrain, l'entente se fit, et il fut convenu que le trésor français *prêterait* au Gouvernement mexicain deux millions cinq cent mille francs par mois jusqu'à décision du Gouvernement français. Ce prêt commencerait à courir du 1ᵉʳ mai.

Pour la troisième fois, le maréchal Bazaine sauvait l'Empereur Maximilien ! Et pourtant, on a dit, écrit et on écrit encore, qu'inspiré par une ambition personnelle coupable, le Maréchal avait voulu prendre la place de Maximilien.

En septembre 1906, un publiciste téméraire, faisant parler un mort, a déclaré que le général Pierron, ancien chef du cabinet de Maximilien, décédé depuis moins d'un an, avait affirmé le fait. Cela est absolument faux, parce que le capitaine Pierron savait le contraire et n'a jamais pu proférer une pareille imposture. L'attitude du Maréchal à la réunion du 1ᵉʳ mai est une des preuves les plus concluantes; car s'il l'avait voulu, ayant le moyen légal d'avoir cette place par la force des choses, il aurait été obligé de l'occuper *ipso facto*.

En tout cas, cette conférence, qui ne fut qu'un incident financier franco-mexicain, aurait pu être un événement politique susceptible de déterminer successivement et par un enchaînement tout naturel les plus graves conséquences dans les évolutions ultérieures de la politique mondiale de certains Etats de première grandeur.

En effet, si en cette circonstance, le Maréchal, se conformant aux ordres formels de son ministre des Finances de ne plus fournir aucun subside au trésor mexicain, avait opposé un refus absolu aux demandes du Gouvernement, c'était, pour l'Empereur Maximilien, l'impossibilité de gouverner et l'obligation d'abdiquer, comme il l'avait laissé entendre à la conférence et en eut plusieurs fois la pensée.

Maximilien abdiquant, c'était l'anarchie; et, pour sauver la situation aussi bien moralement que matériellement, il était fatal que la seule puissance qui existait alors effectivement, c'est-à-dire le chef de l'intervention française et de l'armée, relevât le pouvoir tombé, prit en mains la direction suprême des affaires et, sous quelque titre que ce fût, gouverneur général, dictateur, régent ou vice-roi comme jadis au Mexique et comme aux Indes aujourd'hui, ou toute autre étiquette gouvernementale, assumât la charge des destinées du pays et des grands intérêts compromis.

Or, que serait-il advenu autour de ce coup d'Etat imposé fortuitement et sans secousse? Le parti français, déjà très fort, se serait affirmé et groupé autour du Maréchal, ainsi que les éléments modérés des partis normalement opposés, Cléricaux et Libéraux. Quant au parti juariste proprement dit, il aurait tout d'abord ressenti un ébranlement considérable, puis une désagrégation progressive résultant de la suppression des conditions essentielles qui soutenaient son existence même et sa raison d'être, c'est-à-dire la certitude de voir disparaître, dans un avenir rapproché, les forces françaises qui s'opposaient seules à son retour au pouvoir; la neutralisation du parti réactionnaire et clérical qu'il avait sans cesse combattu, l'oubli forcé des anciennes rivalités disparaissant dans la fusion nationale, enfin et surtout la pensée de trouver dans les inspirations de l'influence française et dans les institutions que celle-ci garantirait, ce sentiment de libéralisme qu'il reconnaissait à la France.

Du reste, depuis longtemps, cette désagrégation avait déjà commencé alors que l'Empire naissant paraissait être un pouvoir durable et pouvant devenir puissant. On avait vu de nombreuses personnalités du parti de Juarez, même des plus importantes, militaires et civiles, faire à l'Empire une adhésion ou tout au moins une soumission, d'une sincérité peut-être parfois conditionnelle, mais qui s'affirmerait suivant les événements. Il est vrai qu'un grand nombre d'entr'elles désabusées, ayant perdu confiance dans la stabilité du régime impérial et surtout dans les capacités de l'Empereur, étaient retournées ou retournaient chaque jour à leurs premières amours; mais il est certain, et j'ai eu à ce sujet des indications positives, que bon nombre de ces Mexicains libéraux et des plus importants, seraient venus se ranger autour du Maréchal représentant le Protectorat de la France sur leur pays restant autonome. Parmi les personnages juaristes qui n'avaient jamais déserté leur cause, il y en avait plusieurs qui seraient aussi venus à nous. Je pourrais même, sans commettre d'erreur, je crois, citer un des plus importants qui n'était resté notre adversaire en armes, que parce que nous soutenions le trône de Maximilien, mais je préfère m'abstenir ici. On doit admettre enfin que les éléments les plus turbulents et les moins intéressants de la population, les voleurs de profession et les guerilles, tous plus ou moins indifférents à tous les partis politiques, pourvu qu'ils vivent de déprédations, comprenant que, sous ce nouveau régime, leur existence vagabonde ne serait plus possible, rentreraient promptement dans les rangs des troupes nationales ou bien abandonneraient, purement et simplement, un métier que la révolution, le désordre et la guerre civile ne favoriseraient plus.

Il convient enfin de signaler une des plus importantes considérations qui confirme la certitude d'une adhésion presque générale au coup d'Etat. Elle avait ses racines dans le sentiment patriotique qu'on trouvait alors, encore très développé, dans tous les partis et dans toutes les classes sociales. Les Mexicains ont toujours eu une sainte horreur de la domination des Etats-Unis dont ils avaient plusieurs fois été menacés, et ils auraient compris que le protectorat français leur assurerait l'espoir de conserver leur autonomie. Les provinces mexicaines qui avaient jusqu'alors échappé à la voracité de leurs voisins, ces antiques joyaux de la couronne de Montezuma dont l'éclat des richesses et la civilisation rayonnaient sur l'Amérique, alors que les terres des Etats-Unis étaient encore plongées dans les ténèbres d'une humanité presque sauvage, n'auraient plus à redouter de voir leurs étoiles former une constellation nouvelle, humiliée dans un coin du firmament de l'étendard américain.

Ces braves gens savaient bien, en effet, que si le Gouvernement de Washington prêtait, depuis si longtemps, à l'ex-président Juarez le concours de ses dollars et celui, plus combatif, des hordes de nègres et d'aventuriers qu'il avait accumulées sur les bords du *Rio del Norte*, ce n'était pas sans une arrière-pensée lucrative et qu'il négociait tout d'abord la cession de la Sonora, cette vaste mine d'or. Ils comprenaient bien, en outre, que s'il faisait tant d'efforts diplomatiques pour déterminer la France à retirer ses troupes, c'était avec le secret dessein de lancer son armée qui l'encombrait sur l'empire mexicain et s'annexer encore quelques-uns de ses débris.

Telle est la raison majeure, toute de patriotisme, qui aurait groupé en un seul faisceau autour de notre corps expéditionnaire, désormais protecteur de leur indépendance, tous les patriotes mexicains, et ils l'étaient tous, quels qu'aient été auparavant leurs sentiments de politique intérieure.

Si maintenant j'élargis le cercle des conséquences de la chute de l'Empire dans les bras de la France, je vois ces mêmes Etats-Unis pousser des clameurs diplomatiques : « A nous, Monroë et Washington ! »; lancer par dessus l'Atlantique des menaces plus retentissantes que sincères, brandir un glaive qu'on se garde bien de mettre au clair; car, à cette époque, ils étaient absolument incapables d'engager et moins encore de soutenir une lutte sur mer ou sur terre.

Quant à l'Europe, elle aurait fait, sans doute, par acquit de conscience, quelques demandes diplomatiques d'explications; l'Angleterre, l'Espagne principalement, auraient formulé quelques protestations, bien que depuis qu'elles nous avaient faussé compagnie, au début de l'expédition, elles auraient dû découvrir quel était le but final que nous voulions atteindre; mais, comprenant, après tout, qu'un échec infligé à la doctrine Monroë serait pour l'Europe un succès à longue portée dans l'avenir, les vieilles grandes puissances auraient sanctionné le fait accompli.

Ces considérations ayant mis à un point apparemment logique et fondé les conséquences mondiales de la chute naturelle de l'Empire mexicain, il convient d'étendre à la France même le champ des considérations hypothétiques sur le résultat de la conférence du 1er mai, pour en tirer la moralité qui s'applique au maréchal Bazaine.

Me plaçant au point de vue des origines et des causes déterminantes de l'intervention, je prétends qu'en sauvant momentanément l'Empire, le maréchal Bazaine a manqué de flair et de perspicacité; il a commis une erreur irréparable à l'égard de la conception originelle que l'Empereur Napoléon III avait eue en intervenant dans l'affaire mexicaine. Si on veut bien se reporter, en effet, aux termes dans lesquels cette conception fut formulée et aux phases successives par lesquelles elle devait passer, on considère que la troisième évolution qui déterminerait le résultat final désiré, était précisément l'impossibilité où se trouverait Maximilien de continuer à gouverner un Empire ingouvernable dans son autonomie absolue, sans le concours et l'appui de la France.

L'heure psychologique sonnerait pour cette évolution, lorsque la France retirerait ses troupes et son crédit financier, ce qu'elle serait obligée de faire, car elle ne pouvait indéfiniment avancer ses fonds à un gouvernement impuissant à reconstituer ses finances, et jouer ainsi le rôle ingrat des filles de Danaüs.

C'était donc par la force des choses que se produisait fatalement la troisième et dernière évolution de l'intervention française. L'Empereur Napoléon jouait, normalement et même forcément, son rôle dans l'affaire qui marchait à souhait. Le renoncement de Maximilien qui était prévu au programme, s'imposait tout naturellement et le protectorat rêvé se faisait tout seul, s'imposait même.

Mais Bazaine ne le vit pas; peut-être insuffisamment initié, il ne comprit pas ou n'osa pas comprendre. Bref, la perche de sauvetage qu'il tendit malencontreusement à Maximilien ne sauva rien. A la place de cet Empereur qui, un an plus tard, devait sombrer corps et biens, il coula le projet conçu par Napoléon III.

C'est donc bien une faute qu'il n'aurait pas commise si, comme l'ont si souvent et si légèrement affirmé ses détracteurs acharnés, il avait eu le désir de prendre la place de Maximilien. Il n'avait donc pas le défaut tant reproché, et ce fut, en cette occasion, un malheur pour la France et pour lui, car s'il avait osé occuper cette place qui s'offrait spontanément à lui, il aurait accompli une grande œuvre et Bazaine serait mort « grand homme », au lieu de finir sur la terre étrangère, « martyr » de passions aveugles.

Je reviens au compromis financier que j'ai considéré comme très malheureux, pour résumer les minces résultats qu'il a produits : il permettait au Gouvernement impérial de subsister encore honorablement pendant quelques mois, mais s'il reculait sa chute, ce n'était que pour la rendre plus tragique et plus cruelle pour l'amour-propre français.

CHAPITRE VII

RÉORGANISATION DE L'ARMÉE MEXICAINE

Formation d'une division étrangère. — Création des bataillons de Cazadores. — Poste de sous-secrétaire d'Etat de la Guerre confié à un officier d'Etat-major français. — Le commandant Billot désigné, acceptant et nommé. — Incident causé par son refus. — Le capitaine Blanchot est nommé. — Intrigues ténébreuses. — Mes débuts au ministère. — Naissance et baptême du fils du maréchal Bazaine.

L'Empereur Maximilien, par une habile intervention personnelle, avait écarté momentanément un des périls de sa situation; mais il en existait un autre aussi grave, sinon davantage, celui de la défense même de son trône, l'armée nationale. Il importait de ne pas reculer d'un jour l'application des moyens propres à le conjurer, s'il en était temps encore. Car ce n'était pas seulement le concours des millions que la France se refusait à donner désormais, mais encore celui de ses troupes, et Maximilien avait eu connaissance des déclarations faites par Napoléon III au corps législatif. Il avait, en outre, appris l'attitude de la diplomatie américaine s'opposant, à Vienne, à l'envoi des contingents qui étaient indispensables à sa légion autrichienne. Il ouvrit enfin les yeux sur la situation militaire où il allait se trouver et comprit, mais trop tard, qu'il serait désemparé avant l'heure qu'il s'était fixée peut-être pour l'exécution de ses projets secrets en Europe, car tout s'enchaîne, tout se tient et s'explique en se reportant toujours à la pensée primordiale qui engendra l'entreprise mexicaine.

Si l'on admet que, dans son for intérieur, Maximilien s'était donné absolument au Mexique et sans arrière pensée à l'égard de l'Europe, ce prince était trop intelligent pour qu'on puisse admettre qu'il n'ait pas vu, dès le début, la nécessité impérieuse de se créer immédiatement une force militaire capable de soutenir son Empire sur le terrain mouvant où il était établi. Or, Maximilien non seulement ne s'est jamais préoccupé sérieusement de satisfaire à cette nécessité, mais au contraire, il a toujours opposé une force d'inertie inexplicable aux mesures qu'elle commandait. Il était impossible qu'il ne comprit pas que dans un pays aussi désorganisé, désagrégé matériellement et moralement, qu'était le Mexique, une organisation militaire sérieuse, solide et fidèle, ne pouvait se faire en quelques mois, ni quelques années même. Et pourtant il ne fit rien ; bien plus, il résista pendant deux ans aux sollicitations constantes du général en chef français, son tuteur, aux principaux chefs politiques et gouvernementaux qui l'avaient appelé au trône. Si parfois, pour se débarrasser de ces fâcheux, il semblait céder, il prenait subrepticement des dispositions vouées à la stérilité, ou même faisait de l'obstruction à leur mise en application. C'est donc qu'il considérait ces mesures comme inutiles, car il ne comptait pas rester éternellement dans ce pays ; considérant alors que, quand il partirait, les troupes françaises resteraient après lui pour sauver une situation dont il se désintéressait personnellement. Mais quand il découvrit avec effroi que les événements marchaient au Mexique plus rapidement que ceux qu'il avait préparés en Europe et qu'il lui faudrait rester plus longtemps que les troupes françaises qui, seules, le soutenaient, alors il se décida à agir et chercha, peut-être même encore pour la forme seulement, à constituer une armée impériale capable de lui permettre d'attendre le moment favorable pour le retour en Autriche. Mais trop tard ; il était condamné à tomber entre deux selles. Machiavel devait être pris dans ses propres lacs. Ainsi tout s'explique s'il ne se justifie pas !

Si je me reporte à une disposition caractéristique prise

depuis longtemps déjà et dont j'ai fait connaître les détails, je trouve dans un autre ordre d'idées un nouvel indice révélateur de ces arrière-pensées maximiliennes. Je veux rappeler la mesure soudaine que prit l'Empereur au moment où il venait de poser la couronne sur sa tête, mesure qui consista à adopter et reconnaître comme héritier, le jeune prince, petit-fils de l'ancien Empereur du Mexique, Iturbide. Il le conserva dans son palais, pour l'avoir toujours « sous la main ». Cette précaution insolite prise d'urgence par un Souverain de son âge, démontre bien qu'il avait une pensée secrète de quitter le pays, à un moment quelconque qu'il prévoyait devoir, selon les circonstances, se présenter inopinément, peut-être dans un avenir prochain ?

Enfin, quelles qu'aient pu être les considérations qui l'inspiraient, Maximilien parut se décider à former une armée. Cette organisation s'appliquant tout particulièrement à deux éléments principaux, les troupes étrangères et celles absolument nationales, il aurait semblé, *à priori*, que la première question serait facile à résoudre. Il n'en fut pas ainsi. Le Maréchal avait depuis longtemps formulé la solution qui paraissait la meilleure. Son projet consistait à former avec ces troupes non mexicaines d'origine, deux brigades européennes; la première comprenant la Légion étrangère française sous le commandement du général Jeanningros, et la seconde formée des deux Légions belge et autrichienne, qui serait placée sous les ordres du général autrichien de Thun. Ces deux brigades formeraient une division auxiliaire aux ordres du général français Brincourt, sur qui, depuis longtemps, le Maréchal avait compté pour remplir cette mission délicate. Malheureusement, cet officier général qui, dès le principe, en aurait sans réserve accepté la charge, ne voulut plus, dans les circonstances nouvelles, se prêter à une combinaison à laquelle les événements et la situation de l'Empire donnaient un caractère d'*in extremis* peu engageant. Le général sentait parfaitement qu'appelé à soutenir un malade condamné, il allait assumer une responsabilité dans laquelle pourrait sombrer la belle et brillante situation que lui avaient fait dans l'armée française ses beaux services militaires, son expérience, sa valeur et son caractère élevé. Il résuma son sentiment à cet égard par cet argument d'une logique irréfutable : « Après le départ du corps expéditionnaire, il ne lui sera pas possible de faire avec 15.000 hommes à peine, ce qu'alors on ne pouvait faire avec 38.000 soldats français.» Il n'y avait rien à objecter à une considération si justifiée; mais, comme on ne pouvait pas divulguer par écrit ce refus d'acceptation, on le mit au compte de l'état de santé qui, du reste, était assez ébranlé, et sur sa demande, le général Brincourt partit, peu après, pour la France avec un congé de convalescence. Ce départ mit le Maréchal dans un grand embarras pour choisir un autre brigadier, et il désigna le général baron Neigre, chef assurément très brave, très énergique et d'un dévouement absolu, mais qui manquait de plusieurs qualités essentielles pour mener à bien une semblable tâche, surtout lorsqu'il serait abandonné à lui-même. Du reste, ce choix forcé ne fut pas approuvé à Paris.

Le projet du Maréchal, comportant dans tous ses détails l'organisation complète de cette division européenne, fut présenté à Maximilien qui l'accepta d'abord en principe, mais y fit ensuite des modifications importantes qui transformèrent complètement le caractère, le fonctionnement et la constitution de cette troupe, et écartèrent la solidarité et la cohésion qu'il convenait de donner à ses éléments de nationalités diverses. L'Empereur fit envoyer la légion française dans le Nord, vers la frontière américaine, naturellement! et les légions belge et autrichienne dans le Sud, tout près de lui! Enfin, ce prince, qui avait le don des impulsions malheureuses, commit la maladresse d'adresser aux Belges et aux Autrichiens, seulement, un ordre du jour de confiance et de sollicitude, ce qui ne pouvait que désunir moralement les deux brigades et diminuer le dévouement de celle dont il semblait n'avoir aucun souci. L'Empereur vouait ainsi à l'impuissance et à la désorganisation forcée cette troupe d'élite qui aurait dû être la réserve de son armée nationale, destinée à soutenir son trône dans les jours critiques. Aussi, à Queretaro, on ne retrouva plus cette *ultima ratio* et, heureusement pour son honneur, ce furent uniquement des troupes mexicaines qui laissèrent fusiller leur Empereur.

Si l'organisation des forces impériales présentait tant de difficultés pour le groupement d'éléments déjà constitués fortement sur des bases européennes, que pouvait être celle des troupes mexicaines proprement dites ? Il existait déjà deux divisions dans lesquelles étaient confondus les éléments les plus variés et les plus mal organisés. Du reste, ces deux unités importantes s'appauvrissaient de jour en jour et n'étaient pas suffisantes. Il fallait procéder à de nouvelles formations. Mais quelle valeur pourraient avoir des corps constitués de toute pièce avec les éléments que comportait la désorganisation politique, sociale et morale de la population ? Serait-il possible de compter sur l'esprit de sacrifice, sur la fidélité même des troupes formées avec des hommes qu'aucun sentiment de devoir ne fixait au drapeau ? Evidemment non, surtout alors qu'elles seraient, dès le début, soumises aux plus dures épreuves. Où donc prendre ces hommes, comment les choisir ? Il est vrai que, quelques mois avant, en une heure d'initiative, Maximilien avait, sous forme de simple décret, promulgué une loi de recrutement basée sur le tirage au sort. Mais était-il possible d'admettre qu'une pareille nouveauté pourrait produire instantanément des résultats satisfaisants ? Comment même la faire accepter sur l'heure par toute une population en désarroi social, alors que ce mode de recrutement était si opposé à toutes les pratiques en usage dans le pays depuis des siècles ? On essaya pourtant son application dans les régions ambiantes de Mexico ; mais elle ne produisit pas ce que l'on devait en attendre. Elle ne fut pas acceptée par les classes riches ou aisées de la société et ne toucha que les classes sociales qui n'avaient pas la force de résister. Ce n'était encore qu'un raccolement légal de la plèbe qui ne pourrait fournir aucune ressource pour la constitution de cadres sérieux.

Aussi, le Maréchal avait-il heureusement imaginé et proposé la formation de corps mixtes qu'il désignait sous le nom de *Cazadores mexicains*. Ces corps constitués comme nos bataillons de chasseurs à pied, seraient essentiellement composés de soldats mexicains, d'un certain nombre de soldats français *volontaires*, de cadres formés en partie par des Français et des Mexicains, et commandés par des officiers français, naturellement volontaires aussi. Aux éléments français on créait une situation spéciale, car ils ne cessaient pas de compter dans les rangs de notre armée où on leur garantissait des avantages particuliers, notamment à l'égard des officiers et des gradés français. Les uns et les autres détachés dans l'armée mexicaine, y prenaient le grade supérieur à celui qu'ils avaient, et il était décidé qu'en rentrant dans l'armée française on leur reconnaîtrait ce nouveau grade.

A ce moment, l'Empereur venait d'entrer dans une phase de bienveillance à l'égard du Maréchal ! Ce malheureux prince, accessible à toutes les influences, changeait d'attitude selon les événements ou les personnes qui l'approchaient. Ainsi, avant le 1er mai, il était absolument monté contre le Maréchal; après ce jour, où sa bête noire avait eu la magnanime générosité de lui entr'ouvrir le coffre-fort de la France, ce personnage, qui n'était que gênant et funeste, redevenait *persona grata* et il lui témoignait à nouveau les sentiments les plus parfaits, surtout lorsqu'il lui demandait des choses impossibles.

Dans cette disposition d'esprit accidentelle, le Souverain accepta, sans réserve cette fois, le projet de formation des bataillons de cazadores et insista même sur la nécessité d'agir immédiatement, ce qui fut fait avec empressement, et le général Osmont, chef d'état-major général, d'accord avec le ministre de la guerre, se mit à l'œuvre sans tarder. Du reste, on avait déjà pris des dispositions préventives; des avis avaient été envoyés à tous les corps de troupes et de nombreuses demandes d'admission avaient été envoyées au quartier général. Les bataillons furent rapidement constitués et organisés sur les divers points où nos troupes se trouvaient particulièrement groupées, c'est-à-dire dans les villes importantes occupées par elles et que les cazadores devaient défendre après leur départ.

En signalant la naissance de ces petites phalanges franco-mexicaines, sur lesquelles planait l'âme du drapeau de la France, je dois, pour leur mémoire, déclarer que, si leur existence fut éphémère, quelque huit mois à peine, elle n'en fut pas moins honorable et digne d'un respectueux souvenir. Ces vaillants petits bataillons répondirent dignement à la confiance qu'on avait mise en eux; presque tous durent se dévouer jusqu'au sacrifice, et plusieurs perdirent une partie de leur cadre français avec leurs jeunes chefs de bataillon qui trouvèrent la mort dans le nouveau baptême du feu sous la bannière impériale mexicaine.

Dans les conditions où elle devait s'opérer, l'organisation nouvelle de l'armée impériale mexicaine, nécessitait naturellement une entente complète et constante entre la direction militaire française et celle mexicaine, c'est-à-dire entre le Maréchal avec son chef d'état-major, et le ministre de la Guerre mexicain. Pour faciliter les relations et l'entente entre ces deux éléments d'action, Maximilien eut l'heureuse pensée de placer auprès de son ministre de la Guerre, le général Garcia, et en qualité de sous-secrétaire d'Etat, un officier d'état-major français que désignerait le maréchal Bazaine.

Vers le commencement du mois de mai, s'appuyant sur l'assurance formulée par l'Empereur Napoléon qu'il avait donné des ordres pour que les officiers de son armée au Mexique fussent autorisés à lui prêter leur concours pour l'organisation de ses forces militaires, Maximilien demanda au Maréchal de lui désigner un officier de son état-major ayant toute sa confiance et qui consentirait à remplir auprès de son Gouvernement, les fonctions de sous-secrétaire d'Etat de la Guerre.

Le Maréchal porta son choix sur le commandant Billot, alors chef d'escadron à l'état-major général. Il ne pouvait pas mieux placer sa confiance. Une démarche fut faite auprès de cet officier supérieur, au nom du Maréchal, par le général Osmont. Le commandant Billot accepta, pensant, avec juste raison, que les services qu'il rendrait dans cette position exceptionnelle mettraient des atouts dans le jeu de sa carrère, et que cette considération compensait bien la situation délicate et difficile dans laquelle il allait se trouver au milieu de ce monde gouvernemental qui verrait assurément d'un assez mauvais œil un étranger dans son sein. Le Maréchal le désigna à l'Empereur en mettant en lumière ses qualités et l'assurant de son dévouement.

Maximilien ratifia ce choix et se mit en mesure de préparer la place. Il lui fallut d'abord faire connaître à ses ministres la décision qu'il avait prise et la faire accueillir favorablement. Ce ne fut pas chose facile, car la plupart des Mexicains, surtout quand ils sont haut placés, ont un orgueil et un amour-propre qui s'expliquent du reste, bien que parfois ils ne soient pas justifiés, et auxquels ils sont très souvent disposés à sacrifier l'intérêt public. Cependant, après de nombreuses démarches et force insistance, la mesure fut acceptée, et dans les premiers jours de juin, l'Empereur déplaça le personnage mexicain qui occupait la charge de sous-secrétaire d'Etat à la Guerre et nomma à sa place le chef d'escadron d'état-major français Billot; il en informa le Maréchal.

L'affaire allait donc pour le mieux; mais surgit alors un incident fâcheux qui remit tout en cause. Le commandant Billot refusa. Quelle fut la cause de ce changement d'idées insolite ? Je ne l'ai pas connue alors, mais je l'ai devinée plus tard. On pensa généralement dans notre milieu militaire, que les difficultés qu'avait éprouvées l'Empereur à faire accepter par son Gouvernement l'ingérence, non pas de Billot personnellement, mais d'un officier français quelconque, l'avait décidé à refuser une situation qu'il devait envisager comme très fausse et difficile à occuper; considérant surtout qu'il allait se trouver le second et sous les ordres d'un général mexicain. Cette considération dernière pouvait, à la rigueur, être excessive pour un commandant; mais les autres avaient une certaine valeur.

Ce refus, lorsque tout était réglé, produisit une certaine émotion dans le monde gouvernemental et causa à l'Empereur un grave mécontentement. Ce qui était bien naturel après tous les efforts qu'il avait faits pour vaincre la résistance de son cabinet. Maximilien fut même personnellement froissé. Il se plaignit amèrement au Maréchal qui, de son côté, était fort ennuyé; d'autant que le Souverain lui faisait sentir que, malgré les assurances de concours de la part des officiers français que lui avait données Napoléon III, il voyait que ce concours lui manquait. D'autre part, il ne voulait pas rester en défaut vis-à-vis de ses ministres et avoir déplacé son sous-secrétaire d'Etat pour n'aboutir à rien. Il pria le Maréchal de lui proposer un autre officier. Des démarches furent faites auprès d'autres officiers de l'état-major général; mais, camarades du commandant Billot, ils refusèrent. Alors, le Maréchal se décida à chercher ailleurs.

Un matin, je me trouvais avec mes camarades de la maison militaire, attendant l'issue du rapport, lorsque le Maréchal m'appela et me demanda brusquement si je voulais accepter les fonctions de sous-secrétaire d'Etat de la Guerre. Je restai stupéfait, me demandant s'il parlait sérieusement. Le Maréchal m'exposa la situation, l'historique des faits qui venaient de se succéder et m'engagea instamment à accepter, m'assurant qu'il me croyait capable de remplir cette mission, que l'Empereur, voulant un officier ayant sa confiance, il ne pouvait mieux faire que de lui donner un de ses aides de camp, qu'enfin si je réussissais, j'acquerrais de nouveaux titres pour mon avenir.

Voyant que l'affaire était sérieuse, j'étais fort troublé, sentant que j'allais assumer une bien grosse responsabilité, une tâche lourde et délicate. Je comprenais alors que le commandant Billot ait refusé de l'accepter. Enfin, le Maréchal insista et me dit : « Mais vous n'avez rien à craindre ; c'est bien simple, je vous mets à la disposition de l'Empereur, en mission, et quand celle-ci sera terminée, vous reprendrez tout simplement votre service auprès de moi ; allons déjeuner ! »

Je remerciai mon chef d'avoir bien voulu me donner une marque si flatteuse de sa confiance et de sa bienveillance et lui demandai la permission de réfléchir, de consulter l'opinion de mes camarades ; après quoi, dans la journée, je lui rendrais réponse ferme.

Je n'en étais pas moins abasourdi et plongé en grande perplexité, car je sentais bien que si un chef d'escadron d'état-major, un officier de la valeur du commandant Billot, avait refusé, il y aurait vraiment de l'outrecuidance à un jeune capitaine à accepter une pareille situation.

Enfin, on passa à table, on y causa naturellement de toute cette affaire, on m'engagea à écarter mes scrupules de modestie et à accepter. Je n'en considérais pas moins comme une vision peu captivante la perspective qui s'ouvrait devant moi. Et pourtant, ce n'était pas l'esprit d'initiative qui m'avait manqué jusqu'alors ; mais Billot, après mûres réflexions, avait fait « machine en arrière », cela me troublait ; d'autant que je connaissais bien le malheureux esprit qui régnait dans les sphères gouvernementales et je craignais d'y user mon zèle et ma patience. Je n'éprouvais, du reste, aucun scrupule à servir sous les ordres et la direction d'un chef militaire étranger, car la situation serait un peu ce que je la ferais, le général Garcia n'étant pas un aventurier parvenu à la faveur des pronunciamientos, mais un officier de carrière, entouré de la considération générale ; aussi, je me décidai à passer le « Rubicon » et, retournant, dans la journée, auprès du Maréchal, je lui déclarai que, si la mission ne devait en rien modifier ma situation vis-à-vis de sa personne, j'acceptais. Son Excellence fut satisfaite et écrivit le soir même à Maximilien. Je n'avais plus qu'à attendre.

Elle fut relativement longue, l'attente, car le conseil des ministres, d'autant plus froissé du refus du commandant Billot qu'il s'était montré plus opposé à sa nomination, accueillit froidement la déclaration de l'Empereur relative à la nomination d'un autre officier français, et fit une opposition sérieuse, demandant que l'ancien sous-secrétaire fut replacé. Mais, par dérogation à ses habitudes, l'Empereur tint bon. Cependant, il fit tacitement une légère concession et adopta une solution mixte assez conforme aussi aux procédés tortueux dont il était coutumier. Il me nomma *commissaire général de l'armée française* près le ministère de la Guerre. Mais il ne désigna pas de sous-secrétaire, considérant que j'en remplirais les fonctions sans en être titulaire.

Le 16 juin 1866, je recevais une lettre du commandant Loysel m'annonçant la signature par l'Empereur de cette nomination. Le titre plus que vague de « commissaire » me fit dresser l'oreille; il sonnait mal, d'autant que Loysel, malicieux à ses heures, avait souligné ce titre étrange et je recommençai à croire que mon ami Billot avait eu plus de flair que moi; mais j'attendis un avis plus officiel.

Le surlendemain, 18, je recevais alors une lettre de service du général Osmont, ainsi conçue :

« Mon cher Blanchot,

« Je vous prie de passer demain matin, entre 8 et 9 heures, à mon cabinet, pour recevoir communication d'une décision de Sa Majesté l'Empereur Maximilien, qui vous nomme commissaire de l'armée française près le ministre de la Guerre du Mexique.

« Vous recevrez en même temps des instructions.

« Bien à vous.

« *Le chef d'état-major général,*
« Osmont. »

Cette fois, la chose était formelle; c'était bien un commissariat dont on me gratifiait. Aussi, n'étant que fort peu emballé déjà dans cette voie hybride, mon premier sentiment fut de débarquer « le commissaire », bien qu'il fut de l'armée française, d'autant que ce titre avec son qualificatif soulevait dans mon esprit une question de droit qui me semblait devoir être prise en considération. En effet, la disposition impériale me paraissait, dans la forme, aussi illégale qu'illogique. Le qualificatif donné à la fonction de commissaire *de l'armée française* auprès du ministre de la Guerre en faisait un *fonctionnaire français*, et l'Empereur du Mexique n'avait pas qualité pour prononcer cette nomination, mais seulement pour approuver une désignation officielle faite par le Maréchal de qui relevait l'officier objet de la mesure.

Sous l'impression de ces sentiments variés, je me présentai au chef d'état-major. Le général Osmont m'ayant communiqué la décision impériale, s'apprêtait à me donner les instructions qu'avait arrêtées le Maréchal, lorsque je lui fis part de mes idées personnelles et de mes scrupules. Lui rapportant l'entretien que j'avais eu avec le Maréchal lorsqu'il m'offrit le poste de sous-secrétaire d'Etat de la Guerre, ainsi que les considérants variés qu'il m'exposa et qui me déterminèrent à accepter, après mûres réflexions cependant et malgré que ce bloc non enfariné ne me séduisit pas plus que le commandant Billot, je fis remarquer qu'en fin de compte on me gratifiait d'un vague commissariat, c'est-à-dire une fonction non définie, sans caractère, qui ne pouvait être que fort délicate à remplir en créant constamment des situations fausses. Je terminai en exposant l'illégalité de cette nomination et déclarant que, moi aussi, je déclinais l'honneur qui m'était fait, si tout au plus c'en était un.

Le général s'efforça de modifier ma résolution; mais la voyant inflexible et, sans doute, partageant au fond mes sentiments, il m'invita à l'accompagner auprès du Maréchal.

Devant cette haute personnalité, mon chef direct, je ne

pus que répéter les déclarations faites au chef d'état-major ; mais le Maréchal, avec une grande bonté, s'efforça de me dorer la pilule et, ayant évidemment des informations particulières, il me laissa entendre que la situation faite à l'Empereur devant le conseil par le commandant Billot, l'avait, sans doute, décidé à ne pas nommer un sous-secrétaire d'Etat, à le remplacer par un officier ayant le titre de commissaire de l'armée française, et cela tout au moins provisoirement ; mais que je remplirais les fonctions de sous-secrétaire. Le Maréchal insista pour que je n'ajoutasse pas un deuxième refus à la démarche impériale et m'engagea à accepter, convaincu que je mènerais ma barque de telle sorte qu'on me nommerait au bout de peu de temps sous-secrétaire d'Etat.

Dans ces conditions, je dûs céder à ce qui devenait presque un ordre donné avec une bienveillance toute paternelle.

Le lendemain matin, je me présentais au ministre de la Guerre, le général Garcia, qui me reçut avec la plus parfaite cordialité, m'exprima une vive satisfaction d'avoir pour le seconder un officier français, aide de camp d'un Maréchal de France. Il m'exposa le fonctionnement général du service, d'où il résultait que, remplissant les fonctions de sous-secrétaire d'Etat, j'aurais la tâche la plus lourde et la plus délicate : dépouiller le courrier, en extraire tout ce qui comportait l'attention du ministre pour le lui présenter moi-même et envoyer le reste aux directeurs, en y apposant de ma main la suite à donner à chaque affaire.

Un secrétaire particulier m'était attaché ; jeune employé, d'origine allemande, M. Heiné, d'excellentes manières, très intelligent et au courant du fonctionnement du ministère et des affaires qui lui incombaient ; parlant bien le français, ce qui, dans les débuts, me rendit les plus précieux services, bien que je parlasse couramment l'espagnol et que je l'écrivisse avec facilité.

Le ministre me présenta les directeurs et chefs de bureau en leur adressant à mon sujet les paroles les plus sympathiques et les plus flatteuses. J'entamai ainsi des relations qui furent toujours parfaites à tous égards. Grâce au concours de quelques paroles cordiales, reflétant mon entier dévouement à la tâche qui nous incombait et nous unissait dans un même labeur patriotique, je sentis aux manifestations de ces vieux serviteurs plus ou moins étrangers aux convulsions de leur pays, que j'avais conquis leur confiance et que je pouvais compter sur leur concours dévoué. En effet, il ne me manqua jamais et je dûs à une bienveillance constante, à une correction scrupuleuse, mais aussi à une fermeté souple et énergique, de les avoir toujours dans la main, laborieux, dévoués et fidèles.

Quant à mon ministre, c'était un homme parfait. Officier de carrière, avec des grades régulièrement acquis, il avait su traverser les phases révolutionnaires et changeantes, sans changer lui-même. D'une bonne instruction générale et militaire, de sens droit et que j'ai toujours jugé honnête, de formes correctes et de manières distinguées, il était bienveillant, conciliant, et je n'ai jamais eu avec lui que des rapports parfaits. Nous n'eûmes point de divergences de vues, car il était surtout animé du désir de sauver son pays de la désorganisation.

Dans ces conditions, mes premiers pas dans la voie nouvelle où j'étais lancé furent relativement faciles mais laborieux, car ma tâche fut très pénible surtout au début et je ne pus la remplir que par un travail excessif et une tension constante de toutes mes facultés.

Conformément aux ordres que m'avait donnés le Maréchal, je me rendais chaque matin auprès du chef d'état-major français pour y prendre langue, recevoir des instructions sur les affaires en cours et prendre aussi des avis utiles au ministre de la Guerre.

En outre, dans les premiers temps surtout, je fis dans la journée des visites fréquentes dans les établissements militaires mexicains pour y passer des inspections inopinées, ce qui, sans reproches superflus, mettait tout le personnel dans une correction et un zèle parfaits, d'autant que, sous des formes bienveillantes, je montrais toujours une fermeté et une sévérité inflexibles. Aussi, très promptement, l'ordre remplaça le désordre.

Lorsqu'une affaire nécessitait une solution délicate, ou grave et importante que mon ministre hésitait à prendre, ou à accepter, j'allais prendre conseil et appui auprès du chef d'état-major ou même du Maréchal, et alors le général Garcia, toujours un peu timide, se décidait à suivre l'impulsion énergique que je m'attachais à lui inspirer. Lorsque, d'autre part, je redoutais que l'Empereur, également incertain et timoré, n'acceptât pas franchement une mesure importante qui s'imposait, bien qu'elle dût rencontrer des oppositions trop souvent intéressées, je m'adressais à mon camarade Pierron, son chef de cabinet privé, pour décider le Souverain, et ce concours fut toujours précieux.

Au bout de deux mois, je pus constater, avec satisfaction, que j'avais créé le rôle de sous-secrétaire d'Etat mexicain pour un capitaine d'état-major français !

Au milieu des préoccupations officielles du moment, un incident d'un tout autre ordre d'idées était venu faire diversion à la tension des esprits et adoucir les relations qui existaient entre l'Empereur et le Maréchal.

Cet incident, d'un caractère particulier et privé, eut une importance bien secondaire, il est vrai, mais il retint un moment l'attention publique, surtout dans les hautes sphères sociales où l'esprit était troublé par des intrigues de toutes sortes. Il fut, en outre, une pierre de touche pour caractériser les sentiments des Souverains mexicains à l'égard du maréchal Bazaine. En effet, le 16 juin, la Maréchale donna un fils à son mari, celui qui lui avait été promis « avant la lettre » !

A cette occasion, l'Empereur et l'Impératrice se montrèrent empressés et très sympathiques. Aussitôt que Maximilien eut reçu la lettre par laquelle le Maréchal lui annonçait l'heureux événement, Sa Majesté se rendit au quartier général pour apporter elle-même ses compliments. Dès que l'Empereur vit le Maréchal, il s'empressa vers lui et, les bras ouverts, lui donna, avec la plus expansive sincérité, la plus chaude accolade. Il lui offrit d'être parrain et l'Impératrice marraine.

Le baptême fut donné en grand apparat, dans la chapelle du palais par le chapelain de la cour. Un dîner de gala eut lieu le soir en l'honneur du Maréchal. Ce fut un beau jour, mais sans lendemain !

Ces expansions touchantes émurent la cour et la ville, troublant les uns, réjouissant les autres, inspirant un point d'interrogation dans l'esprit du plus grand nombre. C'était la renaissance d'une entente cordiale qui devait s'imposer; mais devait-elle, pouvait-elle durer ? avec le caractère et l'esprit de Maximilien, c'était impossible. Et à l'heure où ces sentiments se manifestaient, se distillaient au loin les ferments désorganisateurs de cette entente étouffée dans l'œuf.

En effet, lorsqu'arrivèrent de la frontière les douloureuses nouvelles des événements qui s'y produisirent peu après, les douces effusions se changèrent en explosion de colères et de récriminations.

CHAPITRE VIII

DÉSORGANISATION DE L'ARMÉE IMPÉRIALE

Evènements graves sur la frontière du nord. — Affaire des convois de Matamoros et de Monterey. — Désastre du premier. — Belle conduite de l'escorte Autrichienne. — Opérations déplorables de la colonne de Monterey. — Conséquences de ce désastre. — Chute de Matamoros. — L'histoire d'après le général Douay.

 Maximilien venait à peine de se décider sincèrement à prendre des mesures pour compléter et réorganiser son armée nationale, qu'un implacable destin parut lui crier : « Trop tard ! » car la désorganisation, la destruction même des forces dont il disposait commençaient déjà.
 Il existait alors deux divisions mexicaines, l'une du Sud, l'autre, dite du Nord, qui occupait les provinces de cette partie de l'Empire, et couvrait la frontière américaine en gardant Matamoros, sous le commandement du général Mejia, vieux brave qui, depuis longtemps, tenait vaillamment tête aux plus grandes difficultés. Vers la fin de juin, parvint à Mexico une stupéfiante nouvelle : la division Mejia venait d'être anéantie. La consternation fut grande dans la capitale. Que s'était-il donc passé ?
 Le port de Matamoros était, après celui de Vera-Cruz, le foyer le plus important des transactions commerciales du Mexique avec l'extérieur. Or, en raison des difficultés et de l'insécurité des communications dans cette région frontière, les marchandises venues de l'étranger s'étaient accumulées dans les entrepôts de Matamoros et attendaient, depuis l'an-

née précédente, qu'on put assurer la sécurité de leur transport. D'autre part, à Monterey, la place la plus importante, en pénétrant dans le pays, était encombrée de produits venant de l'intérieur pour être exportés. Trois cents kilomètres, à vol d'oiseau, séparaient ces deux villes, et les convois, pour les franchir, nécessitaient des escortes importantes. Or, le général Mejia ne pouvait seul fournir ces détachements qui, ayant un très long parcours à faire, auraient laissé pendant trop longtemps la garnison de Matamoros dégarnie des trois quarts de son effectif.

Dans ces conditions, les agents commerciaux des deux villes dépositaires du transit réciproque, demandaient depuis longtemps que les commandants militaires de chacune d'elles s'entendissent pour faire entre eux l'échange des deux convois, à moitié distance, afin que les escortes fournies par chacun n'aient à faire que la moitié du parcours.

Le Maréchal, saisi de la question, envoya des ordres au général Douay, qui commandait cette région, pour que le convoi de Monterey partit avec une escorte qu'il déterminerait. En même temps, il prescrivait au général Mejia d'expédier celui de Matamoros avec l'escorte qu'il pourrait lui donner; les deux troupes devant échanger leurs convois à moitié route. Il avait, en outre, prescrit au général Mejia de commencer son mouvement en même temps que les troupes françaises et de suivre la route de Camargo et Mier. La manœuvre était simple; il appartenait au général Douay de régler les détails précis de cette double opération combinée. Comment ces dispositions furent-elles prises? Mal évidemment; puisqu'il y avait plusieurs routes à suivre, que l'une des deux colonnes changea deux fois d'itinéraire et qu'il y eut un malentendu tel que les deux convois ne purent se rencontrer, ce qui amena la perte de l'un d'eux.

Cette expédition à double action fut conduite de si étrange façon qu'elle devint en elle-même la plus extraordinaire qui ait été faite pendant toute la campagne du Mexique. Ses conséquences, à tous les points de vue, ont eu une telle envergure, qu'elles précipitèrent la chute de l'Empire. Elle causa tant de ruines, elle souleva tant de colères, de récriminations, d'accusations même, elle montra si brutalement enfin combien était difficile et déconcertante la guerre soutenue dans la région du Nord pendant la saison sèche, que je crois devoir en résumer l'historique avec ses détails les plus caractéristiques et faire connaître les sentiments qu'elle inspira alors. Cette courte expédition comporte, en outre, de sérieux enseignements d'art militaire.

Elle fut, du reste, pour notre drapeau le dernier épisode important de l'action de nos troupes, bien que celles-ci n'y furent que très indirectement mises en cause.

Les villes de Monterey et de Matamoros d'où devaient partir chacune des deux colonnes étaient reliées entr'elles par une route directe, presque rectiligne et la plus courte, mais il en existait deux autres beaucoup plus longues qui avaient des avantages importants pour l'opération à entreprendre.

En effet, la route directe, en sortant de Matamoros, s'éloignait de la frontière et parcourait péniblement un pays tourmenté, aride, dépourvu d'eau, de ressources et presque un désert. Les autres voies étaient plus longues d'une quinzaine de lieues, leurs itinéraires se confondaient pendant plus de la moitié de leur parcours, suivant la vallée du Rio del Norte et longeant la frontière américaine, par Camargo et Mier, d'où partaient deux routes différentes vers Monterey, passant par Ceralvo. Ces deux itinéraires étaient plus longs et avaient le défaut de longer longtemps la frontière où les dissidents trouvaient un appui, même, au besoin, une retraite assurée ; mais ils avaient l'avantage, pour des colonnes embarrassées de lourds convois, d'être plus praticables, d'offrir des ressources abondantes et surtout de l'eau ; enfin des points d'appui sérieux à Camargo et à Mier. C'est pour ces considérations que le Maréchal avait prescrit de suivre cette direction.

Le général Jeanningros, qui commandait à Monterey, devait, d'après les ordres du Maréchal, commander l'expédition et informer le général Mejia, à Matamoros, du jour de son départ de Monterey. Malheureusement, cet officier général tomba sérieusement malade quelques jours avant, et dut passer le commandement au lieutenant-colonel de Tucé, commandant le 12ᵉ chasseurs à cheval. Cet officier informa-t-il le général Mejia ? Je l'ignorai ; mais ce qui est certain c'est que le général mexicain ne parut pas avoir été averti.

En revanche, l'ennemi, le général Escobedo, commandant les forces juaristes dans ces parages, en avait été informé par des espions et il avait eu l'audace de faire savoir à Monterey qu'il s'emparerait du convoi coûte que coûte.

La colonne de Monterey, escortant un convoi de 200 charriots et de 250 mulets, se composait de deux bataillons de la Légion aux ordres du commandant Saussier, une batterie de montagne, trois escadrons du 12ᵉ chasseurs, un bataillon de la légion belge commandé par le lieutenant-colonel Van der Smissen, enfin un régiment de cavalerie mexicaine ; 3.000 hommes environ, de quoi désorganiser les 4.000 d'Escobedo. Elle partit dans la nuit du 7 juin en trois colonnes, le convoi au centre ; c'était classique. Le 12, elles se réunissaient à Ceralvo, sur la bissectrice de l'angle formé par les deux routes venant de Matamoros ; elles n'avaient parcouru que 15 lieues en 5 jours, c'était peu, et pourtant elles avaient perdu des hommes tués par le feu et d'autres morts d'insolation, car il faisait une chaleur intense et l'eau manquait.

En arrivant, le lieutenant-colonel de Tucé envoya un émissaire au commandant du convoi de Matamoros pour lui signaler sa position. En même temps, il apprit qu'Escobedo, avec toutes ses forces, se trouvait à Las Aldemas, entre les deux routes que pouvait suivre le convoi. Comme une araignée blottie au centre de sa toile, il surveillait tout le pays.

Cette position de Las Aldemas n'est qu'à 7 lieues de Ceralvo ; l'affaire d'une marche de nuit. Escobedo est le seul danger menaçant le convoi qui sera sauvé si on le disperse, si on le paralyse ou si on le force à s'éloigner. Le problème stratégique de toute l'opération ne comporte plus qu'une de ces trois solutions; en tout cas, la colonne française devait marcher à l'ennemi pour le détruire d'abord. Le colonel de Tucé n'eut pas cette vision, mais le lieutenant-colonel belge l'eut entière, il alla lui en conseiller l'exécution; et il n'est pas douteux qu'il l'eût fait lui-même, s'il avait eu le commandement.

Le colonel de Tucé se retrancha derrière les instructions qu'il avait reçues et n'osa pas prendre sur lui de profiter d'une circonstance fortuite, heureuse, que n'avaient pu prévoir les instructions. Ce manque de tempérament fut un malheur pour tout le monde et pour lui surtout, car il aurait fait preuve d'une des qualités les plus essentielles d'un chef à la guerre, l'initiative. Comme résultat, il aurait sauvé les deux convois, réduit à l'impuissance, pour le moment du moins, un adversaire dangereux, et enfin il aurait sauvé Matamoros. C'eut été un coup de maître, mais.....!

Que fit-il au contraire, pendant quatre jours? Il s'hypnotisa dans Ceralvo, sans but ni motifs, mais, évidemment, en proie aux plus grandes perplexités; son inquiétude était extrême, car il n'avait reçu aucune nouvelle de la colonne de Matamoros ni des messages qu'il avait expédiés à Mejia. Son esprit indécis se perdait dans un chaos de conjectures et, craignant de faire une fausse manœuvre, il ne faisait rien; c'était le pire des partis à prendre.

Enfin, le 15 au soir, l'idée lui vint que l'ennemi avait des intelligences à Ceralvo qu'il avait quitté à son approche; alors, il eut une inspiration, hélas! trop tardive. Il réunit les notables et les somma de le renseigner sur les intentions de l'ennemi, sur sa position et ce qui était advenu du convoi; faute de quoi, il allait les faire fusiller. C'est en arrivant qu'il aurait dû recourir à ce procédé péremptoire! Qu'apprit-il? Lui seul le sut; mais, dès ce moment, il parut se ranimer et renaître à l'activité. Le lendemain, 16 juin, il partit de Ceralvo; mais trop tard, car, à ce moment même, la colonne qu'il allait chercher était détruite et le convoi pris par l'ennemi, à quinze lieues de lui à peine, distance qu'il aurait pu parcourir pendant ses trois jours d'inaction.

Enfin, il partit avec tous les éléments français de sa colonne et son convoi, laissant à Ceralvo le colonel Van der Smissen avec toutes les troupes belges, quelques cavaliers mexicains et les malingres français. Cette mesure ne peut s'expliquer; pourquoi ne pas emmener tout son monde, dans quel but laissait-il une force aussi importante en arrière? Il commettait donc une faute qui en entraîneraient d'autres.

Que s'était-il passé à la colonne de Matamoros?

Celle-ci, formée de 250 chasseurs autrichiens, d'une batterie et de 1.500 fantassins mexicains, escortant 380 voitures et 500 mulets, était bien partie le 6 juin, sous le commandement du général Olvera. Elle prit bien la route, longeant la frontière et passant par Camargo et Mier. Mais, ce qui ferait supposer que Mejia ne lui avait pas donné d'ordre formel à l'égard de l'itinéraire à suivre, le troisième jour, il quitta cette voie pour se porter sur la route intérieure et déserte de Matamoros à Monterey. Voulut-il ainsi donner le change à l'ennemi? On l'ignora, car on ne connut les détails de ses opérations que par les déclarations de deux officiers de sa colonne qui échappèrent au désastre et gagnèrent, le 18 juin, Ceralvo où ils trouvèrent le colonel belge.

Olvera, une fois arrivé sur la route directe, se décida à revenir à son premier itinéraire, croyant avoir, par la feinte qu'il avait faite, attiré son ennemi sur la nouvelle route prise par lui; mais il ne lui donna pas le temps de tomber dans ce piège. Il commit, en outre, une faute en prenant un chemin qui passait à quelques lieues seulement de Las Aldamas où il savait être l'ennemi, mais ignorait s'il avait quitté cette position. Cette nouvelle route avait, en outre, l'inconvénient de parcourir un pays difficile et desséché. Il cheminait péniblement depuis deux jours lorsqu'il surprit une embuscade ennemie et parvint à apprendre de son chef qu'Escobedo l'attaquerait le lendemain, et que la colonne française était encore à Ceralvo. La situation était grave et sans remède;

— 151 —

il ne restait plus qu'à se préparer au combat. Il exhorta ses soldats et les adjura de faire vaillamment leur devoir; il s'efforça de leur démontrer qu'ils vaincraient un ennemi désorganisé et dont la plupart des hommes n'étaient que des aventuriers américains, des noirs même; il fit aussi jouer aux musiques des airs patriotiques. Mais les hommes restèrent mornes, consternés et insensibles à ces excitations; ils étaient accablés par la soif, n'ayant pas bu depuis 48 heures.

La situation était grave et pourtant, à ce sujet, en rééditant dans une variante plus fondée la boutade assez inconvenante du reste, de certain homme d'Etat répondant aux lamentations que soulevait la famine : « Si le monde n'a pas de pain, qu'il mange de la brioche ! » Je pourrais dire d'une façon moins cruelle mais avec plus d'à-propos : « Puisque les hommes n'avaient pas d'eau à boire, ils auraient dû boire du vin ! » Le général Olvera devait leur en donner, car le convoi portait 40.000 bouteilles de Bordeaux, et du meilleur ! Je garantis qu'en pareille occurence je ne me serais pas laissé dessécher la gorge, ayant une pareille cave à mes trousses. Cette disposition préparatoire de combat valait peut-être mieux que celles que prit, le lendemain, le général mexicain. A chaque homme une bouteille de Château-Margaux, et la victoire était assurée. Malheureusement, on ne pense pas à tout!

Le lendemain matin, Olvera se mit en marche suivant une formation macédonienne; seulement il y manquait les Macédoniens ! A part les Autrichiens et un bataillon de cazadores qui marchaient en avant du convoi disposé en un vaste quadrilatère, ses troupes mexicaines qui étaient disposées en dehors des flancs ne furent pas à hauteur de cette disposition antique.

Escobedo brusqua l'attaque. Bien posté sur le bord d'un plateau, ses troupes descendirent avec impétuosité sur celles placées en avant de la première face du carré du convoi, dirigeant tous leurs efforts sur le bataillon des chasseurs mexicains. Celui-ci plia et découvrit le convoi, pendant que les Autrichiens résistaient avec opiniâtreté. Une colonne ennemie put ainsi pénétrer dans le carré des voitures où, abritée par celles-ci contre les troupes placées sur les flancs, elle leur criait de ne pas tirer sur leurs frères, au nom de la liberté. Celles-ci tirant des deux côtés sur les envahisseurs du carré s'entre-tuaient mutuellement. Dans ce désarroi sanglant furent vite épuisées la vaillance et la fidélité des soldats impériaux qui avaient plus soif d'eau que de sang. La trahison gagna les uns, la panique entraîna les autres, et le combat cessa. Quel coup de théâtre, si le colonel de Tucé eût apparu soudain, en ouragan de sabres et de baïonnettes, au milieu de ce chaos mouvant de combattants, de mulets affolés et de voitures inertes! ç'eût été la gloire pour ce chef!

Quant au brave général Olvera qui était resté à l'arrière-garde et s'était réservé la défense héroïque (?) de la quatrième face avec une contre-guerilla montée, deux escadrons de lanciers et deux canons de gros calibre, il ne parut pas se préoccuper de la valeureuse résistance des Autrichiens et de ses cazadores qu'il laissa écraser. Et quand tout fut fini, qu'une partie de ses troupes eut pactisé avec l'ennemi, que l'autre eut fui, il se retira dignement de ce champ de bataille où il ne s'était pas battu et, avec son état-major et sa cavalerie, reprit la route de Matamoros, la plus directe cette fois!

Voilà ce que fut, au dire sincère et modeste des deux officiers mexicains au colonel belge, cet épisode sanglant et bref de San-Gertrudis. Quant au récit du vainqueur, ce fut autre chose.

Dans un rapport adressé à son Gouvernement suprême, dans une proclamation qu'il publia, le général Escobedo, en un style pompeux et glorieux, fit sur ce champ de bataille de San-Gertrudis où la victoire fut escamotée, l'exposé d'un combat fantaisiste dans lequel il soutint les attaques les plus furieuses de l'infanterie, les charges épiques de la cavalerie, et il enfanta les combinaisons les plus savantes et les plus hardies, exécuta des manœuvres de haute tactique qu'égalent péniblement les conceptions du vainqueur d'Austerlitz.

Toutefois, dans cet « ordre du jour à la grande armée », je relève deux notes que l'histoire doit retenir; le général ennemi atteste « l'héroïsme des chasseurs autrichiens ». On doit s'associer à cet hommage très justement mérité, car cette vaillante petite troupe de 250 hommes laissa sur le terrain 143 morts et 44 blessés grièvement; presque les quatre cinquièmes de l'effectif. C'est une page des plus honorables à tracer dans les annales des troupes autrichiennes.

La deuxième note du rapport qu'il faut recueillir est celle-ci : « La réserve qui gardait le convoi n'avait presque pas résisté. » C'est bien la condamnation la plus humiliante que pouvait subir le général Olvera, car cette troupe ne fut pas pour lui une réserve qu'il n'engagea pas, mais bien sa garde prétorienne qui devait assurer le salut de sa personne pendant le combat et protéger son départ, sa fuite plutôt, en cas de revers. C'était, du reste, une pratique, je ne dirai pas en « honneur (?) », mais en faveur, chez certains chefs mexicains de conserver près d'eux, pendant le combat, une bonne troupe de cavalerie bien montée afin de s'assurer une retraite rapide, sinon glorieuse. Pendant mon séjour au ministère de la Guerre, j'ai eu occasion de déférer au conseil de guerre quelques tacticiens de cette école.

Quoi qu'il en soit des jactances du général Escobedo, il n'en reste pas moins acquis qu'il remporta un éclatant succès, grâce aux habiles dispositions stratégiques qu'il sut prendre pour éviter l'entrée en action de la colonne française, à la volonté ferme qu'il avait de capturer le convoi, enfin à un esprit d'initiative inspiré surtout par l'appât d'un riche butin; car ce convoi représentait l'énorme valeur de plus de quinze millions de francs.

Pourtant ce magnifique et somptueux trophée était bien encombrant. Escobedo comprit aisément que s'il avait pu échapper aux atteintes de la colonne franco-belge grâce à la mobilité de ses troupes et surtout à l'immobilité des autres, il n'allait pas en être ainsi avec les trois cents voitures qu'il fallait mettre en lieu sûr. Huit lieues à peine le séparent de Camargo où il sera relativement à l'abri, et aussitôt après le combat, il se met en route avec son butin et le conduit dans cette ville qui touche la frontière américaine où il compte le mettre en sûreté, car il redoute de plus en plus l'intervention de la colonne française qui ne peut être loin et le lui reprendrait sans coup férir. Il entame immédiatement des négociations avec les autorités américaines. Mais celles-ci, en présence d'un si gros morceau qu'on ne peut dissimuler et qui constituerait une trop éclatante violation de neutralité, se refusent, avec regret mais formellement, à laisser passer le convoi sur le territoire de l'Union.

Alors une inspiration lui vient. Les trois quarts de la garnison de Matamoros ne sont plus dans cette place puisqu'il vient d'en tuer ou disperser une partie et que le reste est incorporé dans ses propres troupes; Mejia n'a donc plus les moyens de lui résister et il se met en marche sur Matamoros suivi de son précieux convoi, qu'il éloigne ainsi des griffes françaises. Ce faisant, Escobedo se révèle homme de guerre.

Du reste, lorsque le brave Mejia apprit la nouvelle du désastre et celle de la marche d'Escobedo, il comprit que son rôle était fini dans la forteresse, abandonnée de Dieu et des hommes, où il ne lui restait plus que quelques centaines de soldats démoralisés et sur la fidélité desquels il ne pouvait désormais compter pour affronter de dures épreuves. Ne pouvant se résoudre enfin à infliger à la population les horreurs d'un assaut et les représailles d'un ennemi y entrant victorieux, il préféra abandonner la forteresse qu'il ne pouvait plus défendre. Le 19 juin, confiant au colonel Tinajero le commandement de la place et le soin de la rendre au général Escobedo, il partit avec une faible escorte et se rendit à Bagdad où il s'embarqua pour Vera-Cruz.

Le 23 juin, Escobedo entrait en triomphateur dans Matamoros accueilli par les acclamations de la population qui s'efforça ainsi d'adoucir les représailles qu'elle redoutait. Mais le rusé général ne se laissa pas prendre à ces manifestations et, tout en se montrant bon prince et maintenant un ordre parfait dans la ville, il se fit octroyer comme don de joyeux avènement, joyeux pour lui (!) une prestation forcée de cinq cent mille francs pour lui permettre d'aller chasser l'étranger de Monterey et reporter la guerre au centre du pays. Le prétexte ne manque vraiment pas de saveur patriotique !

Quant au convoi dont il ne savait que faire, il imagina une très ingénieuse combinaison pour s'en débarrasser avec honneur... pour sa bourse. Il est admis au Mexique que la gloire des armes est une fort belle chose; mais aussi on y rencontrait alors certains grands chefs qui ne dédaignaient pas les petits profits et encore moins les gros. Le général Escobedo, se classant dans cette intéressante catégorie, entra en relation avec les commerçants de Monterey auxquels appartenait le chargement du convoi et leur offrit de leur rendre leur propriété sous certaines conditions pécuniaires à débattre en faveur de ses troupes victorieuses. Il fut convenu que les commerçants abandonneraient pour sa brave armée de 20 à 25 pour cent de la valeur du convoi, ce qui faisait environ trois millions de francs, sur lesquels le glorieux triomphateur s'adjugea la jolie somme de sept cent mille francs. La gloire était vraiment bien payée; Escobedo pouvait prendre sa retraite et se reposer sur ses lauriers, surtout sur ses piastres !

Pendant que les événements se succédaient autour du convoi de Matamoros, que se passait-il au convoi de Monterey ? Le colonel de Tucé s'acheminait vers Mier sans autres incidents de guerre que la vue lointaine de quelques cavaliers qui disparaissaient, éclaireurs vigilants qui surveillaient tous ses mouvements et allaient avertir le général Escobedo qu'il n'avait rien à redouter de la colonne française, et lui ne put rien apprendre pendant sa marche. Mais, en arrivant à

Mier, l'impénétrable rideau qui masquait sa vue se déchira et il apprit que la colonne qu'il avait mission de chercher et de trouver surtout n'existait plus et que le convoi qu'il devait ramener était aux mains de l'ennemi.

Alors le colonel de Tucé parut ne plus avoir qu'une préoccupation, celle du convoi qu'il amenait pour le confier à une escorte qui avait disparu et dont il ne savait plus que faire. Evidemment, il fut plongé dans une perplexité affolante; aussi eut-il une étrange conception. Se trouvant sur la frontière, il eut l'extraordinaire idée de faire passer son convoi sur la rive américaine, considérant sans doute qu'étant uniquement chargé de valeurs commerciales, celles-ci devaient être considérées comme neutres. Il se mit en communication avec les autorités américaines de la ville de Rum, située de l'autre côté du Rio del Norte. Mais celles-ci refusèrent absolument de laisser entrer le convoi sur leur territoire. Il était évident qu'elles ne commettraient pas la maladresse de violer la neutralité au profit de la France elle-même, alors que celle-ci leur reprochait trop souvent de la violer à l'égard des partisans de Juarez. C'eut été de leur part un comble d'imprudence.

Que restait-il à faire au colonel de Tucé? La première préoccupation devait être l'accomplissement de sa mission, ramener le convoi de Matamoros; car, si son escorte n'existait plus, le convoi lui-même existait encore. Il importait de savoir où il était et dans quelles conditions il se trouvait; la colonne d'escorte ne devait pas avoir succombé sans lutte opiniâtre et avait dû faire payer cher à Escobedo son succès. Celui-ci alors, encombré par son convoi, pouvait évidemment être vulnérable. Un chef entreprenant, audacieux et soucieux de réparer la faute commise en perdant trois jours à Ceralvo, n'aurait pas hésité à marcher rapidement contre Escobedo encore essoufflé par sa lutte et empêtré dans son convoi, sa troupe étant énivrée par son triomphe et peut-être aussi par le vin de Bordeaux précieusement conservé par Olvera.

A ce moment, Escobedo arrivait seulement à Camargo, qui n'était qu'à huit lieues de Mier, la mesure d'une marche de nuit comme en firent bien d'autres chefs au Mexique. On pouvait reprendre le convoi, tout au moins l'essayer. Escobedo le redoutait, donc c'était possible.

Si le colonel de Tucé n'en eut pas l'idée, d'autres la lui donnèrent. Il fut, en effet, vivement sollicité de tenter l'entreprise par des officiers sous ses ordres, en tête desquels le commandant Saussier tenait le drapeau du coup d'audace. Que ne fut-il déjà « généralissime » de la petite colonne comme il le fut plus tard de l'armée française ! Il aurait montré du doigt à ses légionnaires la direction où l'ennemi tenait la riche proie du convoi; ce geste eut suffi. Et puis ne devait-il pas rester encore quelques bouteilles de vin fin dans la cave ambulante que portait ce convoi ? Bonaparte disait bien à ses soldats « sans pain, sans souliers », qu'ils trouveraient la fortune dans les riches plaines de la Lombardie ! Quant au colonel de Tucé, il répondit qu'il n'avait pas d'instructions à cet égard (?). Cette réponse est monstrueuse de la part d'un commandant d'expédition qui est à cinquante lieues des chefs qui peuvent lui donner des instructions nouvelles et de circonstance, alors que ces circonstances, nées du moment, nécessitent une décision immédiate. Mais qui donc pouvait lui donner ces instructions, si ce n'est son initiative personnelle ? Il resta encore une fois immobile et ne s'occupa plus que de se débarrasser, au profit des Américains, de son propre convoi et de l'argent qu'il portait. Puis il reprit la route de Monterey et revint à Ceralvo sans même avoir eu la bonne fortune de rencontrer l'ennemi!

Son collègue Van der Smissen fut plus heureux que lui, et eut davantage de gloire sans faire tant de chemin. En effet, laissé seul avec un bataillon, quelques cavaliers mexicains et une section d'artillerie française, le colonel belge avait envoyé un petit détachement à quelque distance de Ceralvo pour y prendre des approvisionnements laissés par l'ennemi. Au cours de cette petite opération, le détachement fut attaqué par des forces supérieures et tint bon. Van der Smissen, prévenu, courut à son secours. Mais, à son arrivée, l'ennemi avait été repoussé laissant 41 morts sur le terrain et avait emmené le convoi des Belges. Le colonel le poursuivit, l'attaqua et, avec l'aide des canons français, le dispersa en lui reprenant ses voitures chargées. Il avait perdu un officier et quelques hommes tués ou blessés.

Je dois cependant, pour être juste envers tous, rapporter certains incidents qui durent causer au colonel de Tucé des préoccupations sérieuses. Ces incidents ne sont que la suite d'une situation grave que j'ai déjà signalée et qui avait décidé le commandant en chef à retirer de Matamoros la Légion étrangère afin de l'éloigner de la frontière qui avait pour un grand nombre de ses hommes un attrait irrésistible. Le légionnaire constitue un type particulier; il aime le métier des armes pour faire campagne et avoir la vie facile et variée; c'est un dilettante d'aventures. Il n'a pas d'idées bien fixes à l'égard de la nationalité; aussi il en change volontiers. Ce n'est pourtant pas un internationaliste mais bien plutôt un externationaliste. Il est donc dangereux de le laisser sur une frontière; l'idée lui vient aussitôt de la franchir pour changer d'existence, de milieu et de mœurs militaires.

Aussi pendant son séjour, bien court cependant sur les bords du Rio del Norte, la Légion se conduisit assez mal, commit à Mier certains excès et 69 hommes changèrent leur cocarde en passant aux Etats-Unis, quelques-uns même aux dissidents, c'est-à-dire à l'ennemi.

On conçoit que cet état de choses ait dû impressionner le lieutenant-colonel de Tucé et augmenter ses hésitations. Mais il aurait dû savoir que le meilleur moyen de détourner les soldats de la Légion de la manie de la désertion, c'est de les conduire au combat.

Le 22 juin, la colonne de Tucé rentrait à Ceralvo et le 24 en repartait tout entière pour revenir à Monterey, son point de départ, et y ramener son convoi le 28. Pendant cette retraite de quinze jours, elle fut constamment harcelée par des cavaliers ennemis, même jusqu'à quelques kilomètres de Monterey.

Cette expédition eut dû faire beaucoup, elle ne fit rien. Elle aurait pu produire les résultats les plus importants, elle n'en produisit que de déplorables, désastreux.

Cette campagne eut une importance considérable et fut appréciée de façons très différentes suivant les gens, leurs tendances ou leurs passions. En tout cas, je viens d'en faire l'historique rigoureux, irréfutable, d'après des documents officiels émanant de la colonne même du colonel de Tucé; mais je considère qu'il est intéressant de savoir comment le général Douay l'a écrite, pour en dénaturer le caractère et fausser l'application des responsabilités. Je reproduis à ce sujet, les passages essentiels de la lettre qu'il écrivait à son frère, le 9 juillet 1866, de Saltillo :

« .... Ce que je puis te raconter parce que ce sont des faits acquis, c'est que le corps de Mejia est détruit de la façon la plus complète, mais il faut le dire vite, par suite de fausses mesures résultant du plus pitoyable aveuglement ou plutôt entêtement. Le Maréchal a voulu prouver, malgré tout, que le Nord était dégagé, et il en est arrivé, en effet, à le dégager, mais c'est de troupes impériales. Malgré les rapports du général Jeanningros, appuyé de nos assertions, le maréchal Bazaine a voulu faire exécuter un échange de convois entre Monterey et Matamoros. En cela, comme toujours, il a fait le même cas de nos opinions, c'est-à-dire qu'il n'en a tenu aucun compte.

« J'avais ordre de faire partir 500 Belges, j'ai envoyé une colonne de 2.000 hommes, et c'est grâce à cette modification, que je puis appeler audacieuse...., que l'on doit de n'avoir pas fait subir aux Belges le sort des malheureux Autrichiens livrés à la garde de la troupe de Mejia qu'on savait depuis longtemps séditieuse. »

Quelle mauvaise foi et quelle abominable insinuation ! Le

Maréchal, en envoyant des instructions générales, avait prescrit de faire marcher le corps belge, mais il n'avait pas prescrit de ne faire marcher que lui; d'autant plus que le général Jeanningros devant prendre le commandement de cette expédition, il était évident que celle-ci ne comprendrait pas que ce corps belge mais d'autres troupes, françaises, et notamment la Légion et de la cavalerie.

« Bref, le 16, deux jours avant la jonction des colonnes, les dissidents ont attaqué le convoi de Matamoros composé de 200 voitures de marchandises (ces chiffres sont inexacts), escortées par 250 Autrichiens, 2 bataillons de Mejia et 600 chevaux du même (encore inexact). Dès le début, l'infanterie a tourné casaque (c'est en partie inexact), la cavalerie s'est sauvée, les Autrichiens seuls se sont battus comme des lions, mais les deux bataillons de Mejia ont fait feu sur eux et en une heure la destruction a été complète. Les dissidents, qui étaient 4.000, renforcés des troupes de Mejia, se sont dirigés en hâte sur Matamoros où ils sont entrés le 24. Mejia n'a pas attendu, et il s'est, dit-on, sauvé à Bagdad où il s'est embarqué.

« La colonne sortie de Monterey avec une conducta de 500.000 piastres, arrivée le 18 à Camargo (c'est faux, elle n'a jamais été jusque-là et ce fut un malheur) a appris là le sort du convoi; elle a dû revenir d'autant plus vite que déjà 89 soldats de la Légion, sentant le terroir d'Amérique, ont déserté. C'est le dixième de l'infanterie, et ça donnait la mesure de ce qu'on pouvait attendre de ces troupes-là. » Mais pourquoi donc les a-t-il envoyées, ces troupes-là, puisqu'il les connaissait si bien, à ce vilain point de vue ? L'auteur se condamne lui-même.

« Si avec toutes ces nouvelles, on ne trouve pas la situation du Maréchal à découvert, ma foi, il n'y aura plus qu'à prendre son chapeau. »

Il n'est pas possible d'être plus déloyal et de déplacer d'une façon aussi perverse une responsabilité qui lui incomberait plus qu'à tout autre, si le commandant de la colonne de Monterey ne la portait pas lui-même presque entière.

Du reste, la dernière phrase du général, qui paraît n'avoir rien compris à l'expédition, explique son compte rendu aussi nul que faux et méchant.

« Ma santé est encore assez bonne. Mais quelle fatigue je ressens par moment ! (Ce n'est toujours pas cette expédition qui l'a fatigué ! la preuve suit.) J'aurais besoin de me retremper au froid et surtout d'aller à Vichy me débarrasser de toute la bile que je me fais ici. »

Voilà l'explication de tout ce fiel distillé ! c'est bien l'estomac, ainsi que je l'ai déjà fait remarquer, qui est responsable. Pourtant, le général Douay venait à peine de rentrer de France ; pourquoi n'y était-il pas resté pour aller à Vichy ? C'est qu'il est revenu parce qu'il pensait remplacer aussitôt le maréchal Bazaine qu'on allait rappeler sur ses excitations, et qu'il deviendrait aussi maréchal de France. Voyant ses espérances ambitieuses déçues, la bile lui est montée au cerveau.

Cet état gastrique ne fit qu'empirer naturellement ; car, deux mois après, le 17 septembre, il terminait une lettre à son frère par ces phrases abominables.

« Quand on voit que le succès couronne les plus éclatantes impostures, il n'y a plus qu'à prendre son chapeau et à s'en aller. » (A Vichy évidemment !)

CHAPITRE IX

L'EMPEREUR MAXIMILIEN VEUT ABDIQUER

Du 1ᵉʳ au 31 Juillet

Situation des plus embarrassées. — Découragement de l'Empereur. — Rentrée en scène de l'Impératrice. — Vie privée du couple impérial à Cuernavaca. — Chagrins intimes de l'Impératrice. — Son éloignement des affaires. — Prodromes inquiétants pour son état mental. — L'impératrice s'offre d'aller à Paris. — Départ de l'Impératrice, le 9 Juillet. — Incident de l'embarquement. — Mémorandum de Maximilien pour Napoléon III. — Chronique d'un empoisonnement à Cuernavaca. — Conséquences de cet événement. — Le général Osmont et l'Intendant Friant, ministres de la guerre et des finances. — Incident Billot. — Ses conséquences.

L'occupation de Matamoros par l'ennemi et la destruction de la division Mejia eurent pour l'Empire des conséquences irrémédiables. La perte de ce port important, dont le produit des douanes était alors une des plus grandes ressources du trésor impérial, fut un désastre irréparable pour la situation financière déjà aux abois.

Cependant, les conséquences militaires furent plus graves encore. L'effet moral produit par ce succès des Libéraux fut immense dans le pays, en ravivant encore, non pas même les espérances du parti de Juarez, mais bien la certitude d'un triomphe définitif et prochain de sa cause; alors surtout qu'il était certain pour tout le monde que dans un avenir très rapproché le départ des troupes françaises serait un fait accompli. Aussi une nouvelle levée de boucliers allait fatalement se produire principalement dans les provinces du

Nord où Escobedo commençait déjà une campagne offensive des plus menaçantes. Par contre, la plupart des populations qui avaient accueilli, soutenu l'Empire, perdaient tout espoir dans la durée possible de ce gouvernement dont elles voyaient la fragilité annoncer la ruine prochaine et inévitable.

N'ayant plus alors qu'une préoccupation, sauver l'avenir, elles ne résistaient plus aux Libéraux, pas même moralement, et les événements allaient fatalement se précipiter.

L'Impression à Mexico fut extrême dans tous les milieux et en particulier dans le monde gouvernemental.

Maximilien fut atterré et manifesta ses sentiments au Maréchal. Celui-ci était aussi profondément affecté, d'autant qu'il sentait bien que le désastre aurait pu être évité si on avait conduit l'expédition avec plus de méthode et surtout avec plus d'énergie et d'initiative. Sa première impulsion fut pour réparer le mal; mais, dans les conditions où se trouvait l'armée française, était-ce possible ?

Certainement on pouvait faire un retour offensif et reprendre Matamoros, car le général Douay avait encore la plus grande partie de ses troupes autour de lui à Saltillo, 25 lieues de Monterey; mais, bien que l'opération fut matériellement possible et aurait certainement réussi, était-il convenable et opportun de la faire ? Il est vrai que l'Empereur Napoléon venait d'écrire au Maréchal une lettre pleine d'amertume où, inspirée par les élucubrations de certain cerveau malade, le Souverain lui donne des conseils invraisemblables et lui recommande instamment de *procéder sans tarder à la pacification du pays*. De pareils ordres étaient en retard de deux ans, c'était en 1864 qu'ils eussent été d'àpropos, car depuis cette époque le pays avait été presqu'entièrement pacifié et s'il ne l'était plus, c'est parce qu'on avait annoncé le départ prochain de l'armée française. On pouvait recommencer de grandes opérations, courir partout à la recherche de l'ennemi, le joindre parfois et lui infliger de durs revers, mais on ne pacifierait plus le pays, parce que les Français devaient rentrer en France et que l'Empire ne pouvait plus exister sans eux, que personne n'avait plus confiance en lui.

Que pouvait donc faire le Maréchal dans une situation aussi fausse ? Obéir à l'impulsion du maître ; il le désirait, mais il eut la sagesse et le sang-froid de mesurer toutes les conséquences de cette grave opération que pouvait être la reprise de Matamoros. Or, que pouvait-il advenir, au cours des opérations, aux approches de Matamoros, s'il se trouvait en présence de troupes américaines, avec ou sans leur drapeau national, comme on en a vu dans les troupes d'Escobedo attaquant celles de Mejia et la légion autrichienne ? Si ce contact fortuit dans le combat se produisait dans l'assaut de Matamoros, ne pouvait-il en résulter le plus grave conflit avec les forces de l'armée américaine ? Il eût été bien dangereux de jouer ainsi avec le feu. C'était, du reste, pour éviter de pareilles éventualités, même dans des circonstances bien moins compromettantes, qu'on lui avait prescrit, de Paris encore, d'éloigner le drapeau français de cette frontière où une étincelle pouvait mettre le feu, et que lui-même, de sa propre initiative, avait déjà appliqué cette mesure de prudence. Le Maréchal estima, d'autre part, que les derniers événements avaient donné plus d'importance encore à la réserve qu'on devait imposer aux troupes françaises, et que si l'Empereur avait connu ces événements, il n'aurait pas incité son lieutenant à aller rétablir la paix dans ces régions où elle était si gravement compromise. Pour ces raisons, très sagement mûries, le Maréchal renonça à toute idée de mouvement offensif en avant.

Je dois ajouter que lorsque le Maréchal avait prescrit d'exécuter l'opération des deux convois, il était décidé à retirer les troupes françaises de Monterey même, après que cette opération aurait assuré la grosse liquidation commerciale qu'elle comportait. Il n'avait, du reste, consenti à faire exécuter cette courte campagne que parce qu'elle était demandée avec instance par le Gouvernement dans l'intérêt du trésor, afin de pouvoir mettre en recette les droits de douane considérables que devaient acquitter les quinze millions de marchandises sortant des entrepôts de Matamoros et la valeur non moins importante de ceux du métal argent qui, venant de Monterey, devait y entrer pour être exporté.

Toutefois, si le Maréchal ne put se décider à entrer de nouveau en campagne, il voulut se rendre compte par lui-même de la situation réelle de ces régions qu'il ne connaissait pas, de reconnaître en particulier les conditions dans lesquelles pourrait s'opérer le mouvement de retraite défensive de ses troupes vers Mexico. Enfin, depuis un certain temps, son attention était attirée sur les voies de pénétration attachées à la frontière du Nord en cas de la possibilité d'une agression américaine, et il voulait étudier les terrains où il serait contraint de lutter contre un mouvement offensif de l'armée des Etats-Unis. Cette éventualité ne lui paraissant pas écartée, l'étude stratégique et tactique restait toujours présente à son esprit et fut la cause déterminante mais secrète de son expédition personnelle dans le Nord. Quoi qu'il advînt, il n'entendait pas être pris au dépourvu et il ne comptait faire ainsi qu'étudier les dispositions à prendre pour compléter celles qu'il avait déjà fait mettre à exécution autour de la capitale où il faisait disposer des ouvrages de défense pour transformer l'immense vallée de Mexico en un réduit où il arrêterait toute invasion possible.

Il comptait si bien que les événements devaient aboutir à cette hypothèse, qu'il avait fait connaître, par un ordre du jour, aux officiers du corps expéditionnaire qu'ils aient à prendre leurs dispositions pour pouvoir rester, au besoin, plusieurs mois sans communication avec la France. Il avait même informé son Souverain qu'il pouvait agir dans ses décisions à l'égard d'un conflit avec les Etats-Unis, sans se préoccuper en rien du corps expéditionnaire du Mexique; que celui-ci se suffirait complètement à lui-même dans le conflit et sans demander aucun nouveau sacrifice à la mère patrie.

C'est toujours sous le coup des mêmes sentiments que le

maréchal Bazaine se décida à se mettre en route pour le Nord. Il constitua une colonne spéciale composée du 3ᵉ zouaves, de deux escadrons de cavalerie et d'une batterie d'artillerie, placée sous le commandement du colonel du Preuil. Celle-ci partit en avant et, le 2 juillet, le Maréchal la rejoignit par une marche rapide, n'emmenant avec lui qu'une partie de sa maison militaire.

J'eus encore personnellement le vif regret de ne pas suivre mon grand chef dans cette nouvelle et sans doute dernière expédition ; mais ma modeste grandeur de sous-secrétaire d'Etat m'attachait au rivage rocheux du ministère de la Guerre, sur lequel, d'ailleurs, j'allais subir une tempête et risquer le naufrage.

Depuis quelques jours, l'esprit de l'Empereur Maximilien était profondément agité par les événements de la frontière. Cet état troublé venait de s'accroître encore par l'arrivée du courrier d'Europe lui apportant les nouvelles les plus décourageantes. Le Maréchal subit d'ailleurs le premier le choc en retour de cet état d'âme malencontreux. La veille de son départ, Son Excellence se rendit au palais pour prendre congé de Maximilien et, sans doute, aussi, conférer sur les événements ; mais, chose incroyable, l'Empereur refusa de le recevoir sous le prétexte protocolaire d'une indisposition. Cette boutade d'enfant grincheux était ridicule et maladroite. Je crois qu'au fond, le Maréchal n'en éprouva aucun dépit, car il évitait la bordée de récriminations qu'il aurait dû subir, gracieusement même !

Le fait est que le malheureux Empereur devait être de fort méchante humeur, ainsi qu'il en était du reste à l'arrivée de chaque courrier venant d'Europe où ce Prince rêveur, qui ne vivait que d'illusions, voyait celles-ci s'évanouir successivement.

Ses vues politiques et gouvernementales étaient absolument courtes. Il n'envisageait que son point de vue personnel dans les règlements d'affaires avec la France et ne tenait jamais compte du point de vue particulier auquel devait se maintenir l'Empereur Napoléon. Lorsqu'au commencement de l'année, il avait appris les décisions du Gouvernement français à l'égard du départ de ses troupes du Mexique, ne cherchant pas à se rendre compte des considérations légitimes qui, au point de vue français, déterminaient cette mesure néfaste pour lui, Sa Majesté s'en prit brutalement et injustement à son ministre à Paris, M. Hidalgo, et le remplaça à ce poste par le général Almonte, à qui il donna mission d'obtenir que Napoléon III revint sur ses décisions relatives au rappel de son armée et à la suppression du concours financier de la France.

Ce malheureux Prince était convaincu du succès de son ministre et, réconforté par cette illusion, il retourna à Cuernavaca pour se replonger dans les délices de Capoue, de Cythère serait peut-être plus de circonstance ! Mais le réveil de ce doux sommeil eut lieu brusquement le 1er juillet; il fut cruel.

Les efforts d'Almonte furent vains et les demandes de Maximilien repoussées par le Gouvernement de l'Empereur. Cette décision de refus était déjà terrible pour l'Empire mexicain, mais ce qui le fut davantage, c'est la contre-attaque qui fut la riposte à cette maladroite démarche faite au nom de l'Empereur Maximilien.

A bout de patience et énervé par l'insistance du Souverain du Mexique à demander sans cesse l'appui de la France, sans rien faire de son côté pour sauver sa situation plus que compromise, et même sans remplir les obligations qu'il avait consenties par le traité de Miramar, le Gouvernement de la France dénonçait formellement ce traité et exigeait du Gouvernement mexicain qu'il lui remit, sans délai, la moitié du produit de ses douanes pour couvrir les dépenses que la France avait faites, et que, au cas où on ne remplirait pas cette condition, les troupes françaises seraient rappelées aussitôt. En outre, le Gouvernement français refusait de continuer à l'avenir la subvention mensuelle de un million et demi pour l'entretien des troupes; c'était la faillite immédiate.

Cet ultimatum était brutal, sans merci, et pourtant il s'imposait. L'ère des conseils bienveillants, des exhortations amicales devait finir, puisqu'elle n'avait produit que les plus mauvais résultats. Le Gouvernement français comprenait enfin qu'il n'y avait plus rien à faire avec Maximilien qui s'acharnait à gouverner sans rien faire pour sauver sa couronne, devenait le seul obstacle à une solution quelconque qui pourrait nous permettre de sortir convenablement de l'impasse dans laquelle il nous tenait bloqués. Aussi, avait-on envisagé à Paris que peut-être ces propositions draconiennes auraient le résultat désiré de déterminer une résolution suprême de la part de l'Empereur Maximilien. En un mot, on pensait sans doute qu'ainsi acculé, le Souverain du Mexique se déchargerait enfin du poids d'une couronne qu'il n'avait pas la force de porter.

On comprend qu'après la réception de ces nouvelles désolantes, le Maréchal, dont l'immense bonté naturelle avait pitié de ce jeune prince qui était bon aussi, mais n'avait, jusque-là, vécu que d'illusions, eut hâte de s'éloigner de Mexico et de fuir l'explosion des douleurs de l'Empereur. On comprend aussi que Maximilien, accablé par la réalité de la situation, n'ait pas voulu se trouver, en un pareil moment, en présence de cet homme qui avait fait tous ses efforts pour guider ses pas hésitants et dont il n'avait jamais suivi les conseils sages et désintéressés.

Enfin, quelques mois auparavant, le Maréchal avait demandé son retour en France, et le Gouvernement lui avait entr'ouvert cette porte de sortie du Mexique; mais le dernier courrier venait de la lui refermer, car le Gouvernement pressentant une grave éventualité qui se devinait, l'invitait à consacrer tous ses efforts et tout son dévouement, au cas échéant, pour sauvegarder les intérêts de son armée et laissait à son jugement et à son tact le soin d'ajourner son retour selon qu'il le jugerait convenable. C'était lui dire de ne pas abandonner son commandement dans un moment où la situation pourrait devenir plus grave encore et aurait besoin de sa longue et profonde expérience des choses et des gens au Mexique. Le Maréchal le comprit, ne parla plus de départ et resta sur la brèche, malgré toutes les difficultés et les déboires qui l'attendaient encore et qu'il prévoyait sans faiblesse.

Quant à Maximilien, que fit-il en cette occurence ? Rien ! Après un moment de désolation, il se reprit à espérer, se raccrochant à toutes les branches d'une illusion chronique. Il s'imagina que, si Hidalgo n'avait rien obtenu à Paris, que si Almonte n'avait pas eu plus de succès, la cause devait se trouver dans quelque influence néfaste ayant son siège au Mexique même; ne voulant, en aucune façon, se placer au point de vue du Gouvernement français et des intérêts que celui-ci avait à sauvegarder, il s'imagina qu'il avait été desservi par le commandant en chef lui-même et il chercha les moyens de réagir contre cette action. Quant à envisager qu'il était lui-même le principal artisan de ses malheurs, cette pensée ne lui vint pas à l'esprit et il ne se préoccupa nullement de prendre une résolution à l'égard de sa personne même. Mais, après s'être raidi contre cette attaque violente de l'infortune, afin de se cramponner encore aux consolations que lui inspiraient ses illusions, à bout de forces morales, une détente se produisit et il entrevit le néant de ses espérances. Alors, dans un accès de découragement bien naturel, il ne vit plus devant lui qu'une solution : rejeter cette couronne qu'il avait rêvée si belle et qui semblait n'avoir plus que des épines ! Maximilien résolut d'abdiquer. Mais au moment où il allait signer un acte aussi irréparable, une main plus énergique arrêta sa main défaillante : c'était celle de l'Impératrice.

En ces moments d'angoisse, presque de désespoir, réapparut sur la scène politique une auguste personne qui, depuis quelques mois, avait paru affecter de se tenir à l'écart des affaires de l'Etat : c'était l'Impératrice Charlotte qui pourtant s'était toujours montrée empressée à apporter à son impérial époux le concours, presque toujours bienfaisant, de son énergique initiative. Mais dans quelles conditions cette femme d'élite, au front ceint d'une couronne impériale, rentrait-elle sur une scène qu'elle avait presque désertée et pourquoi surtout l'avait-elle passagèrement abandonnée ? Ce sont là des points d'interrogation auxquels il est bien délicat et difficile de répondre en la circonstance.

Si j'étais un historien, je reculerais sans doute devant la délicatesse d'un sujet qui pourrait devoir échapper à l'histoire, bien qu'il ait pu inspirer ou motiver des actes qui sont du domaine historique. Mais, n'étant qu'un mémorialiste, je puis, je dois même soulever les voiles d'une vie privée, si haut placée qu'elle fut, pour apprécier des gestes officiels par la révélation de leurs causes inspiratrices restées mystérieuses.

J'ai eu plusieurs fois l'occasion de parler de Cuernavaca ce pittoresque et délicieux pays, ce jardin fleuri des Terres Chaudes, où Maximilien avait fait construire un minuscule palais d'été qui était devenu pour le couple impérial un enchanteur séjour où les Souverains aimaient à vivre loin de la cour, trop souvent gourmée par une étiquette encombrante. C'était en quelque sorte un Petit Trianon. J'ai fait remarquer quel charme attractif ce séjour avait pour Maximilien. Eh bien, ce charme devint excessif et se transforma en un foyer de douleur pour l'Impératrice. Comment cela fut-il possible ?

Dans les jardins de ce palais vivait une Armide qui apparut aux yeux éblouis du Prince qu'elle subjugua. Mais, ô révélation triviale ! c'était la femme de son jardinier. Elle était, paraît-il, d'une incomparable beauté, d'un charme irrésistible, et Maximilien succomba !

Dès lors, un attrait invincible l'arrachait sans cesse à la capitale pour le ramener à Cuernavaca, où il succombait, encore et toujours.

Dans ces conditions, cette idylle pouvait-elle échapper à

l'Impératrice ? Evidemment non. L'infortunée princesse, fatalement délaissée, quoique cependant dans la mesure des plus strictes convenances, dut en éprouver un chagrin profond et une humiliation cruelle, car elle était jeune aussi, belle et puissante. Mais que pouvait-elle ? Simuler une aveugle résignation; c'est ce qu'elle fit. Elle s'éloigna peu à peu des affaires, bien qu'elle y pensât sans cesse. Et pourtant, son influence personnelle était plus nécessaire que jamais. Jusqu'alors, l'Impératrice Charlotte avait été le régulateur bienfaisant de l'imagination vagabonde de son mari; elle avait eu le don précieux de stimuler son apathie naturelle et de réveiller en lui un sentiment d'initiative qui trop souvent sommeillait; elle était enfin son meilleur et indispensable conseiller.

Son mari distrait lui échappant, l'Impératrice Charlotte s'isola, et une sombre tristesse, un profond découragement envahirent sa vie, auparavant active, ardente, passionnée. De gaie et souriante, elle devint sombre et sévère. Fuyant Cuernavaca, elle restait parfois seule à Mexico et se plaisait à aller, le soir, presque solitaire, oublier les réalités mondaines dans des rêveries plutôt mélancoliques, en une pirogue indienne, sur les eaux calmes des grands lacs de Mexico et sous le ciel merveilleusement étoilé des tropiques.

Cette transformation d'une vie profondément intellectuelle, cet abandon des grandes préoccupations qu'imposait pourtant son grand rôle de Souveraine, enfin ces promenades silencieuses, rêveuses et extatiques sur l'onde, aux clartés mystiques de la lune ou des étoiles, n'accusaient-elles pas déjà une dépression dans les fonctions d'une intelligence jadis si vive, dépression qui devait être le prodrome d'une révolution plus grave dans ses facultés mentales ?

Malheureusement la situation allait s'aggraver encore; car déjà des indices qu'on ne pouvait plus dissimuler annonçaient que, bientôt, l'Armide séductrice de son mari allait devenir mère. Cette révélation dût être un coup terrible pour la malheureuse Impératrice qui, pendant tant d'années, avait aspiré à donner à son époux un héritier et le désirait surtout depuis qu'un trône en appelait un. Mais à ce sentiment d'amer regret qu'elle avait ressenti depuis longtemps de ne pas avoir cet héritier et qu'elle avait supporté silencieusement en raison du doute qui planait sur la responsabilité de cette stérilité, vint se substituer le chagrin, peut-être même une certaine humiliation, de constater qu'elle seule devait supporter cette responsabilité lourde et pénible pour une Souveraine, et qui devenait presque une justification de la conduite de son époux. La dépression dût fatalement s'accuser davantage et la malheureuse femme dût sentir qu'il ne lui serait pas possible d'être presque spectatrice d'une naissance aussi irrégulière qu'encombrante et particulièrement blessante, humiliante même. Dès lors, ses préoccupations n'eurent plus qu'un objectif : fuir ce moment redoutable.

Il lui fallait un alibi; un des derniers éclats de son intelligence ranimée le fit trouver habilement en en dissimulant la vraie cause. Aussitôt qu'elle apprit les nouvelles déconcertantes venues d'Europe, aussi bien de Vienne que de Paris, car des deux côtés une grande partie semblait engagée et l'horizon pouvait être sombre partout, l'Impératrice s'arracha à la torpeur, volontaire ou non, à laquelle elle s'était abandonnée, aux heures heureuses pour son époux, et accourut au secours de Maximilien alors que l'infortune menaçait de le terrasser; elle savait qu'elle était sa dernière réserve à lancer dans la lutte; elle s'offrit avec une fière crânerie pour combattre là où des diplomates comme Hidalgo et Almonte avaient échoué; elle espérait ou feignait d'espérer être plus heureuse et triompher. Elle possédait une telle énergie, une telle puissance de persuasion qu'elle parvint à convaincre son époux qu'elle saurait vaincre tous les obstacles, même et surtout en jetant à la mer le Maréchal qui devait être l'artisan de son malheur.

En manifestant de pareilles espérances pour confirmer les dernières et indestructibles illusions de Maximilien, l'Impératrice Charlotte était-elle sincère ? C'est possible ; car elle avait tellement rêvé à cette couronne du Mexique, qu'elle ne pouvait pas réaliser, même dans un cauchemar, qu'elle la verrait briser sur son front. Et pourtant, elle avait une trop haute intelligence et une trop grande pratique des déceptions pour ne pas comprendre la situation qui était faite au Gouvernement français par les exigences persistantes de l'Empire mexicain, par les sacrifices accumulés qu'il demandait et par les difficultés de toute nature qu'il lui créait, même dans le domaine de la politique mondiale. Toutes choses qui ne pouvaient soutenir dans la balance les avantages, nuls désormais, que pouvait retirer la France des nouveaux sacrifices qu'on lui demandait. Elle aurait beau faire de la sensiblerie avec Napoléon III, auprès de la cour, du Gouvernement, elle devait bien savoir que le sentiment ne connaît pas la diplomatie et que celle-ci ne veut rien connaître du sentiment. Il n'est pas douteux que l'Impératrice, dans la plénitude de son intelligence et de son jugement si sûr, n'aurait pas pu se faire d'illusions sur le résultat de la mission qu'elle s'offrait d'aller remplir à la cour de France.

Il y avait donc deux causes vraisemblables qui motivaient de la part de la Souveraine une pareille initiative : d'abord une certaine inconscience de l'acte qu'elle allait commettre et ensuite la nécessité impérieuse de s'éloigner temporairement de son foyer domestique. On pourrait peut-être ajouter une certaine soif de vengeance à l'égard du commandant en chef français.

Le départ une fois décidé pour une date aussi rapprochée que possible, l'Empereur s'empressa de rédiger un interminable mémorandum que l'Impératrice devait remettre à Napoléon III.

Ce document avait pour objet principal de répondre à toutes les considérations formulées contre les actes de son Gouvernement par M. Drouin de Lhuys, ministre des Affaires étrangères de France, alors qu'il notifiait, par lettre du 31 mai au Gouvernement mexicain, les dernières décisions du Gouvernement français à l'égard de son intervention militaire et financière au Mexique. C'était l'impitoyable ultimatum de la France qui avait plongé dans la stupeur le Gouvernement impérial mexicain et dans une colère violente et irraisonnée l'Empereur Maximilien. Le mémorandum impérial était, au fond, un réquisitoire violent contre le Maréchal, d'une injustice et d'une mauvaise foi tellement scandaleuses, qu'on se demande si, en le rédigeant, l'Empereur lui-même n'était pas soumis aussi à une dépression intellectuelle ? Je reviendrai sur ce document après le départ de l'Impératrice.

Ce départ avait été tenu secret, mais les préparatifs que nécessitait un pareil voyage n'avaient pu se dissimuler et bientôt la nouvelle s'en répandit dans le public qui se livra naturellement à mille conjectures les plus fantaisistes; car, à ce moment, on ne pouvait guère soupçonner les vraies causes de ce soudain grand voyage. Cette manifestation de surprise de la part du sentiment public se produisit surtout en une circonstance particulière où se révélèrent certaines dispositions étranges de l'Impératrice. Le 6 juillet, était le jour anniversaire de la naissance de l'Empereur et, comme les années précédentes, un service solennel fut célébré à la cathédrale. Mais l'Empereur n'y assista pas, non pas pour cause de modestie personnelle, mais parce que Sa Majesté était indisposée. L'Impératrice seule présida la cérémonie où son attitude recueillie, attristée, impressionna la haute assistance et particulièrement les personnes de la cour. Cette émotion fut telle que les Souverains crurent nécessaire de remettre au point les impressions du grand public et firent paraître, deux jours après, au *Journal officiel*, une note annonçant le départ de l'Impératrice pour l'Europe et, très brièvement, les motifs patriotiques de ce voyage; expliquant enfin, ce qui était le plus nécessaire, les motifs pour lesquels c'était la Souveraine à qui était confiée une si importante mission.

Le 9 juillet, au point du jour, l'Impératrice Charlotte se mit en route, accompagnée par l'Empereur jusqu'à quelques lieues de la capitale. La séparation fut pénible surtout pour les fidèles présents. Puis, le voyage, assez rapide du reste, se continua sans encombre, sinon sans incidents et par un temps affreux où se renouvelèrent les difficultés matérielles qu'avait rencontrées l'Impératrice en arrivant au Mexique, ce qui contribua beaucoup trop à surexciter la nervosité de l'auguste voyageuse. Décidément, le Mexique n'était pas aimable pour cette infortunée princesse ! Ce qui fut particulièrement grave, c'est qu'on put constater en plusieurs circonstances au cours de ce voyage de quatre jours, certaines manifestations très inquiétantes pour les personnes qui l'accompagnaient. Plusieurs incidents eurent lieu qui révélèrent un état mental extraordinaire, développé, sans nul doute, par le déchirement de cœur que lui causa la séparation. Il semblait que l'Impératrice avait entendu une voix du ciel ! Ce fut surtout au moment où son pied foulait pour la dernière fois le sol mexicain que se produisit la scène la plus douloureuse.

C'était sur la jetée de Vera-Cruz où elle venait d'arriver ; une embarcation de la flotte française, armée en son honneur, se tenait à sa disposition pour la conduire à bord du paquebot français mouillé en face, à Saint-Jean d'Ulloa ; toutes les autorités françaises l'entouraient ; lorsque, au moment de mettre le pied sur le plat-bord du canot que commandait un de nos officiers de marine, elle aperçut le pavillon français qui flottait à l'arrière. Elle fit brusquement demi-tour et, rentrant dans les bâtiments de la marine, elle déclara qu'elle refusait de monter dans une embarcation française. Les premiers moments de stupeur et d'émotion étant passés, sur quelques indications explicatives des personnes de la suite de la Souveraine, le capitaine de port de Vera-Cruz eut l'idée de faire enlever notre pavillon national du canot et alla chercher l'Impératrice qui ne fit plus de difficultés pour embarquer (?). Et voilà dans quelles dispositions se trouvait cette Souveraine qui allait supplier la France et son Empereur de sauver sa couronne !

Enfin, sans autres incidents, elle monta à bord du paquebot *Impératrice-Eugénie* et remercia les officiers français qui l'avaient escortée et embarquée. Quelques heures après, elle disait un adieu suprême à la terre mexicaine, à son Empire ! Elle partait un vendredi, 13, et ne devait plus le revoir.

Quelle coïncidence étrange que ce rapprochement d'une Impératrice terrassée, presque vaincue, montant sur un vaisseau placé sous le vocable d'une autre Impératrice toute puissante alors et aux pieds de laquelle elle va se jeter pour implorer le salut de sa couronne, alors que, trois ans plus tard, toutes les deux seront écrasées par la même infortune et que l'Impératrice Eugénie sera encore plus malheureuse que la Princesse Charlotte, car le destin lui aura laissé la raison pour souffrir encore et toujours.

L'incident de l'embarquement fut généralement jugé très regrettable à divers points de vue, aussi eut-il un épilogue. Cette prétention de l'Impératrice de ne pas embarquer sur une embarcation française était une inconvenance grave que son état de santé mentale, insoupçonné alors, ne pouvait excuser, et il fut très fâcheux qu'on crut pouvoir condescendre à une pareille fantaisie, blessante pour la France. Aussi, lorsque le Maréchal apprit ce détail de l'embarquement, il adressa un blâme au commandant de la marine à terre pour avoir substitué le pavillon mexicain aux couleurs françaises sur un canot de notre marine impériale pendant le trajet de l'Impératrice du môle au paquebot.

A ce propos, on doit remarquer combien il est extraordinaire que le Gouvernement de l'Empereur Maximilien, qui avait un ministre de la Marine où se trouvait comme sous-secrétaire d'Etat, depuis l'avènement de l'Empire, un lieutenant de vaisseau français, M. Détroyat, chargé d'organiser une marine de l'Etat, soit resté inerte pendant trois ans, au point de n'avoir pas une embarcation pour porter le

Souverain ou quelque personnage à bord d'un navire ancré dans le port de Vera-Cruz. Ces observations ont été communiquées au Gouvernement français dans un rapport du Maréchal en date du 9 septembre 1866.

Du reste, en manquant ainsi à la sauvegarde du respect dû à nos couleurs nationales, le commandant de la marine à Vera-Cruz bénéficia d'une considération atténuante que formule le sentiment parfait de galanterie qui caractérise nos officiers de marine; si sa fierté nationale a baissé pavillon, c'est que l'Impératrice était une femme !

Si le départ et le voyage de l'Impératrice furent enveloppés dans un long voile de tristesse, quelles furent donc les impressions que ressentit l'Empereur Maximilien en se séparant de la noble compagne qui lui témoignait tant de dévouement ? On ne put le savoir; il sembla même qu'il n'en ressentit pas du tout, et il parut s'absorber dans les labeurs arides de la direction des affaires.

A ce point de vue, il se montra plus calme, car il était convaincu que le plaidoyer qu'emportait l'Impératrice sauverait la situation. Pour apprécier cette folle illusion, il suffirait de lire le fameux document émané d'un cerveau déséquilibré. Je me garderai bien cependant de reproduire *in extenso* ce fastidieux factum que j'ai sous les yeux et qui n'est en substance que l'exposé de la situation désespérée dans laquelle se trouvait le Mexique, présentée avec perfidie et une mauvaise foi révoltante, afin de démontrer que si les choses en sont arrivées à ce point déplorable, la faute unique en incombe au Gouvernement français et surtout au commandant en chef de ses troupes au Mexique. Ce qui aurait dû être un plaidoyer défensif à l'égard de sa propre action gouvernementale n'était qu'un acte d'accusation déloyale contre ceux qui s'étaient, en vain, épuisés à lui donner des conseils pour l'empêcher de commettre fautes sur fautes, et à faire ce qui était possible pour en atténuer les funestes conséquences.

Je me borne à présenter comme spécimen quelques coupures et à en faire justice.

Après une courte phrase pour manifester son douloureux étonnement à l'égard de la note française du 31 mai, l'Empereur commence l'attaque :

« On lit tout d'abord que la France a acquitté loyalement les charges qu'elle avait acceptées dans la convention de Miramar, et ensuite qu'elle n'a reçu que bien incomplètement du Mexique les compensations équivalentes qui lui étaient promises.

« Il importe de fixer l'attention sur ce point. La convention de Miramar conférait l'autorité de commandant en chef de l'armée mexicaine au commandant du corps expéditionnaire, et l'investissait aussi du pouvoir et, par conséquent, de l'obligation de pacifier le pays....; la raison et l'équité refusant d'admettre qu'il (le Gouvernement de l'Empereur Napoléon) crut qu'un gouvernement pouvait devenir régulier et fort au Mexique sans que la pacification fut effectuée. Sans la paix, en effet, il est bien clair qu'on ne peut espérer ni budget en équilibre, ni augmentation des ressources financières.

« Les fonds provenant des deux emprunts ont été engloutis en grande partie dans cette guerre civile et il faut en imputer les conséquences au commandant en chef de l'armée franco-mexicaine qui, par son inaction d'une année, a fini, il faut le dire, par laisser les dissidents se rendre maîtres de plus de la moitié du pays. »

Quelle impudence d'accuser d'inaction notre armée pendant un an ! Car je ne puis supposer que l'Empereur ait voulu viser seulement la personne du Maréchal, ce qui serait grotesque ! Après la concentration forcée et demandée par Maximilien lui-même, en raison de l'attitude menaçante des États-Unis, il y eut, en effet, quelques points du territoire occupé où nos troupes durent rester pendant quelque temps dans une inactivité relative ; mais il n'en était pas ainsi partout ; et il ne se passait pas de semaine sans que, dans une région ou dans une autre, quelques-uns de nos détachements, aussi bien ceux des Belges que des Autrichiens, n'exécutâssent des opérations plus ou moins longues ou importantes contre les dissidents; trop souvent avaient lieu des rencontres sanglantes, beaucoup trop meurtrières même, et comme il ne s'en produisait pas les années précédentes.

Il fut un temps où le Mexique, dans sa plus grande surface était considéré comme pacifié, autant qu'il pouvait l'être, en raison des circonstances, et Maximilien se plaisait dans ses proclamations, dans ses harangues, à l'affirmer, même plus qu'il ne convenait réellement. Les deux tiers du pays avaient fait leur adhésion à l'Empire, et l'Empereur avait mis partout des fonctionnaires civils. Toutes les capitales, toutes les grandes villes, tous les ports de mer étaient occupés par nos troupes de terre ou de mer. Partout les fonctionnaires impériaux administraient librement, et les agents financiers récoltaient à pleines mains la manne des impôts directs ou indirects, surtout ces derniers, ainsi que le produit des douanes. Les budgets alors auraient pu s'équilibrer et les ressources financières augmenter.

Mais avait-on le droit de reprocher au commandant en chef ou à son armée si les fonctionnaires jouaient double jeu et si les agents du fisc étaient concessionnaires? Combien de fois, au risque d'être importun, ce qui fut du reste, le Maréchal a-t-il attiré l'attention de l'Empereur sur nombre de ses fonctionnaires, principalement les plus élevés, le suppliant de les surveiller, de les changer même? Ce que Sa Majesté se refusait à faire. Pourquoi donc la France a-t-elle envoyé là-bas un grand nombre de fonctionnaires financiers, et des plus éminents, si ce n'était pour mettre ordre dans l'emploi des finances? C'est bien parce qu'il y avait et pouvait y avoir des finances. Mais pourquoi, par contre, l'Empereur était-il si rebelle à l'emploi de ces financiers? Pourquoi faisait-on disparaître les grands administrateurs de finances? La pacification n'avait alors rien à voir dans ces affaires, et si l'on avait voulu, on aurait vu les budgets s'équilibrer.

Les griefs, les récriminations de Maximilien sont donc faux et négligeables.

Jugeant ensuite d'après une situation devenue mauvaise par sa seule faute, l'Empereur fait remarquer que la plupart des douanes des ports de mer étant tombées aux mains de l'ennemi, il ne peut plus gouverner sans leurs ressources, et, en même temps, remplir les conditions financières de la convention de Miramar, et il a l'impudence de s'écrier : « Ce serait faire injure à l'esprit d'équité du Gouvernement français et douter de sa bonne foi, que de supposer...... » ; singulière façon de s'y prendre pour obtenir de ce Gouvernement des dispositions bienveillantes ! L'Empereur continue par une chicane indigne de la vérité et qui était destinée à influencer les esprits chez lesquels l'ignorance de la géographie du pays et de l'histoire minutieuse des opérations de l'intervention française, ne permettrait pas de juger la traîtrise de ce déloyal argument :

« Oui, sans doute, par la convention de Miramar, le Mexique s'est engagé à payer l'entretien du corps expéditionnaire, ses frais de guerre et d'occupation ; mais il n'entendait nullement que cette occupation fut seulement du tiers ou de la moitié du pays, et il ne pouvait prévoir que les seuls transports de guerre, à la suite des colonnes qui ont quatorze fois occupé puis évacué le Michoacan, cinq fois Monterey, deux fois Chihuahua, se monteraient à seize millions de francs. Le Gouvernement impérial mexicain ne pouvait pas prévoir et il n'aurait pu admettre qu'au bout de trois ans d'une guerre ruineuse, le commandant en chef de l'armée franco-mexicaine, forte de cinquante mille hommes, n'aurait pas encore réduit à l'obéissance les provinces de Guerrero, de Tabasco, de Chiapas où pas un soldat français n'a paru. Il ne pouvait pas supposer qu'après ces trois années de guerre, grâce à l'inaction du commandant en chef et à ses dispositions, tous les vastes états du Nord seraient retombés sous le joug des Juaristes. Il suffit de jeter un coup d'œil sur la carte pour se convaincre de cette déplorable situation militaire et de l'injustice notoire (c'est flatteur pour le Gouvernement français !) qu'il y a à reprocher au Gouvernement impérial mexicain de n'avoir pas suffi aux exigences du traité de Miramar. Le commandant en chef a privé le Gouvernement de ses ressources les plus indispensables, en n'achevant pas l'œuvre de la guerre. C'est un fait que nous devons constater parce qu'il n'a pas dépendu de nous d'en supprimer les conséquences. »

Ce chapitre n'est qu'un tissu d'impostures et il importe de faire justice de cet argument diabolique destiné à tromper tous les esprits ne connaissant pas le Mexique.

Maximilien prétend qu'il suffit de jeter un coup d'œil sur la carte. A cette invitation imprudente, je réponds :

Les états de Tabasco, Chiopas et Guerrero comptent parmi les cinq plus petits du Mexique. Leur richesse est absolument relative et très inférieure à celle de tout le reste du pays, en raison de leurs productions utilisables. Presque entièrement couverts de forêts impénétrables, leurs territoires, très accidentés du reste, sont en grande partie déserts et d'un accès que rendent encore plus difficile les conditions climatériques que détermine leur situation dans la région brûlante des 16e et 17e degrés de latitude tropicale. C'est là encore le domaine presque incontesté de la faune des fauves et des reptiles les plus dangereux et j'ajoute de la fièvre jaune. Aussi les terres exploitées y sont-elles rares et les ressources financières qu'en cette époque en retiraient les Gouvernements au Mexique étaient-elles presque nulles.

Les deux plus petits de ces états occupent la partie orientale de l'isthme de Téhuantepec : le Chiapas, confinant au Guatemala, est baigné par le Pacifique sur lequel il ne possède aucun port sérieux. Le Tabasco borde une partie du fond du golfe du Mexique et n'est abordable que par le port de Carmen où, contrairement aux dires de Maximilien, notre marine a fait plusieurs fois des apparitions pacificatrices qui, dans le début, ont été couronnées de succès, et a recueilli une adhésion enthousiaste à l'Empire.

Quant au Guerrero, l'imputation de Maximilien est encore plus injuste. Cette province, qui n'a relativement qu'une faible étendue, s'allonge sur 90 lieues de côtes battues par les flots de l'océan Pacifique. Elle a pour frontière terrestre le cours du *Rio de las Balsas* ou *Zacatula*, et forme une longue presqu'île dont la base s'appuie sur deux courtes vallées, l'une déversant, au Nord, ses eaux dans le *Zacatula*, l'autre formant, au Sud, un petit bassin côtier du Pacifique ; la plus grande largeur de la presqu'île du Guerrero est, en cette partie, de 35 lieues. Son arête orographique est formée par une haute et épaisse chaîne de montagnes descendant de la Cordillère. Presque toute cette région est couverte de forêts impénétrables et à peu près dépourvue de centres de population. Aussi celle-ci ne comprend-elle que très peu de Mexicains et ne se compose guère que d'Indiens Pintos, ainsi nommés parce que la plupart d'entr'eux ont la peau couverte de taches de diverses couleurs qui sont le résultat d'une sorte de lèpre héréditaire et contagieuse. Une affreuse légende rapporte qu'en des temps reculés, un Indien eut la folle audace de se livrer à d'horribles familiarités intimes avec un caïman femelle, ce qui engendra la maladie qui s'est propagée depuis dans une partie de la race autochtone de ce pays. Et Maximilien reprocha au Maréchal de n'avoir pas envoyé ses soldats pour pacifier une pareille population ! Pourquoi pas pour l'assainir par l'infusion d'un sang plus pur ?

Du reste, des causes plus réelles empêchèrent le commandant en chef de porter ses opérations dans le Guerrero : ce fut d'abord l'insalubrité permanente du climat, car le vomito y sévit presque toute l'année. Ensuite c'est le manque absolu de voies de communications qui, là où elles existent rudimentairement, ne sont praticables qu'à dos de mulets. Cependant, au début de 1865, il s'était décidé à y envoyer une colonne et, pour lui permettre d'emmener un peu d'artillerie, il avait imaginé de faire construire des traîneaux en bois sur lesquels on plaçait les pièces afin de leur faire franchir les passages inaccessibles autrement.

Du reste, l'allégation de Maximilien déclarant que nos soldats n'ont jamais mis le pied dans le Guerrero est encore fausse, car au commencement de 1864, le maréchal Bazaine, ayant fait occuper par notre marine du Pacifique Acapulco, le seul port praticable et important de cet état, y expédia par mer, de San-Blas, un bataillon de tirailleurs algériens. Cette troupe y resta pendant plus de deux années, gardant encore là une douane productive pour le trésor impérial.

Prétendre enfin que le Guerrero était une riche province, est une audacieuse erreur, car elle aussi était inexploitée dans les quatre cinquièmes de sa surface. Elle fut riche jadis, mais pendant la domination espagnole, alors que les importants gisements aurifères de la vallée du *Zacatula* étaient exploités pour faire la fortune des Galbions.

D'ailleurs, en ce qui concerne ces trois provinces, il fut un temps où elles furent sinon pacifiées absolument, du moins débarrassées de tout élément d'hostilité matérielle effective.

En effet, ces états sont tous les trois contigus à la province de Oajaca dont la capitale est le point de concours des très rares et difficiles communications de ces provinces avec Mexico et Puebla. C'est à Oajaca que se trouvait le foyer de la résistance à l'Empire et où s'étaient groupées, en 1864, toutes les forces dissidentes de ces régions méridionales. C'est pour détruire ces résistances groupées dans la forteresse et rendre aux états de Chiapas, Tabasco et Guerrero leur liberté d'adhésion à l'Empire, que le Maréchal, sortant de « son inaction », se décida à aller mettre le siège devant Oajaca, s'en empara et fit prisonnières toutes les forces dissidentes des états du Sud réunies sous le commandement du général Porfirio Diaz. Il livra le tout au Gouvernement impérial et fit conduire à Puebla soldats, officiers, général en chef, laissant la forteresse occupée par ses troupes et confiée ensuite à la garde des forces impériales. Mais que fit Maximilien ? Il relâcha les soldats et laissa échapper un grand nombre d'officiers, principalement leur grand chef, Porfirio Diaz. Ceux-ci s'empressèrent de retourner au pays qui était entré dans le giron impérial; puis, quand la confiance en la solidité de l'Empire se fut évanouie, grâce surtout aux ferments désorganisateurs qu'on avait rendus à ces contrées, Porfirio Diaz opéra la résurrection de son armée, chassa les troupes impériales de Oajaca et, en 1866, devenait déjà une menace pour les états de Mexico et de Puebla. Hélas ! il menaçait aussi Cuernavaca, bien plus rapproché de lui. Et voilà, sans doute, pourquoi Maximilien était en si grande colère. En vérité, il lui convenait bien mal d'accuser le Maréchal de n'avoir pas pacifié les provinces du Sud, alors que celui-ci avait lui-même livré, pieds et poings liés, tous les ennemis existant dans ces provinces, à l'Empereur qui les avait soigneusement renvoyés à leur théâtre d'opérations.

Enfin, au point de vue militaire, les griefs de l'Empereur à l'égard des provinces du Nord étaient-ils plus justifiés ? Encore moins, ainsi que je l'ai déjà fait remarquer au début de ce chapitre et qu'il ressort de tous les événements qui s'étaient passés sur la frontière, dans la zone de Matamoros et de Monterey, quelques semaines seulement avant la perpétration de l'abominable factum de Maximilien.

Ce qui est déconcertant, c'est que ce Prince, après avoir blâmé une inaction, se plaint, au contraire, qu'on ait multiplié les opérations dans certaines provinces occupées et évacuées plusieurs fois. Un esprit sain ne devrait pas se contredire ainsi. Pourquoi, d'ailleurs, nos troupes avaient-elles dû revenir dans des contrées déjà pacifiées ? Parce qu'après cette œuvre de pacification qui leur avait coûté souvent beaucoup de sang et de fatigues, le Maréchal les avait dirigées sur d'autres territoires à pacifier, confiant la garde des premières aux troupes impériales et aux gardes rurales dont il avait, du reste, été le créateur; mais, bien souvent, quelque temps après le départ de nos colonnes, des groupes dissidents se reformaient et se présentaient devant les garnisons de Maximilien qui, la plupart du temps, fuyaient devant une simple bande de guerilles; je reconnais cependant qu'il y eut parfois d'honorables exceptions. Bien souvent même, on dut renvoyer aux mêmes points de nouvelles colonnes françaises, parfois belges ou autrichiennes, qui devaient repartir bientôt après, puisqu'il fallait courir ailleurs pour répandre partout, sur des milliers de lieues carrées, la semence de la pacification qui, hélas ! ne végétait pas. Toutes ces marches et contre-marches se faisaient sur des routes purement naturelles dont les uniques cantonniers étaient nos soldats et nos chevaux qui damaient le sol meuble ou brisaient sous leurs pas ses aspérités. C'est à cela que se consacrait en partie « l'inaction de nos colonnes ».

Maximilien était d'autant plus blâmable de reprocher ces allées et venues qu'il qualifiait de ruineuses, que c'est lui qui, trop souvent, les demandait et que parfois le Maréchal était obligé de se refuser à satisfaire ces fantaisies du Souverain. C'est ainsi que le 28 mai, alors que nos troupes s'étaient repliées pour se concentrer plus près de Mexico et sur la ligne d'invasion américaine, l'Empereur écrivait au Maréchal pour l'inviter de façon très pressante, ce qui était presque un ordre, à refaire un grand mouvement en avant dans le Nord-Ouest et à aller, pour la troisième fois, réoccuper Chihuahua, en chasser encore Juarez et se maintenir dans cette ville afin d'empêcher celui-ci d'y revenir; tout cela dans l'unique but d'enlever aux Etats-Unis la possibilité d'envoyer un ambassadeur à l'ancien président. Cette démarche, presque comminatoire et pour un motif aussi puéril, était absolument ridicule, quand on considère que cette opération reportait notre ligne d'occupation à deux cents lieues plus avant et notre action militaire à quatre cents lieues de Mexico. C'était, à tous les points de vue, la conception fantaisiste d'un cerveau malade. Le Maréchal fut consterné en recevant une pareille invitation, mais il n'eut pas un instant la pensée de se prêter à une pareille folie, et il se borna à adresser à l'Empereur un long mémoire explicatif pour lui faire comprendre que cette opération était absolument irréalisable.

Il était donc peu honnête ou loyal de sa part de reprocher toutes les opérations renouvelées dans les mêmes provinces, et stupide d'exploiter ce reproche pour présenter un chiffre de seize millions de francs afférent aux dépenses occasionnées par ces opérations, chiffre qui, du reste, est scandaleusement majoré, car il doit être diminué des deux tiers. Et pourtant il ne comprend pas les frais de remplacement des chaussures de nos hommes et des fers de nos chevaux.

Je ne veux pas poursuivre davantage la critique des abominables récriminations de l'Empereur Maximilien; elles sont toutes aussi réfutables que celles dont je viens de faire le procès.

Comment Maximilien se décida-t-il à signer une pareille diatribe sur des bases si notoirement fausses ? En dépit des mauvais sentiments qu'il éprouvait à l'égard du Maréchal et que de regrettables intrigues menées dans un milieu français haut placé, entretenaient, et que soutenait le général Douay, il n'aurait pas dû abdiquer ainsi son jugement, son bon sens, sa dignité même. Mais son esprit était sans doute tourmenté par le ressentiment que lui fit éprouver l'intervention du Maréchal, lorsque celui-ci, par l'intermédiaire de M. Langlais, l'empêcha de parachever le remboursement de la créance Jecker à laquelle il s'était prêté d'une façon qu'on aurait voulu considérer comme désintéressée.

Aussi, toutes ces considérations, ces rancunes, ces espérances, brassées dans un cerveau aigri par les nouvelles reçues de France, ne pouvaient rien inspirer de bon, de raisonnable à ce prince, et expliquent surabondamment le fiel qui suinte grossièrement dans tout son mémorandum, je devrais dire philippique incohérente.

En tout cas, cette plaidoirie passionnée produisit aux Tuileries, au cabinet de Paris, un effet diamétralement opposé à celui qu'on attendait. La condamnation sollicitée en faveur (?) du Maréchal, devint celle de Maximilien qui ne la prévoyait assurément pas ! Ce phénomène s'appelle généralement le choc en retour.

Malgré toutes ces explications, toutes ces hypothèses, je me refuse à admettre que Maximilien manquât de droiture, d'honnêteté même, au point d'échafauder un pareil monument de faussetés, de mensonges et de calomnies odieuses; je suis obligé de reporter la responsabilité de tels procédés sur le compte de l'inconscience et de penser avec effroi que Maximilien subissait un commencement de dépression intellectuelle analogue à celle constatée dans les facultés de l'Impératrice.

Alors, je me reporte à certaines rumeurs qui, à cette époque, parcoururent l'esprit public à Mexico où on parla, en effet, d'empoisonnement. L'événement aurait eu lieu à Cuernavaca, et la chronique maligne imputa le crime au jardinier de la propriété impériale. Cette idée devait naturellement venir à l'esprit des initiés aux mystères de Cuernavaca. Dans un autre ordre d'idées ayant pourtant la même tendance scandaleuse, on désignait comme l'auteur de l'attentat contre l'Impératrice et en même temps contre l'Empereur inconstant, une dame mexicaine qui, en raison de la situation de son mari, fréquentait à la cour et dont la grande beauté, les charmes exceptionnellement entraînants, auraient captivé Maximilien outre mesure. C'eût été, de la part de cette sirène passionnée, un acte de jalousie pour l'une, et de vengeance pour l'autre. Où était la vérité ? Peut-être dans aucune de ces deux versions. Cependant, si j'étais obligé d'en adopter une, je m'arrêterais à la seconde hypothèse qui me semble plus vraisemblable, car l'incomparable personne pouvait très bien être l'héroïne tout au moins de la première partie du roman. Ardente, passionnée, énergique et fière, elle eut quelques autres aventures, notamment avec des officiers français, auxquels, heureusement, elle n'a offert que les flèches non empoisonnées de son carquois.

Si j'ai négligé la première version, c'est parce que tout

fait supposer que, depuis longtemps, l'époux, peut-être pas malheureux du tout, avait dû en prendre son parti.

Enfin, il est une troisième hypothèse que je pourrais considérer comme la plus admissible dans ce singulier pays : c'est celle d'un crime d'Etat, ou tout au moins politique. Il y avait alors tant de prétendants auxquels l'Empire faisait obstacle et rendait impossible la réalisation de leurs espérances passionnées, que tout était admissible à cette époque d'intrigues qui ne reculaient devant rien ! On l'a bien fusillé, alors même qu'il n'était plus encombrant.

En tout cas, ce que je sais de positif, c'est que, un soir, alors que j'étais sous-secrétaire d'Etat à la Guerre, je reçus, du palais, l'ordre de mettre en route d'urgence une troupe de cavalerie qui devait escorter immédiatement un médecin qu'on envoyait à Orizaba auprès de l'Empereur, souffrant gravement de son mal intestinal contracté à Cuernavaca; or, ce médecin était un spécialiste réputé pour l'administration des contre-poisons, des antidotes et, sans doute, celui qui avait soigné les Souverains lors de la tentative criminelle dont ils avaient été victimes.

J'ai donc été convaincu qu'ils ont été l'objet d'une tentative d'empoisonnement; mais que le poison a produit chez chacun d'eux des effets différents. A l'égard de l'Impératrice, son action a porté sur le cerveau et a déterminé des troubles qui ont amené, au bout d'un certain temps, des dérangements déterminant la folie. Chez l'Empereur, le toxique a agi sur les intestins et a engendré une dysenterie chronique qui ne quitta plus le malheureux prince et l'aurait terrassé finalement un jour, s'il n'était tombé sous les balles régicides de Queretaro.

Sous l'impression troublante des nouvelles de Paris, il vint au cerveau de Maximilien une étrange idée. Lorsque la France le soutenait de toutes façons, il dédaignait le concours de ses agents ou des officiers de son armée; mais au moment où cette France se décida à le laisser voler de ses propres ailes, alors il se cramponna à elle et, sans doute, pour mieux l'enchaîner à son sort, il voulut quand même s'attacher le concours de ces mêmes officiers dont jadis il ne faisait aucun cas. Il combina alors un extraordinaire coup d'Etat ministériel. Bien qu'il eut rencontré de sérieuses difficultés à faire accepter par son Gouvernement un officier français comme sous-secrétaire d'Etat de la Guerre, il résolut de confier deux portefeuilles à des officiers généraux français. C'était hardi !

Depuis longtemps, le général Osmont, chef d'état-major général, avait été nommé, par l'Empereur, président de la commission d'organisation de l'armée mexicaine; mais, dans le début, le rôle de cette commission était resté platonique, grâce à l'obstruction systématique de Maximilien. Dans les derniers temps cependant, elle avait commencé à travailler. Enfin, stimulé, sans doute, par les reproches venus de Paris au sujet des lenteurs apportées à l'organisation de cette armée nationale, l'Empereur imagina d'appeler le général Osmont au ministère de la Guerre pour montrer à la France qu'il mettait le plus grand empressement à faire aboutir cette organisation, en faisant appel au concours des officiers français les plus en situation de le seconder. Une fois dans cette voie, il ne s'en tint pas là et, pour paralyser à l'avenir les réclamations françaises relatives à la situation déplorable des finances de l'Empire, il appela en même temps au ministère des Finances, M. Friant, l'intendant du corps expéditionnaire. C'était un coup habile. Il engageait ainsi la France dans les difficultés de la situation et comptait, par cette insinuation dans les affaires les plus importantes de son Empire, enlever au Gouvernement français toute possibilité de récrimination. Il pensait aussi que lorsque cette mesure serait connue à Paris, l'action de l'Impératrice aurait déjà produit son effet et que l'Empereur Napoléon donnerait son adhésion à ce petit coup d'Etat qui rendait la France solidaire de la situation future de l'Empire mexicain.

Si ces combinaisons étaient subtiles, elles n'en étaient pas moins de pures illusions, et le malheureux Maximilien était bien naïf pour se figurer que le Gouvernement français tomberait dans le piège. Il est surtout incroyable qu'il ait pu supposer un instant que Napoléon III laisserait cumuler les fonctions de ministre mexicain avec celles bien plus importantes pour nous de chef d'état-major et d'intendant de son armée.

Du reste, l'Empereur Maximilien sentait bien que son système péchait par la base, car il se garda de prendre au préalable l'avis du Maréchal, le chef direct de ces deux officiers généraux; ce qui n'eût été que de la plus simple convenance. Il ne le fit pas parce qu'il prévoyait les objections d'ordre supérieur, qui auraient fait retarder la mesure et, sans doute, empêcher que l'influence du fait accompli ne se fît sentir à Paris. En somme, c'était un procédé qui manquait de dignité.

D'autre part, ces officiers généraux ont-ils été pressentis ? La date des démarches *officielles*, faites par l'Empereur auprès d'eux, semble démontrer que non, car elles n'ont eu lieu que deux jours après le départ du Maréchal. Mais certains faits ultérieurs et secondaires m'ont permis, alors, de croire qu'à l'égard du général Osmont, il y a eu, antérieurement, des pourparlers, vagues il est vrai et surtout discrets, qui empêchaient cet officier général de divulguer un projet encore voilé et conçu dans la pensée de l'Empereur. Car, en somme, on n'escalade pas d'un bond un ministère dans de pareilles conditions, sans avoir, au préalable, rassemblé ses forces et tendu ses jarrets ! En tout cas, il est regrettable que le général Osmont se soit prêté à une semblable combinaison, qui devait disposer de sa personne en dehors de ses hautes fonctions personnelles, sans en aviser son chef. Quant à l'intendant Friant, j'ai lieu d'être convaincu qu'il ne fut avisé qu'au moment de la démarche officielle de l'Empereur, et qu'il n'est entré dans la combinaison que pour partager la grave responsabilité que devait porter le général Osmont. Mes relations personnelles avec l'intendant Friant m'ont permis d'acquérir cette conviction, car je n'étais pas pour lui un modeste capitaine d'état-major comme il l'avait été du reste, mais le fils de son ancien chef et protecteur l'intendant général, directeur de l'administration de la Guerre. Si le général Osmont avait été moins discret et peut-être plus scrupuleux à l'égard de sa situation auprès du Maréchal, le germe d'une mauvaise affaire eût été étouffé dans l'œuf et bien des désagréments ultérieurs eussent été évités.

Cependant, après deux jours de réflexion, ces officiers comprirent, sans doute, qu'ils allaient imprudemment s'engager dans une voie dangereuse et communiquèrent leurs impressions à l'Empereur en lui faisant remarquer qu'ils ne pouvaient prendre une telle responsabilité sans que leur chef absent fût prévenu.

Maximilien se décida alors à en référer au Maréchal; il lui écrivit le 5 juillet, mais les communications sur les voies du Nord étaient devenues peu sûres et très lentes. C'est le 10 seulement, qu'arrivé à San-Luis de Potosi, le Maréchal reçut le message.

Maximilien lui faisait part de son désir de faire appel au concours du général Osmont et de l'intendant Friant comme ministres de la Guerre et des Finances, et le priait de les mettre à sa disposition. Cette démarche était trop tardive, c'était la carte forcée; car, si le Maréchal avait répondu que la chose n'était pas possible, cette réponse ne pouvait arriver qu'après le fait accompli. D'autre part, la demande de « mise à la disposition » était une maladresse, attendu que cette mesure éloignait temporairement ces deux officiers généraux de l'armée française et les rendait inaptes, provisoirement du moins, à conserver leurs fonctions dans le corps expéditionnaire. Aussi, le Maréchal, surpris par cet imprévu, fut fort embarrassé pour prendre la décision qui convenait et ne pouvait qu'attirer sur lui les nouvelles colères de Maximilien.

En outre, il fit bien de ne pas répondre aussitôt, parce qu'il convenait de faire sentir au Souverain qu'il avait agi peu franchement dans la conduite de cette affaire, car il avait attendu que le Maréchal fût parti depuis deux jours de Mexico pour lui faire part de ses projets; ce qui indiquait clairement qu'il voulait agir par surprise et forcer la main. Il pensait bien que le Maréchal ne pourrait pas se prêter à une telle combinaison. C'est pour éviter cette attitude qu'il avait refusé de le recevoir au moment de son départ. Il n'est pas admissible, en effet, que, du 2 au 5 juillet, en moins de trois jours, cette conception ait poussé dans son cerveau comme une éruption cryptogamique.

Cette missive impériale n'était qu'une palinodie de mauvaise foi avec ses sempiternels appels au concours du Maréchal, de ses officiers, de toutes les bonnes volontés des gens de bien, appels assaisonnés de flatteries superflues ! C'est une année auparavant que l'Empereur aurait dû faire cette démarche, manifester sincèrement ses sentiments flatteurs et surtout les mettre en pratique. A ce moment, il était trop tard ! Ce n'était plus qu'une comédie pour tromper, à Paris, à Mexico, partout, tout le monde enfin !

Du reste, le maréchal Bazaine avait à faire à l'Empereur du Mexique une communication bien autrement importante que celle concernant les deux ministres pris dans son armée : c'était la suite à donner aux dernières résolutions prises par le Gouvernement français à l'égard du corps expéditionnaire et qui avaient déterminé, en partie, le départ du Maréchal pour la frontière du Nord. Il était ainsi sorti matériellement de l'inaction si cruellement et si faussement reprochée par Maximilien; étant alors au milieu de ses troupes de première ligne, il allait poser à son détracteur ce terrible dilemne, presque celui bien connu : « *Se soumettre ou se démettre.* » Dans ces conditions, il faut reconnaître encore que le Maréchal avait agi assez finement en ne répondant pas à la question Osmont-Friant, car la mesure prise par Maximilien, en associant les deux généraux à son Gouvernement, avait précisément pour objet de rendre plus difficile et moins indépendante l'exécution stricte des décisions françaises, et l'ingérence du Maréchal en cette affaire des ministres aurait paralysé les clauses du dilemne qu'il allait poser. En prenant position d'une façon quelconque dans la question secondaire Osmont-Friant, il perdait de la force et de l'influence pour régler la question principale et primordiale concernant l'existence même de l'Empire.

Le Maréchal exposa adroitement la situation grave, presque désespérée, dans laquelle il avait trouvé la région du Nord, troublée profondément par la levée de boucliers consécutive de la prise de Matamoros et par la reprise audacieuse des hostilités de la part des dissidents dont le nombre augmentait chaque jour, au milieu d'une population qui se détachait de l'Empire. Puis, il déclara très nettement que, dans ces conditions, il ne pouvait penser à entreprendre d'opérations offensives avant de connaître quelles étaient les instructions de l'Empereur à l'égard des dispositions et des conditions qui lui avaient été notifiées par le Gouvernement français et qui comportaient la concentration immédiate des troupes françaises dans le cas où le Gouvernement impérial mexicain ne croirait pas devoir s'y conformer. Il priait, en conséquence, l'Empereur de vouloir bien lui faire connaître ses intentions pour agir selon ce qu'elles seraient. C'était net et précis !

Le coup était dur; mais l'Empereur, le prince illusionniste par tempérament et peut-être aussi par tactique, ne se laissa pas démonter. L'Impératrice n'était-elle pas en route pour Paris où elle allait évidemment remettre les choses au point, écarter tous les ennuis et le débarrasser surtout du Maréchal, qui était assurément le mauvais génie qui avait fait naître, en France, les mauvais sentiments et inspiré les décisions néfastes qu'il lui lançait avec audace ? Sa Majesté domina son mécontentement, dissimula son ressentiment et parut céder sur toute la ligne; mais elle présenta son acquiescement aux conditions françaises d'une façon léonine, car elle disait au Maréchal que rien ne pouvait plus l'empêcher d'entreprendre des opérations offensives contre les dissidents puisque le Gouvernement mexicain avait accepté les propositions que lui avait transmises M. Dano, le ministre de France; elle terminait par un piège en rééditant l'expression de ses espérances de voir « mener à bonne fin, l'œuvre de pacification générale ». Elle eut même la malice d'ajouter que cette pacification générale engageait la parole de l'Empereur des Français. Maximilien croyait ainsi mettre le Maréchal dans une position fausse, s'il ne procédait pas à la pacification complète de l'Empire. Mais les événements allaient être plus forts que lui.

Cette riposte magistrale était absolument remarquable : « Je coupe et atout ! » dirait un fin joueur. « Mais, comment donc, mon cher Maréchal, vous me forcez à démasquer mes batteries, à vous dire ce que je vais répondre aux sommations draconiennes de votre Gouvernement que vous inspirez ? Soit, j'accepte tout, et comme vous avez fait une admirable campagne de pacification de mon Empire, je demande « *bis* » et vous invite à la recommencer. » En langage familier, c'était la réponse impériale ; on n'est pas plus flatteur !

C'était assurément fort habile. Mais si on considère ce qu'avait pu faire, jusqu'à présent, ce Souverain dans le domaine des échappatoires, des roueries et des subtilités plus ou moins loyales, on ne trouve rien d'aussi bien machiné; on ne reconnaît plus son jeu. Aussi, je me sens obligé de démasquer son impérial chiffre pour y substituer ce que je considère comme la griffe de l'inspirateur occulte de ce déploiement insolite d'habileté. Je retrouve là l'esprit machiavélique du Padre Fischer, le directeur de conscience qui avait mis plus que jamais le crampon de sa tutelle sur les facultés de ce malheureux Prince. En cette occasion et par hasard, cette tutelle fut heureuse.

En effet, depuis le départ de l'Impératrice, depuis même certains événements antérieurs et intimes, une révolution complète s'était accomplie dans l'existence matérielle et morale de l'Empereur. D'abord, Maximilien ne retournait plus à Cuernavaca, ce séjour enchanteur d'avant; il continuait à déserter le palais de Mexico, sa demeure officielle; mais il avait établi son foyer à l'Alcazar de Chapultepec, cette ancienne caserne transformée en palais d'été se dressant sur un rocher de cent mètres d'élévation au milieu d'un parc merveilleux. Là, de cet observatoire haut perché, qu'il aimait à comparer au gaillard d'arrière d'un vaisseau de guerre, il dominait sa capitale et son Empire, en imagination ! C'était déjà quelque chose, beaucoup même pour son esprit rêveur.

Il ne fréquentait plus son palais de Mexico que pendant quelques heures pour y expédier (?) les affaires de l'Etat; cela s'explique, en raison de l'austérité trop classique et peu engageante de ce palais. Mais, quant à l'abandon du séjour de Cuernavaca, ce phénomène a besoin d'être expliqué par deux considérations bien naturelles et bien humaines, qui résultent des mêmes causes signalées à l'égard du départ de l'Impératrice, bien qu'il faille déplacer les points de vue. D'abord, il est vraisemblable que Maximilien voulut être éloigné de son paradis terrestre où son Eve allait mettre au jour le fruit de sa faute. Quel rôle, quelle attitude pourrait-il prendre en cette occurrence, à côté de ce berceau ? Enfin, si la chronique dramatique, dont j'ai rapporté l'écho, est fondée, on comprend que Maximilien ne se fut pas empressé de risquer à nouveau les dangers d'un *mauvais café*. Et voilà pourquoi il restait à Chapultepec. Mais, si dans ce palais, dont la structure sévère et impénétrable aurait pu convenir au Roi Louis le onzième, Maximilien ne pouvait plus y être subjugué par les charmes fascinateurs de la « belle jardinière », il s'y trouvait hypnotisé par la tyrannie mystique d'un moine fanatique ressuscité des ruines de l'inquisition, un second Tristan l'Hermite.

En effet, dans ce vaste logis, l'appartement privé du couple impérial occupait la façade principale assise sur le bord abrupt de la falaise rocheuse et dont une immense salle d'attente occupait le centre, servant de trait d'union entre les appartements personnels de l'Empereur et ceux, encore plus personnels, de l'Impératrice, auxquels on ne pouvait accéder que par cette galerie. Or, sitôt après le départ de la Souveraine, l'impudent Padre Fischer eut l'audace d'installer sa glabre personne aux lieu et place de celle de l'Impératrice ; de façon à monter, de jour et de nuit, une garde sévère de l'Empereur, de n'en laisser approcher ni une personne ni un document qu'il n'eut au préalable scruté, examiné. A son bon plaisir, il laissait passer, congédiait ou faisait disparaître. De ce moment, le chef de l'Etat (?) était tenu en charte privée par ce ridicule et passionné Mazarin ; il ne faisait plus rien que sous sa funeste inspiration. Quel but poursuivait ce Fischer, quel profit pouvait-il tirer de ce rôle ? On ne l'a jamais su positivement. Peut-être savourait-il seulement la jouissance de se venger de l'humanité ; mais alors pourquoi ? Mystère insondable !

Quel qu'ait pu être l'auteur de la riposte impériale, celle-ci ne fut cependant pas suffisante pour satisfaire les désirs de Maximilien qui, poursuivant ce qu'il croyait un succès, reprit son projet des ministres Osmont et Friant sur lequel le Maréchal, par son silence, semblait disposé à ne pas vouloir se prononcer.

Le 25 juillet, il écrivit encore à ce sujet, mais dans des termes vagues formulant des considérations diluées dans lesquelles il engageait encore sournoisement la parole de Napoléon pour expliquer comment il avait décidé les deux officiers généraux à accepter les deux portefeuilles. Il faisait bien ressortir qu'il se conformait naturellement à ses désirs en laissant ces deux officiers à la tête des services qu'ils dirigeaient ; il montrait, avec une habileté plus subtile que convaincante que la dualité dans leurs fonctions serait, au contraire, une garantie de succès dans l'œuvre de réorganisation de l'armée impériale. Il flattait enfin le Maréchal par des condescendances qui n'avaient d'autre but que de l'engeôler. Mais, en fait, il ne disait pas nettement, formellement, que sans attendre la réponse, sans que ces officiers fussent officiellement autorisés par lui, il les nommait ministres. C'était bien plus que la carte forcée, car deux jours après il signait quand même ces nominations, entraînant dans sa galère gouvernementale deux officiers généraux français, et motivait cette mesure étrange aux yeux des Mexicains par la nécessité d'assurer rapidement la pacification du pays. Quelle comédie !

Ce fut une étonnante surprise pour tout le monde quand, le 28 juillet, au matin, on lut dans le *Journal officiel* la décision impériale nommant ministre de la Guerre, le général Osmont et ministre des Finances, l'intendant Friant. J'appris la nouvelle en arrivant au ministère par mon fidèle secrétaire particulier, M. Hein. Aussitôt que vint mon ministre, je me précipitai à son cabinet où je trouvai le général Garcia stupéfait en présence de l'*Officiel*. Après un échange de réflexions de circonstance, j'exprimai à mon chef tous mes sentiments de regret pour son départ et de gratitude pour la bienveillance et la confiance qu'il m'avait toujours témoignées. Le ministre voulut bien, en échange, m'exprimer de la façon la plus flatteuse toute sa satisfaction pour les services que je lui avais rendus personnellement et surtout au ministère, et des sentiments dévoués que je n'avais cessé de lui témoigner. Il est vrai que, grâce à son tact particulier, nos relations avaient toujours été parfaites.

Il me déclara ensuite qu'il ne se considérait plus comme ministre et m'engageait à aller me mettre à la disposition du général Osmont à qui je devrais passer le service de sa part. Je me rendis alors à l'état-major général et me présentai au général Osmont. Je lui communiquai les instructions que venait de me donner le général Garcia et lui dis que je venais prendre les ordres du ministre.

Le général me fit le plus aimable accueil et d'un air absolument satisfait de sa nouvelle position, il me dit textuellement : « Hé bien, je me rendrai demain au ministère avec le commandant Billot dont je compte faire mon sous-secrétaire d'Etat. »

J'avoue que je fus surpris par ce coup droit aussi brusque qu'inattendu ; mais je ne me troublai pas et ne me laissai pas démonter. Je parai l'attaque et ripostai : « Hé bien ! et moi, mon général ? » Alors suivit ce dialogue : « Mais, vous ne l'êtes pas sous-secrétaire d'Etat ! — Et lui, il l'est encore bien moins, puisqu'il n'est rien et que je suis commissaire extraordinaire français auprès du ministre de la Guerre, remplissant les fonctions de sous-secrétaire d'Etat. — Soit, mais je puis prendre pour sous-secrétaire d'Etat qui bon me semble. — Ça, je l'ignore, mon général, mais vous me permettrez de vous faire remarquer que je remplis ces fonctions à la satisfaction de mon ministre qui a bien voulu me le déclarer ; que j'ai eu la tâche première, pénible et délicate de créer la situation pour un officier français auprès d'un général mexicain et que, maintenant, le commandant Billot viendrait s'asseoir dans le fauteuil que j'ai préparé, alors surtout qu'il l'a refusé déjà après l'avoir accepté cependant ? » Enfin, passant à la contre-attaque décisive, je terminai par cette déclaration formelle, dans le fond et dans la forme : « Du reste, mon général, vous me permettrez d'observer que j'ai été placé là par le Maréchal, et que je ne puis ni ne dois me retirer que sur son ordre ! »

Alors, le général Osmont, dissimulant une mauvaise humeur que révélait son air glacial, me dit d'un ton bienveillant : « En tout cas, je compte prendre possession de mon ministère demain matin à 9 heures et vous réunirez les chefs de division et les chefs de bureau pour me les présenter individuellement. » J'accusai réception de ce premier ordre régulier et normal, je saluai et me retirai. Sans perdre une minute, je me rendis au quartier général où j'écrivis au Maréchal pour lui rendre compte de ce qui venait de se passer, exposer la situation et lui demander ses ordres en ce qui me concernait. Ma lettre partit le jour même avec un courrier extraordinaire qu'envoyait le bureau politique pour faire connaître les événements au grand chef. En outre, dans la journée, j'écrivis au capitaine Pierron, chef du secrétariat de l'Empereur, pour lui faire connaître l'incident puis, considérant que ma situation n'était point solidaire de celle d'un ministre dont j'étais le second et, pour éviter les désagréments que me causait ainsi ma position insuffisamment définie de commissaire spécial français au ministère de la Guerre, je demandais de soumettre le cas à l'Empereur et de le prier de faire cesser cet état de choses, en me nommant sous-secrétaire d'Etat, ainsi qu'il en avait pris l'engagement avec le Maréchal. Enfin, toutes mes mesures pour parer le coup Billot étant assurées, je pris au ministère toutes les dispositions nécessaires pour la réception du nouveau ministre.

J'ai exposé l'incident Billot-Osmont, il me reste à en tirer les conclusions qu'il m'a toujours paru comporter.

L'intrigue, ou plutôt le petit complot, s'il y en a eu un, ce qui semble vraisemblable, devait avoir commencé à l'époque où l'Empereur demanda un officier français comme sous-secrétaire d'Etat. La combinaison conçue par l'Empereur devait être d'appeler au portefeuille de la Guerre, le président de la Commission d'organisation de l'armée, le général Osmont; mais craignant, avec raison, de voir surgir des oppositions dans son conseil des ministres, il commença par faire accepter d'abord le sous-secrétaire d'Etat français.

C'était prudent du reste, car il éprouva d'assez grandes difficultés à faire déjà ce premier pas. Le commandant Billot fut donc nommé. Mais cet officier, qui avait, sans doute, solidarisé son sort avec celui de son chef, le général Osmont, comprit, d'après les oppositions qu'avait soulevées sa nomination, que celle de son général comme ministre serait impossible. Alors, ne se souciant pas, peut-être, de servir de second à un général mexicain, il refusa d'accepter la nomination dont il avait été l'objet, ou plutôt il se déroba à cette nomination, espérant qu'un peu plus tard les conditions deviendraient plus favorables et qu'on reprendrait l'affaire complète. C'est ce qui eut lieu sur mon dos qu'on avait, sans doute, jugé plus souple qu'il n'était, car je ne me prêtai pas à cette combinaison éliminatoire de ma personne en faveur du commandant Billot.

Il faut reconnaître qu'en dehors de son défaut véniel qui résultait pour le général, de l'impossibilité où il se trouvait de cumuler deux hautes fonctions, la combinaison première était alors plus logique et plus opportune que deux mois plus tard, ce qui la rend très admissible.

Quant à moi, je n'ai jamais eu la preuve matérielle que le commandant Billot ait été l'inspirateur, à mon sujet, de cet : « Ote-toi de là que je m'y mette. » Mais j'en ai été longtemps convaincu et lui avais gardé rancune, car j'étais son ami et je lui avais rendu un assez grand service en l'aidant à venir au Mexique comme aide de camp du général de Castagny, pour qu'il ne me fit pas ce croc-en-jambe. Il devina, du reste, ce sentiment et pour cause peut-être, car pendant plusieurs jours, il chercha à me rencontrer, sans doute pour dissiper mes mauvaises impressions ; en tout cas, ne pouvant me trouver, il prit ma femme comme négociateur, l'assurant qu'il n'avait jamais eu l'intention de me supplanter. Prenant acte de ces démarches et n'entendant plus parler de lui pour le ministère, je réchauffai mes relations refroidies. Mais vingt-cinq ans après, le ministre de la Guerre français Billot n'avait pas oublié ma petite victoire du ministère mexicain ; je m'en aperçus à mes dépens !

Le lendemain de cette journée d'émotions et d'agitation, je me tenais, au matin, à mon poste, tous mes chefs de service réunis autour de moi. Le général Osmont arriva, mais tout seul ; pas de commandant Billot ! Le ministre me fit le plus gracieux accueil ; j'y répondis de mon mieux et lui présentai personnellement chacun des gros bonnets du ministère, auxquels il offrit une allocution de circonstance, en français malheureusement. L'espagnol fut sa pierre d'achoppement.

Lorsque les honorables fonctionnaires eurent rejoint leur rond de cuir, j'exposai à mon chef le fonctionnement de son ministère et en particulier la façon dont son prédécesseur opérait et expédiait les affaires avec le concours du sous-secrétaire d'Etat. Le général Osmont eut le bon esprit et la sage prudence de ne rien changer aux habitudes prises et me dit, d'un air satisfait de mes déclarations, que je continuerais le service comme je l'avais fait avec l'ancien ministre.

La glace était rompue et je n'entendis plus parler de l'ami Billot. Le changement de ministres se fit ainsi sans secousses et sans bruit; car, de son côté, l'intendant Friant qui me parut avoir été embarqué à la dernière heure et sans enthousiasme de sa part dans cette galère, s'incarna également, sans tambours ni trompettes, dans la peau ratatinée de son ministère des Finances, avec la conviction qu'il aurait bien de la peine à gonfler son portefeuille !

Comme épilogue en ce qui me concernait dans l'incident ministériel, je reçus promptement une réponse du capitaine Pierron m'annonçant que l'Empereur me donnait complète satisfaction; quelque temps après suivait le document officiel qui me sacrait enfin sous-secrétaire d'Etat. C'était un magnifique diplôme, d'un immense format, sur papier bleuté d'azur pâle, une parcelle du firmament de Mexico, au chef duquel s'épanouissaient les armes impériales et portant au bas la majestueuse signature de Maximilien Ier s'étalant en style entreprenant sur quinze centimètres de longueur. Ce document portait à ma connaissance que « en considération des mérites et des circonstances qui se trouvaient réunies en ma personne, Don Carlos Blanchot, capitaine d'état-major de l'armée française, il m'était conféré l'emploi de sous-secrétaire d'Etat au ministère de la Guerre ».

Par une singulière ironie à l'égard des circonstances qui me concernaient, cette nomination était contresignée, par ordre de l'Empereur, par ..... le général Osmont !

Enfin ! Comme dans ce pays, moins encore qu'en tout autre, à cette époque du moins, le fisc ne perdait jamais ses droits, je dûs acquitter, pour recevoir ce parchemin, un droit de 16 piastres (soit 85 fr.). Mais aussi j'avais la faveur peu banale d'être appelé « Votre Seigneurie » !

CHAPITRE X

DÉSORGANISATION DES LÉGIONS BELGE ET AUTRICHIENNE

Du 1er Août au 30 Septembre

Recrudescence de l'activité des forces dissidentes. — Chute de Tampico et autres ports du golfe. — Situation des Terres-Chaudes. — Désagrégation des troupes impériales. — Bataillons de Cazadores. — Ressource vouée à l'impuissance et à la destruction de ses éléments français. — Désorganisation de la légion belge. — Incidents graves au sein de cette troupe. — Départ de ses officiers. — Lettre de son colonel. — La légion est ramenée près de Mexico. — Brillant combat près du Tula. — Désorganisation et fin de la légion Autrichienne. — Evénements d'Oajaca. — Désastre subi par la légion Autrichienne. — Situation de la légion étrangère française. — Demande de Maximilien à son sujet. — Réponse du Maréchal Bazaine.

Pendant que ces événements, relativement secondaires, se produisaient à Mexico, au loin, d'autres bien plus sérieux se précipitaient avec une rapidité déconcertante. Le flot de l'invasion dissidente débordait, car ce n'était plus seulement une résistance, mais bien un retour offensif très caractérisé.

A la suite de la chute de Matamoros, toute la région-frontière du Nord était devenue la proie des dissidents qui étendaient chaque jour leur action dans les provinces du golfe du Mexique, occupant successivement tout le littoral. Tampico lui-même, le port le plus important après Vera-Cruz, gardé par nous depuis 1863, venait même de succomber, bien que sa garnison mexicaine fût renforcée par un détachement français, débris de l'ancienne contre-guerilla du colonel

Dupin, qui était commandé par le capitaine Langlois. Il faut remarquer, à ce sujet, que les 500 Mexicains de la garnison firent, en grande partie, défection et que la petite troupe française de 200 hommes dût se réfugier dans un fort maritime qui servait de réduit à la défense; mais, manquant bientôt de vivres et de munitions et malgré qu'il fût secouru par une canonnière de notre escadre envoyée de Vera-Cruz, il fut obligé de capituler, mais avec tous les honneurs de la guerre; il put sortir de la place avec armes et bagages, ne laissant rien à l'ennemi.

La chute de Tampico porta une grave atteinte à l'Empire qui perdait, là encore, une de ses principales sources de revenu. Les conséquences de l'occupation de cette place par les dissidents furent plus grandes même, car ceux-ci étendirent leur action dans toute la province et menacèrent bientôt même la grande route de Vera-Cruz à Puebla et Mexico par Jalapa. Cette ville, serrée elle-même de très près, était menacée d'être prise d'un moment à l'autre.

En outre, la région Sud de notre principale ligne de communication avec la mer était dans un tel état de bouleversement que les forces dissidentes menaçaient bientôt la route de Mexico à Orizaba. Déjà les petits ports d'Alvarado et de Tlacotalpan, situés à 15 lieues à peine de Vera-Cruz, tombaient en leur pouvoir. Enfin, à 40 lieues d'Orizaba, s'organisait un important et menaçant foyer d'hostilité autour de l'importante place d'Oajaca, sous l'impulsion énergique et habile de notre constant et irréductible adversaire Porfirio Diaz, qui groupait autour de lui toutes les forces existantes et naissantes dans les provinces du Sud.

La situation s'aggravait d'une façon décisive, et, alors que Maximilien s'obstinait à demander au Maréchal d'achever la pacification, la dépacification augmentait chaque jour; l'Empire perdait du terrain et, ce qui était plus grave, des défenseurs qui devenaient des ennemis.

Dans de telles conditions, que pouvait-on faire, que pouvaient faire MM. Osmont et Friant? Ils étaient impuissants à réparer les fautes commises par leurs prédécesseurs avec la tolérance, sinon l'approbation de l'Empereur, et ne pouvaient lutter contre la désaffection, le discrédit et le manque de confiance qu'inspirait presque partout le Gouvernement impérial. Faire une armée sans hommes ou avec des hommes sur lesquels on ne pouvait compter était une tâche impossible.

L'Empereur semblait disposé à recourir à un appel à la nation. Quelle naïve illusion ! Si les circonstances avaient voulu qu'il fit cet appel contre l'étranger, il aurait peut-être été entendu ; mais appeler sous les armes contre une partie de la nation qui n'a jamais voulu de l'Empire, l'autre partie qui commence à n'en plus vouloir ou qui n'a plus confiance en lui, c'est vraiment de l'aberration. Quant à ce qu'il appelait l'armée impériale, quelque médiocre que fut d'ordinaire, au point de vue moral ou matériel, la matière « homme de troupe », on peut dire que l'élément qui se trouvait encore sous le drapeau impérial ou qu'on pouvait y incorporer, était généralement médiocre surtout moralement, car, en raison de la démoralisation générale, il était presque impossible d'avoir confiance dans la fidélité des soldats. Ceux-ci ne tenaient nulle part devant les dissidents ; aux premiers coups de feu, ils faisaient demi-tour ou passaient à l'ennemi. De sorte que, quoi qu'on fasse pour recruter des hommes de troupe, c'était vouloir recueillir de l'eau avec une passoire ou remplir le tonneau des Danaïdes.

Quant à la matière « officiers », elle était singulièrement mélangée, ainsi que j'ai pu m'en convaincre pendant mon séjour au Ministère. Les officiers d'un certain âge qui provenaient de l'ancienne armée gouvernementale étaient généralement bien et possédaient une certaine instruction militaire ; quant aux autres, ayant les provenances les plus variées, ils étaient plutôt médiocres, surtout comme connaissances pratiques et techniques. Mais, à cette époque et en raison des circonstances qu'avait créées Maximilien, ils manquaient généralement d'une vertu fondamentale bien précieuse alors, la fidélité au drapeau. Et pourtant, il existait depuis longtemps dans l'arsenal des institutions militaires mexicaines, un ordre de la « Constance militaire » (?). Cela semble bien ironique dans ce pays où les pronunciamientos sont une maladie, intermittente mais chronique.

On avait pensé trouver un *modus vivendi* possible, malgré toutes ces conditions fâcheuses, en créant les bataillons de « cazadorès ». J'ai déjà ébauché la silhouette de ces corps composites, d'après l'aperçu du début des premiers formés dont bon nombre des soldats mexicains désertaient sitôt après avoir été équipés et avoir reçu la prime qui leur était allouée.

Du reste leur recrutement en soldats mexicains qui devaient composer la plus forte partie de leur effectif, se faisant dans les grandes villes, généralement chef-lieu de province ou de département, était confié aux autorités locales, préfets politiques ou gouverneurs. Or presque partout, ces fonctionnaires étaient incapables, indifférents ou, ce qui était plus grave, traîtres à la cause de l'Empire et secrètement dévoués aux dissidents. Alors ils ne craignaient pas d'incorporer dans les bataillons de cazadores des hommes qui provenaient, à un titre quelconque, prisonniers ou déserteurs, des troupes de Juarez; quelle confiance pouvaient justifier de pareils éléments?

Dans ces conditions, la mentalité de ces troupes constatée par les observations qu'elles avaient promptement inspirées, après quelques semaines d'expérience, était assez déplorable. Les Français traitaient avec un certain dédain les soldats mexicains qui, s'en trouvant offensés, prenaient ce prétexte pour déserter. Cet assemblage de deux races différentes par mœurs et tempérament était mauvais; aussi dans un seul bataillon, en quelques semaines, 150 mexicains avaient disparu; de sorte qu'au bout de peu de temps, il ne devait plus rester que des soldats français.

Pourtant Maximilien dans son Mémorandum à Napoléon III parlait de ces troupes en des termes dithyrambiques absolument ridicules, d'autant qu'il n'avait pu alors, en aucune façon, apprécier leur valeur. Il est même regrettable qu'il se soit engagé ainsi, pour les besoins de la cause, de façon à tromper l'Empereur des Français. Maximilien parlant des efforts que le général Osmont et l'intendant Friant qui dirigeaient la Commission chargée d'organiser les bataillons de cazadores, s'exprimait ainsi :

« Les officiers généraux désignés ci-dessus se mirent immédiatement à l'œuvre avec un zèle et une intelligence qu'on ne saurait trop louer. Les officiers et les soldats de l'armée française répondent à leur appel avec un empressement bien propre à justifier les espérances qu'on avait conçues dans la formation de ces nouveaux corps. »

Oui, assurément, les officiers et les soldats français montrèrent de l'empressement, comme ils le font toujours lorsqu'il s'agit d'entreprises aventureuses. Mais Sa Majesté se garda bien de parler des soldats mexicains qui devaient être les plus nombreux. Et quelques semaines plus tard on verra avec douleur ces officiers, ces soldats français se faire tuer presque tous, alors que les soldats mexicains fuyaient honteusement le combat ou, plus criminels encore, passaient à l'ennemi et tiraient même sur leurs chefs et leurs camarades de la veille. Quelles furent donc alors les impressions de Napoléon III dont l'esprit avait été trompé par Maximilien ? D'autant qu'il se trouva encore des gens qui rendirent le Maréchal responsable de ces désastres.

Si l'on envisage d'autre part les troupes qui semblaient devoir être l'élite, la réserve de l'armée impériale, on se trouve en présence des plus graves mécomptes.

La légion belge qui jusqu'alors avait tracé de belles et nobles pages dans l'historique de sa campagne, semblait, elle aussi, soumise à une défaillance, passagère peut-être, mais inquiétante, d'autant qu'elle était justifiable dans une certaine mesure. En effet, lorsque la légion fut recrutée dans les troupes de l'armée belge, des avantages spéciaux avaient été promis, au nom de Maximilien, aux soldats qui consentiraient à contracter un engagement pour aller servir au Mexique. Ainsi, on leur promettait huit hectares de bonnes terres à l'expiration de six années de service; et, pendant leur service une solde journalière qui se trouvait supérieure à celle que touchaient nos soldats français au Mexique. C'était une maladresse qu'alors on ne pouvait juger telle, mais qui, à un moment donné, devait produire les plus fâcheuses conséquences.

Lorsque, vers le mois de juin 1866, le trésor mexicain manqua absolument de ressources et que le ministre de la Guerre se trouva dans l'impossibilité d'assurer la solde de la légion austro-belge, le Maréchal décida que cette troupe recevrait sa solde ordonnancée et les vivres assurés par les soins de l'Intendance française, mais d'après les tarifs français. Les Belges y perdaient dix centimes par jour. Ces braves gens avaient, depuis longtemps, désespéré de posséder jamais huit hectares de terre mexicaine; mais lorsqu'on leur annonça que leurs modestes sous de poche allaient être diminués de dix centimes, ils ne cachèrent pas leur mécontentement et ébauchèrent une sorte de mutinerie plutôt morale que matérielle et qui, du reste, fut très habilement réprimée par leur chef, le lieutenant-colonel Van der Smissen, très aimé de ses hommes et exerçant sur eux une très grande influence. Il n'en resta pas moins dans cette troupe un ferment de mécontentement dont il fallait tenir grand compte.

Quelque temps après, au mois d'août, la légion belge, placée alors dans le commandement du général Douay, à la frontière nord, se trouvait à Matehuala et, participant au mouvement de concentration de nos troupes en vue de l'évacuation du Mexique, elle quitta cette localité pour se replier sur San-Luis de Potosi, à 200 kilomètres en arrière; Matehuala restait occupé seulement par le bataillon d'Afrique (vulgo les zéphirs) aux ordres du commandant de La Hayrie.

Le 16 août, le corps belge arrivait à Venado, moitié route de San-Luis; et, le lendemain, il recevait l'ordre de retourner à Matehuala pour y remplacer le détachement du commandant de La Hayrie.

Il se produisit alors dans la constitution même de la légion belge une révolution des plus graves qui fut pour elle un commencement de désorganisation. En quittant la Belgique, les hommes de troupe avaient contracté un engagement de six ans et avaient ainsi quitté l'armée belge. Il n'en était pas de même des officiers. Ceux-ci n'avaient pas abandonné leur situation dans l'armée belge mais avaient obtenu un congé de deux ans. Or cette période expirait le 15 octobre 1866. En prévision de cette échéance, six mois auparavant, le colonel Van der Smissen avait écrit plusieurs fois au Ministre de la Guerre de Belgique pour le prier de prolonger de deux années le congé des officiers. Ne recevant pas de réponse, ces officiers commençaient à s'inquiéter, car ils craignaient de compromettre leur avenir dans leur pays s'ils ne rentraient pas à leur corps à l'époque primitivement fixée.

Dans ces conditions, l'ordre de se reporter à deux cents kilomètres en arrière, dans une situation où ils pourraient être privés pendant un temps indéfini de communications faciles avec la côte, jeta une perturbation profonde dans l'esprit de ces officiers. Ils consultèrent leur chef qui ne put dissimuler ses inquiétudes personnelles et ne voulut pas prendre sur lui de les conseiller d'attendre davantage ; car il ne pouvait être assuré que le gouvernement belge consentirait à faire droit à leur demande, en raison surtout de la situation où, en Europe, on savait être le Mexique et le gouvernement impérial. Il ne put que les autoriser à se rapprocher de Mexico pour attendre une décision de l'empereur Maximilien et les ordres du Maréchal commandant en chef.

On ne pouvait cependant pas abandonner entièrement les troupes et les laisser sans chefs; alors trois officiers se dévouèrent au malheureux sort de leurs soldats; ce furent le colonel, le capitaine Comte Vizart de Bocarmé et le lieutenant Baré. Je cite leurs noms, parce que ces officiers ont fait ainsi preuve d'une grandeur d'âme et d'un sentiment de dévouement à leurs hommes qui sont vraiment admirables; car ils faisaient ainsi le sacrifice spontané de leur carrière militaire. Ils donnèrent mission au plus ancien capitaine partant de faire connaître à leur ministère de la Guerre qu'ils restaient avec leurs soldats *à leurs risques et périls* et demandaient que, le 16 octobre, on acceptât leur démission d'officiers dans l'armée belge. Cette conduite était d'autant plus belle que ces officiers savaient qu'ils n'avaient plus à subir au Mexique que des épreuves douloureuses, à ne soutenir que des combats sanglants, désespérés où ceux qui survivraient ne pourraient recueillir que de la gloire pour satisfaction, en compensation du sacrifice de leur épaulette d'officier belge. Ce noble dévouement mérite, impose le salut de tous ceux qui ont commandé à des soldats. Ces trois officiers sont un honneur pour l'armée belge; et je regrette que le colonel Van der Smissen ne soit plus pour recevoir ce cri du cœur de l'un de ses vieux camarades du Mexique.

Qu'allait devenir cette malheureuse phalange désemparée? Qui donc, désormais la conduirait au combat, sous la valeureuse impulsion des trois chefs fidèles qui lui restaient? Le brave colonel ne se laissa pas déprimer par la situation; il la fit connaître au général Douay, confia le commandement de ses compagnies à des sous-officiers et, sans peur comme sans reproches, dès le lendemain même, conformément aux ordres qu'il avait reçus, il se remettait en route pour Matehuala où il allait à cinquante lieues plus loin se poster pour arrêter l'ennemi. C'était tout simplement superbe!

Heureusement, le Maréchal, avec son cœur grand et généreux, s'émut devant ce stoïque dévouement qui allait au sacrifice et arrêta ce magnifique et audacieux élan. Deux jours après son départ, le colonel Van der Smissen recevait un ordre du général Douay, lui prescrivant de revenir à Venado, où, conformément aux ordres du commandant en chef, il devrait faire des nominations pour reconstituer, au mieux possible, le cadre de sa légion.

En effet, les sous-officiers investis provisoirement de commandements d'officiers, furent nommés lieutenants et sous-lieutenants. Tout allait donc convenablement lorsque, fort malencontreusement, survint un nouvel incident des plus regrettables et peu mérité par le colonel Van der Smissen.

En raison des nouvelles faisant connaître l'importance des forces dissidentes qui s'accumulaient autour de Matehuala, le Maréchal avait décidé de constituer plus fortement qu'il l'avait cru nécessaire le détachement chargé d'occuper cette position extrême mise cependant en sérieux état de défense. Alors, il donna l'ordre au corps belge, non plus d'aller occuper seul Matehuala comme il devait le faire d'abord, mais d'y renforcer le détachement mixte qui s'y trouvait déjà sous le commandement du commandant français de La Hayrie. Jusque là, il n'y avait rien que de très naturel ; mais malheureusement, en exécution des conventions établies à l'égard du commandement, qui partout devait revenir à l'officier français le plus élevé en grade, on demanda naïvement au lieutenant-colonel Van de Smissen s'il consentirait à se placer sous les ordres du chef de bataillon français. Le général Douay lui fit connaître cependant, que s'il ne lui convenait pas d'accepter cette situation, le Maréchal l'autorisait à se rendre à Mexico pour se mettre à la disposition de l'Empereur, le corps belge passant sous le commandement du capitaine de Bocarmé qui serait nommé chef de bataillon.

Cette combinaison malheureuse fit tout craquer. Le lieutenant-colonel avait bien voulu sacrifier son épaulette de chef de bataillon belge pour ne pas abandonner ses soldats, mais il se refusa avec une grande dignité à se mettre sous les ordres d'un chef de bataillon français, quelque estime qu'il eût pour sa personne mais qui était moins ancien que lui. Et pourtant on avait mis des formes, on avait apporté un certain tempérament à l'application de la disposition dangereuse insérée dans le traité de Miramar.

Le chef de bataillon de l'armée belge prit l'affaire de très haut avec un sentiment de fierté très justifié ; mais avec une correction et des considérants de la plus sérieuse gravité.

Sur l'observation même du général Douay, il formula sa protestation en des termes impressionnants. Elle honore trop cet officier pour que je la laisse dans l'inconnu, d'autant qu'elle répand une lumière utile à apprécier, sur la situation mentale de la troupe que lui avait confiée le roi des Belges et l'empereur Maximilien.

« Venado, 25 août 1866.

« Mon général,

« J'ai fait tous mes efforts pour répondre en termes mesurés à l'ordre que vous venez de me donner.

« Quelles que soient l'estime et l'amitié que je porte au commandant de La Hayrie, il ne me convient pas de me placer sous le commandement d'un officier français moins ancien dans son grade que moi dans le mien en Belgique.

« Je vous prie, mon général, de bien vouloir suspendre l'exécution de l'ordre dont il s'agit, car des conséquences fatales en résulteront. Dès que mes hommes apprendront à quoi on les assimile et de quelle manière on traite leur colonel, leur indignation se traduira certainement par des violences que je vous supplie d'éviter en faisant connaître à Son Excellence ce que j'ai l'honneur de vous déclarer.

« Au nom de l'empereur Maximilien, je proteste contre la destruction d'un régiment de Sa Majesté; et, devant mon pays, je dégage ma responsabilité des très graves événements qui vont se produire.

« Agréez, mon général, l'assurance de mes sentiments respectueux.

« Le lieutenant-colonel :

« Baron Van der Smissen. »

Je dois ajouter que le capitaine belge Vizart de Bocarmé refusait officiellement le grade de chef de bataillon mexicain et le commandement de la légion belge. C'était donc pour cette troupe une désorganisation radicale.

Pour faire justice complète, je dois reprocher à cette protestation, juste au fond, un considérant que je qualifie de regrettable, c'est celui-ci : « quand mes hommes apprendront *à quoi on les assimile* », que veut dire ce sous-entendu ? à qui se voyaient-ils assimilés ? à des Mexicains ou à des Français ? Dans ces deux cas, il eût été préférable que le colonel belge supprimât ces quelques mots inutiles mais peu corrects, surtout dans la deuxième hypothèse; car, sans blesser personne, ses soldats n'avaient peut-être pas lieu de se formaliser d'être assimilés à des soldats français! Il n'y aurait pas eu, je crois, de dérogation. (D'autant qu'ils le furent jadis!)

Cette petite observation de détail étant formulée, je reviens à la question principale.

Dans ces conditions vraiment inimaginables, le général Douay comprit qu'on ne pouvait désormais disposer en aucune façon de ce corps qui n'aurait plus de chef et encore moins l'envoyer à Matehuala. Il prit sur lui de décider que le lieutenant-colonel Van der Smissen conserverait le commandement de sa légion en attendant que le Maréchal, informé de la situation, eût fait connaître ses ordres.

La moralité de ces faits qui constituaient une véritable révolution hiérarchique est très délicate à établir. En tout cas, elle comporte un enseignement; c'est qu'il est fort difficile de régler les questions de commandement entre chefs de troupes de nationalités diverses, ayant par conséquent des drapeaux différents bien que soutenant une même cause et poursuivant un but commun.

Enfin, il importe, dans le cas présent, de rechercher à qui incombe la responsabilité de ce conflit. Est-ce au Maréchal ou au général Douay? Je cherche dans le fameux recueil des Philippiques épistolaires de ce dernier ses appréciations sur cette affaire. Il n'est pas douteux que si la responsabilité de cet incident, qui frisait l'indiscipline chez des officiers des plus honorables et profondément disciplinés, pouvait être imputé à son chef, il n'aurait pas manqué de le signaler dans ses réquisitoires de quinzaine. Aussi, ce qui me paraît être l'exactitude, d'après du moins ce que j'ai pu apprendre au ministère de la Guerre, c'est que le Maréchal avait donné une indication de transaction à tenter, mais que le général commandant la division avait manqué de diplomatie et engagé l'affaire, selon son habitude, brutalement et sans ménagements; ce qui a amené l'explosion d'une indignation très explicable chez les deux officiers belges.

Quoi qu'il en soit, l'affaire n'eut pas de suites et on n'en parla plus. Seulement huit jours après le 2 septembre, le corps belge reçut *directement* (?) l'ordre de se rapprocher de Mexico et de se porter d'abord sur Queretaro où il recevrait de nouveaux ordres. Le 16 septembre, la légion belge arrivait dans cette ville, où le lendemain, le colonel Van der Smissen recevait une lettre du Maréchal lui-même. Cette communication ne faisait aucune allusion au passé; elle contenait uniquement l'ordre d'aller occuper Tula, à une vingtaine de lieues de Mexico, et des instructions précises sur les conditions dans lesquelles il assurerait tous les services de sa troupe et surtout le rôle militaire qui lui était confié pour maintenir la sécurité dans cette région qui, malgré le voisinage de la capitale, commençait à manifester une certaine agitation. Le ton de cette lettre était d'ailleurs parfaitement bienveillant et cordial.

Huit jours après, le corps belge arrivait à Tula. Son chef apprit le même jour qu'un général dissident venait d'occuper une petite ville voisine placée dans sa sphère d'opérations. Il n'hésita pas à aller l'attaquer par surprise, au moyen d'une marche de nuit et avec le concours de chariots pour accélérer la marche de ses hommes.

Malheureusement, une pluie torrentielle retarda l'opération qui ne fut plus une surprise; car l'ennemi se tenait sur ses gardes. Van der Smissen l'attaqua néanmoins avec une extrême vigueur conduisant lui-même la charge centrale. Il s'empara de la moitié de la ville, de deux canons, mais il se heurta à l'église transformée en un formidable réduit très fortement défendu. Il ne put l'enlever et, menacé d'autre part d'être enveloppé par des forces très supérieures, il dut renoncer à son attaque et ce n'est qu'en combattant avec une grande habileté qu'il put se retirer des cadres de la ville et battre en retraite, en bon ordre, sans se laisser rien enlever dans la longue poursuite dont il fut l'objet pendant sa marche de retour vers Tula.

Cette affaire où la plus grande bravoure fut l'honneur de Van der Smissen et de sa petite troupe, est aussi malheureusement le chant du Cygne de cette vaillante légion belge qui dès lors ne devait plus combattre faute de combattants. Ses officiers, promus seulement depuis quelques jours, honoraient dignement le baptême du feu de leurs jeunes épaulettes, en laissant sur le champ de bataille onze des leurs dont cinq pour toujours.

Le bilan des forces devant rester à l'Empire après le départ des Français était donc diminué de cette brave légion belge. Restait-il au moins la légion autrichienne? pas davantage.

Les conditions matérielles faites dans les derniers temps à la légion autrichienne étaient à peu près aussi misérables que celles dont souffrait le corps belge. Pourtant elle fut un peu moins que ce dernier soumise à des pérégrinations variées et lointaines, à l'exception de ce bataillon de chasseurs qui fut envoyé à Matamoros et se sacrifia si glorieusement dans la triste affaire du grand convoi. En dehors de cette expédition éloignée, le corps autrichien opéra surtout dans les régions voisines de Puebla qui était son centre d'action sous les ordres du général de Thun.

La mentalité de ces troupes n'était pourtant guère meilleure que celle des Belges. J'ajouterai, en ce qui concernait leur chef, qu'elle était même bien inférieure. Un des derniers actes du commandement du général autrichien en témoigne surabondamment.

Le Maréchal avait combiné des opérations à exécuter par des troupes occupant différents postes, de manière à pouvoir aborder et infliger une sévère leçon à des colonnes dissidentes qui s'étaient audacieusement aventurées dans notre sphère d'action. Il avait, dans ce but, compté sur le concours des troupes autrichiennes établies à Puebla et envoyé l'ordre au général Thun de se porter sur Toulancingo, situé à environ 30 lieues de Puebla. Mais le général autrichien refusa d'obéir et fit ainsi manquer les opérations combinées confiées à d'autres colonnes; car il ne marcha que sur un ordre de Maximilien et arriva trop tard au point de concours. Une pareille conduite est inqualifiable.

Du reste, l'existence de cette malheureuse légion, déjà si éprouvée et pour ainsi dire fondue, devait finir d'une façon tragique bien avant même notre départ. Ce fut un drame en deux actes et nombreux tableaux tous poignants et lugubres, portant chacun son enseignement relatif au fond qu'on pouvait faire sur les troupes destinées à soutenir l'Empire.

Ce désastre final eut lieu au commencement d'octobre et se déroula dans la région d'Oajaca. Cette place importante était occupée par un détachement de 150 Autrichiens et un bataillon de cazadores comprenant une soixantaine de Français et deux ou trois cents Mexicains. Une bande dissidente de médiocre importance ayant été signalée à deux ou trois journées de marche, le commandant du bataillon de cazadores résolut d'aller en débarrasser le pays. Laissant Oajaca à la garde des Autrichiens et de quelques Français, il partit avec son bataillon et atteignit l'ennemi. Mais, au commencement de l'attaque, les Mexicains de la troupe, c'est-à-dire presque tout son effectif, firent défection et ces misérables tirèrent sur les Français, officiers et hommes de troupe, les tuant presque tous, et passèrent à l'ennemi. Voilà bien qui détermine de triste façon la valeur morale des fameux bataillons de cazadores, élément mexicain.

Quant au deuxième acte du drame, il fut la conséquence du premier. Lorsqu'à Puebla et à Mexico on apprit le désastre et le danger que courait la petite garnison d'Oajaca, ainsi abandonnée dans cette grande place, on envoya une forte colonne de 1.200 hommes avec de l'artillerie pour la dégager. Cette colonne se composait de 800 fantassins et 200 cavaliers Autrichiens, plus 200 cavaliers Mexicains. Mais Porfirio Diaz qui tenait le pays autour d'Oajaca, informé de ce mouvement, réunit rapidement plusieurs milliers d'hommes et vint s'établir sur la route que suivaient les Autrichiens, les attaqua et les écrasa complètement, détruisant leur infanterie et prenant leurs canons. La cavalerie seule put s'échapper après avoir subi des pertes considérables. La conséquence fatale de ce désastre fut la perte d'Oajaca, car la petite garnison ne comptant plus être secourue, abandonna la ville et s'efforça de gagner Orizaba en se jetant dans les labyrinthes des montagnes.

C'était presque le coup de grâce de la légion autrichienne dont une phalange se laissait ainsi détruire par ce même général Porfirio Diaz et ses officiers qu'elle n'avait pas su garder à Puebla, alors que, deux ans auparavant, le maréchal Bazaine les lui avait envoyés prisonniers. Quelle cruelle ironie du sort !

Et pourtant, il en restait encore de ces troupes d'élite qui guerroyaient misérablement dans la région de Puebla. Vers la fin de novembre, la ville et le fort de Pérote qui garde sur les confins du haut plateau la route de Puebla à Jalapa et Vera-Cruz, étaient occupés par un détachement autrichien d'un millier d'hommes; mais depuis la chute de Tampico le pays montagneux avoisinant Perote était redevenu le domaine des forces dissidentes nombreuses et la garnison autrichienne restait constamment bloquée dans la ville et le fort qui la protège. Cette malheureuse troupe, énervée par des excursions pénibles et les engagements fréquents qu'elle avait dû soutenir depuis des mois dans la montagne, était complètement démoralisée, et enfermée dans des remparts, elle n'osait plus en sortir pour tenir, tout au moins à distance, un ennemi devenu agressif parce qu'il ne la craignait plus!

Cette situation était telle qu'au mois d'octobre le Maréchal dut envoyer deux colonnes françaises pour les débloquer et leur permettre de respirer à l'aise hors de la tanière où ils s'étaient terrés. Cette délivrance se fit pourtant bien aisément et sans combat, car nos troupes, bien qu'elles guerroyassent depuis près de cinq ans, n'étaient pas encore déprimées, et à la seule nouvelle de leur approche, les dissidents, si nombreux qu'ils fussent, disparurent au loin dans les montagnes. Quelque temps après; une colonne autrichienne forte de mille hommes avec du canon, partie de Puebla pour ravitailler cette malheureuse garnison de Pérote, dût-elle même être escortée (?) par un détachement de troupes françaises comprenant deux escadrons et 400 zouaves; c'était vraiment humiliant pour la colonne autrichienne.

Cette belle légion amenée en grande pompe d'Autriche pour soutenir le trône de l'archiduc Maximilien couronné, était donc tombée dans un état de démoralisation déplorable et on ne pouvait plus compter sur elle. Mais doit-on, peut-on même lui en faire un reproche? Je ne le pense pas, car j'ai une trop haute estime pour les troupes vaillantes et solides qui, quelques années auparavant dans les champs de la Lombardie, nous firent payer si cher nos victoires de Magenta et de Solférino.

Enfin, ne faut-il pas tenir compte de la situation qui leur a été faite matériellement et moralement, par les événements et les circonstances. Traités au début comme garde prétorienne des Souverains dans un pays qui n'était pas le leur, choyés d'une façon exceptionnelle, ils avaient pris des habitudes matérielles et une importance morale qui n'étaient pas précisément guerrières. Mais un jour vint où les conditions confortables quoique relativement, se modifièrent ; il fallut s'éloigner de la garde des palais impériaux, abandonner la vie facile pour courir les aventures, supporter les privations, soutenir souvent des combats malheureux, voir enfin leur archiduc paraître les oublier pour d'autres préoccupations. Puis, ce qui dut être le coup le plus cruel, subir le sort parfois humiliant du soldat mercenaire, qu'on ne sut pas assez leur dissimuler; réalité rendue plus pénible encore par l'irrégularité qu'apportait le gouvernement à assurer leur solde et leur subsistance. Alors ces soldats, ces officiers de l'armée autrichienne, qui n'avaient plus pour les soutenir et les guider le prestige tutélaire de leur drapeau national, n'éprouvèrent-ils pas un bien excusable sentiment de révolte morale en se voyant un jour payés et nourris par les soins de l'armée française? Que durent enfin éprouver leur officiers en se sentant presque abandonnés par leur Prince, après avoir été lâchés par leur général, le comte de Thun qui, refusant d'exécuter les ordres d'un maréchal de France, avait dû quitter le Mexique? Toutes ces considérations constituaient de bien sérieuses circonstances atténuantes. J'estime que ces braves gens ont été plus à plaindre qu'à blâmer; c'était mon sentiment alors. Aussi, en raison de mes fonctions de sous-secrétaire d'Etat à la guerre, je fis tous mes efforts, surtout au moment de leur rapatriement, pour défendre et soutenir les intérêts de la légion autrichienne, aussi bien que ceux de la légion belge, ces camarades de deux armées européennes, qui faisaient naufrage au Mexique.

En fait de troupes d'Europe, il ne restait plus que la légion étrangère française; mais celle-ci semblait également ne devoir plus, bientôt, être considérée comme une ressource sur laquelle pouvait compter l'Empire abandonné à lui-même.

En effet, le 4 septembre, Maximilien, dans cette singulière communication qu'il adressa au Maréchal au sujet des mouvements exécutés par les troupes du corps expéditionnaire, demandait de faire passer la légion étrangère à la disposition de son gouvernement. A cette demande insolite le Maréchal fit, cinq jours après, la réponse suivante :

« Quant à la mise à la disposition du gouvernement de V. M. de la légion étrangère, la convention de Miramar déterminait qu'il en serait ainsi le jour seulement où le dernier soldat français aurait quitté le sol de l'Empire mexicain.

« J'ai tout lieu de croire que les intentions du gouvernement français se sont modifiées, car les dernières instructions que j'ai reçues du Maréchal ministre de la Guerre stipulent qu'après le départ du corps expéditionnaire, la légion ne doit pas cesser de faire partie intégrante de l'armée française.

« Je crois donc que si le gouvernement mexicain désire être complètement édifié à ce sujet, il y a lieu d'ouvrir une négociation avec le gouvernement français pour que la question soit résolue d'une manière précise ».

A cette affaire de la mise de notre légion étrangère à la libre disposition du gouvernement mexicain était accrochée en effet une question des plus délicates, celle de son drapeau. Il n'était pas possible d'admettre, *à priori*, que cette troupe perdrait sa qualité de Française et qu'on lui enlèverait son drapeau, ce que, évidemment n'accepteraient à aucun prix les officiers français qui composaient exclusivement son cadre, non plus qu'un grand nombre de sous-officiers, de caporaux et de soldats, peut-être même aussi une grande partie des simples soldats de nationalité étrangère à la nôtre; à aucun on ne pouvait imposer le drapeau mexicain. C'était alors une dissolution fatale et complète de cette troupe dont la réorganisation était presque impossible dans les conditions difficiles où se trouvait le gouvernement impérial mexicain.

C'était donc le dernier bateau de sauvetage de l'Empire qui devait sombrer à son tour.

CHAPITRE XI

ÉTAT DE SIÈGE DANS L'EMPIRE

Reconnaissance du Maréchal dans le nord. — Correspondance de Maximilien avec le Maréchal. — Retour de celui-ci à Mexico. — Evénements en Europe ; Sadowa. — Echec de la mission de l'Impératrice.— Lettre du Maréchal Randon. — Révolution gouvernementale à Mexico. — Le Padre Fischer. — Démission des ministres Osmont et Friant. — Naissance d'un fils de Maximilien.

J'ai signalé en son temps le départ de Mexico du maréchal Bazaine pour le nord, direction de Monterey, le 2 juillet; mais il n'alla pas jusque là. Le 10, il arrivait à San-Luis de Potosi où il acquérait promptement une notion exacte de l'importance des événements qui se précipitaient dans la région frontière depuis la chute de Matamoros et de la situation particulièrement grave dans laquelle se trouvait tout le pays en agitation complète. Les communications n'y étaient plus possibles sans une forte escorte, car toutes les voies étaient occupées par des postes de cavalerie dissidente; les convois devaient être fortement accompagnés, même entre San-Luis et le quartier général du général Douay établi à Saltillo. Monterey, encore plus rapproché de la frontière, était serré de très près par les troupes d'Escobedo ; aussi le Maréchal éprouvait les plus grandes inquiétudes sur la situation du corps belge à qui était confiée la garde de cette position avancée, d'autant qu'on lui signalait déjà le mauvais esprit de cette troupe qu'on redoutait de voir se mutiner parce que le gouvernement mexicain ne pouvait plus le payer ni l'entretenir et que, se sentant presque abandonné, son mécontentement était extrême. C'étaient les prodromes des événements que j'ai exposés précédemment. Aussi le Maréchal, appréciant les dangers que courait la place de Monterey, ordonnait, quelques jours plus tard, de l'évacuer.

En outre, se conformant aux derniers ordres venus de Paris, à l'égard du rapatriement du corps expéditionnaire, il prescrivait au général Douay de se préparer à évacuer même Saltillo pour concentrer sa division et préparer le mouvement de retraite générale.

La situation dans les autres provinces de l'Empire, même les plus proches de la capitale, était également déplorable. Aussi, dans les premiers jours d'août, l'Empereur, sur l'avis de son conseil des Ministres, se croyait obligé de décréter l'état de siège dans les départements qui lui semblaient le plus agités et qui comprenaient toute la zone entourant la capitale vers le nord, l'Empereur pensait même déjà à étendre cette mesure à tout le Mexique et à confier les commandements militaires des provinces et des départements à des officiers français qu'il priait le Maréchal de lui désigner, s'il approuvait la mesure.

Il était bien temps de se jeter à corps perdu dans les bras protecteurs de l'armée française alors que celle-ci allait irrévocablement quitter le pays. C'était vouloir lui infliger toutes les responsabilités des événements qui se préparaient. Il était trop tard! En agissant ainsi, Maximilien ne faisait que condamner officiellement lui-même sa politique antérieure. Le Maréchal était trop fin pour tomber dans un piège aussi grossier. Il répondit dans des termes où, avec la plus parfaite déférence et l'expression loyale de son ardent désir de servir sa cause, il exposait avec une remarquable habileté, une logique irréfutable, le danger d'une mesure aussi générale qui modifiait radicalement toute la vie du pays, suspendant l'action de ses fonctionnaires, n'étant enfin qu'un *modus vivendi* transitoire et non pas un procédé de gouvernement. Le Maréchal fit ressortir très catégoriquement qu'il ne saurait, d'autre part, admettre que l'on pût confier uniquement à des officiers français la responsabilité des obligations que pourrait nécessiter l'état de siège; il déclarait qu'il ne pouvait pas désorganiser son armée en lui enlevant le plus grand nombre de ses officiers supérieurs, surtout au moment où elle allait quitter le Mexique; qu'enfin ce serait remettre entre les mains de l'intervention française une autorité qu'elle avait exercée au début sur le pays conquis par elle et qu'elle avait remise à l'Empereur lors de son élévation au trône; ce qui aurait, à tous les points de vue, le très grave défaut de laisser croire à une nouvelle main-mise sur cette conquête.

Je n'ai jamais su si ce message de haute saveur diplomatique eut le don de la persuasion auprès de Maximilien. Toujours est-il que le Souverain n'accusa pas le coup et ne parla plus de ce malheureux projet d'état de siège devenu du reste absolument inutile et d'une application désormais impossible. Pourtant je dois faire remarquer que si l'Empereur ne répondit rien au message du Maréchal ni surtout aux justes considérations qu'il contenait à l'égard des inconvénients généraux que pouvait présenter l'état de siège, il n'en persista pas moins dans ses idées et, sans tenir le moindre compte des sages conseils qu'on lui donnait, il prescrivit à son ministre de la Guerre de donner des instructions aux généraux commandant les troupes mexicaines, voire même au général de Thun pour appliquer l'état de siège dans les territoires placés sous leur commandement. Ces notifications et ces instructions morales explicatives ont été rédigées par moi-même et expédiées les 1er et 2 août 1866; mais je ne vois dans les documents minutes du sous-secrétariat que j'ai conservés, aucune trace de l'avis officiel qu'on aurait dû donner au Maréchal pour lui faire connaître ces mesures qu'il lui était pourtant bien important, indispensable même, de connaître.

Du reste, dans cette période de crise politique aiguë, l'Empereur était en proie à une fièvre épistolaire dévorante. Ses lettres au Maréchal se succédaient angoissées, pour soulever les questions les plus inopportunes, les plus irritantes et faire naître même des conflits regrettables que le tact et la modération du Maréchal paralysaient heureusement, tout en relevant parfois avec une grande dignité les atteintes indirectes qui étaient portées à sa grande situation française et à la haute mission qu'il tenait de son Souverain. Cette succession de communications impériales révélait d'une façon étrange les impressions qu'éprouvait l'Empereur par les salutations qui les terminaient. Un jour, Sa Majesté se disait du Maréchal : « son très affectionné Maximilien » quelques jours après, c'était la formule froide et hautaine : « Recevez l'assurance de ma bienveillance » puis, il revenait à l'affection pour retomber dans le sévère ! Cette correspondance dictée par son conseiller intime devenait un thermomètre des sentiments, je dirai même le « Philomètre » des impressions capricieuses du satanique père Fischer.

Sans vouloir reproduire les éléments si intéressants et si suggestifs qui composent cette correspondance trop souvent aigre-douce de la part de Maximilien, j'estime qu'afin de coopérer à la mise au point de la légende Bazaine qui reproche à sa victime de n'avoir pas suffisamment soutenu Maximilien qu'il est de mode de qualifier d' « infortuné », il est nécessaire de retenir quelques-unes de ses ripostes vigoureuses, dictées par le juste souci qu'avait le Maréchal de relever les froissements portés à sa dignité parfois traitée avec trop de partialité et de légèreté.

Ainsi, dans une lettre brève et sèche écrite le 4 août, l'Empereur exprime son mécontentement des événements désastreux survenus dans les provinces du Sud dont il s'attache à infliger la responsabilité aux mesures prises par le commandement et en met les résultats au compte de la campagne que le Maréchal avait faite dans le Nord. Il y avait dans cette imputation une ironie et un persiflage qui, bien que venant de très haut, n'en étaient pas moins regrettables, déplacés même, car ils s'adressaient à une personnalité également haut placée. En outre Maximilien se plaignait que le commandant en chef ne lui ait pas fait connaître son plan et ses projets qu'il importait cependant qu'il connut pour agir en conséquence.

Le Maréchal, dans une très longue lettre explicative, répond à tous ces griefs et notamment au reproche de n'avoir pas notifié ses projets au Souverain.

« Si Votre Majesté avait daigné me recevoir, lorsque, la veille de mon départ de Mexico, je sollicitais l'honneur de prendre congé d'elle, je lui aurais exposé mes projets, qui consistaient à reconnaître de mes propres yeux l'effet produit dans le nord de l'Empire par les événements et m'assurer de l'exactitude des rapports qui m'étaient adressés sur le peu de confiance que l'on devait avoir dans les principaux fonctionnaires et sur l'esprit généralement hostile des populations de ces contrées.... Votre Majesté désire des explications, je les lui donnerai sincères... En présence de cette inertie (du gouvernement et des fonctionnaires), de ce mauvais vouloir flagrant que je ne crains pas de dénoncer à Votre Majesté, tout en accomplissant loyalement envers l'Empereur du Mexique, avec conscience et dévouement, la mission que m'a confiée mon Souverain, je dois me préoccuper des soins que m'impose mon devoir comme mon droit de commandant en chef de l'armée française. »

Enfin, las sans doute de subir au loin ces tracasseries épistolaires, le Maréchal se décida à revenir à Mexico, non sans avoir prévenu Maximilien qu'en raison de la situation troublée où se trouvaient les provinces éloignées du Nord-Ouest, il donnait l'ordre de faire évacuer par leurs garnisons françaises les ports de Guaymas et de Mazatlan, sur l'Océan Pacifique, et de faire replier vers l'intérieur ces troupes dont la situation pouvait être compromise d'un instant à l'autre. Le 26 août, le maréchal Bazaine rentrait à Mexico où sa présence redevenait indispensable à tous les points de vue, surtout pour rendre plus faciles et plus rapides ses relations avec l'Europe d'où il attendait des instructions importantes, et tout le monde des nouvelles ; car la situation internationale s'y annonçait depuis quelque temps comme menaçante, On attendait surtout avec anxiété les résultats du voyage de l'Impératrice dont les objets variés avaient toujours été enveloppés de mystère.

Cependant le but principal de son intervention personnelle auprès de Napoléon III n'était un secret pour personne; on savait qu'elle se proposait d'obtenir le concours de nos finances et la prolongation du séjour de nos troupes au Mexique. Il était évident qu'elle devait échouer dans ses démarches; mais les circonstances vinrent encore en rendre le succès plus impossible.

En effet, pendant que cette auguste messagère, dont le rôle devenait si sympathique, quittait la capitale mexicaine, un coup de canon brutal, celui de Sadowa, retentissait en Autriche, soulevant un long frémissement dans l'Europe entière.

La Prusse qui, en 1859, avait, en quelque sorte, défendu moralement le sort de l'Autriche et presque arrêté Napoléon III dans sa marche victorieuse en Italie, venait de frapper cette même Autriche dans son influence allemande et lui arrachait d'autre part la Vénétie qu'elle lui avait conservée en 1859. Il est vrai que l'Autriche, à qui il répugnait de donner cette province à l'Italie, la livrait à la France qui la remettait ensuite à celle-ci.

La situation générale de la France était bien délicate et il était difficile de prévoir si la Prusse, cette nouvelle puissance qui grandissait ainsi, n'allait pas devenir un grave adversaire pour elle. En tout cas, les conséquences de ces grands événements commandaient une prudente circonspection et devaient rendre encore plus impossible le succès des démarches de l'Impératrice du Mexique.

A ce propos, on a bien dit depuis cette époque que, si la France n'était pas intervenue dans le conflit austro-prussien en faveur de l'Autriche pour compenser le secours que l'Italie donnait à la Prusse, c'est parce que notre puissance militaire était paralysée par notre action au Mexique. Je veux bien l'admettre dans une certaine mesure, bien faible en tout cas; mais ce grief a été plutôt une arme de l'opposition en France qu'une considération sérieuse pour le gouvernement français; car il n'est pas admissible que l'armée de Crimée et d'Italie fut réduite à l'impuissance parce que deux divisions d'infanterie et quelques batteries étaient occupées hors d'Europe.

Du reste, je l'ai déjà dit ailleurs, le Maréchal avait rendu compte à Napoléon III que, quelles que soient les complications dans lesquelles la France pourrait être entraînée, l'Empereur devrait être libre de toute préoccupation à l'égard de ses troupes du Mexique qui, pendant six mois au moins, sauraient se suffire à elles-mêmes, sans rien demander à la Mère-patrie. En tout cas, il est bien évident que, dans la situation où se trouvait l'Europe, la plus élémentaire prudence commandait de maintenir la décision prise de ne pas retarder le retour de nos troupes du Mexique.

Dans ces conditions, l'impératrice Charlotte se présentait à Paris sous les auspices les plus défavorables au succès de sa cause. Aussi les résultats de son entreprise furent-ils déplorables. Sans entrer dans le détail de cette campagne d'une diplomatie plutôt sentimentale qui ne procura à cette malheureuse princesse que des déboires navrants, presque des humiliations poignantes, je ne puis que me borner à rappeler qu'elle fut impuissante à fléchir la volonté inébranlable de l'Empereur des Français. Elle ne put rien obtenir en hommes ni en argent.

Et pourtant cette auguste femme, ardente, énergique et passionnée eut recours à tous les moyens, les plus émouvants même, pour vaincre la résistance du Souverain; mais furent vaines toutes les supplications, prières, larmes, rien ne put attendrir le cœur fermé de Napoléon III; et notre sympathie tout entière devait être acquise à cette grande infortune. Mais pourquoi faut-il voir ternir cette auréole de martyre de la raison d'Etat, par la mise en scène de procédés de persuasion peu dignes d'une cause si noble dans le malheur, la calomnie, l'attaque perfide contre un homme qui ne pouvait se défendre, ni confondre son accusateur ? C'est pourtant ce que fit l'impératrice Charlotte. Ne pouvant atteindre dans des reproches et des récriminations l'Empereur qui était devant elle, elle se livra à des attaques violentes, inqualifiables contre le maréchal Bazaine, qui était à Mexico, et se laissa même entraîner aux accusations les plus graves et les plus audacieuses.

Cette campagne ardente, qui avait pour but le rappel immédiat du Maréchal, n'eut d'autres conséquences, par sa violence même, que de consolider sa situation au Mexique, ainsi que le démontrèrent formellement les instructions envoyées après les agissements de l'impératrice Charlotte auprès de l'empereur Napoléon et de ses ministres.

En effet, le maréchal Randon, ministre de la Guerre, dans une lettre longue et substantielle, formulait-il les considérations suivantes absolument caractéristiques à l'égard de la confiance absolue qu'on avait encore et malgré tout dans le maréchal Bazaine :

« .....Il me suffit de vous faire savoir que le gouvernement de l'Empereur ne se fait pas d'illusions sur les affaires du Mexique en général et sur ce qui touche l'armée que vous commandez en particulier. Aussi regarde-t-il comme très important que vous dirigiez les mouvements de l'armée aussi longtemps que les circonstances le commandent et, si je dois vous faire connaître mon opinion personnelle, je crois que vous ne devez quitter le Mexique qu'avec la dernière colonne, parce que c'est assurément celle qui sera la plus difficile à conduire au port. »

Dans cette lettre on trouve en outre des considérations suggestives concernant les dépenses excessives affectées aux transports nécessités par nos colonnes en opération, et signalées assez traîtreusement par l'impératrice Charlotte, avec une arrière-pensée d'accusation à peine déguisée contre le Maréchal sur des *questions d'argent*. Le maréchal Randon remettant cette affaire au point semble avoir été inspiré par ces attaques de la souveraine résolue à compromettre l'honorabilité du Maréchal aux yeux de Napoléon III afin d'obtenir son rappel immédiat :

« L'Impératrice, disait-il entre autres observations, m'a parlé des sacrifices que le trésor mexicain avait eu à supporter par le fait des expéditions entreprises par notre armée ; ces sacrifices s'élèveraient à seize millions pour le seul service des transports. Je pense bien qu'il en est de cette dépense comme de celle de dix millions qui avait été consacrée à l'expédition d'Oajaca et qui s'est trouvée réduite à neuf cent mille francs. » Cette majoration de dépenses était doublement scandaleuse car elle avait pour but de couvrir les dépenses folles faites par Maximilien et de les imputer traîtreusement au Maréchal pour faire naître des suspicions sur la conduite du chef suprême de l'armée qu'on voulait perdre par d'affreuses calomnies.

Ces nouvelles, qui éclairaient d'une lumière sereine la situation, ne parvinrent au Maréchal que le 14 septembre, c'est-à-dire près de trois semaines après son retour. Elles étaient nécessaires, car pendant ces quelque vingt jours, il avait pu apprécier combien la situation était difficile et combien elle serait intenable si les efforts tentés par l'Impératrice et la cabale cléricale de Mexico, partie en guerre contre lui, avaient pu influencer son gouvernement.

A cette époque, en effet, il se produisit une sorte de révolution politique latente dont le foyer principal était à Mexico et dans l'entourage gouvernemental de l'Empereur. Cette révolution eut une importance extrême sur les dernières convulsions de l'Empire et marqua le début d'une ère nouvelle qui était un retour à une période de la politique intérieure contre laquelle l'intervention française avait eu à soutenir une lutte acharnée pour y mettre une fin qui, malheureusement, ne fut que provisoire. Ce fut la réapparition, le retour offensif du parti, non pas seulement réactionnaire mais clérical intransigeant.

C'était un spectacle surprenant et inexplicable de voir le parti ultramontain rentrer en scène et reprendre des espérances, alors que le parti libéral dissident renaissait presque de ses cendres, avec un entrain, une audace et des moyens d'action menaçants.

Comment les cléricaux pouvaient-ils supposer qu'après notre départ, ils pourraient dominer une situation qu'avec notre concours même, Maximilien voyait de jour en jour compromise de plus en plus et devenir même désespérée pour lui ? Il est incroyable qu'après les leçons du passé, ce parti ait pu encore se faire illusion. A sa tête, se retrouvait toujours le passionné archevêque de Mexico, Mgr Labastida, cet ennemi acharné qui nous avait déjà obligé à mettre un canon en batterie devant la cathédrale pour l'obliger à nous ouvrir ses portes, et allait sourdement, contre nous, recommencer la lutte. Ce prélat fougueux, âpre à la curée des prébendes, voulait à tout prix reconquérir les faveurs et les munifices des temps passés; haineux et vindicatif, réminiscence des Torquemada, il ne pouvait pardonner au Maréchal de l'avoir fait expulser de la Régence et d'avoir déterminé Maximilien à l'éloigner du Mexique en l'envoyant en Europe d'où il était revenu, du reste, de sa propre autorité, pour entreprendre une campagne acharnée contre le chef de l'intervention française. Il fut jusqu'à la fin notre ennemi de la dernière heure et c'est Maximilien qui fut la victime.

Dans tout ce désordre politico-clérical, quel est le rôle que joue cet Empereur vacillant sur son trône ? Après avoir essayé et usé successivement sous sa main ou plutôt découragé les partis modérés, réactionnaires ou libéraux, après avoir flatté même celui de Juarez, Maximilien venait de retomber, inconsciemment peut-être, dans l'ornière où il avait failli s'enliser, dans les mains crispées de l'ultra-cléricalisme. Et nous le verrons bientôt accueillir, grouper autour de lui tous les chefs combattants de ce parti.

A qui donc attribuer, en grande partie, cette suprême évolution qui devait aboutir à Queretaro ? Au Padre Fischer, naturellement, à ce coureur d'aventures variées et parfois dissolues où il subit les métamorphoses matérielles et morales

les plus fantaisistes. En Allemagne, sa patrie, étudiant d'une université luthérienne; transplanté au Mexique, il fut successivement cow-boy, clerc de notaire, chercheur d'or aux placers, rénégat du Protestantisme et prêtre mexicain, assez mal frusqué du reste, secrétaire d'évêque, curé de paroisse, enfin confesseur, secrétaire particulier, conseiller d'Empereur et son « missus dominicus » auprès du pape, maladroit du reste. Heureux mortel qui, ayant fait de si nombreux métiers, avait tant de cordes à son arc ! Et pourtant, il lui en manquait encore une, celle du gibet. Il faillit du reste la trouver à Queretaro, lorsqu'on fusilla Maximilien, sa victime. Elle lui était pourtant bien due, plus encore que les douze balles du malheureux Empereur! Et je reste confondu en pensant que c'est lui qui, à la dernière minute de sa vie, aurait pu lui ouvrir les portes du ciel! *Non erat dignus!* Mais, ô dernière infamie! prévoyant la catastrophe, il l'avait abandonné avant.

Il n'est pas surprenant que cet homme sans principes, sans scrupules, sans moralité, à qui tout avait réussi jusqu'alors eut toutes les audaces. Aussi ses aspirations suprêmes, le but final de sa carrière d'acrobate social, si étonnante et si panachée, n'étaient rien moins que la mître de Durango, conférant les plus riches prébendes du Mexique. Vraiment avec de pareils antécédents cette faveur lui était bien due ! Et voilà pourquoi il s'était fait l'âme de Mgr Labastida, primat du Mexique, et pourquoi il poussait l'Empereur dans les bras du cléricalisme intransigeant.

Mais je m'aperçois que je mérite peut-être le reproche d'accabler systématiquement de mes malédictions le « père Fischer ». Si oui, je m'en excuse, mais j'estime que l'histoire ne saurait trop stigmatiser ce personnage néfaste, cet intrigant sans scrupules qui, par ambition personnelle et uniquement cupide, s'est imposé à la Cour pour jouer un rôle abominable dans la vie de Maximilien. Et puis, j'imite la tactique adoptée dans les contes de fées, où le mauvais génie apparaissait sans cesse pour être conspué d'importance; puisque c'était le seul châtiment qu'on put lui infliger.

La révolution dont Fischer avait ourdi la trame, s'accusait officiellement dans le gouvernement par la nomination d'un ministère où brillaient les leaders du parti ultra-clérical. Aussi, à son retour, le Maréchal fut doublement surpris et mécontent de trouver dans ce cabinet de combat les deux chefs des services les plus importants de son armée, MM. Osmont et Friant. Mais que pouvait-il faire en présence d'un fait accompli que, dès le début, il avait déjà blâmé en principe? La situation était délicate : s'il donnait l'ordre à ces deux officiers de se retirer, il encourait les foudres de l'Empereur. Cette perspective n'était pas faite pour l'émouvoir, cependant il était préférable de l'éviter. Ce qu'il pouvait craindre seulement, c'était d'être accusé par le chef de l'Etat aux abois de paralyser ses efforts dans l'œuvre de réorganisation de son armée et de ses finances, arme dont Sa Majesté se servirait assurément contre lui auprès de l'opinion publique et de son gouvernement. Le Maréchal prit le parti le plus sage, celui d'attendre les ordres qu'il devait recevoir de Paris et qui ne pouvaient tarder à arriver.

Cependant, lorsqu'il vit quelles étaient les tendances proclamées par les nouveaux ministres mexicains choisis par l'Empereur, qui se préparaient à mettre à néant toutes les mesures libérales et justes imposées par l'intervention au gouvernement de la Régence et approuvées par l'Empereur après son avènement, il reconnut qu'il convenait de tenir la France à l'écart d'une pareille réaction et qu'il était impossible d'admettre plus longtemps que des officiers généraux français s'associassent à une pareille politique si contraire aux sentiments français et aux instructions du gouvernement de la France. Du reste, le Maréchal était bien convaincu que l'empereur Napoléon réprouverait absolument l'ingérence de deux de ses officiers dans un pareil gouvernement de réaction et de cléricalisme surannés. Dans ces conditions, il se décida à inviter ces deux officiers à se retirer. Ne voulant pas aborder la question au point de vue de la nouvelle politique gouvernementale dont l'Empereur était seul responsable, il leur prescrivit de donner comme prétexte l'impossibilité de conserver simultanément leurs fonctions dans l'armée française d'une part et le gouvernement mexicain de l'autre.

Mais, MM. Osmont et Friant commirent la faute, je dirai même l'acte d'indiscipline, de ne pas comprendre. Evidemment, ces officiers, le général Osmont principalement, étaient convaincus, et pour cause, que l'Impératrice allait obtenir le rappel du Maréchal et qu'avec son successeur, le général Douay, ils resteraient ministres. Ils eurent même la maladresse, en cette occurrence difficile, d'appeler Maximilien à leur secours, ce que Sa Majesté s'empressa de faire, car elle tenait, plus que jamais, à compromettre la France dans les affaires embrouillées du Mexique. Du reste, je suis convaincu que dans cette intrigue, elle avait, depuis un certain temps, une idée de « derrière la tête » et qu'elle préparait déjà la situation nécessaire, au moment où elle partirait pour l'Europe, à la recherche d'une couronne plus solide.

Maximilien demanda formellement au Maréchal à ne pas mettre les deux officiers français, devenus par son unique autorité ses ministres, dans l'obligation d'abandonner les fonctions dans lesquelles ils rendaient les plus éminents services. En parlant ainsi, l'Empereur du Mexique était dans son rôle; mais où il n'y était plus et où il devenait incorrect et maladroit, c'est en exprimant au commandant de l'armée française qu'il serait possible de remplacer ces deux officiers dans leurs fonctions de chef d'Etat-major et d'Intendant. Cette proposition était un comble d'inconséquence, je dirai même d'inconvenance; car le Maréchal était absolument impuissant à prendre une pareille mesure et on ne peut comprendre que l'archiduc d'Autriche qui avait servi dans une des armées les mieux hiérarchisées de l'Europe, ait pu avoir une idée pareille et mettre un maréchal de France dans l'obligation de redresser une aussi exorbitante prétention.

Du reste, le Maréchal avait manqué d'énergie. Dès le début, il aurait dû arrêter net cette affaire et ordonner à ses deux chefs de service de résilier, sur-le-champ, des fonctions étrangères à l'armée qu'ils avaient accepté de remplir, sans son autorisation formelle. Tout tournait au gâchis dans le bourbier où nous barbottions là-bas!

Enfin, acculé dans ses derniers retranchements par l'extraordinaire démarche de Maximilien, le Maréchal s'en tira vigoureusement par des considérations précises cette fois. Après avoir déclaré à l'Empereur que, négligeant le caractère politique du Cabinet, il n'avait envisagé et n'envisageait encore que l'incompatibilité existante dans les deux fonctions remplies par les mêmes officiers, qui apportait forcément un trouble grave à la bonne exécution de leur service dans le corps expéditionnaire; mais que, cependant, si leur concours était absolument indispensable à son gouvernement, il consentait à laisser les deux officiers résilier les fonctions qu'ils remplissaient dans son armée. En agissant ainsi le commandant en chef ne refusait pas à Maximilien le concours de ses officiers, mais il mettait ceux-ci en demeure d'opter entre leurs hautes fonctions sous le drapeau français et celles qu'ils occupaient irrégulièrement dans le gouvernement du Mexique. La solution à un dilemne ainsi posé ne pouvait être douteuse.

Le général Osmont et l'intendant Friant comprirent enfin où était, pour eux, le devoir et donnèrent leur démission de ministres, n'ayant gagné à leur équipée que la réprobation de leur gouvernement, surtout le général Osmont qui, depuis un certain temps, ainsi que je l'ai expliqué, avait tramé ce petit complot d'ambitieux.

Pour varier les idées et par respect dû à la chronologie, je dois modifier le champ de mes explorations historiques et le ramener au commencement de septembre pour signaler un « fait divers », d'importance secondaire, il est vrai, au milieu des préoccupations graves du moment; mais assez suggestif cependant pour avoir ému, tout au moins, la chronique mondaine et quelque peu scandaleuse de Mexico, où il fut accueilli par un gigantesque point d'exclamation. La femme du jardinier de la villa impériale de Cuernavaca venait d'avoir un enfant!... C'était le fils de Maximilien. Quel étrange caprice du destin ! Au moment où la couronne oscillait sur le front de l'Empereur du Mexique, un rejeton lui venait au monde dans cette oasis de Cuernavaca dont le monarque avait fait son paradis terrestre passager, où il avait trouvé son Eve... et la pomme ! Quelle déception, en présence de ce rejeton irrégulier qui prouvait qu'il aurait pu en avoir de régulier! Et quelques semaines après, comme si une voix mystérieuse avait porté cette pénible nouvelle en Europe, l'impératrice Charlotte, qui avait été impuissante à donner à son époux un héritier de pure race impériale, devenait folle.

Quelle a bien pu être la destinée, sans doute lamentable, de cet enfant qui aujourd'hui devrait être un homme de quarante ans?

Cet événement fut annoncé à Paris, à la Cour même, par la plume d'un des officiers de cavalerie dont j'ai signalé déjà les exploits épistolaires et qui s'exprimait à ce sujet dans les termes cavaliers que voici :

« Ce qu'il y a de sûr, c'est que l'Empereur et l'Empire, ici, restent tout ce qu'il y a de plus impopulaire et que chacun s'attend à voir disparaître l'un et l'autre. Ne vas pas croire que l'empereur Maximilien en soit si affecté que cela : car sa grande préoccupation ici est d'aller continuellement à Cuernavaca, voir une jeune Mexicaine dont il vient d'avoir un fils, ce qui l'enchante au delà de toute expression. Il est très fier d'avoir affirmé ainsi ses aptitudes à la paternité, point qui lui était fort contesté. Pendant ce temps le pays reste sans direction, sans confiance, sans le sou. »

Très juste, mais pas très respectueux pour Sa Majesté mexicaine, le brillant chef d'escadron d'Espeuil! En tout cas il était bien dans la note.

CHAPITRE XII

OPINIONS CONTRADICTOIRES DES CHEFS MILITAIRES

Préparation d'un ministre de la guerre. — Instructions et nouvelles venant de Paris. — Le Maréchal reçoit l'ordre de rester au Mexique jusqu'à la fin. — Echos de l'entrevue de Napoléon III et de l'Impératrice Charlotte. — Lettre de Napoléon III à Bazaine — Impressions du Souverain. — Caractère de la correspondance du général Douay. — Discussion de certains griefs formulés contre le commandement en chef. — Notes opposées dans la correspondance du colonel du génie Bressonnet au général Frossard. — Réflexions du colonel de Galliffet. — Considérations ayant déterminé Napoléon III à envoyer en mission le général Castelnau.

La retraite du général Osmont me fut personnellement très sensible, car j'en subis directement les conséquences. Malgré le léger conflit du début, vite oublié de part et d'autre, je le crois du moins, je n'eus avec lui que les relations les plus parfaites et les plus agréables; il me traita toujours de façon irréprochable et me témoigna une bienveillance très flatteuse. Son départ me replongeait dans l'inconnu mexicain.

Ce fut naturellement ce qui me préoccupa le plus. Quel allait être le nouveau ministre? Il était évident que, surpris par l'événement qui venait de se produire, l'Empereur n'avait pas de candidats en vue. Et, de fait, il ne pouvait en avoir. Un interrègne était donc forcé; je me hâtai d'en profiter pour aider... à trouver dans le cadre des officiers généraux mexicains un général ministrable. Secondé dans mes recherches par les avis sérieusement contrôlés, du reste, de mes directeurs, je fis choix d'un général de brigade, convenable à tous égards, un vieil officier de carrière qui avait toujours fait patriotiquement son devoir, sans se compromettre outre mesure avec aucun parti. Cet officier avait longtemps résidé en France où il avait acquis une large connaissance de nos mœurs et de nos usages militaires. C'était le général Ramon Tavera. Sans être clérical outré comme le ministère du moment, il n'en était pas moins pour lui « persona grata ». Je me mis à l'œuvre, avec l'aide du capitaine Pierron, chef du secrétariat impérial, afin d'obtenir sa nomination, très méritée du reste, au grade de général de division et ensuite son acceptation comme ministre de la Guerre.

Cependant, les événements se précipitaient sous l'impulsion fiévreuse des nouvelles venant d'Europe, des décisions envoyées de Paris. Ces dernières principalement avaient pour le Maréchal une importance extrême.

Napoléon III avait été naturellement très impressionné par les récriminations, les reproches, les accusations même dont l'avait accablé l'impératrice Charlotte, à l'égard du maréchal Bazaine; mais ce qui l'avait préoccupé le plus dans l'exposé navrant qu'elle lui avait fait au sujet de l'état militaire de l'Empire, c'est la situation dans laquelle allait se trouver son armée, en présence de la résurrection des forces dissidentes qui se grossissaient chaque jour des troupes impériales et prenaient désormais une offensive sérieuse, grâce aussi aux soutiens matériels fournis par les Etats-Unis qui s'étaient débarrassés au profit de Juarez de tous les nègres et aventuriers de tous poils qui encombraient son armée du Texas.

L'empereur Napoléon eut alors une perception stratégique très juste du danger que pourrait présenter le rapatriement successif de ses troupes. Aussi, se donnant l'apparence d'une concession généreuse aux sollicitations de l'Impératrice, il avait consenti à reculer jusqu'au commencement de l'année 1867 le rappel de son armée dont les premiers détachements devaient s'embarquer dans les derniers mois de l'année courante.

En réalité, Napoléon III se décidait à faire l'évacuation du territoire mexicain en masse, de façon que le corps expéditionnaire tout entier put se replier en bon ordre jusqu'à la côte où il embarquerait presque entièrement en un seul bloc.

Un autre sujet d'inquiétude très grave aussi, car elle était le corollaire des préoccupations qui précèdent, venait à l'esprit de l'Empereur. En effet, il y avait déjà plusieurs semaines qu'il avait fait autoriser le maréchal Bazaine, sur sa demande, à rentrer en France quand il le jugerait à propos; et il y avait lieu de craindre qu'il mit son projet à exécution. Alors, Napoléon III prescrivit à son Ministre de la Guerre d'inviter le Maréchal à rester à la tête de ses troupes jusqu'à l'évacuation complète et de ne quitter Mexico qu'avec la dernière colonne. C'est l'ordre que le Maréchal reçut le 15 septembre et auquel il répondit qu'il ne s'embarquerait qu'après le dernier soldat français.

A tous les points de vue, Napoléon III agissait sagement.

Il était, en effet, inadmissible de laisser un général en chef abandonner son commandement au moment où la situation pleine d'aléas, de difficultés de toutes sortes et même de dangers nécessitait plus que jamais un chef expérimenté comme le Maréchal qui depuis plus de quatre années avait conduit les affaires de la politique, comme celles de la guerre, à la satisfaction absolue du gouvernement français, qui connaissait mieux que personne le personnel mexicain, gouvernemental surtout où se tramaient sans cesse les intrigues les plus inextricables, qui avait enfin un ascendant moral considérable sur tout le monde, amis ou ennemis, et était particulièrement redouté par ces derniers. C'eut été une faute grave d'enlever au Maréchal son commandement, de gré ou de force, pour le confier, dans de pareilles conditions, à un jeune divisionnaire comme le général Douay, qui avait toujours vécu guerroyant au loin de la capitale et n'avait jamais pu apprécier, et encore moins juger, sainement les affaires embrouillées de ce pays. Heureusement pour l'armée, pour la France et malgré les attaques violentes dont le maréchal Bazaine avait été l'objet de la part de son subordonné dévoré de l'ambition de prendre sa place, malgré les plaintes acerbes de l'impératrice Charlotte et les accusations du Mémorandum qu'elle lui avait apporté, Napoléon III ne commit pas cette faute et il écrivit lui-même au Maréchal pour lui confirmer les ordres de son ministre. Cette lettre, dès les premières lignes, tranchait nettement la question de commandement : « Le moment approche où je dois faire appel à toute votre énergie et à toute votre intelligence pour terminer d'une manière ou d'une autre les affaires du Mexique. L'arrivée de l'impératrice Charlotte n'a pu rien changer à l'état des choses et je lui ai déclaré franchement qu'il m'était impossible de donner au Mexique ni un écu ni un homme de plus. »

La sauvegarde de la situation militaire paraissait ainsi assurée et le gouvernement de l'Empereur allait étudier les conditions administratives dans lesquelles devrait s'opérer le rapatriement des troupes et de leur matériel. Mais il se présentait aussi une autre question qui était d'ordre politique et entrait dans le domaine confidentiel de la diplomatie. Elle résultait de l'abandon de l'empire mexicain à ses propres ressources, à lui-même en un mot; opération relativement simple au point de vue matériel qui ne comportait d'autres préoccupations que celles concernant l'armée française. Mais il y avait à prévoir d'autres dispositions.

En effet, quelle a été la note finale de l'entretien qu'eurent ensemble l'empereur Napoléon et l'impératrice Charlotte dans l'entrevue historique du palais de Saint-Cloud ? L'Impératrice ayant employé tous les moyens de persuasion pour obtenir de l'Empereur des Français de soutenir encore son trône, épuisée, énervée par tant d'efforts inutiles, commit la faute de s'écrier : « Mais alors, Sire, il ne nous reste plus qu'à abdiquer! » A quoi, Napoléon III, impassible, répondit sèchement : « Eh bien, abdiquez ! » Cette réponse s'imposait évidemment et même elle ne comportait aucune atténuation dans les termes, pas plus que la demande n'en présentait. Mais si l'on veut soulever un voile, on peut remarquer que l'Empereur aurait pu ajouter discrètement le correctif que voici et qui fut sans doute dans son esprit :

« Du reste, Votre Majesté ne peut oublier que cette solution avait été déjà prévue dans nos conventions secrètes entendues avant le traité de Miramar! » Cela était vrai, mais dans des conditions tout autres, car on ne pouvait pas prévoir alors que l'archiduc d'Autriche remplirait si mal son rôle d'empereur du Mexique... provisoire, et qu'au lieu d'abdiquer la couronne d'un Empire bien établi, grâce à nous, il ne nous laisserait qu'un Empire en dissolution.

Par conséquent, d'après les paroles échangées comme conclusion de l'entretien de Saint-Cloud, il restait dans la pensée de Napoléon la possibilité, la probabilité même, d'une abdication dont tout le monde parlait, du reste, au Mexique et à Paris même où arrivait depuis quelque temps l'écho de ces impressions d'outre-mer.

Dans ces conditions, l'évacuation du Mexique, l'abandon de ce pays par nos troupes et par les représentants de la France n'était plus une opération simplement et uniquement militaire, elle comportait vraisemblablement, en outre, des préoccupations politiques et diplomatiques auxquelles il importait de penser et qu'il fallait prévoir pour le cas échéant. Or, dans cet ordre d'idées tout particulièrement délicates et confidentielles, le seul homme à qui on pouvait confier le grand rôle était bien le maréchal Bazaine. Il fallait donc, à tout prix et pour ces considérations spéciales, qu'il restât au Mexique afin de faire face à l'éventualité probable en vue de laquelle l'Empereur allait lui envoyer des indications et des instructions secrètes.

En effet, dans cette importante lettre du 29 août, il abordait sans détours cette grave hypothèse de l'abdication de Maximilien et appelait déjà son attention sur la nécessité de constituer, dans cette occurence, un gouvernement, voire une République, la moins mauvaise de toutes (le mot est assez piquant) avec lequel on pourrait traiter pour sauvegarder du mieux possible nos intérêts et ceux de nos nationaux. Sur ce point délicat, l'Empereur, prévoyant qu'on aurait des difficultés à surmonter, reprodiguait encore au Maréchal les marques de sa confiance : « Tout cela, je l'avoue, est bien difficile, mais je compte sur vous pour débarrasser la France de cette question mexicaine qui nous entraîne dans des difficultés insolubles. » Puis, Napoléon ajoute qu'il a écrit à ce sujet à l'empereur Maximilien, en lui déclarant qu'il faut qu'il se soutienne tout seul ou bien *qu'il abdique* pour que l'armée française puisse rentrer en France tout entière au mois de février suivant.

Toutefois, si les considérations de toute nature qui précèdent avaient déterminé Napoléon III à consolider la situation du Maréchal au Mexique, l'Empereur n'en restait pas moins impressionné, non seulement par les révélations hardies de l'Impératrice, mais aussi par toutes les informations d'un caractère privé qu'il avait reçues du Mexique, bien qu'elles lui fussent parvenues par des voies indirectes.

Pour apprécier quelle influence avaient pu avoir ces informations sur l'esprit de l'empereur Napoléon et mesurer les perplexités, les inquiétudes qui devaient l'absorber, il me paraît nécessaire de faire une incursion instructive dans le domaine de la médisance et de la calomnie pour connaître l'importance et l'âpreté des diffamations dont était l'objet le maréchal Bazaine, le seul homme pourtant dans lequel l'Empereur put mettre sa confiance, à cette heure décisive où allait se résoudre cette entreprise mexicaine si compromise.

Dans ce but, je reproduis ici les échos de ces informations perfides et troublantes qui n'ont été que plus tard réduites à néant dans l'esprit du Souverain par le contre-mémorandum explicatif avec documents probants à l'appui, envoyé par le Maréchal quelques semaines après son maintien à son poste.

Je trouve dans le recueil des fameuses correspondances d'officiers français les appréciations que je reproduis ci-après et dont le caractère contradictoire est éminemment suggestif à l'égard de la manifestation de la vérité.

Le général Félix Douay, ce sous-ordre devenu infatué et ambitieux, rêve de prendre la place de son chef suprême et s'efforce, dans toute sa correspondance adressée à Paris, en destination indirecte de l'empereur Napoléon, de le déconsidérer gravement en interprétant avec la plus extrême déloyauté tous ses actes politiques ou militaires.

Le 26 février 1866, il écrit : « ... La situation à l'intérieur, loin de s'améliorer, ne fait que péricliter. L'aveuglement du Maréchal, qui veut diriger jusqu'au plus petit mouvement de troupes, porte ses fruits. Nous ne faisons en vérité que des choses insensées. Cela se comprend puisqu'il serait même difficile de faire quelque chose de bien (pas pour lui bien entendu!) si l'on pouvait agir avec à propos et un peu de suite dans les idées (les siennes par exemple); aussi ne peut-on se faire une idée du désordre abominable dans lequel nous sommes tombés.

« Tout cela profite aux bandes que nous allons chercher à l'Ouest quand elles sont à l'Est; au Nord quand elles sont au Sud. (Il n'y a qu'une erreur à relever dans ce tableau stratégique, c'est que ces bandes sont partout.)

« Son Excellence se carre dans ses vastes projets qui sont le sublime de l'absurde. »

Le 18 mars. — « ...Comme je ne suis pas assuré que ma lettre arrivera, je ne te donnerai pas mon avis sur la situation... Il était donc écrit là-haut que les gens perfides seraient seuls écoutés ici-bas. Je t'affirme qu'ils préparent à notre Empereur et à la France une triste solution.

« Je considère comme criminels tous ceux qui n'ont pas le courage de dire qu'il faut ou continuer la campagne avec nos ressources actuelles, ou se retirer en entier. On les trompe en leur préparant une autre solution.

« Les éléments qu'on veut nous substituer n'existent pas, et on ne peut les créer, voilà la vérité — voilà le mensonge. » Toutes ces récriminations vagues en apparence visent le Maréchal.

Le 7 avril. — « ...Je ne t'entretiendrai pas des affaires du pays, parce que la plupart de nos courriers tombent en des mains indiscrètes et je me soucie fort peu de faire connaître au public ma manière d'apprécier les événements qu'on prépare pour l'avenir..... Je sais à quoi m'en tenir sur la bienveillance dont je serai l'objet de la part de certaines personnes, et je sais aussi ce qui m'attend au cas où je ne me soumettrais pas à être un instrument aveugle pour servir les desseins de certains personnages (quelle perfidie !)... »

« Je connais assez l'humanité et le théâtre sur lequel elle figure en ce moment pour n'être point étonné des succès de l'intrigue et du charlatanisme..... mais cela ne m'oblige pas à jouer un rôle de comparse dans la farce. » Ce misérable bavardage est à l'adresse de son chef ; mais voici le plaidoyer « pro domo sua ».

« Je crois d'ailleurs qu'on laissera à celui qui l'a noué le soin de dénouer le nœud gordien. Il me semble que c'est de toute justice. Et j'espère qu'on n'aura pas oublié que mes appréciations étaient en complète contradiction avec celles de ce haut personnage. Cela me dégagera de toute obligation et j'en serai bien aise, car je n'ai aucune envie d'avoir celle de discuter... » Enfin, entraîné par sa malheureuse passion de blâmer, de critiquer, le général Douay dénigre aussi son collègue commandant l'autre division, le général de Castagny ; il le fait même avec un persiflage grossier. Et pourtant ce vaillant entraîneur de baïonnettes de Crimée et d'Italie le valait bien, si ce n'est plus. En tout cas, ce camarade qu'il débinait était discipliné et respectueux de ses chefs, il avait une santé parfaite, bon estomac, était toujours content, prêt à tout et ne se plaignait jamais ; toutes qualités qui étaient inconnues du général Douay qui se contentait de flatter son Empereur, pensant que cela lui serait profitable, car il avait déjà largement exploité la bienveillance impériale.

« Je n'ai pas de nouvelles de C.... (Castagny) qui est à Durango... Ce brave général a fait publier dans le journal de Mexico un tour qu'il a sans doute l'espoir de voir répéter par ceux de Paris. Si, après cela, il n'a pas une chaise curule du fulminant Husson, il ne faudra plus croire à rien. C'est de l'éloquence olympienne, un coup de carreau, un coup de massue sur les esprits inquiets, et l'égide du trône de l'enfant impérial. Je ne sais pas si l'Empereur trouvera qu'il est de bon goût qu'un gaillard, qui est au moins son contemporain, le couche sans façon en terre et fasse déjà des agaceries à son héritier. Il faut croire qu'il n'y regardera pas de si près et qu'il ne manquera pas de récompenser comme il le mérite, cette explosion désintéressée d'amour et de dévouement pour la dynastie. » Cette tirade, qui est du plus mauvais goût, n'est que ridicule, au milieu de toutes les méchancetés que contient cette lettre abominable.

Le mois suivant, il écrivait : « ...Je crois que nous allons assister à un dénouement qui sera loin d'être flatteur pour ceux qui l'auront préparé avec aveuglement ou inexpérience... c'est le moment de prendre ses précautions. Je ne veux pas être la dupe des perfidies des personnages intéressés à présent à rejeter sur les innocents les tristes résultats de leurs combinaisons... Son Excellence va sans doute m'accuser d'une nouvelle atteinte de boutade. » Le mot est anodin !

Le 19 juin, on lit dans son rapport « sans sabre » : « Il pourra m'arriver de me casser le cou dans cet exercice (de récrimination) mais je préfère succomber de cette façon que de m'élever par une série de vilaines intrigues, qui, en définitive, seraient toujours payées par l'Empereur et son gouvernement. « Quelle flagornerie et quelle audace ! car ne sont-ce pas là de vilaines intrigues qu'il fait depuis trop longtemps lui-même?

Je cite enfin ces réflexions également malveillantes mais topiques et bien maladroites, car elles passent par dessus le Maréchal pour atteindre directement l'empereur Napoléon. « Je ne sais pas comment le maréchal Bazaine entend les choses. Il me semble qu'il aurait dû avoir assez de profondeur et de prévoyance pour dire, il y a trois ans, à l'Empereur ce qu'il vient de lui révéler aujourd'hui. Il a trouvé plus profitable de caresser à cette époque les illusions, et à présent il ne trouve d'autre solution que de partir par pièces et morceaux. S'il avait la moindre franchise, il devrait prédire que la guerre de retraite ne peut produire qu'une désastreuse catastrophe. Je crois qu'il le sait, mais il compte toujours que la crise ne se produira qu'après lui, voilà en quelques mots la situation. Et pour lui la question consiste à faire un tour d'escamotage. »

Le 9 juillet, de Saltillo. — On ne trouve guère de récriminations dans cette lettre, mais un passage qui en dit long sans vouloir rien dire : « ..... Je ne vais pas t'écrire une lettre de fond, parce que j'ai des doutes sur la sûreté de la correspondance (c'est flatteur pour les officiers de cabinet du Maréchal, qu'il noircit généreusement, en les considérant comme agents d'un cabinet noir).

« J'ai pu écrire ouvertement à mon camarade Cloué, qui commande la division navale à la Vera-Cruz, parce que j'ai avec lui un chiffre. Je le prie de t'adresser un extrait de ma lettre où on trouvera des choses que je ne puis risquer ici. » Cela devait être édifiant puisqu'il avait, pour l'écrire, employé le mystérieux concours d'un chiffre; mais j'ai toujours eu en trop haute estime le commandant Cloué pour supposer qu'il ait pu transmettre à Paris les vilaines choses qu'on lui adressait d'une façon aussi clandestine.

Je m'arrête, quant à présent, dans cette perquisition instructive au sein des élucubrations de ce correspondant d'élite, car elle est suffisante pour montrer quel trouble elles devaient alors répandre dans l'esprit de Napoléon III. Mais ces lettres du général Douay n'étaient pas seules à porter l'alarme aux Tuileries; il y en eut bien d'autres, écrites sous l'inspiration d'autres sentiments, d'un caractère plus correct et plus discipliné, qui furent de nature aussi à jeter le trouble dans les esprits. Comme spécimen de ce type différent, je choisis un autre reporter, plus jeune, mieux portant, moins réticent que le précédent, d'un tempérament et d'un esprit plus pondérés. Cet officier fournit dans sa correspondance, parfois humoristique, des observations et des réflexions qui elles aussi ne faisaient qu'augmenter le désarroi causé par les récriminations du général Douay. C'est un cavalier, et des plus distingués du reste, à qui j'ai déjà fait quelques emprunts.

Le 1er mai 1866, le commandant d'Espeuil écrit de Patzcuaro, qu'il appelle un trou parce qu'on descend de tous les côtés pour y parvenir. Il trouve extraordinaire qu'on y laisse immobiliser pour un temps qu'il juge très long, un régiment de zouaves et deux escadrons de hussards, les siens, et cela sous l'unique prétexte d'exercer une influence morale sur le pays qui, malgré tout, est affreusement troublé.

« Je veux bien, dit-il, qu'on économise le sang français pour mettre en avant les Mexicains qui sont chez eux; mais lorsqu'il est reconnu que ces derniers ne sont pas de force à lutter ou n'osent pas tenir la campagne, il me semble que ce serait le moment de faire avancer les pantalons rouges qu'on prodigue par moment et que, d'autres fois, on soigne comme des convalescents. Il y a dans tout cela une confusion que je ne puis m'expliquer et qui donne lieu aux plus singulières interprétations. » On retrouve là le noble cri du sabreur qui voudrait qu'on lançât plus souvent ses escadrons aux pantalons rouges. Mais ce bouillant Achille ignorait que cette manière de faire résultait des ordres du gouvernement français; car, s'il l'avait su, il n'aurait pas formulé ces récriminations.

Il ajoute : « Je ne juge, du reste, que mon coin, car, à part des bruits qui nous arrivent de loin en loin, je ne sais pas plus ce qui se passe à 50 lieues d'ici que dans le département de la Nièvre. » (Cet aveu est au moins honnête et loyal.) Mais alors son auteur devrait modérer les critiques qui suivent : « Ce que je puis affirmer c'est que depuis plus de deux mois que nous sommes en expédition, nous faisons de la mauvaise besogne. Aussi voilà 70 jours que nous courons puis que nous repartons. » (Mais alors pourquoi dit-il qu'on hypnotise les troupes?) « Tout cela sur des ordres de Mexico. Or, le pays n'est pas plus pacifié qu'à notre départ, et tout cela par la faute du Maréchal qui veut toujours commander à 150 lieues de distance et qui veut que les Mexicains se battent; les malheureux n'en veulent pas, c'est connu; pourquoi donc s'obstiner ainsi? vraiment, c'est écœurant les bêtises que nous faisons ici. »

Ce reproche adressé au Maréchal de commander à 150 lieues est également familier au général Douay et, comme il a été formulé sans doute par d'autres correspondants, il convient d'en faire justice, en raison des circonstances même où se trouvait notre armée et du rôle de pacificateur qu'elle avait à remplir dans cet immense pays.

En effet, l'ensemble des forces militaires qui soutenaient la cause impériale se composait d'éléments essentiellement différents au point de vue de leur organisation, de leurs moyens d'action personnels et surtout de leur nationalité, condition qui exigeait qu'ils ressortissent essentiellement du même commandement, c'est-à-dire l'autorité militaire supérieure, celle du Maréchal, quel que soit du reste le lieu où se trouvât sa personne.

D'autre part, le morcellement excessif des éléments de ces forces militaires, qui étaient réparties sur d'immenses surfaces de territoires, nécessitait une direction générale unique ; car, pour parer à certaines éventualités résultant de l'action décousue qui caractérisait les forces dissidentes, également divisées à l'infini et très mobiles, il importait qu'on entreprît des opérations combinées avec des troupes appartenant à des commandements différents, entreprises qui ne pouvaient être conçues et ordonnées que par le commandement suprême du Maréchal; et encore, malgré cette condition, il se trouva des chefs de nationalités étrangères qui firent échouer des opérations de cette nature pour s'être refusés à exécuter des ordres venus même de si haut.

L'entente entre les divers commandements comprenant des provinces entières, qui était indispensable pour faire concourir vers un objectif commun les opérations des détachements appartenant à chacun d'eux, eût été souvent beaucoup plus longue, plus difficile et plus aléatoire, que la combinaison directe conçue et ordonnée de Mexico ou d'ailleurs par le commandement en chef.

Le terrible malentendu qui s'est produit entre Monterey et Matamoros en est une preuve douloureuse et concluante.

Enfin, je dois ajouter que bien des dispositions d'ensemble ou de détail ordonnées par le Maréchal étaient la conséquence de sollicitations de la part de l'empereur Maximilien ou d'ordres venus de France. Les ordres d'exécution ne pouvaient donc émaner que du Maréchal, qui les envoyait directement, fut-il à 150 lieues de distance.

Les récriminations formulées par ces correspondants, manquant de prudence et de réserve, étaient donc injustifiées et regrettables; car, en dehors du discrédit qu'elles infligeaient à tort au Maréchal, elles trompaient le gouvernement français. D'ailleurs, à ces correspondances passionnées et malveillantes, on peut en opposer qui sont animées d'un autre esprit et remettent les choses au point, notamment celles adressées au général Frossard, aide de camp de Napoléon III, par le colonel Bressonnet, chef du génie, que j'ai relatées plus haut. Dans sa lettre du 28 mars 1866, je lis : « Après avoir reçu trois fois l'ordre de partir à jour déterminé, pour l'intérieur, je suis encore à Mexico. » Les correspondants passionnés auraient poussé des clameurs indignées sur la versatilité des projets du Maréchal : mais le colonel Bressonnet leur donne la leçon :

« C'est que le maréchal Bazaine est débordé par les événements qui le forcent à chaque instant à changer ses projets. L'imprévu, depuis quelque temps, joue un bien grand rôle dans la marche des opérations militaires. »

C'est, en effet, l'ignorance des événements dans laquelle étaient les officiers éloignés de la capitale, où ces événements étaient seuls connus, qui leur faisait formuler, peut-être de bonne foi, les critiques les plus injustes. Et ce n'est pas au commandement du Maréchal que les 150 lieues de distance portaient le plus grand préjudice, mais bien plutôt au jugement des détracteurs placés à cette distance des faits ou des actes qu'ils appréciaient et critiquaient de travers.

Enfin, je recueille sous la plume franche et expansive du lieutenant-colonel de Gallifet, récemment revenu d'un long congé durant lequel il cicatrisa sa cruelle blessure de Puebla, et qui, le 27 août 1866, écrivait cette information caractéristique : « Je suis enchanté de quitter Mexico ; c'est un capharnaum militaire ; on y entend des conversations impossibles. L'indiscipline et le manque de respect de tout et de tous est poussé dans cette armée à un point impossible. Il y a beaucoup de coupables et de haut placés... ma place est ailleurs ; et si je n'ai pas la chance de trouver un combat, j'aurai au moins participé aux fatigues de mes camarades. »

Voilà un beau langage et de nobles sentiments bien dignes du soldat aussi discipliné que vaillant que fut toujours Gallifet.

Ses réflexions justifient bien les observations que fit un jour Bazaine à Maximilien : « Il est des moments à la guerre où il faut condenser les troupes pour qu'elles puissent se refaire matériellement et moralement. » Les nôtres alors en avaient besoin.

S'il m'était possible enfin de compléter ces douloureuses citations d'une correspondance néfaste, parfois criminelle, par celles qu'on a dû trouver dans les épanchements épistolaires émanant des sources étrangères à l'armée, personnel civil, gens du gouvernement mexicain, fonctionnaires français, même le ministre de France, on composerait un recueil monstrueux qui justifierait bien davantage encore les inquiétudes de l'Empereur des Français.

En présence de ces révélations plus ou moins fausses ou fondées, il n'était pas possible à la mentalité de Napoléon III, si sceptique qu'il fut, d'échapper à une obsession constante en ce qui concernait principalement les accusations du général Douay, qui avait sur lui une lettre de commandement suprême pour le cas où le maréchal Bazaine viendrait à manquer pour une cause quelconque.

Dans ces conditions, alors que cette éventualité se produirait, pouvait-on compter sur un général qui avait pu écrire les lettres abominables ayant porté le trouble dans l'esprit de Napoléon III et de son gouvernement et qui formulaient des appréciations fausses sur la conduite des affaires, inspirée pourtant par le gouvernement français. Pouvait-on confier la liquidation si difficile de l'entreprise mexicaine à un représentant qui ne connaissait rien de la politique, ni des hommes ni des choses du Mexique? Il y avait là un danger et il importait de faire la lumière sur la situation véritable.

Telles furent les principales raisons qui déterminèrent Napoléon III à envoyer au Mexique, en mission spéciale, une personnalité de confiance qui l'éclairerait sur le véritable état de choses et des esprits et lui fournirait les éléments d'un jugement fondé sur les hommes et principalement sur celui à qui il avait confié jusqu'à présent de si hautes et si importantes responsabilités. Ce *missus dominicus* fut le général Castelnau, un de ses aides de camp qui le plus souvent suivait assidûment avec lui l'étude des événements du Mexique. Cet officier général possédait assurément toutes les aptitudes nécessaires pour remplir une mission aussi difficile et surtout aussi délicate, en raison des hautes personnalités qu'il allait en quelque sorte inquisitionner; cependant il manquait de galons ou plutôt d'étoiles, car il n'était que brigadier. Et j'estime que l'Empereur a commis, en le choisissant, une faute qui aurait pu faire naître les plus sérieuses complications. Dans la circonstance, si l'on ne confiait pas une pareille mission de contrôle, d'exécution et peut-être même de coercition à un maréchal de France, l'Empereur aurait dû, tout au moins, choisir un divisionnaire ancien et ayant dans l'armée une notoriété et un ascendant moral peut-être nécessaires, le général Froissard notamment, qui avait toujours suivi avec une attention soutenue et une grande compétence la marche des affaires, militaires ou politiques, au Mexique.

Heureusement, grâce au tact, à l'habileté, au patriotisme et surtout au respectueux dévouement des personnages en cause pour la personne de l'Empereur, aucune complication ni conflit éclatant ne se produisirent.

CHAPITRE XIII

MAXIMILIEN VEUT ABDIQUER

Du 1er Octobre au 31 Novembre 1866

Courrier de France, Instructions de Napoléon III. — Convocation d'une assemblée générale constituante. — Rêve irréalisable. — Réprobation des ministres Osmont et Friant. — Voyage du Maréchal à Puebla. — Incidents dans cette place. — Lettre du colonel Lopez. — Folie de l'Impératrice Charlotte — Drame au Vatican. — Départ de Maximilien pour Orizaba. — Instructions étranges laissées au Maréchal. — Projet d'abdication de l'Empereur. — Démission du Ministère. — Manœuvres du Maréchal pour éviter la dictature. — Dispositions antérieures de Maximilien pour quitter le Mexique. — Arrivée du général Castelnau. — Critique et mise au point de cette mission. — Incident d'un brouillon de lettre secrète. — Rôle du Maréchal. — Le général Castelnau à l'œuvre.

Le courrier d'Europe, arrivé dans les derniers jours de septembre et impatiemment attendu, avait apporté des informations, des instructions qui causèrent dans tous les milieux de la capitale une émotion profonde, car elles paraissaient sonner le glas funèbre de l'Empire.

Au Maréchal parvenaient des instructions formelles tracées de la main même de Napoléon III. Elles étaient relatives à la ligne de conduite à tenir, selon que l'empereur Maximilien abdiquerait, ainsi que l'empereur Napoléon l'avait en quelque sorte conseillé à l'impératrice Charlotte, ou bien qu'il se déciderait à continuer la lutte pour la conservation de sa couronne, après le départ de l'armée française qui était de toute façon irrévocable.

Dans le premier cas, celui de l'abdication, le Maréchal

devait s'efforcer de prendre des dispositions spéciales, mais qui semblaient, *a priori*, bien difficiles à réaliser, sinon impossibles. Il s'agissait en effet de réunir une sorte d'assemblée nationale et représentative, et de lui faire élire un gouvernement ayant chance de durée, une république naturellement, et obtenir de celle-ci la reconnaissance de nos créances anciennes et récentes et la protection des intérêts de nos nationaux.

A Paris, l'Empereur reconnaissait que ce projet serait d'une réalisation difficile; mais à Mexico, dans les sphères restreintes où ces instructions furent connues, on le considéra comme un rêve absolument irréalisable. En vérité, il était évident qu'on ne pourrait jamais obtenir d'un gouvernement de ce genre, qui n'en aurait que le nom, et cela au moment de notre départ, ce qu'on n'avait jamais pu obtenir du gouvernement de Maximilien que nous avions pourtant fondé nous-mêmes.

Du reste, faire nommer une assemblée nationale représentant la grande masse des citoyens était une opération absolument impossible, en raison de l'état de désordre moral où se trouvaient le plus grand nombre des provinces de l'Empire et de la présence, presque partout, des troupes ou des bandes tenant la campagne pour Juarez.

En outre et, alors même qu'il n'en fut pas tout à fait ainsi et qu'on ne se fut trouvé qu'en présence de deux partis, celui de Juarez et un autre qu'on aurait pu composer avec les anciens partisans de l'empire désabusés, il eût été, même dans ce cas, impossible d'obtenir une assemblée qui put former et établir un gouvernement, même républicain, car il existait toujours les anciens prétendants qui guettaient, dans l'ombre, le moment de revendiquer le pouvoir présidentiel perdu depuis un temps plus ou moins long. C'était d'abord l'éternel Santa-Anna, nanti d'une colossale fortune, mal acquise du reste, et qui depuis quelque temps complotait aux Etats-Unis pour obtenir leur appui dans ses revendications à la présidence de la République mexicaine, soit pour lui, soit peut-être même pour son fils. C'était aussi l'ambitieux et turbulent Miramon qui allait accourir d'Europe où l'avait envoyé Maximilien pour l'éloigner de son trône.

Enfin, il y avait un prétendant, innominal encore, qui était représenté par l'élément ultra-clérical intransigeant que dirigeait Mgr Labastida, archevêque de Mexico, revenu aussi récemment d'Europe. On ne savait quel pourrait être le leader de ce parti, mais il n'était pas impossible alors qu'il prit corps dans la personne du général Marquez qui allait également réapparaître plus ou moins mystérieusement sur la scène politique.

En présence de toutes ces compétitions plus ou moins logiques ou sérieuses, il n'était vraiment pas possible d'admettre qu'on put trouver une assemblée qui pourrait se mettre d'accord sur la personnalité pouvant devenir le chef suprême d'un gouvernement moribond, de tous les anciens tenanciers présidentiels, accourant à la curée du pouvoir suprême dans un pays ruiné, désorganisé matériellement et moralement. Ils avaient jadis perdu la proie, et ils couraient après l'ombre. C'était la folie de l'ambition ou de la cupidité.

En dehors de cette question d'ordre général, la lettre de l'Empereur tranchait sans appel la question des ministres Osmont et Friant : « Cela est impossible et ne doit pas être toléré. » Telle est la formule de la condamnation de cette aventure qui ne pouvait cependant rapporter ni gloire ni profit. Heureusement le règlement de cette affaire était déjà un fait accompli.

C'était donc une disgrâce caractérisée pour les deux imprudents officiers généraux. On ne sut jamais si le général Osmont comprit bien la désapprobation qui le touchait; mais l'intendant Friant, plus subtil que son ancien camarade du corps d'Etat-major dont il sortait lui-même, sentit le coup et reconnut la faute commise, aussi bien vis-à-vis du gouvernement que du commandant en chef.

Dès les premiers jours d'octobre, le Maréchal préoccupé

de la situation dans laquelle se trouvait notre ligne de retraite sur Vera-Cruz dont la sécurité n'était plus guère assurée par les troupes autrichiennes occupant Puebla, se rendit dans cette place, en confia le commandement au général Aymard, en remplacement du général de Thun qui en était le gouverneur, et y établit un régiment français. Puis, après une reconnaissance rapide faite dans les environs, il revint à Mexico vers le 2 octobre.

A propos des inquiétudes qui avaient déterminé le Maréchal à inspecter la forteresse de Puebla, j'eus quelque temps après la preuve que ces inquiétudes n'étaient pas seulement inspirées par la situation du détachement autrichien qui occupait cette place, mais bien plutôt par le mauvais esprit qui régnait dans certains corps de troupes mexicains qui s'y trouvaient également; et il était urgent qu'on y envoyât des troupes françaises.

En effet, vers la fin de ce mois d'octobre, je reçus comme sous-secrétaire d'Etat de la Guerre, une lettre semi-privée, semi-officielle d'un colonel commandant un régiment de cavalerie impériale, précisément celui de l'Impératrice, et qui était allé en permission à Puebla avec quelques cavaliers de son régiment pour l'escorter. Ce chef de corps me rendait compte d'un incident qui venait de se produire dans un régiment mexicain de cavalerie caserné près de sa demeure.

L'auteur de cette lettre est devenu tristement historique et, en raison du contraste étrange qu'accusent les sentiments exprimés dans cette communication et ceux qui ont inspiré plus tard une action infâme, je crois intéressant d'en reproduire la traduction littérale.

« Puebla, 25 octobre 1866.

« M. Ch. Blanchot, sous-secrétaire d'Etat
à la Guerre.

« Mon respectable camarade et fidèle ami,

« Je tiens à solliciter de votre part de vouloir bien m'accorder la faveur de me permettre de rester ici jusqu'au 29 de ce mois, parce que j'ai pris un refroidissement la nuit précédente pour être sorti précipitamment du lit au grand air afin de voir si il serait possible d'étouffer, avec mes quelques soldats, la désertion scandaleuse des soldats du colonel Flon qui commençaient à partir, ce que firent environ vingt-cinq d'entre eux, se rendant dans la région de Tlaxcala avec l'ennemi.

« Quelques minutes après que ces hommes se furent échappés, j'étais moi-même dans le quartier de San-José avec mes hommes, prenant des mesures pour que le reste de ceux qui étaient encore dans le quartier ne s'en aillent pas également, jusqu'à ce que leurs chefs arrivent et que M. le général Aymard donne ses ordres. Cette maudite canaille de Flon a donné un scandale comme en donnent les mauvais Mexicains de mon malheureux pays; mais j'espère que tôt ou tard nous leur infligerons un vigoureux châtiment.

« Je vous prie de vouloir bien, si vous le jugez nécessaire, offrir mes respects au très honorable ministre de la Guerre et obtenir que Son Excellence veuille bien excuser la faute involontaire d'avoir prolongé de trois jours ma permission pour me permettre ainsi de rétablir ma santé.

« Je profite de cette occasion qui me procure l'honneur et le plaisir de me mettre à vos ordres comme son affectionné qui baise les mains de Votre Seigneurie.

« MIGUEL LOPÈS. »

Après avoir lu cette lettre tout imprégnée des plus généreux sentiments de la part d'un soldat qui stigmatise les mauvais Mexicains de son malheureux pays, qu'il espère bien un jour pouvoir châtier cruellement; après avoir admiré cette expression de droiture et de loyalisme qu'il met même en pratique, en accourant pour arrêter la mutinerie du régiment d'un collègue qu'il traite de « maudite canaille », on reste confondu en constatant que cette signature de « Miguel Lopès » est celle du traître qui, six mois plus tard, à Queretaro, vendait et livrait l'Empereur à l'ennemi qui allait être son bourreau.

Et dire que cet homme avait notre estime, qu'il me qualifiait de *fidèle* ami et... me baisait les mains! Après tout, cependant, l'or corrupteur n'avait sans doute pas encore généré dans son âme le microbe de la trahison!

Au moment où le Maréchal revint à Mexico, arriva la nouvelle de l'envoi au Mexique d'un aide de camp de l'empereur Napoléon, chargé d'une mission spéciale.

En même temps, Maximilien apprenait le retour prochain de l'Impératrice. L'Empereur qui savait cependant que son auguste épouse avait échoué dans ses démarches auprès de Napoléon III, sentit, par la notion de cette double nouvelle, renaître ses espérances. Il lui sembla que cette coïncidence entre la venue de l'un et le retour de l'autre pouvait indiquer que si l'Empereur des Français n'avait pas donné satisfaction aux demandes de l'Impératrice, l'arsenal offensif que celle-ci avait emporté pour combattre le maréchal Bazaine pourrait bien avoir réussi et que, dans ce cas, le messager de Napoléon III portait sans doute la disgrâce de ce gêneur; et alors tout n'était pas perdu. Réconforté par ce raisonnement fortement spécieux mais d'apparence logique et séduisante, il eut hâte de profiter de cet avantage et de lui préparer les voies du succès; il résolut d'aller lui-même au-devant des arrivants pour les influencer et les guider, sitôt leur apparition sur la terre mexicaine, avant qu'ils n'aient subi l'influence du Maréchal, principalement le général Castelnau.

Ainsi inspiré, Maximilien fit connaître au commandant en chef son intention d'aller au-devant de l'Impératrice, ou tout au moins de prendre les mesures nécessaires pour protéger le voyage de la Souveraine entre Vera-Cruz et Mexico.

Hélas! quelques jours après cette démarche, un coup terrible venait frapper le malheureux prince et détruire ses dernières espérances. Un télégramme du 10 octobre apportait la fatale nouvelle de la folie. Que s'était-il donc passé depuis le jour où la princesse Charlotte avait quitté Mexico pour aller en France plaider la cause de son Empire?

Les symptômes avant-coureurs de la cruelle maladie de l'Impératrice, qui étaient apparus à son départ du Mexique, puis à Saint-Cloud et Paris, avaient semblé faire trêve pendant son séjour à Miramar. La Souveraine y reçut d'augustes visites et donna des fêtes; elle écrivit même pour annoncer son prochain retour à Mexico. Mais, s'étant cru obligée d'aller à Rome pour régler avec le Saint-Père la question d'un concordat à établir avec le gouvernement mexicain, elle eut avec le Pape une première entrevue, peut-être un peu longue pour son état et au cours de laquelle elle eut à discuter des questions assez complexes qui surexcitèrent son esprit sans aboutir à une entente. Elle fit, le 30 septembre, une deuxième visite au Vatican et là le mal éclata dans toute sa cruelle âpreté, se révélant par des manifestations extravagantes et des paroles telles qu'il ne pouvait plus y avoir de doutes pour personne. La malheureuse princesse était absolument folle. On ne put même pas la ramener à son hôtel et le Saint-Père, profondément ému, eut la bonté de la faire établir provisoirement dans un appartement de son palais où on la soigna pendant plusieurs jours, car on espérait n'avoir à vaincre qu'une crise passagère. On s'efforça de dissimuler par des rapports vagues la gravité de son état.

Cependant, huit jours après, son frère accourut de Belgique et aussitôt la conduisit au château de Miramar où elle fut l'objet des soins les plus attentifs de la part des spécialistes les plus éminents appelés auprès d'elle.

Cette malheureuse femme avait bien réellement perdu la raison : mais ce qui fut profondément impressionnant, c'est que dans ses hallucinations, elle était constamment hantée par la crainte d'*être empoisonnée* et refusait toute nourriture présentée ou préparée par les domestiques qu'elle avait ramenés du Mexique, acceptant, sollicitant au contraire les aliments qui n'avaient passé que par des mains européennes.

Cette folie raisonnée et résultant d'une arrière-pensée bien définie est absolument suggestive. Il semblait que des voix mystérieuses lui révélaient, lui rappelaient un événement passé, vécu par elle.

Après tout, cette persécution mentale qui poursuivait dans sa démence l'infortunée princesse crédite singulièrement ce que j'ai déjà dit à l'égard du drame de Cuernavaca où le poison joua le grand rôle.

Dans ces conditions et pour le moment au moins, il ne pouvait être question de retour au Mexique et on se décida à télégraphier à l'empereur Maximilien l'épouvantable réalité.

A ce moment, quelque grandes et nombreuses qu'aient été les erreurs conçues et les fautes commises, malgré les défauts de Maximilien, malgré ses faiblesses et son insuffisance peut-être, nous éprouvâmes tous un sentiment de pitié profonde pour ce couple de haute race que nous avions connu rayonnant de bonheur et d'espérance et que nous voyions ainsi terrassé par un inflexible destin! Nous les avions protégés, soutenus, et cela suffisait pour nous les rendre plus sympathiques encore dans leur malheur. C'était, en effet, une catastrophe physique et morale, peut-être plus encore. Tout s'effondrait et on peut dire que, dès ce jour, Maximilien ne fut plus l'Empereur, le chef d'Etat gouvernant, donnant lui-même l'impulsion politique souveraine qui devait être personnelle et inspirée par le souci du bien de son pays. Il continua à porter une couronne vacillante mais ne gouverna plus.

Du reste, l'impression première produite sur son âme, généreuse au fond, fut terrible et de nature à déprimer une constitution morale plus forte que la sienne. Malgré ses infidélités conjugales et peut-être même en raison de celles-ci qu'il pouvait sans doute et à juste titre considérer comme un des facteurs du malheur qui le frappait, Maximilien se sentit revenir à ses premières amours et comprit ce qu'il perdait avec cette Princesse qui avait été toujours le régulateur de ses entraînements de jeunesse et le soutien de son énergie dans les heures d'incertitude ou de défaillances et son cœur se déchira dans le vide qui se faisait devant lui. Nous eûmes un écho touchant de ses sentiments attristés dans une lettre qu'il écrivit au Maréchal en reconnaissance des condoléances que notre chef lui avait adressées, et dont la finale, *toute affectueuse*, ce jour-là, s'exprimait ainsi : « Je vous réitère ma vive gratitude pour les sentiments d'affection qui ont fait tant de bien à mon cœur ulcéré. »

Cependant, sur les douleurs intimes, sur les déceptions et les désillusions de l'Empereur du Mexique, venaient se hanter avec un cynisme suggestif, les préoccupations de l'archiduc d'Autriche, préoccupations qui n'étaient rien moins qu'ambitieuses ainsi que le hasard le démontrera bientôt avec une indiscrétion malencontreuse. Et alors, l'Empereur détourna ses regards des grandes capitales de son Empire qu'il lui faudra un jour reconquérir ou défendre tout au moins, Oajaca, Guadalajara, Durango, San-Luis, et, suivant la pensée qui l'attache à l'Europe, il se sentit entraîné vers Orizaba qui l'en rapprochait.

Aussi, dans cette même lettre où j'ai recueilli des expansions attendrissantes, Maximilien s'empresse d'utiliser l'effet de ses flatteries pour lancer l'expression de ses envies de départ basées naturellement sur l'état de sa santé délabrée qui, avec l'aide des médecins, lui commande un séjour plus ou moins momentané dans les chaudes régions. Mais, dans cet ordre d'idées, Sa Majesté n'aspire plus à Cuernavaca. Il est vrai qu'il existe par là un nourrisson impérial dont le caractère d'irrégularité pourrait bien troubler la quiétude de son repos ! Mais ce qu'il veut absolument, c'est se rapprocher de Vera-Cruz ; nous verrons bientôt pourquoi. Plus le Mexique paraît lui manquer, plus l'Europe l'attire ; c'est du reste fort logique.

En tout cas, Sa Majesté ne peut pas s'en cacher ; elle le dit formellement, toujours dans la même épître du 20 octobre, quelques heures avant de partir : « Pour me rencontrer avec le courrier extraordinaire qui m'est annoncé de Miramar dont j'attends les nouvelles avec une anxiété facile à comprendre, j'ai l'intention de partir pour Orizaba. » Sa Majesté attendait évidemment des nouvelles de l'Impératrice ; mais il en était d'autres aussi, fort graves et d'un grand prix pour lui, qu'il attendait surtout et bien avant qu'il n'apprit la catastrophe qui le frappait dans ses affections matrimoniales.

Ce qui paraît singulier, c'est que le Souverain ne faisait pas connaître quand il comptait se mettre en route. Pourtant Maximilien, avec une grâce qui depuis quelque temps lui était peu familière, faisait un appel insolite aux bons sentiments du Maréchal à son égard, et déclarait compter « plus que jamais, sur la loyauté et l'amitié que vous m'avez toujours témoignées ». Ce n'est pas vraiment ce qui était dit dans le mémorandum emporté à Paris par l'Impératrice pour perdre celui qu'il flagornait ainsi.

Ce bloc enfariné n'inspirait qu'une confiance médiocre. Mais alors que signifiait ce machiavélisme ? Il prouvait que le Père Fischer avait collaboré à cette lettre.

La surprise fut grande au quartier général et dans toute la capitale quand on apprit que l'Empereur avait quitté son palais de Chapultepec et, sans même traverser Mexico, était parti par une voie détournée, dans la direction d'Orizaba avec une escorte de quelques escadrons de ses hussards autrichiens.

Ce qui fut plus extraordinaire c'est un deuxième message que, de son premier gîte d'étape, il envoya au Maréchal. Ce message ressemblait à un testament gouvernemental et plongea le Maréchal dans une perplexité extrême.

Pourquoi donc ce départ soudain et précipité qui ressemblait à une fuite ? Serait-il motivé par l'approche et l'arrivée imminente du général Castelnau, débarqué depuis quelques jours à Vera-Cruz ? Cette arrivée ne fut sans doute pas la cause du départ proprement dit, ainsi que je l'ai déjà indiqué, mais elle a dû en déterminer la précipitation. Et c'est là qu'apparaît le machiavélisme et que s'accuse l'hypocrisie des démonstrations affectueuses et flatteuses faites au Maréchal dans la première lettre. Si, en effet, l'Impératrice a réussi à perdre le Maréchal dans l'esprit et la confiance de Napoléon III, le messager de ce souverain vient évidemment pour lui signifier son « *exeat* », et alors Maximilien ne veut pas être présent à l'exécution qu'il a sournoisement provoquée et qu'il regrette peut-être à cette heure où il a besoin du Maréchal pour mettre à exécution son projet de départ qu'il n'avait pas cru devoir être si prompt. Cette manœuvre était peut-être habile, mais elle pourrait comporter un qualificatif moins honorable. Enfin, dans ce cas, et pour mieux simuler l'innocence, il envoyait dans le deuxième message au Maréchal des instructions tellement extraordinaires et importantes qu'elles paraissaient vouloir en faire un Dictateur.

Tout cela était du Fischer, et Castelnau devait s'y laisser prendre.

Cependant un incident immédiat prouva absolument que Maximilien ne voulait pas alors être mêlé en aucune façon à la mission dont était chargé le mandataire de Napoléon III. En effet, au cours du deuxième jour du voyage, il faisait une halte à Ayotla, à 30 kilomètres seulement de Mexico, lorsque, par une singulière coïncidence, vint à passer le général Castelnau. Celui-ci, tout naturellement, fit demander à saluer l'Empereur et à être reçu par Sa Majesté. Mais à cette demande, toute de haute convenance, Maximilien fit répondre qu'il était souffrant et ne pouvait recevoir. Mais, sitôt après, le Souverain se remettait en route. Le mauvais vouloir était flagrant. Tout devait être étrange dans ce voyage qui devenait un coup d'Etat. Ce qui lui donna surtout ce caractère, ce sont les instructions envoyées au Maréchal et certaines phrases de cette lettre dont je viens de parler. Qu'on en juge :

« Je me propose de déposer en vos mains les documents nécessaires pour mettre un terme à la situation violente dans laquelle je me trouve ainsi que tout le Mexique. Ces documents devront rester réservés jusqu'au jour que je vous indiquerai par le télégraphe. »

C'était établir la situation d'une façon bien précise, bien catégorique. Il était évident que le Souverain jetait le manche après la cognée! Maximilien ajoute sans détours ni ménagements : « Je veux me décharger de la responsabilité qui m'incombe. » Ceci est formel et explique les recommandations qui suivent et tendent à révoquer la fameuse loi du 3 octobre qui poursuivait tous les dissidents, à supprimer l'action des cours martiales, et enfin, ce qui était plus qu'étrange, ce malheureux prince recommande de *faire cesser toutes les hostilités*. Ce désideratum est absolument déconcertant, quand on considère que nous replions toutes nos troupes pour les reconstituer en vue de leur embarquement et que ce sont les ennemis seuls qui font acte d'hostilité, non pas précisément contre les troupes françaises, mais contre toutes celles qui portent le drapeau impérial. Etait-il possible d'admettre que le Maréchal put empêcher ces hostilités?

Ce qui donne enfin une allure franchement dictatoriale à la situation faite au maréchal Bazaine, c'est que l'Empereur l'invite à convoquer ses ministres pour se concerter avec eux à l'égard des mesures à prendre afin d'assurer *en secret* (?) l'exécution de ses recommandations.

Viennent enfin, comme péroraison de ce message *in extremis*, les expressions de reconnaissance pour l'affection et le dévouement constant du Maréchal, pour ses services rendus, et les assurances de l'estime et de l'amitié du Souverain qui se dit, cette fois, son très affectionné Maximilien.

C'était évidemment l'expansion d'adieux touchants et solennels.

Maximilien se voyait en route pour Schœnbrunn!

Le Maréchal qui, depuis un certain temps, pressentait vaguement cette solution d'une situation, inextricable autrement, ne conserva plus de doutes à l'égard des projets de Maximilien, d'autant qu'il apprit en même temps qu'une corvette de la marine impériale autrichienne venait d'arriver à Vera-Cruz où se trouvait déjà la frégate *Novara* et qu'elle devait se tenir à la disposition de l'empereur Maximilien. La situation qui lui était imposée soudainement, d'une façon si vague, si mystérieuse et dépourvue de toute consécration protocolaire, était extrêmement délicate et devait le plonger dans le plus grand embarras. Elle fut encore rendue plus difficile par une circonstance fortuite qui venait encore tout compliquer et accumuler sur sa personne le poids d'un état politique gouvernemental extraordinaire.

Le départ du Souverain, si secret qu'il fut tenu, avait été pressenti par le sentiment public et dans l'esprit inquiet des hautes sphères gouvernementales où il fut silencieusement répandu sous l'effet d'une effluve magnétique mystérieuse; si bien que le Conseil des ministres, redoutant le vide dans lequel il allait se trouver dans le cas, prévu par tout le monde, où l'empereur déposerait sa couronne et laisserait le sceptre s'échapper de ses mains désormais impuissantes, donna sa démission quelques heures avant le moment où l'empereur quittait Chapultepec.

L'Empereur reçut-il cette démission aussitôt donnée? on l'a affirmé; mais cela n'est pas vraisemblable, car il n'aurait pas osé, le lendemain, inviter le Maréchal à réunir, pour se concerter avec eux, des ministres qui étaient démissionnaires. Il est probable, au contraire, qu'il y aura eu encore dans cette circonstance, pourtant bien grave, un nouvel acte d'obstruction momentanée commis par le père Fischer qui ne reculait devant rien. Car ce n'est que le lendemain, c'està-dire après le départ de Maximilien que le Maréchal fut informé par M. Hersfeld, le conseiller intime de l'Empereur, qu'il n'y avait plus de gouvernement. C'était le néant, et le Maréchal se trouvait bien dans la position la plus troublante qu'on puisse imaginer.

Il était, par la force des choses et la volonté formelle écrite de l'Empereur, maître absolu de la situation.

C'est ici que je fais appel à la bonne foi de tous les détracteurs du maréchal Bazaine, de tous les juges plus sévères que justes et surtout que bien informés, qui ont accusé et accusent encore cet homme d'avoir été inspiré par un intérêt d'ambition personnelle dans sa conduite et ses actes envers Maximilien, d'avoir rêvé la dictature au Mexique. Il l'avait pourtant dans la main cette dictature, le 21 octobre 1866, et c'était Maximilien lui-même qui l'y avait mise et le suppliait de la conserver, de l'exercer pour maintenir l'ordre dans l'Empire et assurer la sauvegarde des intérêts qui étaient engagés. Eh bien! je le répète, il n'avait pas l'étoffe d'un ambitieux, il ne voulut pas, il n'osa pas conserver, exercer cette dictature qui lui était en quelque sorte imposée et que l'empereur Napoléon III, dans les instructions antérieures, avait aussi prévue, envisagée et pour laquelle il avait donné des conseils, puisqu'il lui écrivait, en vue de l'éventualité d'une abdication vraisemblable, de former une assemblée destinée à choisir un nouveau gouvernement, enfin de s'efforcer de traiter avec un gouvernement quelconque pour débarrasser la France de la façon la plus convenable d'une entreprise qui était sortie des voies désirées au début.

Ce fut même un malheur que le Maréchal n'ait pas osé assumer une charge moralement aussi lourde et une aussi grande responsabilité; car j'ai la conviction que nous aurions terminé notre intervention d'une façon moins lamentable que celle qui résulta des événements ultérieurs. Mais cet homme, ce soldat, ce maréchal de France, brave entre tous, audacieux dans les combats, impassible dans l'hécatombe des crises les plus meurtrières, était incapable, non pas seulement de tenter un coup d'Etat, mais même de s'y prêter. En aurait-il eu l'instinct, il n'en avait pas le courage moral.

Cependant, que fit, en cette occurence, le maréchal Bazaine qu'on devait taxer d'ambitieux effréné? Voulant écarter quand même l'obligation de prendre le pouvoir, puisqu'il n'y avait plus ni Empereur, ni ministres, il se décida à rattraper le fragment de gouvernement qui lui échappait dans le naufrage impérial et à remettre à flot le ministère. S'appuyant sur le désir formel de l'Empereur, il se décida à faire appeler auprès de lui le Président du Conseil et, sans paraître se rendre compte de la mission suprême que lui imposaient les événements, feignant d'envisager l'absence de l'Empereur comme purement provisoire, il se borna à faire comprendre à ce premier ministre combien pouvait devenir grave, en un pareil moment, un renouvellement de ministère que du reste personne ne paraissait, en la circonstance, en état d'opérer et combien on devait redouter les conséquences de l'absence de « tout gouvernement » ? C'était bien intentionnellement dégager formellement sa personnalité. Il le pria enfin très énergiquement, dans l'intérêt public, de reprendre son portefeuille ainsi que tous les membres du Cabinet. Le premier ministre troublé et très ému, peut-être étonné, ne refusa pas, mais ne voulut pas prendre immédiatement une aussi grave décision sans consulter ses collègues. Quelques heures après, il annonçait au Maréchal que le Cabinet en entier rentrait en fonctions.

Cette situation anormale d'un gouvernement sans chef étant ainsi réglée de manière à dégager tout au moins le Maréchal et la France dont il importait de conserver la liberté d'action, on attendit. Mais qu'attendait-on ? Evidemment l'abdication qui devait être un des documents dont l'envoi avait été annoncé au Maréchal par l'Empereur pour le lendemain du jour de son départ, mais ne furent jamais remis; l'abdication qui était dans tous les esprits, sur toutes les lèvres, que tout le monde prévoyait comme inévitable et que tous les partis se préparaient à escompter; résolution suprême qui, depuis longtemps, était prise par l'Empereur lui-même d'une façon irrévocable, car, lorsque, à l'aube du 21 octobre, il s'éloigna de sa capitale, ce fut sans esprit de retour.

Je puis en donner la preuve en faisant une excursion rétrospective dans les préoccupations et les dispositions particulières de la vie privée du Souverain qui démontrent absolument qu'il avait longuement préparé l'abandon du Mexique, la reprise d'un séjour définitif à Miramar et sans doute ailleurs, mais en Autriche.

Depuis des mois, il dirigeait vers l'Europe ces accessoires matériels de la vie confortable et artistique qui entourent d'habitude tout grand seigneur, fastueux par naissance ou par tempérament. C'est ainsi qu'il s'était attaché avec un goût parfait à réunir une très grande quantité d'objets d'art de toutes sortes, anciens et d'une valeur artistique et matérielle considérable. Il était secondé dans la recherche et l'acquisition de toutes ces merveilles d'un grand collectionneur par un officier français, le commandant puis lieutenant-colonel Loysel, doué du reste, en ces matières, des connaissances les plus complètes et du goût le plus sûr.

Les marchands de bibelots de toutes importances et de toutes valeurs abondaient dans Mexico et plusieurs autres grandes villes et, chez tous, Loysel fit des rafles complètes et du plus haut mérite, surtout dans le mobilier et ses accessoires de grand luxe.

Moi aussi, j'étais affligé déjà de la coûteuse manie du bibelot; et bien souvent les plus belles choses, bahuts variés, ivoires, porcelaines de Chine et du Japon, fantaisies du vieil art espagnol que je m'étais contenté de saluer de mon admiration, étaient enlevés par Loysel pour Sa Majesté. Souvent ce qui n'était pas assez luxueux pour l'Empereur, il en faisait pour lui l'acquisition; et cependant, avec ce qui n'était que du rebut pour Maximilien, mon vieux camarade s'est créé une collection fort belle, que, plus tard, à Paris, j'admirai dans son intérieur.

Dans ce recrutement de l'archéologue, c'était souvent au Mont de piété qu'on trouvait les plus belles occasions et à des prix relativement moins élevés que chez les trafiquants de profession : dans ces établissements, la grande ressource des misères honteuses, on trouvait de tout : bijoux, ornements de toute nature, étoffes, pierres précieuses, broderies, tentures, tapisseries, dentelles, cristaux de Venise, épaves des splendeurs d'autrefois que, depuis que s'ouvrit dans ce pays décadent l'ère des révolutions, les vieilles et riches familles pillées, dépouillées étaient venues déposer contre de modestes prêts.

Pour compléter cette agrégation merveilleuse d'objets de l'art ancien, Maximilien trouva moyen d'extraire des musées des provinces de magnifiques toiles de grands maîtres. Mais ces opérations, d'un style tout particulier, furent faites sans la collaboration du commandant Loysel! Au début, ces prélèvements artistiques pouvaient sembler avoir pour but, quelque peu excusable, d'orner, de parer les palais impériaux; mais cette excuse fut moins valable quand on sut qu'ils prenaient le chemin de Miramar, bien que ce fut aussi un palais impérial, car ces virements, tout au moins arbitraires, étaient connus dans certains milieux où ils produisaient la plus déplorable impression. Ils me furent confirmés presque officiellement par les rapports que me faisait journellement mon policier chef du ministère de la Guerre. J'extrais en effet des rapports qui précédèrent le départ précipité de Maximilien, les notes et informations secrètes suivantes qui sont tout à fait caractéristiques et édifiantes.

« L'Empereur a enlevé du musée trente-deux tableaux de bons peintres qui avaient été donnés par le général Arista; ils représentaient l'histoire de la Grèce et d'Athènes. On estimait leur valeur à 15.000 piastres (85.000 fr.) en raison de leur antiquité. »

« L'avant-dernière nuit on a enlevé du palais de Mexico de nombreux colis — on va emporter beaucoup de choses. — C'est le cocher de la princesse Iturbide qui l'a déclaré. »

« A Cuernavaca, tous les meubles avaient été portés ici, en face de San-Augustin, et on les a enlevés; et on va emporter aussi beaucoup d'affaires de Chapultepec. »

« A cette heure, trois immenses chariots et une bande de dix mules chargées, accompagnées par une troupe d'Autrichiens, partent de Mexico par la rue del Réloj. »

Je cite enfin une des informations les plus suggestives que

j'aie reçues dans cet ordre d'idées, par ma voie discrète et sûre. Celle-ci concerne directement les petits agissements domestiques qui préparaient le retour en Europe. Je cite textuellement la note de mon fin limier.

« Près de l'escalier qui se trouve du côté du jardin du palais, existe un passage étroit dans lequel se trouvent 60 caisses dans lesquelles se trouve empaquetée toute l'argenterie façonnée, et qui comprend 160 paires de couverts. Ces caisses portent l'étiquette suivante : « A l'Intendant impérial du château de Miramar. » Au-dessous de cette indication se trouve cette observation : « Il ne manque que le service de campagne. »

Ces indications variées, mais révélant une même préoccupation, prouvaient surabondamment que les souverains n'avaient jamais eu la pensée d'inféoder leur destinée à celle du Mexique et que, tout au contraire, ils eurent toujours l'intention formelle de retourner en Europe. Toutes autres considérations morales, politiques ou diplomatiques, seraient moins éloquentes que ces détails domestiques d'intérieur, de ménage ou même de cuisine, si artistique ou luxueux qu'ait été leur caractère.

Ce déménagement méthodique et complet de tous les palais impériaux, démontrait absolument que Maximilien quittait définitivement Mexico, et que les vaisseaux autrichiens mouillés à Vera-Cruz, transformés en gallions bondés de richesses, allaient bien effectivement emporter au-delà des mers César et sa fortune!

Le voyage impérial, ou plutôt la fuite de l'Empereur, s'effectua assez rapidement, car le 26 au soir Maximilien arriva à Orizaba où il fut reçu avec un enthousiasme naïf de la part de la population indienne qui voyait sans comprendre. En route deux incidents, seulement passagers, rompirent la monotonie assez triste dans laquelle était plongé l'Empereur. Un jour, en pénétrant dans les Terres Chaudes, on aperçut avec une émotion inquiète, au loin sur la route, une colonne de cavalerie accourant à grande allure. Mais bientôt ces cavaliers inconnus dégagèrent la voie et se rangeant sur les côtés, rendirent les honneurs. C'était Gallifet qui arrivait avec les escadrons des hussards rouges de la contre-guerilla Dupin pour protéger le voyage de l'Empereur.

Le deuxième incident, d'une toute autre nature, fut moins noble, mais il avait une saveur nationale bien caractéristique et vraiment piquante qui semblait vouloir imposer au Souverain partant un souvenir bien mexicain. C'était à la grande halte, à Aculcingo, premier village qu'on rencontre au pied des fameux lacets des Cumbrès; l'Empereur déjeunait frugalement chez le curé de l'endroit. Quand Sa Majesté voulut repartir, on apprit que les huit mules à la robe blanche qui formaient l'attelage du carrosse impérial avaient été volées en allant à l'abreuvoir. Le coup n'était pas banal! On dut perdre beaucoup de temps pour se procurer les bêtes nécessaires au cotché de Sa Majesté. Décidément, cet infortuné prince n'avait pas de chance avec les Terres Chaudes. En y pénétrant, à son arrivée au Mexique, les roues de sa voiture se brisèrent; en revenant pour quitter le pays, l'attelage fut volé. Et dire que, malgré ces déboires, il va encore se cramponner au Mexique!

Enfin, cahin-caha, sans pompe, il arriva à Orizaba où il fut pris d'un étrange scrupule. Il ne voulut pas pénétrer en ville avec une escorte de troupes françaises et fit rester celles-ci bien loin en arrière. Cette inexplicable fantaisie était aussi misérable que la répugnance de l'Impératrice à embarquer dans un canot portant pavillon français. Quelle comédie grotesque et dépourvue de dignité, surtout lorsque, tant de fois, on a fait appel aux « pantalons rouges » comme *ultima ratio!* Dans la circonstance, cette manifestation fut d'autant plus inconvenante et inutile comme effet produit sur... son peuple (?) que c'est au milieu d'une double haie de troupes françaises qu'il fit son entrée dans la ville.

Sa Majesté fut cantonnée dans la demeure opulente du senior Bringas, un vieux forban enrichi par la contrebande et la flibusterie, et qui, pour cette raison même, avait toujours manifesté une aversion profonde pour l'intervention française qui, en voulant détruire ces deux branches d'une industrie productive, lui enlevait le pain de la bouche, qu'il avait fort grande du reste. En outre, cet honorable trafiquant était un clérical intransigeant. On avait mis ainsi cet inconscient Empereur sous la coupe du parti qui allait le perdre. Ce fut encore une attention subtile du père Fischer, et c'est là que vont accourir tous les agents corrupteurs de ce parti pour se cramponner à sa malheureuse personne et l'empêcher de déserter leur cause.

Pourtant, sitôt son arrivée, tous ses bagages personnels furent transportés à Vera-Cruz et embarqués sur le *Dandolo*. Tous les détails matériels d'un départ définitif étaient ainsi assurés.

D'autre part, Maximilien avait réglé tout ce qu'il pouvait régler à l'égard de la conduite des affaires après son départ. Il avait ébauché les conditions gouvernementales qui devaient succéder à son pouvoir souverain. Les heures à venir n'attendaient plus que la promulgation de l'acte d'abdication et la translation de son auguste personne à bord du *Dandolo* qui se tenait constamment prêt à appareiller. Et Maximilien attendait aussi, car, en cette dernière décade d'octobre 1866, le désarroi était si grand dans les esprits que tout le monde attendait, sans même savoir pourquoi.

Mais que pouvait donc attendre Maximilien, puisqu'il devait être le maître de ses actes? Nous allons promptement voir surgir la révélation de ce mystère dont j'ai déjà soulevé un coin du voile.

Cependant, à Mexico, l'émotion était grande, car on considérait l'abdication comme un fait moralement accompli; on se préoccupait de l'entrée en scène d'un nouveau personnage dont on ne pouvait apprécier sûrement et suffisamment l'importance officielle tangible, et encore moins celle que l'on disait latente et secrète. C'était le général Castelnau, arrivé à Mexico le 21 octobre, lendemain du départ de Maximilien. Cette apparition, bien qu'elle eût été déjà annoncée, fut un événement que chacun exploita selon ses aspirations, ses passions et les vues particulières de son parti. En tout cas, cette mission fut généralement interprétée d'une façon regrettable à tous égards et préjudiciable à la solution des affaires.

Je laisse de côté la valeur personnelle de l'officier général envoyé par Napoléon III pour remplir une mission qui, par le fait qu'elle n'a jamais été publiquement et franchement définie, ne pouvait que mettre tous les esprits en méfiance; et cela pour des considérations aussi variées que les caractères et les situations de tous les hommes politiques ou autres, qui alors avaient un rôle quelconque à remplir dans les sphères gouvernementales, politiques, militaires et même privées. La situation était alors fort difficile pour les agents français, quelle que fût l'importance de leur situation respective; elle le devint beaucoup plus encore après l'ingérence du général Castelnau, ingérence d'autant plus dangereuse qu'on ne pouvait en apprécier la portée secrète, ni mesurer la puissance mystérieuse. Elle n'était que peu de chose en raison du caractère et de la valeur du personnage, mais pour la majorité des esprits plus ou moins intéressés, elle était beaucoup plus haute, plus puissante, presque inquisitoriale. On prétendit, en effet, que ce général de brigade était investi par délégation de la toute puissance impériale et avait le droit, simplement dirigé, éclairé par son jugement personnel, de prendre les mesures les plus graves, les plus autoritaires qu'un chef d'Etat seul pouvait légalement appliquer. C'est cette opinion, beaucoup trop accréditée et répandue, qui produisit les effets les plus déplorables, en encourageant d'un côté, et en imposant la méfiance et la réserve de l'autre. Cette toute puissance occulte eut pour résultat funeste de servir de réactif à toutes les mauvaises passions.

J'ai déjà dit que cette mission, conçue par Napoléon III, fut une faute qu'aggrava encore la façon dont elle fut entendue, et surtout notifiée à qui de droit; car elle permit aux esprits de s'égarer et de concevoir parfois des illusions ou des espérances non fondées ou irréalisables. En effet, l'Empereur Maximilien, les membres de son gouvernement du jour, les énergumènes du parti ultramontain qui étaient alors les maîtres de la situation qui se caractérisait par une hostilité violente contre l'Intervention et son premier représentant, je dirai même son plus puissant défenseur, le maréchal Bazaine; autre part, et c'est triste à dire, certains officiers, ses subordonnés, et des plus hauts placés, ceux dont j'ai stigmatisé la correspondance indisciplinée, déloyale, calomniatrice, tout ce monde enfin, si différent de nature, de caractère, de responsabilités, de devoirs, d'ambitions, admirent comme un axiome, un article de foi, que le général Castelnau avait droit et qualité pour enlever son commandement à un maréchal de France, investi depuis trois années des pleins pouvoirs et de la confiance de son Souverain, confiance qui venait de lui être renouvelée.

Cela m'avait paru monstrueux et je n'ai jamais pu y croire. Cela n'était pas dans les pouvoirs confiés au général Castelnau; il n'est pas possible que l'Empereur des Français ait commis un pareil manquement aux principes les plus élémentaires de la hiérarchie, et pour la considération, l'admiration que j'ai toujours professées à l'égard de mon ancien Souverain, je nie qu'il ait confié un tel mandat, un tel blanc-seing, à un général de brigade. L'Empereur n'en avait pas le droit.

Le pouvoir ne peut pas se déléguer, pas plus que les hommes. Que l'Empereur ait remis à son mandataire, son messager plutôt, une lettre de service relevant le Maréchal de son commandement dans un cas bien déterminé et pour un fait nettement précisé, cela était possible; mais que le Souverain ait laissé à l'appréciation personnelle d'un brigadier la faculté d'enlever son commandement à un maréchal de France, sans que cette appréciation ait pu être contrôlée par son jugement suprême, cela n'est pas possible. En tout cas, si une pareille exagération de sa toute puissance avait été conçue par l'Empereur, Sa Majesté aurait dû le faire connaître au Maréchal qui en était l'objet, ce qui n'a pas eu lieu.

Cette mesure serait devenue un acte déloyal que Napoléon III n'aurait pas pu commettre.

Du reste, s'il en avait été ainsi, il n'est pas un maréchal de France qui, sur l'heure où il aurait eu connaissance de cette épée de Damoclès qu'un inférieur, fût-il dix fois aide de camp d'Empereur, tenait brandie sur sa tête, n'eût remis lui-même son commandement au général Castelnau *lui-même*, puisqu'il se substituait à la personne de l'Empereur, pour le confier ensuite à qui lui plairait.

J'ajoute qu'à un autre point de vue, l'Empereur commit une autre faute : celle de ne pas faire connaître diplomatiquement à l'empereur du Mexique la mission qu'il confiait à son aide de camp, qui devait, selon les circonstances, engager des questions avec Sa Majesté ou bien son gouvernement. C'est peut-être, à ce vice de forme protocolaire qu'il faudrait attribuer le refus de Maximilien de recevoir l'aide de camp de Napoléon qu'il avait rencontré sur sa route, de façon insolite et inattendue.

Enfin, comment peut-on admettre que le général Castelnau, connu pour l'élévation de ses sentiments, eût pu, malgré tout son dévouement pour la personne de l'Empereur et sa docilité à exécuter ses ordres, se résoudre à accepter une responsabilité aussi compromettante ?

Tout concourt donc à démontrer que cette obligation n'existait pas en réalité. Mais dans ce cas, on ne s'explique pas comment, lorsque cet officier eut appris par la voie publique du monde officiel et autre que pareille obligation lui incombait, il ait laissé l'opinion s'égarer aussi gravement et n'ait point fait, habilement, avec tact et réserve, des déclarations contraires ? Peut-être a-t-il jugé utile de faire la sourde oreille, afin de donner plus de poids à l'influence qu'il lui fallait avoir sur le Maréchal. S'il en est ainsi, quel que pût être le souci qu'il avait de remplir convenablement son mandat, il a eu tort, car la franchise et la loyauté sont toujours honorables et de rigueur dans une action diplomatique quand elle n'est pas internationale.

En dehors de son rôle à l'égard de la personne du Maréchal, il existait un autre courant d'opinion qui attribuait au général de Castelnau le devoir de pousser à l'abdication de l'Empereur.

Décidément, cet infortuné messager était transformé en concierge ayant pour mandat de mettre tout le monde à la porte. C'eût été le triomphe scandaleux du général Douay et de sa venimeuse campagne épistolaire. Du reste, ce deuxième sentiment public était en partie fondé, comme on le verra par la suite; il était, en tout cas, la conséquence logique des dernières paroles adressées par Napoléon III à l'Impératrice Charlotte : « Eh bien ! abdiquez. »

C'est dans ces conditions plutôt fâcheuses et difficiles que le général Castelnau se présenta au quartier général. Le Maréchal, prévenu, lui fit l'honneur d'envoyer à sa rencontre à quelques kilomètres de Mexico un de ses officiers d'ordonnance, le lieutenant des Guides de Massa, officier familier de la Cour, qui était tout indiqué pour cette mission honorifique. Une hospitalité, aussi écossaise que le permettaient les conditions matérielles et morales, lui était réservée dans le pavillon que j'avais habité au quartier général avec mes camarades de la maison militaire. Cette attention du Maréchal était délicate mais subtile : Loger auprès de soi, sous son toit, l'inquisiteur qui vient surveiller ses propres actes, ne manque pas d'originalité. C'est une assez jolie réplique à la suspicion. Du reste, la première entrevue des deux personnages fut des plus naturelles; l'accueil du Maréchal très cordial et très empressé; l'attitude du général des plus respectueuses. Il remit la lettre par laquelle Napoléon III l'accréditait et faisait connaître le caractère et le but de la mission qui lui était confiée. Malheureusement ce document, considéré comme une lettre d'introduction, était vague et semblait intentionnellement vouloir manquer de précision. En le lisant, on ne peut s'empêcher de reconnaître que le Souverain est embarrassé pour aborder l'objet essentiel de la communication. Il s'égare quelque peu dans des considérations imprécises sur les événements passés et la situation difficile où il se trouve pour communiquer d'une façon « particulière et intime » ses vues, ses décisions, et tracer la ligne de conduite que le Maréchal devrait suivre. C'est pour ces raisons, qui ne sont cependant pas nouvelles, que l'Empereur a jugé utile d'envoyer auprès du Maréchal, un officier général de sa maison, investi de toute sa confiance, avec mission de lui faire connaître ses intentions « sur la direction que vous aurez à donner aux troupes placées sous vos ordres, soit dans l'hypothèse où rien ne serait changé dans la forme actuelle du gouvernement du Mexique et vous auriez à pourvoir à l'évacuation des troupes pour l'époque fixée.... » C'est un pathos de circonlocutions, de périphrases qui ne visent rien de plus que les ordres déjà donnés. On voit que l'auteur se sent sur un mauvais terrain et qu'il risque lui-même de faire fausse route. Il revient sans cesse sur le général Castelnau qui a *toute sa confiance*.... Enfin arrive le morceau principal. « Les pouvoirs que j'ai cru nécessaire de conférer au général Castelnau lui donnent le droit de connaître en mon nom toutes les mesures à prendre et d'intervenir dans toutes les délibérations qui précéderont ces mesures. » En vérité, quelle compétence pourrait-il avoir dans cette intervention? Celle d'un simple Argus! C'est faible. Mais ce qui suit est presque enfantin : « Il m'a paru indispensable de le rendre présent à tout comme je voudrais y être moi-même, parce que dans la participation aux grandes affaires, rien n'est pire que de ne connaître qu'imparfaitement. » Ce langage est vraiment déplorable et je ne puis croire que ce factum, sans dignité ni grandeur, ait pu être conçu par l'Empereur; il a dû émaner de la plume cauteleuse de quelque conseiller trop en faveur, un de ces personnages de la cour qui s'étaient faits les détracteurs acharnés et féroces de Bazaine, sous l'action des écrivassiers du Mexique que j'ai déjà pris à partie.

La phrase finale de la lettre impériale me paraît seule avoir été dictée par l'Empereur dont on retrouve le style et les sentiments qu'on ne voit pas ailleurs. Elle était évidemment la dorure sous laquelle le Souverain, moins emballé que les courtisans, avait cru bon de déguiser la pilule dont la formule était pitoyable : « Du reste, l'intervention du général Castelnau n'a pour but ni de paralyser d'action ni de détruire ou même d'amoindrir votre responsabilité vis-à-vis de moi, responsabilité qui demeure aussi complète que ma confiance dans votre esprit politique et dans votre haute capacité militaire.

« Recevez l'assurance de ma sincère amitié.

« NAPOLEON. »

Si, en lisant cette péroraison touchante, on ne pouvait pas s'écrier : « in cauda venenum », on avait quelque droit de répéter ce mot classique d'une opérette très en vogue à cette époque : « flattons ce bandit ! »

Laissant de côté ce qui concerne la situation personnelle du Maréchal, je dois faire remarquer qu'il résulte de l'économie générale de la lettre impériale, la création d'une sorte de *Triumvirat* hétérogène dont les trois pontifes, le Maréchal, le Ministre de France et le général Castelnau, avaient chacun une mentalité particulière qui présentait l'étrange anomalie d'imposer à l'un des trois, à celui qui précisément et auparavant primait tout, l'obligation de faire exécuter des décisions et de suivre une ligne de conduite qu'il pouvait ne pas approuver, ce qui engageait malgré lui et à tort sa propre responsabilité. Ce *triumvirat*, dans de telles conditions, ne pouvait que faire une besogne mauvaise ou inutile tout au moins.

Ce qui m'étonne dans cette affaire de répartition des rôles, c'est que le général Castelnau ait cru, par la lettre impériale, être accrédité honorablement pour sa personne ainsi que pour le rôle réel qu'il avait à remplir, qui n'était pas précisé dans sa lettre de créance, mais qu'on découvrirait un jour d'une façon peu ordinaire, grâce à l'habile précaution que le Maréchal avait prise de loger son inquisiteur dans sa propre demeure.

L'histoire de cette découverte n'est pas banale, surtout en raison de sa nature propre... Elle a fait les délices des officiers de la maison du Maréchal, et, puisque d'autres l'ont déjà racontée de façon plus ou moins réservée, je puis bien en faire autant. Je la crois, du reste, unique dans l'Histoire.

Un jour providentiel, en cette période de préoccupations mystérieuses, un de mes camarades, officier d'ordonnance du Maréchal, se rendit à un modeste ermitage, provisoire et banal, où chacun va pour accomplir un pèlerinage, quotidien pour les gens aux habitudes réglées. Par un hasard inspiré par le plus élémentaire sentiment de la hiérarchie, le lieutenant s'y était rendu après le général Castelnau. Une fois isolé, Lapierre, c'était notre camarade depuis trois ans, par conséquent un vieil habitué du quartier général, découvrit du papier, assez chiffonné du reste, couvert d'une écriture cursive qui le surprit. Poussé par une curiosité inspirée, il examina le document et reconnut qu'il n'était rien moins qu'un brouillon de lettre écrite par le général Castelnau et qui constituait un réquisitoire formidable contre le Maréchal qu'il accusait, entr'autres griefs, d'employer toute son influence à déterminer Maximilien à rester au Mexique et cela pour son intérêt personnel. Naturellement, le fidèle Lapierre s'empressa de porter la précieuse et instructive feuille de papier au Maréchal. Malgré une indignation bien naturelle, Son Excellence ne divulgua rien; mais il envoya une copie du document à son ministre de la Guerre avec l'expression du juste mécontentement qu'inspirait le rapport du général Castelnau. Il joignit à cet envoi tous les documents nécessaires pour prouver la fausseté des accusations portées contre lui.

Au quartier général, où il n'y avait que des dévouements inébranlables pour notre grand chef, on garda le silence le plus absolu sur cet incident d'une haute importance malgré la vulgarité des circonstances qui le firent naître. Je reviendrai sur cette aventure à l'époque où elle fut connue à Paris et produisit une grosse impression dans le gouvernement.

Ceci dit pour caractériser de suite le rôle complexe rempli par le général Castelnau, il faut convenir que Napoléon III n'avait pas précisément placé très judicieusement sa confiance. Et pourtant, il ne pouvait pas prévoir une pareille maladresse. Comme procédé de discrétion, c'était plutôt faible pour un officier d'Etat-major. Quoi qu'il en soit, une mésaventure aussi ridicule doit généralement perdre l'homme qui en est le malheureux héros. Cependant, il n'a pas semblé que le général en fut jamais victime. Le coup des petits papiers, oubliés sur le bord de l'oubliette, a pourtant été signalé au maréchal Niel, alors ministre, et conséquemment à l'Empereur. Mais en ces hauts lieux, on flaira (?) le ridicule, on étouffa l'affaire et on s'efforça de calmer le ressentiment du Maréchal.

Heureusement que le lieutenant de chasseurs d'Afrique Lapierre était déjà décoré pour faits de guerre, car il aurait bien mérité de l'être après cette action d'éclat, pour son flair et sa perspicacité.

Le résultat le plus positif et le plus important de cette étrange affaire fut de déchirer le voile qui cachait les louches obligations de la mission du général et révélait le caractère fâcheux qu'elle imposait à la situation du Maréchal qui ne pouvait plus conserver le moindre doute sur le rôle véritable du général Castelnau et la façon dont celui-ci entendait la remplir par des voies ténébreuses.

D'autre part, ce qui parut acquis comme indéniable, d'après le document sauvé, c'est que le mandataire de Napoléon III avait pour objectif principal l'abdication de Maximilien et conséquemment son départ. Mais comme beaucoup de personnes étaient persuadées que le Maréchal ne semblait pas favorable quand même à cette solution, ce fut une des résistances qu'on envisagea aux Tuileries comme possible et on fit un devoir absolu au général Castelnau de briser cette résistance si elle venait à se produire à un moment quelconque.

Ce sentiment existait-il au fond dans la pensée du Maréchal? Il était assurément bien difficile d'en avoir la preuve. En tout cas, le soin qu'il avait pris de décider le ministère à rester en fonctions, sans se prêter à sa main-mise personnelle et forcée sur le pouvoir tombant en déshérence, au départ du Souverain de Mexico, semblait démontrer que puisqu'il n'aspirait pas à profiter de ce départ dans un but d'ambition personnelle, c'est qu'il n'avait peut-être pas considéré comme nécessaire à la liquidation convenable de l'entreprise française au Mexique, la chute immédiate de l'Empire.

En outre, si on se place à un point de vue plus humain, il était bien naturel d'admettre que cet homme, qui était bon et avait le cœur généreux, éprouvât une certaine répugnance à renverser de sa propre main le trône que lui-même avait établi, soutenu pendant près de quatre années, et à la prospérité future duquel il n'avait cessé de travailler. Il est évident qu'une pareille besogne devait lui être désagréable. Aussi, s'il accepta le rôle diminué que lui créait la présence du mandataire de l'Empereur Napoléon, s'il consentit à ce que ses vues fussent subordonnées à la sanction finale de ce général de brigade, c'est parce qu'elle lui apporta un soulagement moral qui était nécessaire à ses sentiments de pitié pour ce malheureux prince qu'on voulait pousser dehors après l'avoir acclamé à son arrivée.

Un autre sentiment, des plus honorables aussi, dut lui imposer le lourd sacrifice d'un amour-propre froissé, pour se consacrer à la grande et difficile tâche que lui imposait le commandement suprême de son armée. Il avait combiné la retraite de cette armée, opération grave et pleine de dangers, il l'avait préparée dans des circonstances extrêmement compliquées; elle était en voie d'exécution et lui seul en tenait les fils. Etait-il possible d'abandonner cette armée disséminée encore sur des centaines de lieues de territoire et à une distance considérable de son port d'embarquement dans un pays semé d'ennemis et qui se soulève partout? Evidemment son honneur de chef d'armée était plus engagé là que dans les arcanes de la politique.

Et puis, l'Empereur Napoléon ne lui avait-il pas écrit quelques semaines auparavant : « Le rassemblement de vos troupes et leur retraite jusqu'à la mer sera une œuvre difficile et pleine de danger. Vous seul pouvez la mener à bien et je compte sur vous, sur votre dévouement, sur votre haute capacité. Vous voudrez bien ne quitter Mexico qu'avec la dernière colonne française. » Le Maréchal avait répondu : « Je ne partirai qu'avec le dernier soldat de la France. » Pouvait-il manquer à cette promesse pour une question d'amour-propre personnel, si grave fut-elle? Evidemment non. Le Maréchal eut le grand courage et la grandeur d'âme de ne pas briser son épée et, pour le salut de son armée, de subir Castelnau.

Il le fit, comme on le verra, avec beaucoup de tact et d'habileté et surtout avec une patriotique abnégation.

Et pourtant, Bazaine ne pouvait trouver que des avantages de toutes sortes en renonçant à un commandement que la médisance, la calomnie, armées par l'ignorance, l'ingratitude, l'envie ou l'ambition, rendaient parfois si pénible à exercer et qui lui imposait, par la mission Castelnau, la plus pénible et la plus douloureuse humiliation qu'un chef militaire pût endurer.

D'abord, il se dérobait aux appréciations parfois bien sévères et trop injustes des historiens souvent mal éclairés ou inspirés par leurs propres illusions politiques. Il échappait aux lourdes responsabilités qu'allaient vraisemblablement faire peser sur sa tête et sur son honneur militaire les événements qui se préparaient d'une façon sinistre et fatale. Il se sentirait surtout libéré du devoir de remplir certaines obligations qui lui seraient pénibles à l'égard de Maximilien et de prendre peut-être des mesures dont il n'approuvait pas l'absolue nécessité et encore moins l'efficacité désirable pour les intérêts français.

Enfin, au point de vue de l'homme privé, il deviendrait libre de régler ses affaires personnelles sans se préoccuper de les voir mêlées aux questions d'ordre politique, diplomatique ou autres. Et ainsi, les détracteurs de tous ses actes publics ou privés n'auraient plus d'aliments pour leurs correspondances calomnieuses ou traîtresses. Il n'aurait plus l'affreuse obligation de défendre son honorabilité contre les diffamateurs plus ou moins galonnés, puisqu'il n'aurait plus sous ses ordres des grincheux, des maladifs, des ambitieux, voire même des imbéciles qui mordent leur chef quand celui-ci n'a pas une poigne de fer pour mettre tout le monde dans le rang.

Voilà ce que le Maréchal aurait gagné en remettant fièrement un commandement qui n'était plus conforme à la dignité d'un maréchal de France, et l'Histoire aurait eu l'avantage de ne pas connaître « la légende Bazaine » ! Mais le patriotisme et le sentiment du devoir l'empêchèrent de faire ce grand geste. Il ne voulut pas quitter le navire au moment du naufrage.

D'autre part, il faut considérer que cet Argus ainsi aposté près du Maréchal n'était pas en réalité très redoutable, car il se révéla promptement bien maladroit et cela, sans doute, parce qu'il marchait résolument sur un mauvais terrain.

En outre, le général Castelnau manquait peut-être de tact et de finesse de touche, de la ruse même, qui étaient si nécessaires sur un champ d'opérations semé d'obstacles et absolument inconnu de lui.

Soutenu, piloté presque par M. Dano, cet étrange Ministre de France qui était publiquement hostile au Maréchal, il commit la faute de brusquer les événements et de se lancer trop légèrement dans le mouvement, sans bien apprécier la situation troublée dans laquelle se trouvaient les esprits des divers partis, car presque tous étaient stimulés par des convoitises préjudiciables à toute solution qui pût, moralement et pacifiquement tout au moins, être favorable à l'Intervention et lui permettre de se retirer honorablement du pays.

En serviteur plus docile et empressé que perspicace à exécuter les ordres de l'Empereur Napoléon, le général Castelnau voulut tout d'abord et sans tarder être exactement fixé sur la partie ultra-secrète de sa mission, c'est-à-dire découvrir la preuve de l'opposition que l'on imputait au Maréchal, à l'égard de l'abdication, et des menées occultes auxquelles il se livrait, afin de les dévoiler et de faire opposition à ces résistances. Mais cette première entreprise fut la pierre de touche qui révéla la valeur réelle de ses aptitudes diplomatiques. Le résultat ne fut pas brillant.

Il débuta par une faute en ne s'attachant pas tout d'abord à connaître quelle pourrait et devrait être la tactique qu'allaient adopter les éléments actifs du parti clérical qui avait un intérêt majeur au maintien de Maximilien et menait une campagne décisive pour le faire renoncer à l'abdication. Le général Castelnau, en démasquant brutalement ses manœuvres, en se jetant trop ouvertement dans la mêlée, découvrit son jeu en voulant découvrir celui du Maréchal, et fournit aux adversaires une arme qui leur donna une partie du succès. En laissant comprendre qu'il convenait de pousser à l'abdication, il leur procura un argument puissant pour faire appel aux cordes sensibles de l'amour-propre du Prince qui ne devait pas supporter pour sa race « l'humiliation de voir un Habsbourg chassé du Mexique par un aide de camp de Napoléon à qui il avait fallu toute une armée pour le chasser du vice-royaume Lombard-Vénitien! »

Tel fut le résultat de ses intrigues auprès des membres du gouvernement impérial et du personnel de la Cour pour découvrir la preuve des intrigues qu'il croyait devoir imputer au Maréchal. En agissant ainsi, il commettait une imprudence et une maladresse qu'un esprit subtil et moins prompt à l'attaque, n'aurait pas commise. En se découvrant vis-à-vis d'un ministère qui n'avait pas deux mois d'existence, il ne se rendait pas compte qu'ignorant le fond du caractère et des vues dissimulées de ces personnalités officielles, qui ne voyaient avant tout que l'intérêt de leur parti momentanément au pouvoir, il pourrait tomber dans un piège, ce qui eut lieu. D'autre part, en se livrant au personnel de la Cour pour recueillir les papotages et commérages dans lesquels il trouverait encore des arguments ou des preuves contre le Maréchal, il aurait dû savoir plus que tout autre, combien il est imprudent de tenir un compte sérieux de tous les racontars et de toutes les intrigues qui sont inhérents à l'atmosphère dans laquelle vivent la plupart des chefs d'Etat, et surtout celui d'un Empire aussi troublé et aussi mal assis qu'était celui du Mexique.

C'est en tirant parti, très sincèrement, je veux bien le croire, de ces perfides et trompeurs éléments d'information, confirmés peut-être dans une certaine mesure par certaines correspondances particulières, que le général édifiait ces abominables rapports dont on trouva un spécimen topique dans un cabinet particulier du général. Ce n'était ni habile, ni consciencieux et ne justifiait pas du tout la grande confiance de Napoléon III.

CHAPITRE XIV

MAXIMILIEN REVIENT SUR SA DÉCISION

Tactique du clan clérical gouvernemental contre le triumvirat français. — Retour de Marquez et de Miramon. — Intrigues auprès de l'Empereur séquestré près d'Orizaba. — Maximilien consent à ajourner son départ, il rend son concours aux cléricaux. — Marquez et Miramon reviennent à Mexico pour préparer la lutte. — Démarches du gouvernement auprès du triumvirat. — Intrigues et ruses diplomatiques. — Recommandations étranges faites par l'Empereur au Maréchal. — Rouereies du gouvernement ; maladresse du triumvirat. — Le Maréchal appelé à un grand conseil. — Castelnau l'empêche de s'y rendre. — Lourde maladresse. — Congrès pour statuer sur les destinées de l'Empire. — Vote sans majorité. — L'Empereur n'en tient pas compte. — Lettre révélatrice de M. Eloin. — Maximilien se décide à rester.

J'ai exposé la situation dans laquelle se trouvait le clan français en engageant la lutte que soulevait l'abdication de l'Empereur. Que se passait-il d'autre part dans le camp des Impériaux ?

Il faut reconnaître que, dans la cause, l'ennemi fut très habile. Il se rendit parfaitement compte du point faible du *triumvirat* français, associant trois expressions de nature et de valeur différentes : le maréchal Bazaine, le plus gros personnage du Mexique après l'Empereur, mais dont l'immense autorité et l'universel prestige tendaient à s'amoindrir par l'ingérence d'une personnalité nouvelle, obscure, inconnue et absolument étrangère à la situation du pays et de ses affaires ; un ministre de France, M. Dano, depuis longtemps connu au Mexique et de diverses façons, dont les relations créaient pour lui des attaches et des obligations particulières, parfois embarrassantes pour sa liberté d'allure, et dont l'hostilité pour le Maréchal était de notoriété ; enfin, un aide de camp de l'Empereur des Français, qui passait pour être l'inquisiteur du maréchal Bazaine. Tel est le *triumvirat* qui va représenter la France dans la lutte engagée et liquider l'entreprise mexicaine. Il n'y avait pas dans ce groupe la moindre affinité et il suffira d'en désagréger les trois parties, de les opposer les unes aux autres : son action sera paralysée.

C'est la tactique qu'appliquèrent avec art les forces gouvernementales du moment. Elles ne tardèrent pas, du reste, à découvrir le dessous des cartes que tenait en main le général Castelnau, et à savoir que, mandataire de Napoléon III, il disposait de pouvoirs extraordinaires menaçant le Maréchal. Il était dès lors tout naturel d'admettre que le commandant en chef se tenait en méfiance contre le coadjuteur qu'on venait de lui imposer. Dans ces conditions, il était facile de les opposer l'un à l'autre ; et comme on connaissait déjà les relations épineuses qui existaient entre le Ministre de France et le Maréchal, on était à peu près assuré de pouvoir désagréger moralement le *triumvirat* et de paralyser l'action, toute puissante alors, du Maréchal en donnant à ses acolytes des armes contre lui. Le plan était habile et devait guider la campagne à engager. Mais il fallait attacher le grelot et chacun se récusait. Ce furent deux nouveaux venus qui dictèrent et conduisirent l'opération.

En effet, un incident inattendu vint apporter un puissant renfort au parti clérical à qui l'Empereur avait, depuis peu, confié le pouvoir gouvernemental. Le paquebot de la fin d'octobre avait débarqué à Vera-Cruz deux personnalités de première importance, revenant d'Europe. C'étaient deux hommes d'action et de grande valeur, très populaires dans la race indienne : les deux leaders les plus acharnés, les plus militants du parti ultramontain que, pour cette raison, l'Empereur avait, deux ans auparavant, expulsé... poliment (?) du pays et envoyé en Europe comme ses représentants auprès de deux cours étrangères. Ils étaient généraux tous deux :

Marquez, le rusé, l'astucieux, le cruel; Miramon, le fougueux, l'orgueilleux, l'ambitieux, ancien président dont l'unique pensée a toujours été de le redevenir. Aussi, de retour à Mexico, il disait volontiers . « Je ne puis pas admettre qu'il y ait ici quelqu'un plus haut que moi ! » L'arrivée soudaine de ces deux lutteurs redoutables fut un événement et un malheur. Ils allaient tout brouiller et mettre le feu aux poudres.

Lorsqu'un matin parvint à Mexico la nouvelle télégraphique de l'arrivée à Vera-Cruz de Marquez et de Miramon, l'émotion fut considérable dans tous les milieux; car on comprenait que, dans l'état de surexcitation où se trouvaient tous les esprits, les plus graves événements étaient à prévoir. Cette émotion eut un écho sérieux au quartier général et surtout au ministère de la Guerre. Mon ministre, qui venait d'être avisé, me fit appeler aussitôt et m'exprima son mécontentement très vif et vraiment sincère, car si le général Tavera avait plus particulièrement appartenu au parti clérical, il était bien loin des exaltés et avait toujours approuvé notre politique conservatrice-libérale. Il considéra donc comme une calamité le retour de ces deux hommes et jugea spontanément qu'on ne pouvait pas tolérer que ces deux généraux, qui étaient chargés de missions en Europe, se soient rendus coupables d'abandonner leur poste sans permission et d'être ainsi clandestinement revenus au Mexique. Je m'efforçai naturellement de surchauffer ces justes sentiments. Estimant qu'il était nécessaire de faire un exemple à l'égard de ces allures d'indépendance que pouvaient prendre les officiers, surtout dans les grades élevés, le ministre était disposé à appliquer une mesure de rigueur. Il m'invita à me rendre auprès du Maréchal afin de prendre son opinion sur cette grave affaire et de lui faire connaître qu'il considérait comme nécessaire que le Maréchal télégraphiât l'ordre au commandant supérieur de Vera-Cruz de faire arrêter et mettre en forteresse les deux généraux. Je trouvai le Maréchal fort mécontent; il approuva absolument la mesure du ministre de la Guerre, mais me chargea de lui dire que c'était lui, ministre, qui devait l'appliquer. Je revins; le général Tavera fut très contrarié, n'osant sans doute pas prendre cette décision grave, au point de vue gouvernemental, sans consulter l'Empereur, ce qui n'était pas possible en raison de son éloignement. Il me renvoya auprès du commandant en chef pour le supplier, dans un intérêt public, d'ordonner l'arrestation, comme chargé du maintien de l'ordre, surtout dans les troupes mexicaines impériales, dont il avait le commandement. Tout au moins il demandait que le Maréchal voulut bien l'inviter officiellement à prendre cette mesure que la situation générale imposait. Je retournai; mais le Maréchal, tout en déplorant ces difficultés et ne se considérant pas comme autorisé à s'immiscer dans les affaires de discipline de l'armée mexicaine, ne pouvait prendre cette responsabilité, mais engageait le ministre à agir. Je revins fort déconfit, sentant bien que le général Tavera n'oserait pas prendre une pareille décision, sans un appui effectif du Maréchal dont il appréciait la toute puissance indispensable, d'autant qu'il commençait à être dégoûté de tout ce qui se passait et souffrait d'être astreint à certaines obligations qui lui déplaisaient et d'être englobé dans un ministère dont la politique dépassait les bornes qu'il jugeait convenables. En effet, il ne fit rien et les deux généraux s'empressèrent de se rendre à Orizaba pour conférer avec l'Empereur.

Ils y firent de la jolie besogne. D'abord Maximilien n'était plus à Orizaba même; la petite ville était trop animée, trop remuante, accessible à toutes sortes d'étrangers de passage ou non, enfin occupée par des troupes françaises. L'Empereur, avec son esprit affaibli, troublé, s'y trouvait trop exposé à des rencontres, à des fréquentations, à des influences dangereuses qui n'étaient pas du goût du Padre Fischer. Alors, son Mentor l'avait récemment transporté dans une hacyenda des environs, à la Jalapilla, délicieux séjour, du reste, au sein du parfum des orchidées, à l'ombre des orangers, des caféiers, des bananiers, où son terrible accapareur

le tenait séquestré, ne laissant parvenir jusqu'à lui que les
conjurés du cléricalisme ultra dont il était l'âme et qui se
cramponnaient à cet Empereur chancelant, s'accrochaient à
lui comme les naufragés à une épave flottant encore sur des
flots menaçants. Dans cette retraite, dont on écartait les
profanes, Fischer accomplissait son œuvre de persuasion,
catéchisait sans cesse l'esprit déprimé du malheureux prince.
C'est dans ces conditions merveilleusement préparées, qu'apparurent les deux rescapés de haute marque du premier naufrage clérical. Ils se jetèrent presque aux pieds de l'Empereur ; en tout cas, ils y mirent leurs épées et le conjurèrent
de ne pas désespérer de leur pays, du sien (?) et surtout du
parti clérical qui était prêt à tous les sacrifices pour asseoir
définitivement l'Empire, libre bientôt de toutes les tutelles
étrangères, si l'Empereur voulait bien mettre en lui son
entière confiance, et, afin de lui laisser mener efficacement
une campagne décisive contre les ennemis de la foi, de rendre
à son clergé si dévoué, les biens et les honneurs dont on
l'avait odieusement dépouillé. Les deux malins apôtres lui
donnèrent aussi l'assurance qu'ils disposaient de toutes les
ressources nécessaires pour soutenir la lutte dans laquelle Sa
Majesté devait reprendre son étendard impérial. Marquez
et Miramon ajoutèrent habilement une note flattant son
amour-propre de descendant de Charles-Quint en faisant tinter dans son cœur le cri d'indignation d'un Empereur à la
pensée de se laisser expulser par un aide de camp de l'Empereur des Français. Dans ce but et pour ébranler la résistance passive de la victime qu'ils vouaient au sacrifice et
achever leur œuvre de séduction en exaltant sa colère, ils
s'efforcèrent de répandre dans son esprit affolé un ferment de
révolte qui parviendrait à vaincre ses hésitations. Ils rapportaient d'Europe la révélation de certaines négociations
secrètes entamées par le Cabinet des Tuileries avec celui de
la Maison Blanche pour rechercher et examiner des moyens
d'entente entre la France et les Etats-Unis à l'égard d'une
personnalité mexicaine à laquelle il serait possible de remet-

tre le pouvoir suprême après le départ de l'empereur Maximilien. En faisant connaître ces graves informations, ils démontrèrent au prince que les trois membres du *triumvirat*, et notamment le général Castelnau, devaient avoir pour mission de précipiter son départ.

Malgré ces instances si persuasives, si troublantes, Maximilien ne pouvait se décider à prendre une résolution définitive; car, en ce moment, il ne voulait pas brûler ses vaisseaux. Il conservait évidemment encore un secret espoir par delà les mers. Mais, considérant pourtant comme une mesure de prudence de se ménager au Mexique une position, un *modus vivendi* au cas où il devrait reculer le moment de son départ définitif, il se laissa faire une douce violence et promit au parti clérical de lui rendre ses biens et ses grandeurs.

Enflammés par leur succès, Marquez et Miramon partirent pour Mexico afin d'organiser la grande conspiration cléricale, préparer des capitaux, car ils avaient assuré à Maximilien la disposition immédiate de quatre millions de piastres; ils allaient surtout organiser, tout au moins secrètement pour le moment, les troupes qui devaient former l'armée Maximilienne et dans laquelle chacun d'eux aurait un important commandement; enfin, ils devaient réchauffer le zèle de leurs partisans et répandre partout la rosée de l'espérance. C'est alors que commença une véritable campagne contre l'Intervention française dont les chefs ignoraient encore les mystères du séjour à Orizaba de ces deux hommes dont ils n'avaient pas su se débarrasser, et qui croyaient toujours à la volonté ferme de l'Empereur d'abdiquer. Il l'avait peut-être encore, mais il avait besoin d'attendre quelque chose qui ne venait pas, selon son désir.

Le premier acte de cette campagne se manifesta par une démarche faite par M. Larès, président du conseil, et M. Luys de Arrayo, ministre du palais impérial. Ces deux personnages se firent donner par l'Empereur, via Marquez-Miramon, une mission ayant pour objet de prendre connaissance des dépêches ou communications verbales données par Napoléon III au général Castelnau. Quelle outrecuidance! Voilà, du reste, un des premiers effets de la faute commise par l'Empereur des Français en n'accréditant pas son personnage auprès de l'Empereur du Mexique. Ces deux ministres, un fois munis des pleins pouvoirs de l'Empereur, se rendirent auprès du général Castelnau pour recevoir notification des instructions impériales françaises. C'était la paraphrase du rôle de cet officier général à l'égard du maréchal Bazaine. Mais, Castelnau pris au piège, se réfugia dans les clauses du triumvirat, ne pouvant rien faire ou dire sans la présence des autres membres de cette trinité! Les conseillers impériaux allèrent trouver le Maréchal qui leur fit la même réponse. C'était une véritable comédie dans laquelle les mandataires de Maximilien (voir toujours Marquez-Miramon) purent se demander : « Qui trompe-t-on ici ? » Alors, sans se laisser décourager, ils écrivirent au Maréchal, le priant de leur notifier ce qu'ils devaient enfin faire connaître à leur Empereur sur divers points spéciaux qu'ils précisaient dans leur lettre. Ce qui ressort de plus caractéristique dans ce message au Maréchal, c'est que le général Castelnau ne leur avait pas dit toute la vérité sur le véritable rôle de sa mission et ne leur avait servi que des généralités connues de tout le monde et étrangères aux préoccupations essentielles du moment. Dans ces conditions, ils insistaient auprès du Maréchal pour qu'il déclarât par écrit qu'il n'y avait pas autre chose et, dans ce cas ils exposaient que Maximilien avait besoin d'être fixé sur sa conduite à tenir dans l'éventualité où on l'abandonnerait à ses propres forces, soit de continuer la lutte, soit de prendre un tout autre parti.

A ce coup droit bien porté, le triumvirat, dans la personne du Maréchal, riposta non moins habilement et répondit que la mission du général Castelnau avait pour but d'affirmer les intentions du gouvernement français de retirer ses troupes et de savoir si l'Empereur Maximilien pourrait se maintenir avec ses propres moyens.

Escobard n'aurait pas mieux dit pour répondre à côté, en retournant la demande!

Je reviens au message tendancieux du premier ministre : il contenait deux demandes d'ordre purement gouvernemental, réclamant d'abord la mise à la disposition de l'Etat mexicain de tous les établissements militaires nationaux. Cette demande avait pour objet secret de permettre à Marquez et à Miramon de constituer à leur fantaisie l'armée qu'ils devaient commander. En second lieu le Ministre priait le commandement supérieur de faire connaître à l'Empereur, et à l'avance, le moment où nos troupes devraient évacuer les localités de toutes importances que nous occupions. Ces deux demandes insignifiantes et à peine nécessaires étaient destinées à en accompagner d'autres plus sérieuses ou bien à donner satisfaction à Marquez, car la première manquait son effet, attendu que, à part la citadelle de Mexico, tous les établissements militaires étaient déjà à la disposition du ministère de la Guerre; j'en savais quelque chose puisque j'y étais moi-même et que j'y faisais fréquemment des visites inopinées.

Enfin, dans cette lettre ministérielle on trouvait aussi le classique *in cauda venenum*. L'Empereur voulait connaître la date la plus reculée du départ des troupes françaises, et, ce qui était bien autrement indiscret, Sa Majesté désirait savoir, au cas où elle se démettrait du pouvoir, ce que le Maréchal et M. Castelnau (puisque le premier ne peut rien faire sans le second) comptaient faire pour éviter les désordres qui résulteraient alors de l'absence de gouvernement.

Ces demandes étaient nettes et précises; le triumvirat était obligé de se démasquer. Cependant le Maréchal, avec ou sans l'autorisation Dano-Castelnau, se tira encore assez habilement de ce trébuchet. « A malin, malin et demi. » Il ne répondit catégoriquement à aucune des questions principales; il ne parla pas de la date du départ des troupes, mais déclara que tant qu'elles resteraient au Mexique elles continueraient à maintenir l'ordre et à protéger les populations dans les territoires qu'elles occuperaient, mais n'entreprendraient aucune expédition, évitant ainsi de s'engager sur la pacification qu'on lui demandait. Quant à l'abdication, il ne prononça pas le mot et se borna à déclarer qu'il lui était impossible d'exposer les mesures qu'il prendrait « le cas échéant », mais qu'il soutiendrait les intérêts français et assurerait l'ordre.

En somme, au milieu d'un pareil gâchis d'anarchie morale et matérielle, et avec de tels adversaires, on était bien obligé de ruser. Heureux encore quand on était assez habile pour réussir ce jeu-là!

Les conseillers de l'Empire n'obtinrent ainsi qu'un mince résultat dans la reconnaissance offensive qu'ils venaient d'entreprendre avec une hardiesse qu'ils n'auraient pas osé déployer auparavant avec le Maréchal tout seul, car sa haute autorité en imposait et on comptait avec son habileté à manœuvrer les politiciens du pays, même les plus retors. C'est ce que n'a jamais pu ou voulu comprendre le général Douay.

Le Maréchal, serré de près, conserva pourtant sa position en ne se livrant pas et resta ainsi sur la défensive, ce qui était une excellente tactique. Du reste, j'ai toujours été convaincu que cette démarche mixte, verbale et épistolaire, ne sortait pas du cerveau de Maximilien, alors incapable d'une pareille subtilité et, en tout cas, complètement édifié sur les questions mises en cause. Elle était conçue par le trio Fischer, Marquez et Miramon pour appuyer l'argument le plus puissant qui pût déterminer le Souverain à abandonner son projet d'abdication.

Cette tentative des impériaux avait donc à peu près échoué; mais le général Castelnau, se croyant plus habile que le Maréchal, naturellement, puisqu'il remplaçait Napoléon, tenta une contre-attaque et celle-ci fut maladroite. En courtisan zélé, il était impatient d'envoyer à son Souverain des informations précises sur les intentions de Maximilien, de témoigner ainsi de son empressement et de sa perspicacité, de pouvoir dire enfin, sans modestie : *Veni vidi*, laissant pour l'avenir le troisième élément de la formule antique. Il eut l'extraordinaire idée de décider le capitaine Pierron, sur lequel il n'avait aucune action, puisque, bien qu'officier français il était à la disposition de l'Empereur, à se rendre à Orizaba pour sonder le sphinx couronné et savoir enfin quelles étaient positivement ses intentions. Cet officier, très fin, du reste, put-il tromper la vigilance du père Fischer, qui dut trouver étrange son voyage spontané et non motivé par un appel de l'Empereur ou une nécessité de service formelle ? C'est peu vraisemblable. En tout cas, Pierron revint avec la pensée que l'Empereur était bien résolu à s'embarquer. Et aussitôt, tenant enfin un os à ronger pour son maître, Castelnau lui envoya aussitôt la grande et excellente nouvelle. Ce message trompeur dut partir par le paquebot du 15 novembre.

Malheureusement, la réponse faite aux conseillers impériaux n'avait pas satisfait le père Fischer qui, mis en éveil par la mission insolite et imprudente du capitaine Pierron, ne se tint pas pour battu et résolut de revenir à la charge par une démarche personnelle de l'Empereur dirigée directement vers le Maréchal, sans tenir compte du triumvirat. La manœuvre était significative, car, en laissant entrevoir la possibilité de son renoncement au pouvoir, Maximilien priait le Maréchal de préparer, dans la circonstance, des dispositions spéciales auxquelles il attachait un grand prix et lui demandait de vouloir bien prendre vis-à-vis de lui des engagements à leur égard. On comptait bien, par cette mise en demeure de se prononcer, savoir si le triumvirat comptait réellement sur le départ. C'était concevoir assez habilement une démarche à deux fins. Elle fut si habile qu'elle réussit, car ce fut, cette fois, le triumvirat qui tomba dans le piège.

Du reste, cette lettre était inspirée par les plus généreux et les plus louables sentiments, car elle avait pour unique objet de prévoir les mesures que le Souverain entendait qu'on prît, *lorsqu'il quitterait le Mexique*, à l'égard de tous ceux qui s'étaient dévoués à sa cause, principalement ceux qui s'étaient sacrifiés pour elle. Ces mesures étaient les suivantes :

1° Le gouvernement fera rapatrier, par ses soins, dans leurs pays respectifs, les individus qui forment la légion austro-belge ;

2° Les autorités françaises au Mexique prendront les dispositions nécessaires pour que, aux frais du Mexique, soit déterminée la somme nécessaire pour assurer des pensions à vie aux mutilés et invalides du corps austro-belge, somme qui sera répartie par une commission que nommera le Maréchal et dont feront partie les colonels Kodolitch et Van der Smissen qui auront la mission de faire parvenir aux intéressés la part qui leur sera attribuée.

3° Les mêmes autorités prendront encore des dispositions pour que le trésor mexicain paie 10.000 piastres que le Maréchal fera adresser à la princesse Iturbide. En même temps le Maréchal fera envoyer dans une ville de France une somme égale pour le jeune prince Iturbide ;

4° Les autorités françaises feront payer par le gouvernement mexicain à M. Sanchez Navarro, chambellan de l'Empereur, 45.000 piastres pour payer les dettes de la liste civile ; on lui enverra également ce que l'Etat reste à devoir sur la liste civile ;

Ces trois dernières dispositions devront être exécutées en entier le jour où quittera Mexico même la dernière colonne française.

5° Voici enfin les dispositions les plus piquantes : « Ma propriété privée restera confiée à votre propre sauvegarde, mon cher Maréchal, et avec les produits, je vous prierai, d'accord avec Sanchez Navarro, de vous conformer à la teneur de mes instructions. »

En reproduisant ces dispositions, d'apparence « in extremis », je ne puis me défendre d'une singulière ironie à l'égard des sentiments que durent éprouver M. Dano et le général Castelnau en contresignant dans l'article 4, les assurances qu'on paiera au Maréchal la valeur du palais de

Buena-Vista que l'Empereur donna en dot à sa femme et qui constituait une dette de la liste civile, au cas où le Maréchal n'en conserverait plus la jouissance effective.

Je me suis laissé entraîner à faire cette réflexion gouailleuse parce qu'il n'est pas banal de voir ces deux ennemis du Maréchal garantir l'exécution de cette libéralité impériale, mais je considère qu'en valeur absolue et dans son ensemble le document établi par Maximilien est phénoménal; et pourtant, ce qui l'est encore bien davantage, c'est que les pontifes du triumvirat l'aient pris au sérieux.

Comment peut-on admettre, en effet, que les desiderata de Maximilien qui, dans les formes et les termes où ils étaient présentés, prenaient l'allure de conditions posées, imposées même pour le cas où il déposerait sa couronne, aient pu être acceptés par qui que ce soit et dans de pareilles circonstances? Comment les trois représentants de la France ont-ils pu garantir de telles obligations dans l'état d'anarchie où se trouvait le pays? Aussi la réponse qu'ils ont faite à l'Empereur ne me paraît pas plus sérieuse que la demande. J'estime que, dans tous les cas, même celui où le Souverain aurait voulu se moquer d'eux, ces hauts personnages auraient dû, à ces propositions presque comminatoires malgré leur apparence sentimentale et doucereuse, répliquer par cette simple déclaration : « Les conditions à remplir par l'intervention et qui sont formulées par Maximilien dans l'éventualité où il plairait à Sa Majesté d'abandonner le pouvoir, paraissent et sont trop délicates et d'une exécution matérielle trop difficile et problématique en présence des événements qui se produiraient alors et qu'on ne peut prévoir. Les signataires représentant l'Empereur des Français, ne croient pas pouvoir en garantir l'exécution et ne peuvent en prendre l'engagement, si désireux qu'ils soient de satisfaire aux intentions de l'Empereur, d'autant que ce n'est pas eux qui ont inspiré à Sa Majesté la pensée d'une abdication qui, jusqu'ici, semble lui être absolument personnelle. Ils déclarent enfin que, soucieux de donner, en cette circonstance, le témoignage d'une sympathie respectueuse des désirs de l'Empereur, ils s'engagent, au nom de la France et de son Souverain, à faire tous leurs efforts auprès du pouvoir, quel qu'il soit, qui succèderait à l'Empire, pour réaliser aussi scrupuleusement que possible les dispositions formulées par l'Empereur Maximilien. »

Une telle déclaration eût été la réponse méritée par l'ultimatum à peine déguisé et surtout non fondé envoyé par Maximilien, qui n'était en réalité qu'un ballon d'essai gonflé par Fischer et que ne sut pas dégonfler le triumvirat. Elle eût plongé dans l'embarras les ennemis du Maréchal et tous les cléricaux acharnés à retenir l'Empereur; car ils n'auraient pas pu continuer à exploiter le grand argument que le triumvirat, sous l'inspiration du général Castelnau, voulait le « pousser dehors », ce qui était humiliant pour Sa Majesté.

Que firent, au contraire, les membres de cette trinité incarnant la France? Ils rédigèrent, à la hâte, une lourde déclaration donnant satisfaction aux demandes assez fondées du reste, en principe seulement, qui concernaient le corps austro-belge ainsi que les mutilés et les invalides de ces troupes impériales; mais, en ce qui concernait les dispositions d'un ordre quasi-politique relatives à la famille de l'ex-empereur Iturbide et celles absolument personnelles à l'Empereur, telles que les dettes de la liste civile et la liquidation des comptes de la grande chancellerie, elles furent bien dévolues à M. Sanchez Navarro, mais elles ne furent pas garanties; on promit seulement des efforts !

Il est bien entendu qu'on ne fit pas mention des cent mille piastres représentant la valeur reconnue à son compte par Maximilien du palais du quartier général. Naturellement le Maréchal ne souleva pas la question devant le triumvirat et les autres, en bons petits camarades, se gardèrent bien d'en parler!

Cette réponse a, dans son esprit, le défaut d'admettre la possibilité presque assurée d'une abdication, puisqu'on s'y engage d'une manière ferme à assurer certaines dispositions qui résultent de cette abdication, et, en ce qui concerne les autres, à obtenir satisfaction de la part du nouveau gouvernement du Mexique. C'est même sur ce mot que finit la déclaration collective. Toutefois, ce qui fut regrettable et révéla un manque de rouerie diplomatique, ce fut l'empressement que mirent les trois personnages à donner immédiatement la réponse à la demande impériale. Cette précipitation était une faute, car on laissait comprendre combien on était pressé de dégager l'Empereur des préoccupations qu'on peut qualifier de testamentaires pour un Souverain, afin qu'il pût sans tarder ni attendre, prendre la résolution du départ. On ne pouvait pas, en effet, apporter plus de diligence dans le règlement de cette affaire, car le message de l'Empereur fut envoyé par le capitaine Pierron au Maréchal le 12 novembre et c'est le jour même que la réponse fut conçue, rédigée et expédiée à Orizaba. C'était par trop hâter cette affaire et la traiter comme les ordonnances hydrauliques du docteur Purgon!

Maximilien comprit la portée de cet empressement et, désormais convaincu que les représentants de la France avaient hâte de le voir partir, ce qui était le but réel de la démarche qu'il avait faite, il s'empressa lui aussi de... « faire machine en arrière » en remettant en cause la question de fond, c'est-à-dire le départ.

Deux jours après, il envoya au Maréchal la note urgente et confidentielle que voici, et qui jeta un froid dans l'esprit de MM. Dano et Castelnau, car elle méconnaissait le triumvirat et déclarait nettement que c'était au Maréchal seul que Maximilien s'adressait pour régler ses affaires.

« Au Maréchal Bazaine,

« Je vous remercie, ainsi que le général Castelnau, ainsi que M. Dano, d'avoir réglé les points qui me touchaient de si près. Mais il reste à régler le définitif : un gouvernement établi pour protéger les intérêts compromis. Ces points ne peuvent être traités sans une entrevue avec vous. (Quel coup de marteau pour les deux autres représentants de la France!) La continuation de mes fièvres ne me permet pas de monter à Mexico. Je vous invite donc à venir un de ces jours ici, et en peu de paroles, nous pourrons tout arranger d'une manière satisfaisante. J'ai appelé ici, pour samedi, mon conseil d'Etat et mon président du conseil des ministres.

« Maximilien. »

C'était la débâcle du triumvirat; mais les deux évincés se rattrapèrent de leur exclusion de ce grand conseil gouvernemental d'où allaient vraisemblablement sortir des résolutions suprêmes.

En effet, le Maréchal, en recevant la communication impériale, comprit qu'en cette occurrence il devait se conformer aux instructions *officielles* du gouvernement français lui prescrivant de respecter la liberté d'action de Maximilien; et bien que la situation très troublée, menaçante même, dans laquelle se trouvait Mexico, ne lui permît guère de s'éloigner de son commandement, il résolut de répondre à l'appel du Souverain et de se rendre à Orizaba, mais il avait compté sans ses deux acolytes et surtout le général Castelnau qui s'y opposa, sous le prétexte qu'il avait ordre d'assister à toutes les réunions, de prendre part à toutes les décisions. Il se croyait évidemment l'*alter ego* de l'Empereur qui l'avait envoyé. Soutenu par M. Dano qui, lui, avait pris position dans le parti clérical ultra, tandis que le général n'avait aucun parti pris, il ne comprit pas pourquoi son collègue s'associait ainsi à lui pour empêcher le Maréchal d'aller à Orizaba, ce que les cléricaux redoutaient par dessus tout. On n'a jamais pu savoir, je crois, et on ne saura jamais sans doute, ce qui se passa entre les trois pontifes du triumvirat, car ils sont tous dans l'autre monde et personne n'a envie d'aller le leur demander. Mais il est vraisemblable que le grand inquisiteur envoyé par Napoléon III aura brandi sa fameuse épée de Damoclès, retrait du commandement, pour empêcher le

Maréchal d'aller seul au conseil impérial. Celui-ci dut céder, car il renonça à se rendre à Orizaba. Il écrivit alors à Maximilien la lettre dont le laconisme aride décelait les sentiments de dépit de son auteur.

« A S. M. l'Empereur Maximilien,

« J'ai pris connaissance de la dépêche télégraphique de Votre Majesté, datée de ce jour. Malgré mon grand désir de me rendre auprès d'elle, il me paraît difficile de quitter la capitale dont Votre Majesté m'a confié la garde, avant l'arrivée du général Douay et sans que je sois tranquillisé sur les mouvements militaires ordonnés.

« BAZAINE. »

Cependant l'Empereur ne se laissa pas prendre par le prétexte et comprit que ce télégramme d'abstention était dicté par d'autres réserves que les motifs indiqués. Aussi il répondit aussitôt pour expliquer que rien ne pouvait faire croire qu'il eût l'intention d'abdiquer en faveur d'un parti quelconque et que le conseil n'avait pour objet que de s'entendre sur la question de savoir à qui il faudrait confier le pouvoir au moment où il lui conviendrait d'abdiquer. En attendant que la nation se prononçât, Sa Majesté accompagnait ces déclarations, vagues du reste, de considérations diffuses dont il était impossible de tirer aucune conclusion. En somme tout cela n'était que spécieux, subtil et destiné à mieux égarer l'esprit et le jugement des représentants de la France ; c'était en outre peu sincère car les préoccupations et les décisions du conseil furent tout autres.

Cette dépêche, en tout cas, mettait fin à l'ingérence française dans les intrigues de l'abdication. Mais l'incident qui la motiva inspire des réflexions qui lui sont peu favorables. Le général Castelnau commit une faute grave en usant, sans discernement, des pouvoirs et des droits excessifs qu'il tenait de l'Empereur des Français. Il est très regrettable qu'il ait opposé son veto inconscient à la présence du Maréchal dans ce conseil auquel l'Empereur l'avait convié, car il aurait appris là, d'une façon positive, quel était le fond de la pensée de Maximilien, ainsi que la nature des intrigues auxquelles se livraient avec ardeur les personnalités importantes du gouvernement et du parti clérical que dirigeaient très habilement Marquez et Miramon; il aurait pu découvrir également les projets qu'ils poursuivaient.

D'autre part, je suis convaincu que le Maréchal, avec sa finesse et son habileté, sa façon de manier et de séduire les Mexicains, enfin, par la grosse influence qu'il avait sur eux, à quelque parti qu'ils appartinssent, aurait modifié favorablement pour nous les déterminations que devaient prendre les partis qui s'agitaient pour ou contre l'abdication et modifié même les décisions de l'Empereur. En s'abstenant, il laissait le champ libre aux pires influences. Nous verrons les résultats par les événements qui vont suivre.

Mais si j'incrimine l'emploi irréfléchi de ses droits que fit le général Castelnau, dont le grand tort fut de ne pas comprendre que son veto ne pouvait aller jusqu'à interdire au Maréchal la faculté de répondre à un appel de l'Empereur qui voulait ses conseils et non pas ceux de tout autre, je dois aussi faire un reproche à Napoléon III de n'avoir pas prévu que les droits qu'il donnait ainsi à son aide de camp pourraient entrer en conflit avec l'Empereur du Mexique, car il est vraisemblable qu'il n'eut jamais la pensée d'obliger ce Souverain à subir la présence de son général Castelnau quand il voudrait s'entretenir confidentiellement avec le Maréchal tout seul. Cette mission était mal montée, apparemment placée en des mains maladroites, et elle ne devait, trop souvent, produire que des résultats regrettables. Car enfin, Castelnau était venu pour assurer l'abdication de Maximilien et il fut une des causes qui décidèrent Maximilien à rester au Mexique.

Si j'insiste parfois sur cette fameuse mission Castelnau pour la mettre au point, c'est qu'on en a beaucoup parlé, sans en rien savoir ou à peu près, à l'exception des très rares écrivains qui ont jusqu'à ce jour soulevé quelques coins du voile épais étendu depuis si longtemps sur l'entreprise mexicaine, qui fut une campagne presque aussi diplomatique que militaire.

Huit jours après cette clôture des relations avec Maximilien au sujet de l'abdication, le 26 novembre, eut lieu l'ouverture du Congrès d'où devaient sortir les destinées de l'Empire. Un très grand nombre de personnages appelés firent défaut. Il convient, sans nul doute, d'attribuer la plupart des abstentions à la peur intense qu'eurent les conseillers d'Etat ou autres d'affronter les dangers d'un voyage de 60 lieues au travers d'une région qui, depuis quelque temps, était sérieusement menacée par les partisans de Juarez. Il ne parut à Orizaba que dix-huit personnages dont quatre ministres; ce furent évidemment les plus passionnés, car les discussions furent ardentes. Du reste ils étaient conduits et dirigés par Miramon lui-même.

Le Conseil fut partagé en deux groupes à peu près égaux, ce qui montrait quel désarroi d'esprit et de tendance régnait dans le camp des impériaux. En tout cas, malgré les assertions de l'Empereur au Maréchal, on y discuta l'abdication proprement dite, et le maintien de l'Empire n'obtint que dix voix de majorité, acquise surtout par les 4 ministres qui naturellement voulaient conserver leur position.

Ce principe admis, tant bien que mal, on examina si le gouvernement pourrait se maintenir avec les simples ressources militaires et financières qui lui resteraient après le départ des Français. La logique aurait voulu qu'on se prononçât d'après la même répartition de voix que pour le maintien de l'Empire qui dépend absolument de cette deuxième considération; il n'en fut pas ainsi. L'illogisme régnait partout alors, et les voix se partagèrent également. Mais, comme le président du Conseil était de ceux estimant que l'Empire pourrait lutter, le vote ex-æquo fut acquis en faveur de son maintien. Quelle incohérence! Et l'Empereur accepta cette solution! S'il avait mesuré la gravité du vote où, sur 18 des plus hauts soutiens de l'Empire, on trouve neuf voix pour le renverser, il aurait compris que sa place n'était plus au Mexique.

Il fallait que ses dispositions personnelles récentes eussent singulièrement changé. Pour quelles raisons donc? Je vais les mettre en lumière.

Il me faut faire un retour en arrière pour exposer un incident extraordinaire qui fut la cause des incertitudes et des tergiversations que, depuis près d'un mois, on constatait dans la conduite de l'Empereur.

Quelques jours après son arrivée à Orizaba, fin d'octobre, Maximilien découvrit dans les journaux américains le texte d'une lettre que M. Eloin, son conseiller intime, lui avait adressée d'Europe mais qui ne lui était pas parvenue. Qu'était-il donc arrivé?

Ce M. Eloin, que j'ai déjà quelque peu malmené, à divers points de vue, avait été envoyé en Europe avec une mission mystérieuse dont le caractère était dissimulé par un prétexte quelconque. Le 17 septembre, écrivant à Maximilien pour lui faire part des informations les plus confidentielles, il eut la maladresse, inouïe pour un homme qui fait acte de conspiration, d'envoyer son message sous double enveloppe au consul du Mexique à Washington. C'était déjà une grande imprudence que de prendre une pareille voie; mais le plus extraordinaire fut qu'il oublia que dans cette capitale des Etats-Unis, il y avait deux consuls du Mexique, celui du gouvernement impérial, que ne reconnaissait pas le gouvernement américain, et celui de Juarez, seul officiel et qui était très en faveur et très répandu. Dans ces conditions et tout naturellement, de la meilleure foi du monde, la poste remit la lettre au consul de Juarez, lequel, enchanté de cette prise de guerre fortuite qui lui tombait du ciel, s'empressa de la communiquer à son gouvernement et aux journaux américains.

La lecture des passages essentiels de ce document peu banal suffit pour faire apprécier la haute gravité de sa divulgation.

« Bruxelles, 17 septembre 1866.

« Sire,

« L'article du *Moniteur Français*, désavouant l'entrée aux ministères de la Guerre et des Finances des généraux français Osmont et Friant, prouve que désormais et sans pudeur, le masque est jeté. La mission du général Castelnau, aide de camp et homme de confiance de l'Empereur, bien que secrète, ne peut avoir d'autre but, selon moi, que de chercher à provoquer aussitôt une solution. Pour chercher à expliquer sa conduite... le gouvernement français voudrait qu'une abdication précédât le retour de l'armée, et qu'ainsi il lui fût possible de procéder seul à réorganiser un nouvel état de choses. J'ai l'intime conviction que Votre Majesté ne voudra pas donner satisfaction à une politique qui doit répondre, tôt ou tard, de l'odieux de ses actes et des conséquences fatales qui en seront la conséquence.

« .....J'ai l'intime conviction que l'abandon de la partie avant le retour de l'armée française, serait interprété comme un acte de faiblesse et l'Empereur tenant son mandat d'un vote populaire, c'est au peuple mexicain, dégagé de la pression d'une intervention étrangère qu'il doit faire un nouvel appel, c'est à lui qu'il faut demander l'appui matériel et financier indispensable pour subsister et grandir.

« Si cet appel n'est pas entendu, alors, Votre Majesté ayant accompli sa noble mission, reviendra en Europe avec tout le prestige qui l'accompagnait au départ et au milieu des événements importants qui ne manqueront pas de surgir, elle pourra jouer le rôle qui lui appartient à tous égards.

« .....En traversant l'Autriche, j'ai pu constater le mécontentement général qui y règne. Rien n'est encore fait, l'Empereur est découragé, le peuple s'impatiente et demande publiquement son abdication; ses sympathies pour Votre Majesté se communiquent ostensiblement à tout le territoire de l'Empire. En Vénétie, tout un parti veut acclamer son ancien gouverneur; mais quand un gouvernement dispose des élections sous l'empire du suffrage universel, il est facile de prévoir les résultats.

« J'ai l'honneur, Sire....
                              « F. Eloin. »

La première partie de cette lettre explique l'attitude dernière de Maximilien, si malencontreusement inspirée par ce fanatique haineux de la France qui, de loin, fait autant de mal à son maître qu'il en faisait durant son séjour à Mexico. Cet imprudent conseiller s'imagine que le Mexique est toujours ce qu'il était alors, et il croit possible une consultation nationale quelconque. Quelle coupable aberration! Car il pousse l'Empereur à une perte certaine.

Mais, si Maximilien a pu se sentir réconforté par ce début, il a dû être terrifié en découvrant la publicité à laquelle était livrée la révélation de ses coupables projets à l'égard de son frère, l'Empereur d'Autriche; et, comprenant que, sans doute, c'était la fin de ses rêves d'ambition criminelle, il dut songer avec effroi à quelles humiliations cruelles il eût été exposé si, n'ayant pas eu connaissance de cette situation nouvelle qui lui était créée à la Cour d'Autriche, il se fût embarqué, comme il y était fermement résolu, et eût débarqué à Trieste.

Ce fut alors, et au moment où, à Mexico, on considérait son départ comme un fait accompli, que tout était disposé à bord du *Dandolo*, qu'il envoya l'ordre à cette frégate d'éteindre les feux déjà allumés.

Il ne pouvait plus songer, en effet, à franchir ce Rubicon qu'était pour lui l'Océan, pour le moment du moins, car il ignorait l'accueil qu'avait fait à cette révélation l'Empereur d'Autriche, son frère. Cependant, après ce dur moment d'émotion, il n'abandonna pas des vues, des rêves qu'il entretenait depuis si longtemps et qui, d'après les impressions de M. Eloin, lui semblaient toujours réalisables. Dès lors, cet incident fâcheux n'était plus pour lui qu'un contre-temps, sans doute passager. C'est pourquoi, dans tous les pourparlers, les décisions, les déclarations qui se produisent au sujet de son abdication, il paraît toujours se réserver une porte de sortie et qu'il émet personnellement la volonté de réunir un grand Congrès national, formule Eloin, sorte d'états-généraux émanant de la nation tout entière et sans distinction de partis, qui serait appelé à se prononcer sur l'opportunité de la prolongation de l'Empire ou sur la substitution à ce régime d'un autre gouvernement que désignerait la volonté de la nation ainsi consultée. Par ce moyen, il se réservait l'avenir et trouverait un moyen plus honorable pour déposer une couronne qui ne ferait plus le bonheur de son peuple, se constituer ainsi une auréole de désintéressement et de libéralisme qui lui permettrait de rentrer, sans crainte peut-être, en Autriche et d'y jouer le rôle important qui venait d'être dévoilé, toujours formule Eloin, et pour lequel il se sentait destiné, formule Maximilien!

Si, d'autre part, l'Empereur tarda à sanctionner officiellement la résolution de ressaisir le sceptre par une proclamation à son peuple, et de revenir dans sa capitale, c'est qu'il attendait les nouvelles qui ne pouvaient tarder à lui venir d'Europe sur l'impression produite en Autriche, à la Cour et dans le cœur de l'Empereur, son frère aîné.

Durant cette attente anxieuse, son esprit s'égarait au travers des résolutions qui lui restaient à prendre. En Europe, que trouverait-il? Sa meilleure conseillère, l'Impératrice? Elle était folle! La Cour d'Autriche lui laisserait peut-être espérer un accueil purement bienveillant? Oui, sans doute, mais à la condition de rester muré dans son château de Miramar, en simple citoyen de la commune de Trieste! C'était peu pour une ambition qui a inspiré toute sa vie, c'était bien vulgaire pour un Habsbourg!

Il reçut, en effet, des nouvelles, mais lui seul dût les connaître toutes. On a su cependant que la Cour d'Autriche ne lui serait pas bienveillante, que François-Joseph avait fait savoir à son ambassadeur à Mexico sa volonté formelle d'interdire à son frère Maximilien l'accès du territoire autrichien, s'il rentrait en Europe avec son titre d'Empereur. Enfin, sa mère, l'Impératrice douairière, qui avait cependant pour lui une affection toute spéciale, lui écrivait qu'il devait « s'enterrer sous les murs de Mexico plutôt que de se laisser amoindrir par la politique française ». Ce cri du cœur d'une mère de vieille et noble race, étouffant la voix du sang, dut faire sur le jeune Empereur une impression profonde et la grandeur d'âme du Habsbourg ressuscita. Maximilien, galvanisé par cette inspiration maternelle, n'eut plus qu'un idéal, l'honneur de sa couronne, ou la gloire du sacrifice. Puis, ajustant à sa cause la parole superbe adressée à son peuple par François Ier, prisonnier de son aïeul Charles-Quint, il cria à sa conscience : « Tout sera perdu, fors l'honneur! » Et s'adressant à ses Mexicains, qu'il croyait tous fidèles, il leur lança une dernière proclamation qui, d'après l'ordre de sa mère, l'appelait à Mexico pour le conduire à Queretaro!

CHAPITRE XV

LES DERNIERS JOURS D'UN EMPIRE

Du 1ᵉʳ au 10 Décembre

Proclamation de Maximilien. — Arrivée à Vera-Cruz d'une mission américaine, général Sherman. — Instructions extraordinaires. — Echec piteux de la mission. — Situation troublée à Mexico. — Intrigues passionnées de toutes sortes. — Spectacle écœurant. — Mes rapports de police. — Correspondance du général Douay. — Lettre abominable du 10 décembre 1866. — Considérations sur cette correspondance. — Conclusions.

Le 1ᵉʳ décembre apparut le manifeste de Maximilien annonçant à son peuple qu'il reprenait les rênes du char de l'Etat, dans le but de lui demander encore si la forme de gouvernement dont il était l'incarnation lui semblait devoir toujours faire son bonheur.

Ce qui caractérisait cette nouvelle évolution de la part de l'Empereur, c'est que désormais le gouvernement de l'Empire devait marcher tout seul, dégagé de la lourde tutelle de l'Intervention française. Je puis la qualifier ainsi d'après lui-même, car il avait déclaré que c'était notre présence au Mexique qui empêchait son peuple de lui témoigner son attachement! Quelle ingratitude!

C'était donc une ère nouvelle qui s'ouvrait, après combien d'autres, car depuis cinq années la succession des ères a été la caractéristique de l'existence politique de ce pays. C'est évidemment pour cette raison qu'un journal local, très sérieux du reste, avait pris depuis plusieurs années le titre parlant d' « Ere nouvelle » assuré ainsi de répondre toujours à la situation du moment; et, d'après elle, ainsi qu'il suit, Maximilien parlait à ses fidèles sujets (?) :

« Mexicains,

« Des circonstances de grande importance, relativement au bien-être de notre patrie, qui ont acquis une grande force par des malheurs domestiques, avaient produit dans notre esprit la conviction que nous devions rendre le pouvoir que vous nous aviez confié.

« Nos conseils des ministres et d'Etat, convoqués par nous, (ils étaient 18), opinèrent que le bien du Mexique exige encore que nous conservions le pouvoir, et nous avons cru devoir accéder à leurs instances, en leur annonçant, en même temps, notre intention de réunir un Congrès national sur les bases les plus larges et les plus libérales, où tous les partis auront accès. Ce Congrès déterminera si l'Empire doit subsister, et, dans le cas affirmatif, il promulguera les lois vitales pour la consolidation des institutions politiques du pays. Dans ce but, nos conseillers s'occupent actuellement de nous procurer les mesures opportunes et l'on fera en même temps les démarches convenables pour que tous les partis se prêtent à un arrangement sur cette base.

« En attendant, Mexicains, comptant sur vous tous, sans exclusion d'aucune couleur politique, nous nous efforcerons de poursuivre, avec courage et constance, l'œuvre de régénération que vous aviez confiée à votre compatriote.

« MAXIMILIEN ».

« Orizaba, le 1ᵉʳ décembre 1866. »

Peut-on imaginer un pareil tissu d'absurdités, de folles illusions et d'inconséquences. Tout cela n'est qu'un verbiage plat et pâteux qui ne dit rien et est absolument dépourvu du moindre réconfort. Tous ces projets, que Maximilien énumère, froidement et sans conviction, sont absolument irréalisables et illusoires. Est-il possible de croire que cette consultation nationale soit matériellement praticable dans l'état de désordre complet où est le pays, dont les trois quarts même sont aux mains des Juaristes? On voudrait pouvoir prendre au sérieux une pareille conception. Du reste, elle était tellement aléatoire que, quelque déprimés qu'aient pu être le jugement et le bon sens de l'Empereur, lui-même ne devait pas y croire. Par conséquent, c'était une pure comédie et tellement invraisemblable qu'elle en était ridicule. Aussi personne ne prit l'affaire au sérieux.

La conception et la rédaction de ce manifeste puéril ne purent être infligées qu'à l'Empereur lui-même, et on est obligé d'y trouver comme arrière-pensée le moyen de se débarrasser honnêtement de la couronne, car il était évident pour tout le monde, même pour ses amis du moment, les cléricaux et ses conseillers, que si on parvenait à réunir ce congrès dans les conditions absolues où il était présenté, la chute de l'Empire serait prononcée par une colossale majorité. En tout cas, si cette décision justifiait l'abandon de sa couronne, elle ne pouvait guère flatter l'amour-propre du Souverain dont on ne voulait plus. Il ne plaisait pas à Maximilien d'être renvoyé par la France; était-il plus honorable pour lui de l'être par son peuple?

Les événements ne vont pas tarder à ramener à la plus triste réalité ce coup d'Etat sans lendemain.

Au moment même où Maximilien venait de prendre la résolution de rester au Mexique et préparait le manifeste qu'il allait lancer à son peuple, un incident caractéristique se produisit dans les eaux de Vera-Cruz. C'était le 29 novembre, la ville était dans un état de surexcitation extraordinaire; on venait d'apprendre la décision de l'Empereur et on pavoisait les maisons, les édifices; dans les rues éclataient les pétards indispensables pour fêter la joie populaire.

Soudain, on aperçut au large un grand vaisseau que secouait une assez violente tempête, et qui se dirigeait vers le port. La direction de la Marine signalait une frégate américaine la *Susquéhannah*. En même temps une embarcation montée par le consul des Etats-Unis s'éloignait du ponton de Vera-Cruz et se dirigeait vers la haute mer, au-devant du vaisseau américain qui, à sa vue, l'attendit au large. A bord de ce navire se trouvaient deux personnages qui, après avoir conféré avec leur consul et appris les événements du moment, et en particulier la résolution de Maximilien, firent virer de bord à la frégate qui, passant au large de Saint-Jean d'Ulloa, sans saluer la terre, alla mouiller à neuf kilomètres au sud de Vera-Cruz, à l'Ile Verte, un solitaire récif situé entre Saint-Jean d'Ulloa et l'île de Sacrificios, à trois kilomètres des grands navires de notre flotte. Qu'étaient donc ces personnages de marque qui disposaient ainsi d'un grand navire de guerre des Etats-Unis? C'étaient le général Sherman, une des gloires du Nord dans la guerre de Sécession, et le citoyen Campbell, un diplomate que le gouvernement de Washington venait de nommer son représentant auprès de Juarez.

Pour comprendre la présence de ces Américains de marque devant un port mexicain, point d'attache de l'Intervention française, et en apprécier la haute importance, quelques explications sur les actes du gouvernement des Etats-Unis sont ici nécessaires, d'autant qu'alors il eût été possible de trouver dans la main de ces deux personnages la solution la plus favorable pour le règlement définitif de notre intervention au Mexique, solution qui a dépendu entièrement de la décision que devait prendre, en ce moment solennel, l'Empereur Maximilien, car sa résolution de rester follement au Mexique a tout rendu inutile de ce côté.

Du jour où le départ des troupes françaises fut décidé, les deux puissances qui s'intéressaient directement au Mexique, la France et les Etats-Unis, se préoccupaient de ce qui se passerait dans ce pays, où elles prévoyaient, aussitôt après ou à brève échéance, les événements les plus graves.

Les Tuileries croyant fermement à l'abdication et voulant chercher une personnalité libérale avec qui on pourrait s'entendre pour former un gouvernement devant succéder à l'Empire, avaient fait nouer des relations avec le général Ortéga, le vaincu de Puebla, qui nous avait échappé malgré sa parole donnée et qui, depuis lors, nous faisait une guerre sourde mais acharnée. On comptait l'opposer à Juarez avec lequel on ne pouvait vraiment pas traiter et dont les pouvoirs présidentiels étaient, du reste, depuis longtemps, devenus à terme, d'après la constitution.

De leur côté, les Etats-Unis ne voulaient pas abandonner Juarez. Aussi le président Johnson, dans le but de faire échec à Ortéga, avait, dès le mois d'octobre, organisé une mission chargée de faire tous ses efforts pour rallier à Juarez les principaux chefs du parti dissident et opposés à l'Empire. La nécessité et l'urgence de cette campagne apparurent encore plus impérieuses au gouvernement de Washington lorsqu'il apprit la mission du général Castelnau, car il ne douta pas qu'elle avait notamment pour objet d'organiser la candidature Ortéga. Il fallait donc à tout prix et sans tarder paralyser l'action du négociateur français. Le secrétaire d'Etat, M. Seward, s'empressa d'adresser à M. Campbell les instructions les plus détaillées sur l'objet de sa mission au Mexique, sur le rôle qu'il aurait à remplir et sur la façon dont il devrait opérer. Ce document secret, qui a pourtant été connu de tout le monde, est vraiment extraordinaire et d'une outrecuidance inouïe. C'était un homme terrible que ce M. Seward; heureusement que le président des Etats-Unis d'alors était plus pondéré et plus diplomate que lui. Je ne veux pas relever les méfiances par trop systématiques concernant le gouvernement français qui caractérisaient ses interminables instructions à M. Campbell, je me bornerai à en signaler les éléments principaux. Ce foudre de guerre, aux manifestations desquelles il faut prendre un peu et laisser beaucoup, commence par ergoter longuement sur les conditions et les dates déterminées pour le départ du Mexique du corps expéditionnaire français d'après les affirmations de Napoléon III, dont il est presque disposé même à mettre en doute la sincérité. En tout cas, considérant qu'il « n'est pas improbable » (?) que le gros de ses forces se retire en même temps, il déclare qu'un pareil événement doit produire une crise d'un grand intérêt politique dans la République du Mexique et, dans ce cas, il importe que les deux agents envoyés par la République des Etats-Unis se rendent sur le territoire mexicain ou à proximité, afin que M. Campbell puisse entrer dans l'exercice de ses fonctions de ministre plénipotentiaire auprès de la République du Mexique. On ignore à Washington le parti que prendront, après le départ des Français, d'une part, « le prince Maximilien » et d'autre part, le Président de la République du Mexique (cette affectation de l'appeler ainsi quand on s'efforce de renverser son Empire n'est qu'impertinente et ridicule). Or, un diplomate véritable ne doit être ni l'un ni l'autre et, après tout, s'il y a Empire, c'est qu'il y a Empereur; si l'homme qui gouverne n'est que prince, il faudrait appeler le Mexique une principauté. Ces spéciosités malignes ne sont pas dignes de la part d'un homme d'Etat. On ignore aussi ce que fera le peuple mexicain. Eh bien, alors qu'on le laisse tranquille; en tout cas, on le compte pour rien, car, en somme, c'est lui qui avait accepté, reconnu et acclamé l'Empire! Et pourtant M. Seward écrit : « Vos communications devront être adressées au gouvernement républicain dont M. Juarez est le président. » C'est une erreur, il ne l'est plus légalement, car ses pouvoirs sont périmés et on ne l'a pas renommé. « Dans aucun cas, vous ne pourrez reconnaître officiellement soit le Prince Maximilien qui prétend être Empereur du Mexique, ou toute autre personne, chef ou commission, exerçant le pouvoir exécutif à Mexico, sans avoir reçu les instructions du Président des Etats-Unis. »

Ce qui est plus extraordinaire encore et dénote les sentiments de méfiance dudit secrétaire d'Etat américain, c'est la recommandation suivante, peu flatteuse pour nous : « En supposant que les commandements de l'armée et de la marine françaises exécutent *de bonne foi* (?) la convention de l'évacuation du Mexique avant le terme fixé, l'engagement qui vous incombe est que les Etats-Unis ou leur représentant n'apportent aucune entrave ni aucun obstacle au départ des Français. » Il n'aurait plus manqué que cela !

« Le gouvernement ne désire ni conquête, entière ou partielle, du Mexique (ça viendra pourtant), ni achats de terres ou de domaines (cela est pourtant déjà en cette année 1907); ce qu'il désire c'est le Mexique délivré et libre de régler ses affaires avec le gouvernement républicain existant (in partibus), ou toute forme de gouvernement qu'il aura choisie sans influence étrangère, même celle des Etats-Unis.

« Il résulte de ces principes que vous ne devez pas faire de stipulations avec les commandants français, ni avec le prince Maximilien, ni avec tout autre parti qui aurait tendance à contrecarrer l'administration du président Juarez ou à s'y opposer. » Mais alors, si on ne peut pas faire de stipulations, c'est qu'on peut faire autre chose, donc entrer en relation avec les commandants français, et, dans ce cas, il aurait fallu accréditer ce M. Campbell! Quel gâchis diplomatique!

En poursuivant cette exploration instructive dans ce maquis, on découvre une étrange insinuation : « Il est possible que l'on fasse quelques mouvements des forces de terre ou de mer des Etats-Unis, sans intervenir dans les limites de la juridiction du Mexique, ni violer les lois de la neutralité (?) mais pour favoriser la restauration de la loi, de l'ordre et du gouvernement républicain du pays. » Et pourtant le gouvernement d'Ortéga qu'il supposait préconisé par nous et qu'il voulait combattre, était bien républicain!

« Vous êtes autorisé à conférer avec tous les autres partis ou agents, dans le cas où une conférence exceptionnelle deviendrait absolument nécessaire, mais dans ce cas seulement. »

Cette recommandation avait une grande importance, parce qu'elle permettait à M. Campbell d'entrer en relation, même avec les autorités françaises, le cas échéant.

Suivent enfin des considérations diffuses et obscures à l'égard du général Sherman qui accompagnait M. Campbell et qui serait, au fond, le conducteur effectif de la mission et aurait même les pouvoirs nécessaires pour disposer des troupes américaines. Ce long factum se termine par l'indication des points où la mission pourrait se rendre et résider, c'est-à-dire à peu près partout, au dedans et au dehors du Mexique, à l'exception des localités occupées par les ennnemis de la République du Mexique. Cette restriction est en opposition avec la faculté d'entrer en relations avec ces ennemis. Du reste, on ne peut songer à compter tous les illogismes contenus dans cet extraordinaire document dont l'obscurité et le désordre des idées sont les moindres défauts.

C'est probablement le caractère tout au moins vague de la mission qui avait déterminé le fameux général Grant à refuser d'accompagner M. Campbell; on dut le remplacer par le général Sherman, moins scrupuleux sans doute.

La mission américaine, ainsi munie avec abondance d'instructions confuses où il y avait « à boire et à manger », les deux plénipotentiaires américains quittèrent New-York le 11 novembre sur la frégate *Susquéhannah*, pour préluder par une croisière diplomatique d'un genre nouveau qui devint plutôt un voyage au cabotage (pardon, j'allais écrire cabotinage! deux lettres de trop allaient dénaturer la pureté de ma pensée).

Les mandataires de M. Seward se rendirent dans le golfe du Mexique, touchèrent à la Nouvelle-Orléans, espérant y trouver des indications sur le lieu où pouvait bien se trouver le fantôme Juarez, et des renseignements sur la situation au Mexique. Ils apprirent que pour s'approcher du Président, il faudrait un voyage interminable et pénible au travers d'un pays peu hospitalier. Ils y renoncèrent pour le moment, espérant sans doute que Maximilien étant parti, il se rapprocherait de Mexico. La frégate mouilla près de l'embouchure du Rio del Norte, mais on n'y apprit rien et les ambassadeurs ambulants se rendirent à Tampico qu'ils savaient occupé par les Juaristes; ne trouvant personne à qui parler dans ce port, ils résolurent de tenter un grand coup en allant tout franchement à Vera-Cruz. C'est là qu'on eut, au Mexique, la première notion de leur existence.

En arrivant en vue de Saint-Jean-d'Ulloa où ils espéraient apercevoir, flottant fièrement sur les monuments, la bannière mexicaine, au zopilote découronné enfin, ils furent péniblement surpris d'y voir encore l'oiseau mexicain, coiffé de l'emblème impérial, humiliant et abhorré. Ce phénomène optique leur fut confirmé et expliqué par leur consul accouru à force de rames pour leur crier de ne pas aller plus loin dans les eaux non encore purifiées de Vera-Cruz. La *Susquehannah*, sans se déconcerter devant toutes ces mésaventures, reprit sa route; mais ne voulant pas regagner la haute mer, trop turbulente alors, elle alla s'abriter derrière l'Ile Verte où je l'ai laissée. Naturellement, MM. Campbell et Sherman furent obligés de rester à bord.

Du reste, il semble que l'amertume du mal de mer porte conseil, aussi bien aux Etats-Unis qu'ailleurs; les ambassadeurs de M. Seward renoncèrent, pour le moment, à leurs pérégrinations maritimes. Inspirés sans doute par leur déception, en apprenant que non seulement Maximilien n'était pas parti, mais encore qu'il allait remonter à Mexico, ils comprirent que le « Prince » de leur ministre était une quantité moins négligeable qu'on ne le croyait à Washington et qu'en réalité il fallait bien qu'il fût Empereur de quelque chose puisqu'il allait remonter dans sa capitale. Ils eurent assez de présence d'esprit et de bon sens pour reconnaître que ledit prince ne serait pas facile à embarquer et qu'il serait peut-être sage, même habile, de modifier quelque peu les instructions outrées de leur ministre, en entamant, si cela était possible sans compromettre la fière attitude qui leur était imposée, des relations discrètes et réservées avec autre chose que le gouvernement de Juarez qu'on ne pouvait approcher sans se perdre dans les déserts. Ils eurent la velléité de tâter, sans se découvrir, l'élément français à Mexico, puisqu'ils savaient ou croyaient savoir que le gouvernement français comptait sur l'abdication de Maximilien. Dans ces conditions, ils résolurent d'attendre des nouvelles de leurs agents à Mexico. Cette résolution d'entrer ainsi en relations, aussi adroitement que possible, en négociations même, avec l'élément français, était assurément le parti le plus sage et celui qui aurait pu procurer les meilleurs résultats. Malheureusement l'esprit revêche, méfiant et malveillant de M. Seward n'avait pas su ou voulu prévoir que cette manière d'agir était la meilleure, et il avait enfermé ses deux mandataires dans un réseau d'instructions alambiquées si étroit et si peu habilement conçu, que ces deux personnages n'osèrent plus en sortir pour manœuvrer avec la franchise qu'un diplomate digne de ce nom doit savoir mettre en œuvre selon les circonstances, et abandonner les ruses et les détours. Alors, pour éviter de se compromettre, les deux négociateurs embarrassés voulurent finasser. Ils se maintinrent dans une attitude par trop réservée, les poings campés sur les hanches, ne voulant pas paraître faire un pas en avant et aucune démarche auprès du représentant de l'Intervention française. Aussi le Maréchal après avoir annoncé un accueil *empressé*, dut les laisser sur le pont de leur frégate, endosser piteusement un fiasco complet. Voici d'ailleurs comment s'exécuta cette étonnante opération diplomatique.

Lorsqu'on apprit à Mexico l'apparition d'un navire de guerre américain dans les eaux de Vera-Cruz, ce fut un événement dont on recherchait en vain la cause; mais le Maréchal n'en fut pas surpris, car il avait été prévenu, quelques jours avant, par l'amiral Didelot, commandant les forces navales françaises de l'Atlantique et qui se trouvait en ce moment à New-York. Cet officier général l'informait, le 10 novembre, le lendemain même du départ de la *Susquehannah*, que la mission de M. Campbell avait pour but d'établir une entente entre les chefs dissidents du Mexique pour constituer un gouvernement qui pourrait succéder à celui de l'Empire, sans anarchie ni désordre, ainsi qu'on pouvait le craindre après le départ de Maximilien et surtout après celui de nos troupes.

L'amiral ajoutait que les instructions données à la mission Campbell et Sherman seraient communiquées par M. Seward à notre ministre à Washington; que du reste elles ne contenaient rien qui pût nous porter ombrage. Mais il ne donnait aucune indication sur l'itinéraire du voyage de ces envoyés extraordinaires. Aussi le Maréchal, en apprenant leur arrivée à Vera-Cruz, n'en fut pas moins étonné, ignorant absolument leurs projets.

Bientôt, cependant, il eut une indication, très vague il est vrai, mais importante. Il reçut la visite du consul des Etats-Unis à Mexico, M. Ottenbourg, qui venait savoir du Maréchal comment il serait disposé à recevoir la mission américaine si elle venait à Mexico. Le Maréchal déclara très nettement et spontanément qu'il recevrait le général Sherman de la façon la plus cordiale et qu'il traiterait cette haute personnalité militaire avec les honneurs que comportait sa situation. Pour accuser plus nettement qu'il n'envisageait pas d'intrigue politique dans ce voyage et que la présence du général américain à Mexico ne comportait pas de mystère, il ajouta qu'il lui offrirait les honneurs d'une revue de ses troupes, se plaçant ainsi uniquement sur le terrain neutre de la courtoisie militaire entre deux grands chefs d'armée.

Que répondit le général Sherman à cette très gracieuse déclaration et à l'honneur qui lui était fait de passer en revue une armée française? Qu'il n'irait à Mexico que sur une invitation expresse du quartier général.

Cette réponse ne peut être qualifiée, car il faudrait être trop sévère pour être juste.

Il est bien entendu que l'invitation pressante ne fut pas envoyée. Elle ne pouvait pas l'être. Le général américain l'a-t-il compris? Ce n'est pas probable, car c'est avant de poser sa condition qu'il aurait dû comprendre que le Maréchal ne pouvait pas, pour plusieurs raisons, lui adresser une invitation formelle de monter à Mexico. La première, c'est que le Maréchal n'avait pas été avisé officiellement de la venue des personnages américains dans le domaine de l'Empire mexicain; la seconde est que le gouvernement mexicain auprès duquel il se trouvait, avait seul qualité pour inviter ces hauts personnages politiques étrangers à venir à Mexico, et que tant que Maximilien était effectivement Empereur du Mexique, il ne pouvait se permettre d'appeler à lui un représentant d'un gouvernement ennemi de ce Souverain, qui faisait chaque jour acte d'hostilité contre lui et même n'avait jamais reconnu son existence. Le Maréchal, au contraire, a très loyalement et très finement accentué les nuances. Si le général, pour une raison ou pour une autre, venait à Mexico, il lui ferait l'accueil cordial et honorifique dû à une grande personnalité militaire d'une nation amie; mais quant à l'inviter, jamais!

Et la *Susquehannah* reprit la mer pour retourner à Tampico, puis à la Nouvelle-Orléans où elle débarqua la fameuse mission qui retourna par terre porter à M. Seward la nouvelle de son piteux insuccès. Car, après un mois de campagne, les ambassadeurs si bien stylés par leur ministre n'avaient rien fait, et, contrairement au principe bien connu pourtant, ils n'avaient pas su pêcher en eau trouble, mais seulement en eau claire, pour alimenter leur table, il est vrai, en prenant à l'Ile Verte, le meilleur poisson du monde: le wantchinango. Ce fut sans doute le seul profit de cette campagne. L'auteur responsable de ce four colossal fut assurément l'incomparable M. Seward; en anglais prononcez *Sourde*. C'est bien ça!

Pourtant, il y avait mieux à faire et nous devons regretter que le général Sherman n'ait pas *compris* et ne soit pas allé à Mexico. Il n'est pas douteux que son entrevue avec le Maréchal n'ait détendu bien des situations; et, alors même qu'elle n'aurait pas produit une entente complète avec les idées des Etats-Unis, elle aurait adouci bien des rouages et peut-être rendu moins déplorable la fin de l'Intervention et moins tragique celle de l'Empire du Mexique. Car, si cette dernière a été regrettable pour nous, elle n'a rapporté aucun lustre à la politique des Etats-Unis ; au contraire !

Ainsi les événements se précipitaient et la physionomie de Mexico s'assombrissait chaque jour. Du reste, depuis l'arrivée de Miramon et de Marquez, la situation morale s'était aggravée au point d'engendrer un désarroi profond dans les esprits et un trouble important dans les affaires. L'action bien que souterraine et occulte de Miramon fut surtout considérable, car cet ambitieux, turbulent et vindicatif, avait un art accompli pour intriguer, conspirer, soulever enfin les consciences et les passions. On peut dire qu'il galvanisait le parti clérical ; et, comme l'action française avait toujours mis un frein à ses aspirations et opposé une barrière à ses revendications surannées, il menait avec autant d'acharnement que d'hypocrisie une sourde campagne contre elle, et mettait en œuvre tous les moyens, même les plus déloyaux, pour déconsidérer, discréditer et compromettre les trois personnages qui en étaient l'âme, c'est-à-dire les éléments du triumvirat. Quant aux autres partis, ils étaient, eux aussi, en proie à la plus grande agitation. Les partisans de Juarez étaient exaspérés de l'attitude de Maximilien dont ils escomptaient déjà le départ au profit de leur cause ; les conservateurs modérés sentaient bien que le retour au pouvoir des cléricaux intransigeants s'accrochant au manteau impérial n'était qu'éphémère, car bientôt ce manteau leur resterait dans la main et tous se trouveraient désemparés en présence du triomphe des Libéraux juaristes ardents aux représailles. Tous ceux, d'autre part, qui avaient acquis des biens du clergé, se voyaient déjà dépouillés de leurs acquisitions, pendant le retour, si provisoire qu'il pût être, des puissances du cléricalisme. En outre, les Libéraux modérés que l'Intervention avait soutenus, se sentaient abandonnés par notre départ. Enfin, les Français perdaient l'espérance de voir un jour leurs intérêts sauvegardés, et un grand nombre d'entr'eux recherchaient le moyen de réaliser, sans trop de ruines, leur situation au Mexique. En somme, le désordre matériel et moral était partout; et c'est dans le maquis inextricable de la vie intellectuelle à Mexico que rampaient les menées secrètes des conspirateurs de toutes les factions de la politique.

C'était pour moi un spectacle étrange et écœurant que de voir défiler tous ces agissements ténébreux dans les rapports journaliers que me faisait l'agent de police secrète du ministère de la Guerre, dont je dirigeais les investigations pour découvrir les tentatives de corruption, de trahison, de désertion qui se faisaient dans le personnel des officiers des troupes mexicaines. On ne peut imaginer l'activité que déployaient les agents des partis, surtout ceux des Libéraux, échangeant des messages entre les localités occupées par les dissidents et les nombreux officiers qu'ils avaient dans Mexico, parmi les membres du gouvernement impérial, les ministres mêmes. Je pouvais constater par ces révélations combien était considérable le nombre d'officiers servant dans l'armée impériale et qui préparaient leur évolution quand le moment serait venu de changer de cocarde.

Ce qui était plus suggestif encore et de nature à m'émouvoir personnellement, c'est la campagne odieuse entreprise par le parti clérical afin de déconsidérer le Maréchal, de détruire sa haute influence auprès des Mexicains et surtout de le compromettre à tel point qu'on parviendrait sans doute à s'en débarrasser, car on était convaincu que le général Castelnau avait tous pouvoirs pour lui enlever son commandement.

Je puis, pour préciser, citer de tristes exemples des infamies qu'on cherchait à répandre sourdement; je les trouve dans mes rapports de police. Je cite textuellement :

« Hier, eut lieu entre les seniores Trigueras et Marin, une conversation dans laquelle il fut dit que l'Empereur devait lancer l'accusation qui a été formulée contre le Maréchal Bazaine, attendu qu'il circule à Paris, dans une feuille publique, les manœuvres coupables du Maréchal et qu'il est d'absolue nécessité de faire tout ce qu'on pourra pour qu'il s'en aille d'ici. Puis, Marin dit à Trigueras qu'il avait eu connaissance d'une très importante contrebande de plus de trois millions de piastres et qu'une partie de cette somme était pour l'armée française.

« Cette conversation avait lieu au ministère d'Etat. »

J'ajoute que le senior Marin était un ministre de Maximilien, et que c'est dans son ministère qu'avait lieu cet édifiant entretien.

Dans le rapport du 10 octobre, je lis : « On prétend qu'une bataille est engagée par l'Empereur contre le Maréchal; mais que ça n'a pas d'importance parce que le Maréchal va s'en aller d'ici promptement. »

« Le ministre Lacunza travaille assidûment avec l'Empereur contre le Maréchal. »

« Almonte travaille très activement à Paris contre le Maréchal Bazaine avec les ministres actuels de Maximilien. »

Cette dernière information ne pouvait pas me surprendre, bien qu'Almonte eût toujours été très dévoué et fidèle au Maréchal; car j'avais remarqué, dans les derniers temps, les correspondances suivies qu'entretenait avec Almonte, alors ministre du Mexique à Paris, un Français avec qui j'étais en relations amicales et qui demeurait dans un chalet en face de mon habitation. C'était le vicomte de La Pierre, ancien officier de cavalerie qui, après une existence mondaine quelque peu excentrique, avait donné sa démission depuis longtemps et était venu au Mexique avec l'intervention. Il s'était fait nommer colonel d'état-major et aide de camp d'Almonte. Après le départ de celui-ci pour la France, il était resté au Mexique, désœuvré officiellement, mais relativement ou plutôt secrètement très occupé avec les chefs du parti clérical extrême. Je le voyais presque tous les jours quand il n'était pas en course au travers du Mexique où il avait cherché plusieurs fois des trésors oubliés dans leur cachette, mais en vain, je crois. C'était, du reste, une profession pour nombre de gens de chercher des trésors cachés par les brigands qui les avaient volés. Or donc j'avais bien des fois remarqué les agissements politiques de La Pierre. C'est évidemment lui qui était l'intermédiaire du parti clérical auprès d'Almonte et, sans doute, lui fournissait les arguments nécessaires pour combattre le Maréchal; mais je suis certain qu'il ne s'est jamais associé aux abominables accusations que certains Mexicains formulaient contre le commandant en chef.

On peut apprécier, d'après les citations choisies dans mes rapports de police, de la mentalité qui caractérisait alors le monde politique à l'égard du Maréchal. Ce sont malheureusement ces calomnies plus ou moins déguisées qui troublaient le cerveau du général Castelnau déjà imbu d'idées préconçues et trop disposé à se former un jugement d'après les rumeurs louches qui couraient dans les milieux officiels de Mexico. Ce sont elles enfin qui, assurément, ont inspiré trop aisément les venimeuses philippiques que le général Douay envoyait à Paris, de si lamentable façon, et qui lui dictaient ces insinuations de la lettre du 27 novembre 1866.

« Il est difficile de s'imaginer un type aussi complet de fourberie. Il n'a qu'une seule préoccupation, c'est celle de s'enrichir dans notre désastre. Il sacrifie l'honneur du pays et le salut de ses troupes dans d'ignobles tripotages.

« Je n'ai pas besoin de te dire combien je suis navré d'être obligé d'assister l'arme au bras au spectacle de cette saturnale. »

« Puebla, le 10 décembre 1866.

« On disait hautement et publiquement à Mexico que le maréchal Bazaine n'était pas étranger à cette funeste décision, et par des intrigues personnelles, il avait fait comprendre à Maximilien qu'il le verrait avec plaisir revenir à Mexico.

« On ajoute même qu'il lui avait écrit dans un sens qui était tout à fait opposé à celui de la mission du général Castelnau. Ce dernier sait à quoi s'en tenir sur les faits et gestes du Maréchal. On lui a révélé des choses énormes que je ne puis t'écrire. »

J'ai bien raison de dire plus haut que le général Castelnau s'inspirait à l'officine abominable du parti clérical.

« Ce qu'il y a de certain, c'est que... nous avons contre notre départ les résistances occultes du Maréchal qui ne veut pas s'en aller; sa femme est grosse de plusieurs mois, et ses intérêts ne sont pas liquidés... Il s'est produit depuis quelque temps dans le corps d'armée et dans le public un tel mouvement d'indignation qu'il en est résulté un véritable tolle et il ne t'est pas possible de t'imaginer les énormités qui se crient partout. Sans entrer dans plus d'explications, (c'est vraiment dommage!) je te dirai seulement qu'on est exaspéré de savoir que de toute cette désastreuse affaire de l'expédition du Mexique, un seul homme a su en tirer une fortune et jusqu'à présent, c'est afin de pouvoir la liquider et l'augmenter qu'il n'hésite pas à compromettre les intérêts les plus sacrés de notre pays et de nos soldats. Figure-toi ce que coûterait en argent et en hommes notre maintien au Mexique pendant une année. » Où diable a-t-il vu qu'il était question dans aucun esprit de rester encore une année? C'est stupide et infâme.

« Il faut donc se presser et surtout mettre de l'ordre et de la suite dans l'opération. Ce n'est pas le fait du commandant en chef..... j'espère que ce sera mon dernier calice et qu'il ne me faut plus que deux mois de patience. Voilà bientôt cinq ans que j'en ai. C'est long, très long.

« F. Douay. »

Elle est jolie, sa patience! Que serait-ce donc s'il la perdait?

La lettre qui suivit fut écrite à Puebla le 27 décembre 1866. C'est l'avant-dernière de la triste série; elle a pour objet une démarche presque mystérieuse que firent auprès de Maximilien MM. Dano et Castelnau et qui amena un incident qu'exploite avec sa perfidie ordinaire le général Douay, pour enfanter une accusation de traîtrise abominable à l'égard du Maréchal, manœuvre qui est une véritable conspiration ourdie avec machiavélisme. Elle caractérise si nettement l'état d'esprit du général et a si gravement faussé l'Histoire, qu'il importe de la soumettre à une critique approfondie. Pour ces raisons, je l'ai reportée à la fin de cette étude consacrée à la correspondance Douay, et au moment où eut lieu l'incident mis en cause, pour tirer les conclusions morales que comporte cette campagne ténébreuse et rétablir, comme le commande la vérité, les responsabilités des douloureux sentiments qui ont terni dans l'esprit public la fin morale de l'Intervention française.

En conséquence, j'appelle à comparaître, avec un tour de faveur (?), la dernière philippique de l'inexorable Douay.

Ecrite le 29 janvier 1867, quelques jours avant son embarquement, elle est bien réellement le « trait du Parthe ».

Aussi incohérente qu'infâme par la conception qui l'a dictée et les sentiments qui l'ont inspirée, elle est l'explosion d'une rage épileptique qu'au moment où s'évanouissent ses espérances de succession au commandement suprême, le général ne peut plus contenir. C'est un accès de folie furieuse. Elle doit être condamnée avec la dernière sévérité par l'opinion et par l'histoire qu'il y a quarante ans elle a indignement trompée. Dans ce but, je la livre à leur jugement, en lui faisant, non pas les honneurs, mais bien plutôt la honte d'une publication intégrale.

« Puebla, le 29 janvier 1867.

« Je suis encore à Puebla, je pense en partir le 4 ou le 5 février pour Orizaba. Le dernier grand convoi part de Mexico aujourd'hui, et on espère que la maréchale Bazaine marchera avec cette colonne. Le Maréchal, qui veut faire un départ guerrier, quittera Mexico du 8 au 10, avec une véritable armée, 10 bataillons, 8 escadrons et 24 canons. Le général Castelnau ne se mettra en route que quand il aura la certitude du départ du Maréchal. Il est, bien entendu, au plus mal avec Son Excellence, qui lui a joué les tours les plus pendables depuis deux mois. Sa tâche a été des plus pénibles, et il a contracté une fièvre intermittente dont il ne peut se débarrasser et que ne font qu'entretenir les soucis et les inquiétudes de la lutte qu'il est obligé de soutenir contre les fourberies du Maréchal.

« Le public éclairé du corps expéditionnaire s'accorde à penser que le Maréchal a travaillé depuis près de deux ans à faire échouer le navire de Maximilien pour se substituer au pouvoir. Les présomptions prennent du corps et on se demande pourquoi il a contribué avec tant de persistance à la destruction des légions austro-belge et à la non organisation des corps indigènes impériaux. On sait maintenant qu'il a entretenu des intelligences avec les chefs dissidents. Il s'était tellement laissé griser par les aspirations ambitieuses de sa famille mexicaine qu'il a rêvé pour lui au Mexique la fortune de Bernadotte en Suède. On comprend à présent pourquoi il a tenté, en octobre dernier, de se faire remettre comme en succession les pouvoirs de la Régence au moment où Maximilien partait pour Orizaba. Cette démarche prématurée a éveillé les soupçons qui n'ont fait que croître depuis. L'indice le plus certain de toutes ses intrigues insensées se retrouve à chaque instant depuis dans les empêchements tortueux qu'il a suscités pour embrouiller les affaires et rendre notre départ impossible en mars, ce qui lui donnait une année entière devant lui pour poursuivre sa folle prétention.

« Castelnau a donc eu à combattre les machinations qu'il a bientôt démêlées. Mais il n'en restait pas moins en face d'une grosse responsabilité. Il s'en est tiré en homme sage, prudent et dévoué; mais il n'a pas été sur un lit de roses, et il n'est pas surprenant que sa santé se soit altérée profondément.

« L'affaire du Mexique sera une véritable catastrophe. Il y a longtemps, tu le sais, que je le prévoyais. Le gouvernement aura tout intérêt à la laisser, s'il le peut, dans l'ombre et le silence. Il est possible que le maréchal Bazaine échappe, par cette raison, au châtiment qu'il mérite pour ses intrigues coupables; mais il n'échappera pas à l'infamie à laquelle il est voué par tous les honnêtes gens de l'armée, qui sont de plus en plus indignés du scandale de sa fortune pécuniaire. Il a vendu palais, mobilier, etc... s'est fait payer jusqu'au dernier jour le loyer de son palais, alors que la caisse faisait banqueroute aux officiers pour les loyers de décembre. Tout ce que je pourrais te raconter en fait d'anecdotes sanglantes ne serait encore que de l'orgeat en comparaison de tout ce qui se dit tout haut dans les petites comme dans les grandes réunions des officiers. Le colonel B... a été l'agent de toutes les spéculations du Maréchal, et on trouve son nom dans toutes les traites dont le nombre a fini par attirer l'attention du gouvernement. Il est impossible que notre Empereur ne sache pas tout cela, car c'est public et accrédité par des gens dont le témoignage est irrécusable. D'ailleurs, au point où les choses en sont venues, Castelnau sera dans l'obligation de faire connaître tous ces actes.

« Oui, mon cher ami, en présence de cette fin tragique du commandement en chef, combien mes prévisions étaient sages, quand je te disais que je ne pourrais peut-être pas me charger de la succession du maréchal Bazaine. Je connaissais l'étendue du mal et je n'y voyais d'autre remède qu'une amputation radicale. Quelle autorité aurais-je eu pour la faire accepter? Quelle créance aurait-on donné à mes allégations, dont on aurait peut-être suspecté la sincérité? Je bénis le ciel de m'avoir ôté cette charge, et ce qui prouve que cela a été pour moi une véritable délivrance, c'est que l'état de ma santé en a ressenti un bienfait immédiat. Depuis trois mois, je me porte à merveille; j'ai l'esprit gai, frais et dispos. » Ah! tant mieux!

« Il ne fallait rien moins que l'arrivée d'un grand inquisiteur pour trancher vigoureusement la question. L'Empereur Napoléon a eu la main heureuse en choisissant Castelnau. Depuis que je l'ai vu à l'œuvre, j'ai pu apprécier son mérite et son talent. Il est resté calme et inébranlable dans sa résolution. Il a mené toutes les affaires avec beaucoup de prudence et de réserve. Il n'a pas pris des airs de supériorité;

tout en restant dans son rôle de général, il a dominé toutes les résistances. Ses pouvoirs étaient assez vastes pour qu'il pût prendre ostensiblement une autre situation. Il s'est borné à imposer au Maréchal, qui se débattait par tous les moyens permis ou défendus, la condition de faire rentrer l'armée. Ce dernier a cru, dans les premiers temps, que Castelnau n'était envoyé ici qu'avec une mission de peu d'importance, et il a pensé que la modération dont il usait en était la conséquence. Il a cherché à l'intimider en lui parlant très haut de sa responsabilité. Alors le général lui a répondu qu'il allait, à cet égard, le mettre parfaitement à l'aise et il a exhibé les pouvoirs absolus pour accomplir sa mission et déplacer au besoin les personnages qui l'entouraient. Cela a été une scène de haute comédie où le Maréchal n'avait pas envie de rire. Il lui a dit alors : « Mais pourquoi ne m'avez-vous pas dit cela plus tôt? — J'espérais, répondit le général, ne pas être obligé de vous faire cette confidence, et j'espère maintenant que vous voudrez bien ne pas me contraindre à en faire usage. »

« Depuis cette époque, il ne cesse de répéter au Maréchal qu'il faut qu'il se souvienne que l'armée doit avoir quitté le Mexique à la fin de mars. C'est son *Delenda Carthago*, et le *Mané, Thécel, Pharès* du Maréchal qui, au bout de toutes ses ruses, retrouve la date fatidique de mars. Je n'ai pas besoin de te dire combien la Maréchale, pour sa part, exècre le général. Il paraît que c'est un spectacle des plus amusants que de voir cette grande dignitaire, dont l'éducation est encore à faire, aux prises avec les grandes façons de cour que Castelnau s'amuse à lui prodiguer. Elle s'en tire constamment en enfant terrible et ne manque jamais de trahir la pensée intime du ménage. »

J'arrête ici cette écœurante citation, négligeant la finale dont les critiques et les accusations plus ou moins précises, ne sont que d'ordre général, n'ayant aucun rapport avec le Maréchal et n'étant que d'importance secondaire. Au reste, elles ne méritent pas plus de crédit que les autres diatribes du général Douay. Dans cette trop longue lettre pleine de haine, il n'existe pas une pensée, pas une assertion, pas un fait qui soit vrai. Tout est faux, même l'état de santé signalé comme devenu excellent avec la gaieté et l'esprit frais et dispos, car la lettre elle-même prouve surabondamment que son auteur est toujours dyspeptique, atrabilaire, grincheux et misanthrope.

Pour ces raisons, je ne me suis pas attaché à faire justice des insanités, des infamies que contient la dernière lettre du général Douay, convaincu que la lecture des faits relatés au cours de cette partie de mes Mémoires, avec abondance peut-être, mais avec nécessité, suffira pour faire prononcer la condamnation sévère que méritent ces vilains écrits.

Dans les autres citations que j'ai faites des précédentes lettres je me suis efforcé de remettre bien des choses au point de la justice et de la vérité, en faisant ressortir les erreurs de faits, les appréciations fausses, les jugements tendancieux, les accusations non fondées qu'on y trouve partout, et principalement enfin l'esprit d'indiscipline qui caractérise ces écrits; mais ce travail inspire une préoccupation plus grave encore qui oblige à élever plus haut son jugement. Il convient, en effet, d'apprécier le rôle qu'ont joué dans cette affaire d'informations plus ou moins régulières et dignes, les personnages à qui étaient destinés, par des voies plus ou moins directes, ces rapports extra-officiels?

Si le général Félix Douay n'avait eu pour but que de renseigner son frère Abel sur ce qui se passait au Mexique, il ne se serait pas tant mis en frais de réflexions personnelles pour dénaturer les actes et la conduite privée d'une si haute personnalité que le maréchal Bazaine, son chef, et surtout de manifestations d'une ambition non justifiée mais ardente, passionnée, car on reconnaît partout dans ces rapports (sans sabres !) qu'elles avaient des visées plus élevées et qu'elles étaient destinées à passer sous les yeux des personnages de la Cour, des ministres et surtout de l'Empereur qui était toujours encensé et courtisé. Cette tactique ambitieuse se manifeste à tous propos. Du reste, il est avéré que l'Empereur a eu connaissance de toute cette correspondance qui a troublé son esprit et l'opinion publique.

Dans ces conditions, et en présence de ces accusations aussi nombreuses que variées, qu'elles soient relatives à des actes relevant du droit commun, de l'art militaire, de l'exécution des réglements militaires ou de la discipline et des devoirs militaires en général, on doit tenir le raisonnement suivant : « De deux choses l'une : ces accusations étaient vraies ou elles étaient fausses. Dans le premier cas, le ministre de la Guerre, et l'Empereur surtout, devaient rappeler le Maréchal, le faire passer devant un conseil d'enquête et, sans doute, devant un conseil de guerre; si elles étaient fausses, c'est le général de division, le subordonné, calomniateur de son chef, qui devait être l'objet de ces mesures de rigueur. »

Or, rien de tout cela ne fut fait, ni pendant ni après. On en doit conclure à l'innocence complète de l'accusé du général Douay, du maréchal Bazaine qui se disculpa à Mexico, surtout des imputations formulées même par le général Castelnau, car, alors, il ignorait celles de son subordonné. Il ressort d'une manière éclatante des termes des lettres ultérieures de l'Empereur et de ses ministres au Maréchal, à qui on accordait toujours une confiance entière, et dont on raffermissait la situation au lieu de l'ébranler, qu'on n'avait accordé aucun crédit aux accusations formulées. En outre, plus tard, après le retour du Mexique, l'Empereur ne cessa de manifester son estime et sa confiance au maréchal Bazaine puisqu'il l'appela aux plus hautes fonctions jusqu'au moment où éclata la guerre de 1870.

Donc, le maréchal Bazaine restait indemne de toutes les mauvaises actions qu'on lui avait imputées et qui n'avaient d'autre but, de la part de leurs inventeurs mexicains, que de le discréditer et de le faire partir du Mexique où on le considérait comme un opposant au succès de la nouvelle politique suivie par Maximilien.

Ceux-là étaient les coupables originels; mais les personnages français qui avaient accepté leurs infamies, qui les avaient accréditées et colportées en France étaient pour nous les vrais coupables, parce qu'ils étaient des calomniateurs sans but politique et que leur faute était aggravée par son caractère d'indiscipline, principalement pour le général Douay. Cet officier méritait des mesures sévères. Elles ne furent pas prises, sans doute sous l'influence du général Castelnau lui-même, mais surtout à cause des intrigues de Cour qui voulaient sauver le général Douay, dont le beau-père était commandant militaire du palais des Tuileries.

Il est vrai que, depuis lors, le général Douay a subi une sorte de demi-disgrâce, mais il n'en est pas moins vrai que le doute resta, alors, dans beaucoup d'esprits non éclairés, ou préconçus, en raison même de ce silence que le général Douay réclamait dans sa dernière lettre à l'égard de la conduite du Maréchal au Mexique. C'était laisser subsister les premiers ferments de l'affreuse « Légende Bazaine ». Il est donc regrettable que Napoléon III n'ait pas répandu sur ces dessous ténébreux la lumière la plus éclatante de la justice, car il la devait à ses serviteurs, à la dignité du Maréchalat, et surtout à l'Histoire. Il est vrai qu'alors, l'Empereur ne pouvait prévoir que, quelques années après, les lettres calomnieuses de Douay, qu'il conservait secrètes, seraient enlevées dans ses archives violées, pour être divulguées au monde entier et donner un corps néfaste à « la légende Bazaine ».

CHAPITRE XVI

FIN DE L'INTERVENTION FRANÇAISE

Mariage du Ministre de France Dano. — Déclaration du gouvernement mexicain qui met fin à l'Intervention française au Mexique et aux relations directes. — Démissions de tous les fonctionnaires français, du Ministre et du Sous-Secrétaire d'Etat de la guerre. — Mon séjour au Ministère. — Incidents personnels.

Cependant, au milieu de ce foyer d'intrigues plutôt diaboliques qu'était alors la capitale, il s'en déroulait parfois d'un caractère général plus doux, plus logiquement humain. En effet, au sein du désarroi général de la société de Mexico, se produisit un fait divers qui, en d'autres circonstances, n'eût comporté qu'une place naturelle dans la chronique mondaine de la grande ville; mais en raison des personnalités qui en firent les frais, ce petit événement prit une importance politique caractéristique et justifia certaines méfiances et appréhensions qui s'étaient depuis longtemps manifestées à l'égard de l'une d'elles.

Un beau jour, car c'en était un pour les deux personnes en cause, on apprit, mais sans étonnement pour certains observateurs attentifs, que M. Dano, ministre de France, convolait en justes noces avec Mlle Bestéguy, une des quatre filles dont les parents avaient une énorme fortune. Cette famille, des plus honorables du reste, appartenait au parti clérical ultra et comptait même dans la camarilla de l'archevêque de Mexico, Mgr Labastida, le lutteur infatigable pour la cause des biens du clergé. Depuis longtemps, M. Dano, qui avait toujours recherché les riches héritières, fréquentait dans cette famille où il puisait ses sentiments d'hostilité contre le Maréchal qui avait puissamment contribué à maîtriser les aspirations excessives du parti clérical. Ce mariage devait expliquer également les résistances que M. Dano opposait au Maréchal et, incidemment, au général Castelnau dans la reprise de la lutte que venait d'entreprendre le parti clérical pour empêcher Maximilien d'abdiquer et le contraindre à reprendre la campagne contre les dissidents.

Cet incident d'ordre privé fut pour M. Dano un simple intermède d'un moment, car les difficultés de la situation allaient toujours croissant. En effet, si la décision prise par Maximilien de conserver le pouvoir et de convoquer une grande assemblée de la nation avait naturellement produit à Mexico une émotion profonde qui jeta dans les esprits un désarroi complet, cette situation mentale fut encore aggravée par une nouvelle déclaration d'un caractère politique et administratif surtout.

Les délégués de l'Empereur, président du conseil Larès et ministre du palais Luis de Arroyo, adressèrent au triumvirat français une sorte de message. Ce document était d'une gravité exceptionnelle, car il accusait une rupture complète entre la France et l'Empire de Maximilien; il constitue un événement historique qui, moralement et en partie matériellement, met fin à l'Intervention française au Mexique, et, à ce titre, je le reproduis en entier.

« A S. E. le Ministre de France à Mexico, Alf. Dano, S. E. le Maréchal Bazaine et M. le général Castelnau.

« Orizaba, 3 décembre 1866.

« Les soussignés désignés par l'Empereur Maximilien dans le but de décider les mesures que rendait nécessaire la mission du général Castelnau, mission que celui-ci nous a déclaré remplir de concert avec LL. EE. MM. le Ministre plénipotentiaire Dano et le Maréchal Bazaine, avons l'honneur de porter à leur connaissance qu'ayant communiqué à Sa Majesté la note du 7 du mois dernier, note signée par le maréchal Bazaine et le général Castelnau en réponse à celle que nous avons eu l'honneur de leur adresser le 4 du même mois, Sa Majesté, après un sérieux et long examen, de l'avis de ses ministres et de son conseil d'Etat, a décidé de prolonger, appuyé sur le pouvoir que lui a conféré la nation, et de maintenir son gouvernement avec les seules ressources du pays, l'Empereur des Français déclarant qu'il ne lui est plus possible de soutenir l'Empire ni par ses troupes, ni par son argent, et persévérant dans la décision qu'il a prise de retirer celles-ci dans les premiers mois de 1867.

Sa Majesté l'Empereur, poussant jusqu'au bout l'exécution de ses desseins, s'occupe des mesures nécessaires à la formation de l'armée mexicaine et à l'organisation des forces qui doivent soutenir l'Empire. Il espère que M. le maréchal Bazaine voudra bien donner ses ordres, en ce qui le concerne, aux commandants supérieurs français, ainsi qu'il l'annonce dans la note citée plus haut, pour que toutes les troupes mexicaines, les établissements, les magasins militaires restent, dès maintenant, à la disposition exclusive de Sa Majesté, comptant toujours que les troupes françaises, pendant leur séjour au Mexique, protégeront les autorités et les populations dans les zones qu'elles occupent sans entreprendre d'expéditions lointaines.

« Ce concours dont les termes sont spécifiés dans la note du 7 novembre déjà citée, est accepté avec reconnaissance par Sa Majesté.

« S. M. l'Empereur nous ordonne, en outre, de déclarer que toute question relative aux matières qui font l'objet de cette note ou motivée par la résolution qu'il a prise, pourra être traitée par le président du Conseil d'Etat qui, en cette qualité a signé le premier :

« *Le président du Conseil des ministres,*
« Théodosio LARÈS.
« *Le ministre de la maison de l'Empereur,*
« Luis de ARROYO. »

Le dernier paragraphe de cette communication constitue à lui seul un véritable coup d'Etat qui rompt absolument tous les liens du gouvernement impérial mexicain avec l'Intervention française au Mexique. A dater du 1ᵉʳ décembre 1866, il ne devait plus exister la moindre communauté de vues et d'action entre le gouvernement impérial et les représentants de la France. Il faut remarquer que cette rupture était la conséquence de la mission non définie et inutile, sinon nuisible, du général Castelnau. Le Maréchal n'avait plus aucune autorité effective sur les forces nationales dont disposait l'Empire; il ne commandait plus, en réalité, que l'armée française qui opérait son mouvement de retraite vers la mer.

Dans ces conditions, tous les Français, militaires ou non, qui occupaient des fonctions dans les administrations, troupes ou services mexicains, n'avaient plus de raisons de les conserver. Les fonctionnaires, administrateurs, financiers, envoyés de France pour concourir à la réorganisation des services publics, quittèrent leurs postes et affluèrent à Mexico pour y attendre leur rapatriement; les officiers détachés rentrèrent à leur corps.

Quant à moi, mon rôle était tout tracé. Depuis quelque temps, du reste, je me sentais mal à l'aise dans ce gouvernement dont l'hostilité à l'égard de l'Intervention s'accentuait chaque jour; les intrigues des cléricaux devenaient insupportables et les exigences des Miramon, des Marquez s'efforçant de se préparer des troupes et surtout des cadres, rendaient la situation délicate et difficile au ministère de la Guerre. Mon ministre, le général Tavera, éprouvait les mêmes sentiments de lassitude que moi. Je lui avais plusieurs fois exprimé le désir de me retirer, mais il m'avait toujours prié de ne pas le quitter, parce que lui ne voulait pas se détacher du Maréchal et que je restais le trait d'union nécessaire entre lui et ce grand personnage. J'avais même exposé ma situation au Maréchal et exprimé le désir de donner ma démission de sous-secrétaire d'Etat, mais Son Excellence m'avait invité à rester parce que, dans les circonstances tendues où on se trouvait, il était nécessaire que j'attendisse encore. D'ailleurs, je ne devais me retirer qu'avec mon ministre, puisque celui-ci aspirait également à quitter le ministère.

Dès qu'apparut la fameuse déclaration des conseillers impériaux qui consacrait la rupture entre l'Empire et la France, je n'hésitai plus et remis au ministre de la Guerre ma démission, motivée du reste de la façon la plus correctement protocolaire, en le priant de la transmettre au gouvernement. Le général Tavera en fit autant et envoya également sa démission. J'allai aussitôt rendre compte au Maréchal qui m'approuva et mon ministre également.

Nous continuâmes pendant quelques jours, et jusqu'à ce qu'il ait été pourvu à notre remplacement, à expédier les affaires du département de la guerre. Mais les jours se succédaient sans réponses de qui que ce fut. Cependant le général Tavera avait tout lâché et s'était carrément retiré sous sa tente.

Enfin, le 10 décembre, je reçus du capitaine Pierron, encore au secrétariat particulier de l'Empereur, une courte communication qui n'avait qu'un caractère privé, mais n'était pas une réponse affirmative à ma démission :

« Palais de Mexico, le 10 décembre 1866.

« Mon cher Blanchot,

« Je vous dirai sans détour que votre sortie du ministère a affligé tous les employés et officiers mexicains qui avaient eu des rapports avec vous.

« Je le sais de bonne source.

« Bien à vous.

« E. PIERRON. »

« J'attends toujours l'acceptation de ma démission. »

Ce mot aimable d'un bon camarade me flattait assurément mais ne me tirait pas de ma perplexité.

Du reste, j'y voyais également que Pierron, lui aussi, était dans le même cas que moi.

Enfin, le lendemain, je reçus une lettre étrange et caractérisant bien le désarroi complet qui régnait dans les hautes régions de ce gouvernement affolé. Cette communication m'était adressée par un des principaux chefs de service du ministère de la Guerre, el senior Murphy, directeur du personnel, fonctionnaire fort recommandable du reste, dont l'attitude à mon égard, moi son chef quelques jours avant, était absolument correcte et courtoise, en m'informant qu'il venait de recevoir l'ordre de prendre par intérim les fonctions que j'occupais. C'était une communication par ricochets successifs, il y en avait trois, presque quatre.

Le Ministre du palais impérial informait d'Orizaba que le général Jovar se trouvant dans l'impossibilité de remplir les fonctions de sous-secrétaire d'Etat de la Guerre et de se charger de l'expédition de ce même ministère qui lui avait été confié le 5 décembre, Sa Majesté avait décidé de nommer, par intérim, aux fonctions de sous-secrétaire d'Etat, le senior Murphy lui-même qui se chargerait en outre, et par intérim, du ministère; car le général Jovar était dans l'incapacité de le faire.

Ce général invisible était sans doute quelque invalide, décavé aussi bien au point de vue des facultés physiques que de celles de l'escarcelle, qui moisissait depuis des années au dépôt des officiers en disponibilité, épave cléricale que son parti ressuscité venait d'exhumer à son tour pour lui confier le fardeau et les honoraires du ministère de la Guerre. Mais le pauvre diable était incapable de mobiliser pour se rendre au ministère. Et pourtant, il est évident qu'on avait démontré à Maximilien que c'était un foudre de guerre qui allait enfanter des armées. Bref, ce brave homme faisait défaut et le directeur du personnel allait devenir à la fois ministre et sous-ministre.

Je dois reconnaître que, dans sa lettre au senior Murphy, le ministre du palais lui prescrivait d'adresser des remerciements à « M. le capitaine Blanchot » pour les services qu'il avait rendus dans les fonctions de sous-secrétaire dont il était chargé.

Ceci était bien de la part de ce ministre du palais et je lui en sus gré; mais ce qui, pour moi, eut plus de prix, ce fut l'expression des sentiments personnels de M. Murphy, mon ancien subordonné, et surtout la courtoisie qu'il ajouta à son message. Qu'on en juge :

« J'ai l'honneur de faire cette communication à Votre Seigneurie, en exécution de l'ordre qui précède, pour sa connaissance et les conséquences qu'il comporte.

« En ce qui me concerne, il m'est particulièrement agréable de donner à Votre Seigneurie les remerciements les plus empressés pour les bons procédés et les distinctions dont, pendant toute la durée de votre séjour au sous-secrétariat, elle a daigné m'honorer et je la supplie d'accepter les assurances de mon estime et de ma considération très distinguée.

« *Le sous-secrétaire intérimaire,*
« J. MURPHY. »

Il n'était pas possible d'être plus régence!

Cependant, malgré toute la gratitude que pouvaient m'inspirer le témoignage flatteur que me faisait transmettre le ministre du palais et surtout les sentiments que m'exprimait M. Murphy, je n'en éprouvai pas moins une impression peu satisfaite de la façon dont on me signifiait l'accusé de réception de ma démission et l'invitation de remettre mon service à M. Murphy. J'estimais que ce procédé du nouveau gouvernement vis-à-vis d'un officier étranger, si modeste fut-il, manquait de convenance. Je ne pus garder cette impression pour moi, et je la communiquai aussitôt par écrit au capitaine Pierron, persuadé que cette manière de faire ne pouvait avoir eu l'assentiment de l'Empereur, qui avait lui-même demandé au Maréchal un officier ayant sa confiance pour occuper ce poste au ministère de la Guerre. Je supposais, en conséquence que cette façon cavalière était imputable au Padré Fischer.

En effet, cinq jours après, je recevais cette réponse :

« Palais de Mexico, 14 décembre 1866.

« Mon cher Blanchot,

« Avant-hier je me suis plaint vivement à l'Empereur de la façon peu convenable dont vous et M. Tavera avez été remerciés.

« Hier soir à 11 heures, l'Empereur me répond qu'il ne connaissait pas ce procédé, et il m'ordonne, sur ma proposition, de rédiger un article pour le *Diaro del imperio* qui vous donne pleine et entière satisfaction. Je m'en charge.

« Bien à vous.

« E. PIERRON. »..

Le soir même, le journal officiel de l'Empire publiait le communiqué suivant :

« Sa Majesté l'Empereur a ordonné qu'il soit donné un témoignage public de la considération et de l'estime qu'ont su inspirer à Sa Majesté le général D. Ramon Tavera dans l'accomplissement de ses fonctions de ministre de la Guerre, ainsi que M. le capitaine d'état-major D. Carlos Blanchot, sous-secrétaire du même département.

« L'Empereur a été très satisfait des efforts accomplis par ces deux messieurs pour l'organisation et la bonne administration de l'armée. Le senor Tavera, avec son activité et son patriotisme si connu, a donné des preuves nouvelles de son mérite et de ses aptitudes, en rendant des services distingués à la patrie.

« Ses travaux ont été remarquablement secondés par M. le sous-secrétaire de la guerre et appréciés par Sa Majesté.

« Il nous est agréable de nous conformer à cet ordre de l'Empereur qui honore si hautement le général Tavera et le capitaine Blanchot. »

Mon ministre et moi avions ainsi pleine satisfaction.

Cependant cette satisfaction n'était pas la première ni la meilleure de celles que je reçus en quittant le ministère.

Dès la réception de la communication de mon successeur, j'adressai à tous les employés du ministère un ordre du jour où, avec l'empreinte d'un chauvinisme sincère pour leur pays, je leur faisais mes adieux et leur témoignais toute ma gratitude pour l'accueil qu'ils m'avaient fait, bien que je fusse pour eux un étranger, et pour le zèle dévoué et sympathique qu'ils avaient déployé en secondant l'accomplissement de ma tâche consacrée tout entière aux intérêts de leur pays.

Je semais ainsi en terrain généreux et j'allais récolter une précieuse moisson; car le lendemain, je recevais une lettre collective de tout le personnel du ministère dont je n'ose d'ailleurs reproduire que l'exorde et l'exode!

« Monsieur le Capitaine,

« Grande fut la tristesse que causa à tous les employés du ministère de la guerre la nouvelle de votre départ.....

« Il vous sera facile d'apprécier toute l'effusion des sentiments dont est capable le cœur d'un Mexicain reconnaissant, parce qu'il n'existe pas d'expressions suffisantes pour les exprimer. »

Ces manifestations étaient vraiment sincères, car on n'encense pas un chef qui disparaît. Aussi elles me laissèrent au cœur un sentiment de gratitude et de sympathie qui ne s'est jamais effacé et, dans mon esprit, la preuve qu'il y a dans l'âme des Mexicains des qualités précieuses qui ne demandent pour se manifester qu'une direction bienveillante mais énergique et surtout équitable et honnête.

Les témoignages flatteurs de cette nature « in extremis » sont souvent des « fiches de consolation », mais ce n'était pas mon cas, car je quittais le ministère sans le moindre regret. Au contraire, attelé comme cinquantième sous-verge au malheureux char de l'Etat qui s'enlisait, ce fut avec une joie profonde que je me vis enfin débarrassé du harnais devenu insupportable pour moi comme pour mon ministre. Enfin, j'avais rempli ma mission jusqu'au bout; c'était déjà beaucoup, et si je n'avais pas de regrets, ceux des braves gens que je quittais étaient pour moi une récompense, la seule que j'aie eue, du reste.

Le séjour de six mois que j'ai fait au ministère de la Guerre m'a fourni l'occasion la plus documentée qui soit possible pour me former un jugement sûr et suggestif à l'égard de la mentalité extraordinaire qui caractérisait le personnel civil et militaire surtout, auquel étaient confiées la vie et les destinées de l'Empire, son salut même. Là, en effet, venait aboutir la révélation de toutes les faiblesses, des négligences, des lâchetés, des trahisons, des concussions, des actes arbitraires qui se commettaient, chaque jour, dans toutes les branches de l'administration, dans les finances et dans les cadres de l'armée impériale.

Du reste, le registre de ma correspondance confidentielle, que je possède encore, forme un recueil des plus suggestifs de demandes d'informations ou de solutions pour des affaires de toutes sortes, qui montre combien il était difficile, impossible même, aux institutions impériales de subsister au milieu d'un chaos de décadence morale qui s'accusait partout alors, jusque dans le cabinet et l'entourage immédiat de l'Empereur où on poussait l'incohérence jusqu'à prescrire au ministre de la Guerre de placer des individus soi-disant officiers dans des corps de troupes qui n'existaient pas, et où les ordres émanant du Souverain lui-même étaient envoyés avec une désinvolture inconvenante; si bien qu'il m'arriva, par ce fait, un incident personnel qui me mit en conflit avec une personnalité éminemment dangereuse.

Un matin, je trouvai dans le courrier une communication provenant du palais impérial; feuille de papier vulgaire, sans en-tête d'origine, portant en vedette ce simple mot « ordre » et au-dessous du texte, assez griffonné du reste, une signature, et laquelle? « Padre Fischer »! Mes principes d'officier d'état-major ne me permettaient pas d'accepter pour mon ministre une pareille incorrection. Je bondis de mon rond de cuir dans le cabinet du général Tavera qui, outré à son tour, m'autorisa à écrire officieusement au capitaine Pierron pour demander des éclaircissements et surtout pour bien accréditer les personnes transmettant les ordres de l'Empereur; ce que je fis de la façon la plus correcte et la plus mesurée, afin de ne porter atteinte à aucune susceptibilité.

Deux jours après, le capitaine Pierron m'informait que mon observation était parfaitement justifiée aux yeux de l'Empereur qui, en un moment de presse, avait chargé le Père Fischer de transmettre ses volontés, mais qu'on aurait dû le faire dans des formes plus protocolaires.

Et dire que Maximilien avait mis tous ses soins à former sa Cour, qu'il avait des chambellans, des secrétaires, des commandements, et qu'il en était réduit à transmettre ses volontés par un moine décagoulé! En tout cas, j'avais satisfaction; mais le dit moine rancunier me servit, deux mois après, sa vengeance peu évangélique. Mon ministre m'ayant proposé pour la croix d'officier de l'Aigle mexicaine, nouvel ordre créé par Maximilien et ne pouvant être attribué qu'aux personnes ayant servi directement son gouvernement, ce qui lui donnait à mes yeux une valeur particulière, le décret comportant de nombreuses décorations des autres ordres mexicains accordées à l'armée française et portant ma proposition, fut signé par l'Empereur; mais, quand vint le moment de signer les brevets, le Père Fischer cambriola au Souverain celui qui m'était destiné. C'est ainsi que jamais je ne pus porter l'Aigle mexicaine, bien qu'étant officier de cet ordre.

La tâche imposée au sous-secrétaire d'Etat, surtout pendant l'interrègne du ministre était généralement difficile au point de vue de l'expédition des affaires; mais devenait aussi parfois dangereuse pour la personne; en raison des colères, des haines, des vindictes qu'engendrait l'exécution rigoureuse de certaines mesures de répression qui s'imposaient. Aussi, je recevais souvent des lettres de menaces, des avis sinistres et même des conseils de prudence de mon policier. Dans ces conditions et comme on ne peut jamais savoir où se cache le glaive de la vengeance, j'estimais qu'il n'y avait qu'à se fier à sa destinée, à sa chance, ainsi que je l'avais toujours fait au feu.

Un jour cependant je le frôlai peut-être ce glaive caché sous le voile de la séduction d'une captivante beauté venant me supplier d'arrêter le bras du conseil de guerre levé sur son mari, un jeune colonel convaincu de relations traîtresses avec les dissidents et qui, d'après de nombreux avis qui me furent adressés, voulait me faire assassiner. La belle charmeuse eut recours aux élans les plus pathétiques, aux jeux de scène les plus séduisants, les plus éblouissants et les plus dramatiques, m'infligeant le rôle de saint Antoine dans la tentation, pour m'offrir peut-être celui d'Holopherne, car en somme tout le monde peut trouver sa Judith, même de jour! Ah! s'il n'y avait eu que le glaive? mais... le devoir! quelle cuirasse! « Enfin, monsieur, que faut-il donc faire pour vous fléchir ? » s'écria-t-elle; et, baissant des yeux où je ne voyais plus que des larmes, de dévouement à sa cause sans doute, elle me remercia dans un effort gracieux, de lui permettre d'aller voir son mari, et je l'accompagnai jusqu'au grand escalier du ministère.

Quelques jours après, à l'heure du crépuscule, un officier belge passant sur le trottoir du ministère que je suivais chaque jour et à la même heure, reçut deux coups de poignard d'un Mexicain lui disant en pur castillan : « Voilà pour le capitaine Blanchot. » C'était précis. Le destin était donc pour moi contre les menaces ténébreuses dont j'étais l'objet. Aussi devais-je toute ma reconnaissance au jeune camarade belge qui avait eu l'amabilité de passer avant moi sur le trottoir et l'heureuse adresse de parer le premier coup puis de détourner le second qui ne lui fit qu'une forte éraflure.

En quittant le ministère, j'avais donc tous les droits de ne pas emporter que des regrets, car le métier de sous-secrétaire d'Etat à poigne n'était pas toujours charmant.

CHAPITRE XVII

LE MARÉCHAL CONFOND SES ACCUSATEURS

Du 10 Décembre au 31 Janvier 1867

Situation créée par la rupture des relations directes. — Intrigues du général Castelnau — Complot des cléricaux contre le Maréchal. — Les trois lettres. — Complot du ministre de France et du général Castelnau contre le Maréchal. — Lettre du général Douay, du 27 décembre. — Démarche secrète du ministre de France et du général Castelnau auprès de Maximilien. — Mise au point des accusations portées contre le maréchal Bazaine par les généraux Douay et Castelnau. — Protestation du Maréchal à son ministre de la guerre — Procès du général Castelnau. — Lettre tardive du maréchal Niel au maréchal Bazaine. — Conclusion.

La déclaration gouvernementale du 3 décembre constituait un événement politique de la plus haute importance.

A partir de sa notification officielle aux représentants de la France, l'alliance n'existait plus entre celle-ci et le gouvernement impérial; l'intervention de nos troupes prenait fin. Et pourtant, étrange anomalie! celles-ci devaient encore protéger le gouvernement de Maximilien dans toutes les localités qu'elles occuperaient jusqu'à leur départ du Mexique.

Il existait en outre dans ce document une résolution qui était non seulement extraordinaire, mais d'une convenance politique douteuse. Désormais, les représentants de la France ne communiqueraient plus directement avec l'Empereur, mais bien avec le président du Conseil. Comment osait-on empêcher le Maréchal qui, depuis quatre années, avait été le bras droit de l'Empereur de communiquer avec Sa

Majesté, même pour traiter des questions intérieures ou internationales? C'était blessant pour le Maréchal, c'était surtout humiliant pour la personne de l'Empereur. Le Souverain en donna la preuve par les démarches personnelles qu'il fit ultérieurement auprès du Maréchal. Il y avait encore dans cette affaire la main du Père Fischer qui, continuant l'application du séquestre sur la personne de l'Empereur, voulait éviter tout contact du Souverain avec le Maréchal qu'il savait avoir sur lui une influence qu'on ne pouvait contrecarrer autrement qu'en isolant le prince. C'était la perte certaine de Maximilien; mais qu'importait cette considération à ce misérable intrigant, s'il lui restait encore une chance sur cent d'assurer le pouvoir aux cléricaux qui lui donneraient ensuite la mitre productive de Durango? Il y avait donc scission complète entre les deux éléments français et mexicain. Officiellement, ouvertement, ce n'était ni la paix ni la guerre; mais sourdement de la part du gouvernement clérical, c'était bien cette dernière qui était en jeu.

Dans ces conditions, nous n'avions plus qu'à quitter ce pays que nous avions tenu dans notre main, à qui nous étions sympathique, à qui nous avions fait un bien considérable, matériellement et moralement, et dont le parti intransigeant de Juarez n'a pas permis de tirer tout le profit qu'il comportait. Nous allions l'abandonner ainsi sans avoir fait la paix avec nos adversaires du début, cent fois vaincus cependant, et sans avoir conservé l'amitié de ceux qui nous avaient appelés et à qui nous avions donné tout ce qu'ils pouvaient sagement désirer. A qui la faute? A tout le monde peut-être, à des degrés différents, excepté à l'armée française.

Je reprenais ainsi mes fonctions d'aide de camp du Maréchal pour assister plutôt à la concentration du corps expéditionnaire et aux préparatifs du départ pour Vera-Cruz... et pour la France; car le Maréchal, en raison des conditions nouvelles faites par le Gouvernement de Maximilien, comme commandant en chef, n'aurait pas dû avoir, désormais, d'autres préoccupations.

Cependant il n'en fut pas ainsi, grâce à l'esprit d'intrigue endiablé qui caractérisait tout particulièrement au Mexique le parti clérical intransigeant; grâce surtout au général Castelnau qui avait raté la principale obligation de sa mission, celle de déterminer l'abdication et le départ de Maximilien, conséquemment enfin la formation d'un gouvernement devant remplacer l'Empire et avec lequel on pût traiter. Dans ces conditions et pour occuper son temps, le général n'avait plus qu'à fouiller dans les actes du Maréchal pour y trouver enfin le moyen de révéler sa perspicacité à l'Empereur Napoléon. Pour ce faire, il se laissa tout naturellement englober, je dirai presque compromettre jusqu'à un certain point, dans les intrigues cléricales, principalement celles du Padre Fischer; et cela je crois plus maladroitement que malicieusement.

Il se produisit à ce moment, un incident singulier, je pourrais dire un complot finement mais fort déloyalement conçu et exécuté par la camarilla du gouvernement et de l'Empereur pour détruire l'unité d'action des trois représentants de la France, paralyser leur influence auprès de Maximilien et surtout les efforts qu'ils faisaient pour le décider à se démettre de sa couronne.

Ce trio de personnages était l'ennemi, il fallait brouiller les cartes de son jeu, et, pour ce faire, mettre à profit les tendances du général Castelnau à admettre, dans la pensée du Maréchal, l'intention de retarder le départ de nos troupes, ce qui serait rendu possible par le maintien de l'Empire.

Les organisateurs occultes de cette trame machiavélique imaginèrent alors de faire apparaître des documents qui, remis à l'inquisiteur de Napoléon III, étaient destinés à le convaincre du double rôle que jouait le maréchal Bazaine.

Ces documents consistaient en trois lettres écrites par des personnalités absolument hétéroclites, qui révélaient de la part de leurs auteurs une entente préalable pour produire, sous trois formes différentes, la même constatation qui faisait suspecter la bonne foi du Maréchal dans son action auprès de

Maximilien. Ce qui parut étrange, c'est que ces lettres étaient datées du même jour, le 3 décembre et la troisième du 5. Les signataires étaient : L'archevêque de Mexico qui éprouvait, on ne sait trop pourquoi, le besoin d'informer la princesse Iturbide qu'on lui avait dit que le maréchal Bazaine désirait le retour de l'Empereur à Mexico et que l'Empereur Napoléon III le désirait aussi ;

Le colonel autrichien Kodolitch, alors aide de camp de Maximilien, qui déclarait solennellement que, lorsqu'il avait quitté Mexico pour rejoindre l'Empereur à Orizaba, le Maréchal lui avait affirmé que si le Souverain revenait à Mexico les troupes françaises pourraient rester encore un an au Mexique.

La première de ces lettres n'avait pas raison d'être de la part de l'archevêque de Mexico à une princesse qui n'avait aucun caractère officiel et se tenait très sagement à l'écart des agitations politiques. Cette correspondance, que rien ne justifiait, avait tous les caractères d'un faux. Et il a fallu une forte dose de naïveté pour en faire état.

Quant au deuxième document, étant donné la notion que j'avais acquise du caractère du colonel Kodolitch, s'il n'était pas faux lui aussi, ou truqué, il n'avait assurément été obtenu de son auteur que par surprise et pour servir à un but déterminé dont il ne soupçonnait pas la nature. Du reste, sans incriminer en aucune façon la bonne foi du colonel Kodolitch, il convient de remarquer que cette opinion du Maréchal pouvait être fondée le 18 novembre, en partie tout au moins, tandis qu'elle n'était plus dans son esprit le 3 décembre, car dans l'intervalle de ces deux dates, les conditions avaient complètement changé par suite des ordres reçus de Paris. En tout cas, le Maréchal ne déclarait pas que toutes les troupes pourraient rester au Mexique pendant une année encore; mais bien le dernier échelon de rapatriement, comme cela avait été admis par le gouvernement français, conformément au traité de Miramar, et avant que celui-ci n'eût décidé de rappeler le corps expéditionnaire en entier au commencement de 1867.

Enfin, le troisième document invoqué contre le Maréchal est encore plus insignifiant que les deux autres. Il émanait du général Tavera, ministre de la Guerre, et était présenté sous forme de lettre adressée à un inconnu, ce qui me permet de le considérer comme une réponse à une demande formulée par le Père Fischer. Le général Tavera raconte qu'étant allé voir le Maréchal avec le Président du Conseil, au moment du départ de celui-ci pour Orizaba, quelques semaines avant, et après avoir réglé diverses questions secondaires, le Maréchal aurait déclaré que la récente politique de l'Empereur était la meilleure, car, avec le parti conservateur, Sa Majesté pourrait faire le bien du pays, qu'il désirait son retour à Mexico et que, personnellement, il était disposé à le soutenir comme par le passé en se conformant aux prescriptions de l'Empereur Napoléon. Le général terminait par cette phrase révélant le caractère du document : « Voilà ce qui s'est passé avec le Maréchal, et ce que je vous dis pour votre gouverne. »

Ce que disait le général mexicain était simple, naturel et ne pouvait être d'un grand profit pour la « gouverne » diabolique de Fischer. Et cependant je suis convaincu que Tavera n'a pas écrit que la *récente politique de l'Empereur était la meilleure, car avec le parti conservateur, Sa Majesté pourrait faire le bien du pays*. Cela n'était pas possible car, en raison des pourparlers qui s'engagèrent entre lui et le Maréchal au sujet du retour des généraux Marquez et Miramon, les leaders militants de ce parti conservateur, pourparlers dont j'ai été l'intermédiaire, Tavera savait parfaitement que la présence au pays de ces deux éléments d'action des conservateurs était une calamité considérée comme dangereuse par le Maréchal qui même l'engageait fortement à les faire arrêter pour être rentrés au Mexique sans l'autorisation du ministre de la Guerre. Cette considération est concluante.

Du reste, à la date où on attribue ce document au général

Tavera, celui-ci donnait sa démission, ne voulant plus rester ministre de la Guerre dans la nouvelle situation faite aux relations du ministère avec le commandant de l'armée française, et aussi pour échapper aux conséquences des intrigues politiques qui se tramaient partout dans le gouvernement.

En somme, dans ces trois documents choisis ou fabriqués pour servir de pièces accusatrices, il n'y avait rien qui pût être reproché au Maréchal. Le premier n'articulait qu'un « on dit »; le second, pompeusement rédigé par Kodolitch, ne formulait que des banalités; le troisième enfin était absolument correct, en admettant même qu'il ne fût pas un faux, et il a fallu que le général Castelnau eût bien envie de trouver des preuves de griefs à faire au Maréchal pour considérer ces informations insignifiantes comme des arguments probants et révélateurs de sa « duplicité ». Il est vraiment incroyable qu'un homme sérieux, habile comme on le disait être, ait cru pouvoir employer, pour briser un maréchal de France, de pareilles armes qui n'étaient même pas chargées et devaient lui éclater dans les mains; car Napoléon III fut un jour édifié sur la naïve perspicacité de son mandataire très extraordinaire!

Si j'ai pu, avec l'aide du simple bon sens et la connaissance que j'avais des gens et des choses, apprécier ainsi que je viens de le faire la valeur réelle et le caractère de ces trois lettres et découvrir la manœuvre qui les a mises en cause, cette affaire résista encore bien moins aux investigations officielles dont elle fut l'objet.

Lorsque, quelques jours après le départ du rapport Castelnau à Napoléon III, fut découvert le brouillon révélateur, le Maréchal fit aussitôt une enquête qui donna des résultats plus concluants encore que mon appréciation personnelle que je n'ai rappelée, du reste, que parce qu'elle était à la portée de presque tout le monde, qu'elle fut celle de mes camarades et qu'elle eût dû venir à l'esprit du général Castelnau, s'il ne s'était pas laissé emballer sur une mauvaise voie tracée par des mystificateurs. Je ferai connaître ultérieurement le dénouement de cette abominable machination, dont l'ignoble Fischer était l'artisan.

Ce qui est étonnant quand on étudie le fameux brouillon trouvé par notre camarade Lapierre dans le cabinet particulièrement discret du palais du commandant en chef, c'est la façon dont le général Castelnau présente l'affaire à son maître Napoléon III. Il déclare que les deux lettres de l'archevêque de Mexico et du colonel autrichien Kodolitch lui prouvent de la façon la plus irrécusable, ce dont il se doutait déjà (quel flair !), que les manœuvres secrètes du Maréchal avaient seules empêché l'empereur Maximilien de s'embarquer pour l'Europe. Est-ce de l'inconséquence ou de la mauvaise foi? Je veux préférer la première de ces hypothèses. Pourtant, le général ne pouvait ignorer les démarches qui, faites auprès de Maximilien par une députation du parti clérical quelques jours après son arrivée, à lui, au Mexique, avaient fait savoir « urbi et orbi » qu'il venait pour décider Maximilien à abdiquer, suivant la réponse faite par Napoléon III à l'Impératrice Charlotte; il ne pouvait ignorer non plus, ce que tout le monde savait, que Miramon et Marquez avaient obtenu formellement de Maximilien la promesse de rester au Mexique. Enfin, il devait savoir que la publication par les journaux américains de la trop fameuse lettre secrète de M. Eloin, avait dévoilé les intrigues de Maximilien en Autriche, intrigues qui mettaient ce Prince dans l'impossibilité de retourner dans son pays.

Tout le monde savait cela depuis des semaines. Et la folie de la malheureuse Impératrice, Castelnau ne l'ignorait pas non plus. Telles sont les vraies causes de l'évolution faite dans les résolutions de l'Empereur du Mexique. Mais au courtisan qui n'a pas réussi dans l'accomplissement de la haute mission qui lui avait été confiée, il était nécessaire de découvrir une grosse affaire destinée à expliquer et excuser sa déconvenue auprès de son maître, et surtout à mettre en relief, malgré cet échec, l'habileté qu'il avait déployée et la sagesse prudente avec laquelle il n'avait pas cru devoir user des pouvoirs illimités que lui avait confiés l'Empereur Napoléon III.

Aussi avec quelle emphase annonce-t-il que la connaissance de ces documents lui imposait de sérieuses obligations ! D'une souris il fait une montagne! Il avait deux partis à prendre, dit-il, retirer le commandement au Maréchal et le donner au général Douay. Comment! prendre une mesure aussi grosse, aussi lourde de responsabilité, appuyée seulement par le racontar d'un archevêque à une princesse « in partibus », et par une déclaration vague et sans portée donnée par le colonel Kodolitch à un inconnu! C'eût été de l'aberration; le général Castelnau n'en a jamais eu l'imprudente pensée. Et pourtant, il n'hésite pas à dire à Napoléon III que c'était le parti le plus simple et aussi le plus *séduisant*. Le mot est absolument inconvenant dans la circonstance; à moins qu'on le considère comme ayant été dicté par le désir de satisfaire à l'influence du général Douay, ce qui ne serait pas surprenant de sa part; j'en ai donné des preuves dans les emprunts que j'ai faits à sa correspondance.

Quant au deuxième parti qu'il avait à prendre, je trouve, dans la façon dont il l'expose à l'Empereur, la révélation d'un esprit de courtisan par trop cynique. Le général de brigade, aide de camp de l'Empereur, pouvait à la rigueur exhiber des pouvoirs discrétionnaires ou plutôt indiscrétionnaires, pour notifier une mesure ordonnée par l'Empereur et enlever le commandement; mais il n'est pas possible d'admettre que cet officier, très inférieur en position, en âge, en services, ait pu prendre vis-à-vis d'un maréchal de France, l'attitude et le rôle d'un moraliste, pour « lui faire comprendre toute la gravité de ses torts, faire vibrer en lui les cordes sensibles, enfin le ramener à un dévouement absolu à l'Empereur »... Ce bel étalage des sentiments d'un mentor, n'avait d'autre but que de placer cette dernière exhortation, uniquement inspirée, dans la circonstance, par l'esprit du courtisan. Castelnau devait pourtant savoir que si un envoyé aussi extraordinaire que lui avait osé faire une pareille morale au maréchal Pelissier, dont il avait été aide de camp, celui-ci l'aurait tout simplement fait « empoigner » !

Du reste, ce drame ne fut qu'imaginatif et destiné à faire vibrer la grosse caisse « pro domo sua » de l'aide de camp de l'Empereur, car il ne fut pas joué et le Maréchal n'en eut connaissance, ainsi que quelques initiés, que par l'imprudence de l'auteur qui, ayant porté la minute du livret dans le lieu de perdition, le seul qui lui convînt du reste, oublia de la perdre.

Mais si la tragédie n'avait été montée que pour le papier, la comédie n'exista pas moins dans le petit entourage du Maréchal où on connaissait la campagne perfide secrètement menée par le général Castelnau, et où on admirait avec ironie, tout au moins, ses allures gravement déférentes et respectueuses pour le Maréchal, sa bonhomie gaie et souriante pour nous tous, et enfin les grandes et belles façons d'homme de cour, et ses saluts onduleux à l'égard de la Maréchale, toujours charmante, gracieuse et enjouée pour lui. Ah! s'il avait su ce que nous savions, il n'aurait pas été le moins gêné de tous.

En tout cas, le général Castelnau, tout fier cependant d'avoir découvert, au compte du Maréchal, un complot à offrir à son Souverain, s'était bien gardé de faire le matamore; il ne fit rien et ne dit rien au Maréchal. Mais il eut l'incroyable aplomb de dire à Napoléon: « Après mûre réflexion, et quand j'ai cru m'être bien inspiré des sentiments de Votre Majesté, je me suis abstenu de rien faire. » Cette déclaration est vraiment charmante et flatteuse pour les sentiments de Sa Majesté, qui sont... de ne rien faire! Mais alors pourquoi donc l'avait-on envoyé au Mexique ? Cette naïveté rappelle singulièrement la charge : « La consigne est de ronfler! »

Cependant le vaillant général ne désarma pas et il chercha un moyen de mettre le Maréchal en contradiction avec ses menées ténébreuses, afin de le mieux perdre. Il s'entendit avec le ministre de France, son compère, et proposa au Maréchal une conférence pour examiner officiellement, au point de vue français, la situation qui résultait des déclarations faites par le gouvernement mexicain et qui dégageait la France de toutes les affaires purement mexicaines, mettant ainsi fin à notre intervention.

Comme conséquence de cette conférence, assez sournoise du reste, le général et le ministre de France proposèrent au Maréchal de rédiger la déclaration solennelle qui suit :

« Les soussignés, après avoir examiné sous toutes ses faces la question mexicaine, sont convenus de déclarer qu'ils ne voient plus qu'une solution possible pour sauvegarder tous les intérêts en cause : l'abdication de l'Empereur Maximilien.

« Les soussignés, malgré tout le regret qu'ils en éprouvent, ont résolu de constater solennellement cette opinion qu'ils feront immédiatement connaître au gouvernement de l'Empereur Napoléon.

« Fait à Mexico, le 8 décembre 1866,

« Maréchal BAZAINE, DANO, CASTELNAU. »

Ce document était une simple absurdité et n'avait aucune opportunité. Il était ridicule, car l'Empereur Maximilien et son gouvernement n'avaient qu'à répondre à cette déclaration solennelle (?) par la contre-déclaration non moins solennelle que voici : « Votre opinion était connue depuis l'arrivée du message de Napoléon III ; mais maintenant, elle n'a pour nous aucune importance; notre pacte est rompu et vous n'avez plus à vous occuper de nos affaires politiques. En conséquence, votre déclaration est plus que jamais inutile et sans valeur pour nous! » Il me paraît que cette réponse du berger à la bergère devait suffire et que le gouvernement, ainsi condamné à mort, n'avait aucune gratitude à recevoir « les regrets » qui ressemblaient à s'y méprendre aux classiques « larmes du crocodile » !

Le Maréchal, tout en partageant sans doute les idées que je viens d'émettre, ne pouvait se refuser à signer ce document ; mais il ne dut le faire qu'avec une répugnance bien naturelle. Je dégage donc sa responsabilité dans cette déclaration dépourvue de nécessité et surtout de dignité. Et qu'on me permette de dire d'une façon un peu dure peut-être, mais que je crois juste : ce n'était pas même un coup d'épée dans l'eau, mais bien plutôt malheureusement « le coup de pied de l'âne » dont le général Castelnau s'était fait l'éditeur responsable.

Il ne faudrait pas croire cependant que ce document, pour le moins banal et inutile, fût uniquement destiné à influencer l'esprit de Napoléon III en faveur de son auteur, Castelnau, ce serait une erreur, car il avait un but plus effectif auquel le général le destinait. Et le Maréchal, sans s'en douter, fut menacé d'un danger bien plus sérieux que celui auquel il était exposé par les fameux documents que son inquisiteur avait déjà envoyés à l'Empereur Napoléon.

En effet, au sujet de cette déclaration, d'apparence inopportune et inoffensive, ou plutôt même à cause d'elle, il se produisit alors une aventure étrange et ténébreuse qui était destinée à consommer la perte du Maréchal. Cette aventure, que je qualifie de conspiration, fut absolument ignorée à l'époque où elle se trama dans l'ombre et le mystère. Les quelques acteurs principaux la connurent seuls et, si le but de cette entreprise machiavélique ne fut pas atteint, c'est, à mon avis, parce que les conjurés reculèrent devant l'énormité de l'exécution consécutive et l'invraisemblance des justifications qu'ils pourraient mettre à l'appui. On ne connut, à cette époque que les prodromes apparents de l'affaire à laquelle prirent part un très petit nombre de personnes remplissant un rôle dans l'exécution d'une démarche qui, ayant échoué, n'attira pas l'attention.

Cet incident était destiné à produire les plus graves conséquences, la chute du Maréchal ; et, bien qu'avorté et étouffé, il en suscita néanmoins d'assez sérieuses. Il convient pour ces raisons d'en faire un historique complet et détaillé pour répandre la lumière sur une des périodes les plus ténébreuses et les plus dénaturées de notre intervention.

Vers le milieu de décembre, Maximilien, cédant aux instances du gouvernement qui lui reprochait de se tenir éloigné du foyer des affaires au moment où il importait qu'il s'en occupât activement, se décida à quitter l'ermitage de l'hacyenda où, près d'Orizaba, Fischer le tenait séquestré, et vint s'établir à Puebla. Ce rapprochement n'était pas encore suffisant, mais ledit Padre Fischer ne voulait absolument pas laisser Maximilien revenir à Mexico, car il lui serait difficile d'écarter de sa personne tous les personnages qui avaient à conférer avec elle, surtout les Français. Il ne pourrait plus dominer à son aise le Souverain et le tenir en chartre privée, comme il le faisait si complètement, alors qu'il venait d'être débarrassé du capitaine Pierron et restait le seul être qui approchât l'Empereur.

Le 17 décembre, Maximilien arriva à Puebla, mais il fut installé encore à l'écart, dans une hacyenda voisine appartenant à l'évêque. Il convient, d'autre part, de faire remarquer que, depuis quelques jours, se trouvait à Puebla le général Douay, dont les troupes commençaient à s'échelonner sur la route conduisant à la mer. Cet officier général avait reçu l'ordre du Maréchal d'établir son quartier général dans cette place pour garder la ligne de retraite de l'armée française. Le général Douay, comme c'était son devoir, alla se présenter à l'Empereur qu'il n'avait, je crois, jamais vu, étant toujours resté loin de la capitale.

Ici commence l'aventure extraordinaire qui doit être mise en lumière après être restée trop longtemps dans des ténèbres de commande.

En apprenant le rapprochement de l'Empereur, M. Dano et le général Castelnau, poursuivant, sans doute, la réalisation d'une combinaison secrète, résolurent de profiter de cette circonstance pour mettre en œuvre les conclusions de la note du 8 décembre, signifiant à l'Empereur la nécessité d'une abdication. Ils se mirent en route sans prévenir le Maréchal, soi-disant pour tenter un dernier effort auprès de Maximilien. Pourtant ils savaient bien que cette tentative ne pouvait être que vaine, en considérant surtout que ce commencement du retour du Souverain devait détruire tout espoir, car il était la preuve d'une volonté ferme de rester au Mexique. Ils obtinrent une entrevue de Maximilien et revinrent à Mexico, sans fair connaître le résultat de leur démarche. De ce qui se passa à Puebla, on ne sut rien, si ce n'est qu'il s'y déroula des choses tellement curieuses et intéressantes que l'Empereur écrivit qu'il se proposait d'en publier le récit en Europe. La vérité est que son intention de rester au Mexique fut confirmée à la suite des incidents de la visite des représentants de la France. On ne sut pas davantage ce que, à son retour, le général Castelnau raconta au Maréchal qui, lui, ne dit rien à personne. En tout cas, aucune modification apparente ne parut dans les relations au palais. Le général reprit son attitude respectueuse pour le Maréchal et ses grands airs aimables à l'égard de la Maréchale ; avec nous, les officiers de la maison, il n'a jamais cessé d'être bienveillant, j'ajouterai même adroit.

Ainsi, un grand scandale avait failli éclater à Mexico dans le camp français sans qu'on en ait eu connaissance et on l'aurait peut-être ignoré toujours, sans la révolution qui se produisit en France quatre ans après, livrant à la publicité les événements les plus mystérieux, grands ou petits, consignés dans la correspondance impériale. Ce qu'il y a de plus étrange en cette affaire, c'est qu'au général Douay et à sa plume empoisonnée, je doive demander la révélation de l'intrigue qui s'est déroulée à Puebla le 22 décembre 1866.

Je fais donc encore appel à sa correspondance qui, dans la circonstance, est une page d'histoire, vraie ou fausse, en tout ou en partie, ce que je m'efforcerai de faire ressortir. Je ne puis me borner au choix de quelques citations ; l'importance et la gravité de la cause m'obligent à reproduire in extenso le texte de la lettre écrite le 27 décembre 1866. La connaissance complète de ce factum est indispensable pour l'apprécier à sa valeur et permettre à tout esprit indépendant et surtout impartial de formuler un jugement sain. C'est à un crible épurateur qu'il faut passer cette volumineuse philippique.

Afin d'éviter la répétition des passages qui comportent une critique motivée et explicative, je reproduirai le texte et, prenant corps à corps chaque assertion à combattre, j'intercalerai les éléments de la critique que nécessite la mise au point sévère et sans défaillance de ce document scandaleux qui dépasse toutes les limites de la calomnie et de la déloyauté.

« Puebla, 27 décembre 1866.

« L'Empereur Maximilien, après avoir pris à Orizaba le parti de continuer à régir les destinées de son heureux peuple, est arrivé ici le 17. Il n'a pas voulu entrer en ville et s'est arrêté dans une maison de campagne de l'évêque. Quelques jours après, c'est-à-dire le 22 décembre, le ministre de France, Dano et le général Castelnau sont venus de Mexico, avec la mission, convenue entre les trois plénipotentiaires de l'Intervention, de représenter à l'Empereur Maximilien les dangers de la situation, tant pour lui que pour les intérêts de la France au Mexique. »

Cette manière de présenter la déclaration du 8 décembre est inexacte. Ce document a un tout autre caractère et il n'y est pas question d'intérêts de la France en particulier, pas plus que de ceux de Maximilien.

« Le Souverain, connaissant l'objet de la démarche de ces messieurs, et, conseillé par les insidieux personnages qui le tiennent à présent en chartre privée, il a essayé de diviser les ambassadeurs afin de gagner du temps. Et voilà comment on s'y est pris : à la demande d'audience des négociateurs, il a répondu qu'il désirait avant tout recevoir la visite du général Castelnau, envoyé de l'Empereur Napoléon, et que, dans cette visite, on le traiterait, lui, l'Empereur, en convalescent et qu'il ne serait pas agité de question politique; qu'il assignerait une autre audience pour causer des affaires avec le ministre et le général. Cette proposition fut acceptée naturellement, et le général Castelnau se présenta et fut très bien accueilli ; la conversation ne prit aucun caractère diplomatique, et l'Empereur, en le congédiant, lui annonça très simplement qu'il lui enverrait dans la soirée une personne de sa confiance intime pour lui parler d'affaires. Ce personnage vint trouver dans la soirée, en effet, le général Castelnau. C'était le Padre Finke. Ce digne ecclésiastique ouvrit le feu de toutes ses batteries pour étourdir et asphyxier le bon Castelnau. »

On découvre déjà que le général Douay, qui avait la prétention de tout savoir et de tout juger au Mexique, ne connaissait même pas encore le Padre Fischer, d'abord parce qu'il dénaturait son nom et qu'il qualifiait de « digne » ecclésiastique cet aventurier libertin égaré dans une soutane; car c'était bien le malin Fischer qui entrait en scène comme le « Deus ex Machina » de toute l'intrigue qui allait se jouer, mais en substituant, bien entendu, dans le rôle, le Diable au bon Dieu! Aussi, c'est bien sans penser si justement parler, que le général Douay déclare qu'il voulait asphyxier le bon Castelnau. Cette lourde facétie « des canons de l'église » manque absolument de sel et d'à-propos!

Voici à peu près son langage : « Vous êtes, général, maître de la situation; vous avez plu à l'Empereur, qui désire s'entendre exclusivement avec vous qui représentez votre Empereur. Les conditions qu'il acceptera, seront, passant par votre intermédiaire, des arrangements de souverain à souverain. »

Quelle flagornerie à l'adresse du général et quelle impertinente allusion à la qualité excessive d' « alter ego » que Napoléon III lui avait donnée! Et le bon Castelnau n'a pas vu par cet imprudent début, que le Padre voulait se payer sa tête et le rouler. Il est vrai qu'il était proclamé maître de la situation et que, peut-être, il le croyait déjà! En tout cas, il aurait dû se méfier du bloc enfariné, et arrêter net cet audacieux raseur dans cette voie embarrassante et perfide; il aurait évité sans doute la démarche inconvenante qui suit et concerne le ministre de France.

« L'Empereur Maximilien ne peut se résoudre à traiter avec votre ministre; M. Dano a un caractère diplomatique officiel; il n'est pas sympathique et s'est montré trop de fois inflexible. Pour réussir, il faut absolument évincer de la négociation votre ministre, vous en emparer, et vous êtes sûr d'un succès éclatant dont le mérite vous profitera. »

Ce langage est absolument surprenant et on a peine à croire qu'il ait été tenu en ces termes. Il est inouï que le général l'ait accueilli sans protester vertement contre des assertions si peu diplomatiques et si blessantes pour le représentant officiel de la France; car, en droit strict, c'est précisément parce que M. Dano avait un caractère diplomatique officiel qu'il convenait de traiter avec lui et non avec le général Castelnau qui n'était en aucune façon accrédité auprès de l'Empereur Maximilien. C'était donc une véritable trahison que la personne de confiance de ce souverain offrait à celle de même nature émanant de Napoléon III. Ce qui, enfin, est le plus ignoble dans ce coupable embauchage à la trahison, c'est qu'on en laisse entrevoir le salaire. Mais l'austère général Douay ne paraît avoir rien vu de tout cela. car sa sévérité habituelle pour autrui ne s'indigne pas, au contraire, il explique la douce placidité du général avec une naïveté charmante.

« Castelnau écoutait tout cela avec beaucoup d'attention pour voir où on voulait en venir, pensant que peut-être toutes ces précautions auraient pour objet un cas réservé de *subsides*, par lequel il se serait résigné à passer, si cela avait dû donner la solution tant espérée de la place nette pour nous entendre avec l'Amérique ou avec les chefs dissidents, — seule ancre de salut qui nous reste. »

De cette période oratoire, il ressort clairement que Castelnau s'imaginait que Maximilien comptait lui demander de l'argent pour le décider à s'en aller. Apparemment, ce prince était gêné, ses créanciers du Mexique ne lui permettaient pas de déménager à la cloche de bois, ou bien il n'avait pas le moyen de payer son voyage de retour et il lui fallait le « viatique » généreux de Monte-Carlo. Car, en somme, si c'était des subsides qu'on pouvait lui demander, ce n'était pas pour remettre à flot les affaires de l'Empire; ce n'eût pas été le moyen d'obtenir l'abdication et la place nette. Cette hypothèse n'était donc que ridicule de la part du général. Mais je vois surtout dans le compte-rendu du général Douay une insinuation de basse flatterie à l'adresse de Napoléon III qui patronait avec conviction l'entente avec l'Amérique ou avec les chefs dissidents, qu'il qualifie de « dernière ancre de salut » pour plaire au monarque des Tuileries.

« Pour savoir quelle confiance il pourrait accorder à ces protestations, le général demanda alors au Père Finke (?) au bout de combien de temps on pourrait avoir une solution définitive. « Oh! répondit-il, il nous faudra bien un mois. » Cette réponse démasquait le piège. On voulait gagner du temps et brouiller les cartes. Aussitôt que le père Finke (?) fut parti, le général s'en fut trouver Dano et lui conta la machination que ce dernier connaissait déjà et qui lui dit : « Je n'ai pas voulu vous prévenir de cette tentative, parce que je vous savais trop habile pour être dupe de cette comédie et trop honorable pour y donner la main. » Ils résolurent, dès le soir, de demander officiellement une audience pour le samedi. Ils furent reçus en effet ce jour-là. »

La désinvolture avec laquelle le ministre de France a accueilli la révélation des procédés du Père Fischer à son égard est invraisemblable et la manière dont il s'excuse de n'avoir pas avisé le général du piège qu'il savait devoir lui être tendu est encore plus extraordinaire. Enfin les compliments brutalement flatteurs qu'il adresse à son rival en puissance diplomatique sont hors nature. Ils me paraissent tout simplement dus à l'imagination du général Douay qui chante les louanges de son compère, l'aide de camp de l'Empereur, pour flatter Sa Majesté d'abord, qui a si bien choisi son ambassadeur, son *alter ego*, et ensuite pour que celui-ci lui rende la monnaie. C'est le commencement de l'association d'admiration mutuelle qui va se révéler à chaque page de cette fameuse lettre.

« Ici nous passons de la farce à la haute comédie, qui pourrait bien même tourner au drame, nos ambassadeurs, toujours au nom du triumvirat de l'Intervention, exposèrent la situation, et, en conclusion, insistèrent en remettant une note collective, écrite de la main du maréchal Bazaine, sur l'absolue nécessité de l'abdication. Alors, l'Empereur, avec un charmant sourire sur les lèvres, leur répondit : « Mais, messieurs, la déclaration que vous me faites n'est pas d'accord avec la dernière opinion du maréchal Bazaine. Tenez, dit-il, en tirant un papier de sa poche, voilà une dépêche télégraphique que j'ai reçue hier au soir. Lisez-la et vous verrez que le Maréchal me dit qu'après mûres réflexions, il est convaincu que la seule solution possible est de me maintenir au pouvoir. Il m'engage à persister et à pousser vigoureusement la guerre en armant solidement Marquez, Miramon, Mejia, etc., etc... Enfin, il me propose de me donner des armes et m'assure de son appui jusqu'au dernier moment de l'occupation. »

Enfin voilà un coup de théâtre savamment préparé par un mystérieux metteur en scène ; c'est le dernier acte du drame où le traître doit être confondu, conspué et exécuté. Et c'est sur cette conclusion, sur ce dénouement de l'intrigue ourdie dans l'ombre, que le général Douay fulmine de toutes ses batteries. Eh bien, vraiment, il n'y a pas de quoi. Je veux bien reconnaître que cette affaire, vue de loin, est embrouillée mais impressionnante, et a pu sembler concluante pour quelques esprits prévenus, et troublante pour le plus grand nombre de ceux qui y ont réfléchi, mais qui, n'étant pas suffisamment éclairés, n'ont pas osé se prononcer. Ce ne sera pas mon cas ; je crois qu'il est aisé de rendre bonne justice à cette traîtrise et de faire surgir la vérité de cet imbroglio mystérieux.

Mais, d'abord, il convient d'examiner l'importance de la

surprise ménagée par Maximilien, fort à propos du reste, j'en conviens.

Le Maréchal, sur les instances de ses co-représentants de la France, a consenti à signer, avec quelque regret, je crois, la déclaration du 8 décembre; soit! mais que dit donc cette très courte déclaration?

« Les soussignés, après avoir examiné sous toutes ses faces la question mexicaine, sont convenus de déclarer qu'ils ne voient plus qu'une solution possible pour sauvegarder tous les intérêts en cause : l'abdication de l'Empereur Maximilien.

« Les soussignés, malgré tout le regret qu'ils en éprouvent, ont résolu de constater solennellement cette opinion qu'ils feront immédiatement connaître au gouvernement de l'Empereur Napoléon. »

J'ai déjà dit que ce document était insignifiant, banal et absurde, malgré la constatation solennelle que l'on ne comprend pas; cette constatation, pour être solennelle, aurait dû être portée à la connaissance de tout le Mexique, à commencer par son gouvernement; et la communication, si immédiate qu'elle fût, au gouvernement français, ne signifiait rien du tout, attendu que c'était son opinion et que ses représentants au Mexique étaient bien obligés d'avoir la même façon de juger la question mexicaine.

Par contre, ce que je tiens à faire remarquer principalement, c'est qu'il n'est pas stipulé que cette déclaration sera portée à la connaissance de Maximilien. Les deux soussignés Dano et Castelnau ont donc eu tort de le faire, et, si ils ont, volontairement ou non, mis en opposition avec cette déclaration le Maréchal correspondant personnellement avec l'Empereur Maximilien, c'est leur faute, et ils ne sont pas qualifiés pour lui en faire un crime, d'autant qu'il faudrait encore savoir si cette contradiction ne résulte pas d'une coupable interprétation motivée par un truquage malhonnête, si même enfin elle existe réellement et n'est pas le résultat d'une manœuvre plus criminelle encore?

En effet, il convient d'observer que le Père Fischer, dans

sa visite étrange et inexplicable au général Castelnau *tout seul*, avait demandé un délai d'un mois pour pouvoir traiter, et que, pressé par les instances formelles d'audience faites par MM. Dano et Castelnau, il a trouvé moyen de fixer le *samedi*, dernier jour de la semaine, alors qu'on était peut-être au lundi; c'était encore un délai de 4 jours au moins, le temps suffisant pour écrire au maréchal Bazaine, une lettre privée et confidentielle, conçue à peu près dans les termes que voici :

« Mon cher Maréchal,

« Un grand nombre de personnalités importantes, même de mes plus fidèles amis, avaient pensé qu'en raison des circonstances assurément difficiles où se trouve l'Empire et qui le deviendront bien davantage après le départ de vos troupes, il m'incombait le devoir patriotique de me démettre du pouvoir que m'avait confié la nation en des temps meilleurs. Je sais, en outre absolument que le gouvernement de la France considère cette mesure comme la seule solution possible, et que ses représentants au Mexique ont le devoir de soutenir cette opinion.

« Cependant et malgré cette pression de l'opinion, peut-être justifiée du reste, j'ai dû, pour des raisons d'ordres variés, renoncer à la détermination que j'avais prise dans un moment de découragement. Du reste, en raison de l'état actuel de la santé de l'Impératrice et pour d'autres causes, étrangères au Mexique, je ne puis en ce moment rentrer en Europe. Dans ces conditions, je demande à votre dévouement, toujours plein d'égards et de bonté pour moi, de me faire connaître d'urgence votre sentiment personnel sur les questions suivantes :

« M'est-il possible de trouver une solution meilleure que celle de me maintenir au pouvoir ? Dois-je persister et pousser vigoureusement la guerre avec le concours de Marquez, Miramon, Mejia, etc… dont vous connaissez mieux que tout autre la valeur militaire et le dévouement à ma personne ? Enfin, vous serait-il possible de me donner les armes que n'emportera pas l'armée française et m'assurer l'appui de vos troupes jusqu'au moment de leur départ? Je vous prie de me répondre bien franchement et d'urgence à ces quelques questions précises qui ont pour moi une grande importance. »

Si on veut bien admettre qu'une lettre ainsi conçue a été adressée au Maréchal, ce qui est fort naturel dans l'état d'indécision troublée où se trouvait Maximilien, il est impossible à tout esprit impartial de ne pas reconnaître que Bazaine ne pouvait se dispenser de répondre et que sa réponse envoyée sous la forme laconique des communications rapides ne pouvait être autre que le télégramme communiqué à MM. Dano et Castelnau par l'Empereur, qui se dispensa du reste de leur faire connaître les circonstances dans lesquelles ce message avait été envoyé.

Il faut remarquer en outre que si le Maréchal Bazaine a reçu l'appel que je viens d'admettre et de définir, il ignorait complètement que ses deux associés dans la représentation de la France communiqueraient à l'Empereur la déclaration du 8 décembre, alors que cela n'était pas prévu et qu'il n'y avait pas consenti.

J'ajoute que si le Maréchal a télégraphié à Maximilien ainsi que le rapporte le général Douay, les choses n'ont pas pu se passer autrement que je l'ai expliqué; car il est inadmissible que, sans provocation d'aucune sorte et *proprio motu*, le Maréchal ait eu l'idée d'écrire, de télégraphier même, une communication aussi inutile et aussi peu opportune que celle qu'on a présentée aux deux autres représentants français. Pourquoi aurait-il fait cette déclaration si on ne la lui avait pas demandée ? A tout acte il faut trouver un but, un intérêt. Quels auraient pu être l'un et l'autre pour le Maréchal? On ne peut en trouver aucun, pas même celui de retarder le départ des troupes, puisque les déclarations qu'il formule ne s'appliquent qu'à la condition du départ de ces troupes qui n'a pas été mis en doute par la demande.

Enfin, le Maréchal eût-il un intérêt quelconque à ce que l'Empereur Maximilien se maintint au pouvoir, qu'il n'avait pas besoin de l'y inciter, car il savait fort bien que ce prince ne pouvait plus faire autrement parce qu'il lui était impossible, alors, de retourner en Europe depuis les révélations faites par la correspondance Eloin. Dans ces conditions, le Maréchal ne pouvait pas lui donner d'autre conseil que celui de continuer à régner; il ne pouvait cependant pas lui dire de se jeter à la mer, faute de pouvoir se rembarquer. L'opinion du Maréchal, quelle qu'elle fût, ne pouvait rien changer à la situation personnelle de Maximilien et encore moins celle de MM. Dano et Castelnau; il est regrettable que ces messieurs ne l'aient pas compris.

Donc le maréchal Bazaine n'a pas pris l'initiative de pareilles déclarations; et si on les lui a demandées dans les conditions, seules logiques, que j'ai exposées, on n'a aucun reproche à lui faire.

Mais je vais plus loin dans mon exploration inquisitoriale, car je suis convaincu qu'il n'y a pas eu de lettre écrite à Bazaine par Maximilien, pas de demande et conséquemment pas de réponse, pas de télégramme. Celui qui a été montré par l'Empereur est faux; c'est un document forgé de toutes pièces par le Padre Fischer, qui n'en était pas là à son coup d'essai, car il en a fait bien d'autres dans sa carrière d'aventures plus ou moins répréhensibles.

Ce faisant, ce « digne ecclésiastique », selon le verbe du général Douay, était dans son rôle principal. Il lui fallait à tout prix, pour la réalisation de ses projets ambitieux, maintenir Maximilien au pouvoir et faire jusqu'aux derniers sacrifices pour qu'il triomphât avec l'aide du parti clérical. Ce triomphe devait être pour lui, ainsi que je l'ai déjà dit, la mitre opulente de Durango. Le triumvirat des représentants de la France était pour le moment son plus grand obstacle; il fallait le paralyser, l'annuler et, pour ce faire, il importait de briser, entre ses trois membres, l'union qui fait la force; et, par ce moyen, évincer le Maréchal, qui était le plus dangereux des trois, car il avait toujours une grande autorité morale dans le pays. Fischer savait que le général Castelnau avait en poche l'arme nécessaire pour le débarrasser de cet obstacle capital et il était décidé à tout mettre en œuvre pour faire agir cette épée de Damoclès que l'aide de camp de Napoléon tenait sans cesse suspendue au-dessus de la tête du Maréchal. Il avait déjà inventé le coup des trois fameux petits papiers qui échouèrent de si triste façon dans un cabinet du quartier général; il renouvela sa tentative au moyen du télégramme qui mettait, en apparence saisissante, le Maréchal en flagrant délit de trahison vis-à-vis de ses deux compères. Il espérait ainsi que ceux-ci, dupés et pas contents, se vengeraient en laissant tomber ladite épée de Damoclès; ce qui le débarrasserait de Bazaine. Et il faillit réussir!

Le procédé que dut employer Fischer était, du reste, bien simple et facile à exécuter. Il avait écrit ou fait écrire une lettre du genre de celle dont j'ai indiqué la formule, mais il ne l'a pas envoyée au Maréchal et il a composé la réponse télégraphique qu'il a fait parvenir à Maximilien.

Il est bien entendu que ce malheureux Maximilien ne se doutait de rien et était lui-même la première dupe de sa personne de confiance intime. Aussi sa surprise fut tellement naturelle devant les deux ambassadeurs français qu'elle produisit sur eux un effet magique d'indignation.

Le coup était donc bien monté; mais il échoua quand même, car il ne présentait que des causes insuffisantes pour l'importance de l'effet attendu. Les deux agents d'exécution n'osèrent pas laisser tomber le glaive libérateur. C'est le général Douay lui-même qui le fait connaître et l'explique.

« Je te laisse à penser l'effet que cette déclaration a produit sur Dano et Castelnau. Ils sont restés atterrés d'abord; ensuite, Castelnau reprenant ses sens le premier, déclara purement et simplement à l'Empereur qu'il laissait au Maréchal toute la responsabilité de cette évolution, et qu'il n'avait qu'une chose à dire à Sa Majesté, c'est qu'investi de la mission de faire embarquer les troupes, il la mènerait à bout sans atermoiement; que d'ailleurs les pouvoirs que l'Empereur Napoléon lui avait donnés se trouvaient de nouveau confirmés par la dépêche télégraphique de Compiègne 15 décembre, arrivée le 18 à Mexico, dont il lui a laissé copie. Elle est ainsi conçue :

« Reçu dépêche du 3 décembre de Mexico. Evacuation doit être terminée en mars. Rapatrier la légion étrangère et tous les Français, soldats ou autres, qui désirent rentrer, ainsi que les légions autrichienne et belge, si elles le demandent. Les transports partiront d'ici à la fin de décembre. — NAPOLÉON. »

De cette tirade narrative, ce qui ressort de plus piquant, c'est l'effet foudroyant produit par la révélation du télégramme, pourtant bien inoffensif, soi-disant de Bazaine. Deux ambassadeurs tombant presque en syncope, ce n'est pas ordinaire. Heureusement que, pour sauver l'honneur de la vaillance française, l'un des deux était un soldat énergique qui, le premier, reprit ses sens pour riposter; mais hélas, le général Castelnau ne reprit pas le *bon sens*, car sa réponse à l'Empereur est aussi platement niaise qu'insignifiante. Le général Douay pouvait être fier; il avait envoyé un rude pavé de l'ours sur le visage de son compère!

« Maximilien n'en a pas moins persisté à déclarer qu'il conserverait le pouvoir et alors la partie technique de la négociation étant vidée, il a tenu une longue conversation avec ces messieurs, leur a exposé ses idées et son espoir, et les a surtout longuement entretenus de ses griefs envers le Maréchal qu'il accuse hautement de versatilité, de cupidité et de vues personnelles très ambitieuses qui pendant un temps, l'avaient fait aspirer à s'emparer du gouvernement à son profit. Il a ajouté que son projet est d'attendre la solution du congrès qu'il a convoqué, après quoi, en cas d'insuccès, il se retirerait comme un simple particulier et qu'il consacrerait son temps à écrire l'histoire de son règne et qu'il avait tous les matériaux pour causer bien des surprises à beaucoup de personnes qui ne s'y attendent peut-être pas. »

Après l'exposé de faits et gestes plus ou moins vraisemblables, du reste, les caractères et les procédés de la philippique reparaissent et M. le général Douay avec une habileté de mauvais aloi, met dans la bouche de Maximilien, pour leur donner plus d'importance, les assertions malveillantes et calomnieuses qu'il a déjà formulées et qu'il réédite en changeant la signature. J'ai la conviction absolue que ces épanchements de l'Empereur succédant aux discussions de diplomatie officielle ne se sont pas produits et sont personnels au général Douay. Maximilien n'a pas pu incriminer la versatilité du maréchal Bazaine parce qu'elle n'existait pas, qu'il n'en avait jamais eu la preuve et qu'au contraire la ténacité et la persévérance étaient des qualités qu'on lui a toujours accordées. Maximilien ne lui a certes pas infligé des sentiments de cupidité, parce que ce Prince, plus que qui que ce soit, a toujours apprécié son désintéressement dont j'ai d'ailleurs donné plusieurs fois des témoignages.

Quant aux vues personnelles ambitieuses, c'est encore un cliché dont j'ai fait justice en plusieurs circonstances caractéristiques; ces vues n'ont jamais existé chez Bazaine qui était même incapable d'en avoir. Maximilien en a eu personnellement des preuves formelles; et de pareilles imputations n'ont jamais pu entrer dans son esprit. Il n'a donc certainement pas tenu les propos que lui prête le général Douay qui, au contraire, dans toutes ses lettres, les a tenus pour son propre compte.

A un autre point de vue, celui du bon sens, on doit remarquer combien il est illogique et maladroit de faire dire à Maximilien que Bazaine avait aspiré à s'emparer du gouvernement à son profit, et cela aux personnes mêmes qui reprochent à cet homme de conseiller à l'Empereur de ne pas abdiquer, alors que cet acte, tout au moins provisoirement, mettrait forcément la dictature entre ses mains.

Toutes ces attaques sont donc incohérentes, absurdes et ne peuvent nuire qu'à leur auteur qui manque de tact et de logique, pour ne pas dire plus. L'Empereur n'a pas tenu ces propos, car il était trop protocolaire pour attaquer ainsi devant deux diplomates de circonstance quelque peu intrigants, une aussi haute personnalité. Ce serait enfin méconnaître la conscience, la droiture, la dignité même de ce Prince que de le supposer capable d'une pareille attitude à l'égard du Maréchal qui a édifié son trône, qui l'a soutenu pendant quatre années et à qui on vient reprocher en ce moment de se refuser à le renverser brutalement; de cet homme qui lui fut toujours dévoué, dont il a constamment sollicité les conseils et qu'il honorera encore de son amitié dans les circonstances difficiles qui l'attendent. Non, l'Empereur n'a pas commis cette vilaine action qui serait indigne d'un Souverain et d'un Prince de sa race!

« Le fait est que l'Empereur Maximilien est loin d'être un sot, il s'explique avec beaucoup de facilité, a de vastes connaissances, et sa conversation est séduisante. Il ne dira jamais de sottises mais si, en théorie, tous ses systèmes sont admissibles, on peut être sûr qu'en pratique ils sont destinés à faire fiasco. »

Ce coup d'encensoir grossier et assez peu délicat, du reste, est un comble de maladresse, car il se présente en impromptu sans raison naturelle et il décèle trop naïvement qu'il a pour objet dans la circonstance, de donner plus de valeur aux déclarations qu'on vient de prêter à Maximilien. En tout cas, le « il ne dira donc jamais de sottises » est vraiment charmant; on n'est pas plus flatteur! d'autant que, dans ses appréciations antérieures, le général Douay, avec une irrévérence trop peu dissimulée, prétendait que ce prince était un idiot. Et il a l'aplomb d'accuser le Maréchal de versatilité! Oh! la paille et la poudre!

« J'ai vu, après la conférence, nos deux agents séparément (tout comme un juge d'instruction voit des inculpés). Ils étaient furieux contre le Maréchal. Dano, qui tenait par dessus tout à ne pas voir faire l'évacuation sans avoir un bout de traité pour garantir les intérêts français, aurait voulu voir Castelnau opérer radicalement l'embarquement du maréchal Bazaine, cause de tous les imbroglios et des mystifications de ces derniers temps. Je suis éloigné de désirer cette solution, d'abord parce que je ne suis pas certain que l'on pourrait, maintenant que les choses sont aussi avancées, nouer dans un délai très restreint une négociation utile. La bonne volonté ne suffit pas pour raccommoder une machine complètement disloquée. Ensuite, je suis peu disposé à recueillir les malédictions et les imprécations que la conduite du Maréchal inspire à nos nationaux. »

On ne peut comprendre comment M. Dano, qui tient tant à ne pas voir faire l'évacuation avant d'avoir un « bout de traité » à condition sans doute que ce soit le bon bout, aurait voulu voir Castelnau embarquer le Maréchal. Comment, en effet, ce départ reculerait-il l'évacuation, puisqu'on lui reproche au contraire de vouloir la reculer et que Castelnau veut la faire le plus tôt possible. Ou ce diplomate manquerait de la plus simple logique, ou M. le général Douay ne sait plus ce qu'il dit; je serais tenté d'adopter cette seconde hypothèse que confirme du reste tout son réquisitoire. En tout cas, il dit lui-même qu'il ne désire pas cette solution. Alors pourquoi cette campagne entreprise pour la réaliser?

La mise en cause de l'opinion Dano dans l'imbroglio qu'il impute au Maréchal n'a donc aucune valeur; les conclusions que le général Douay tire des sentiments de Castelnau, à ce même sujet, en ont-elles davantage? Les voici délayées dans un interminable et venimeux verbiage.

« Quant à Castelnau, il n'est pas moins indigné de la félonie du Maréchal; mais il repousse tant qu'il peut l'échéance du scandale. Il hésite à se rendre responsable de l'éclat que ferait en ce moment son départ et réserve ses pleins pouvoirs pour n'en faire usage qu'à la dernière extrémité. Non seulement j'approuve cette ligne de conduite qui peut empêcher le scandale, mais je la goûte fort, en ce qu'elle m'évite de grandes préoccupations. Je n'ai pas, bien entendu, traité avec lui la question à fond, c'eût été très embarrassant pour lui et pour moi. Mais nous nous sommes bien entendus à demi-mot. Il sait que je suis dans sa main et, comme nous n'avons en vue que l'intérêt de l'Empereur et du gouvernement, il sait sur quel terrain il marchera avec moi. (Quel cafard !) Je reste donc dans la coulisse, et je suis sa réserve. (Il joue là, vraiment, un bien joli rôle.) Son intention est de peser sur le Maréchal jusqu'à ce que le mouvement d'embarquement soit tellement engagé qu'il ne sera plus possible de revenir sur ses pas par de nouvelles fourberies. C'est là qu'est toute la question. Et j'espère bien que le général Castelnau poursuivra l'exécution de sa tâche jusqu'au bout. »

De ce début il résulte que le général Castelnau, si fortement syncopé par la révélation du télégramme soi-disant de Bazaine et peut-être même en raison de cette émotion, était également très profondément indigné de la « félonie » du Maréchal, que, cependant, il n'osa pas, cette fois encore, lui administrer le grand coup ! C'était la répétition de l'histoire des trois documents du... quartier général. La terrible épée de Damoclès ne devait plus être bientôt qu'un sabre de bois!

Mais ce que je trouve de plus suggestif dans cette confession du général Douay, c'est la réserve qu'il fait à l'égard de ses relations avec le général Castelnau et qui a pour objet d'atténuer la responsabilité de celui-ci dans le rôle de complicité qu'il lui fait jouer en toute cette affaire et qui me donne à penser que c'est lui-même, général Douay, qui le lui prête faussement pour appuyer des déclarations et des accusations dont il est l'auteur. Aussi ne dit-il rien de positif, de précis; il répand partout l'incertitude et le mystère. « Je n'ai pas traité la question *à fond* avec lui; nous nous sommes entendus à demi-mot; il sent que je suis dans sa main, et, comme nous n'avons en vue que l'intérêt de l'Empereur, il sait sur quel terrain il marche avec moi; je reste dans la coulisse et suis sa réserve. » Que signifient tous ces demi-mots qui ressemblent bien au langage d'un conspirateur? Tout cela est fort louche et je trouve dans toutes ces abstractions l'indice que Castelnau n'a pas joué le rôle que lui prête le général Douay. Il me paraît que celui-ci n'a mis en cause l'aide de camp de l'Empereur dans la satisfaction de sa haine implacable contre le Maréchal, qu'à son insu ; car il ne lui a prêté que des intentions et des appréciations que rien ne peut vérifier et qu'en tout cas, Castelnau n'a commis aucun acte qui justifie les assertions dont le général Douay veut paraître l'écho. Je n'insiste pas sur cette observation, car j'aurai sans doute à revenir à cette thèse nouvelle avec de nouveaux arguments.

Après avoir ainsi exposé l'affaire de Puebla, si ce n'est avec bonne foi, du moins avec une modération relative, le général Douay, emporté par sa haine féroce contre son chef, se laisse entraîner dans un interminable acte d'accusation où s'accumulent les plus scandaleuses attaques, les plus abominables révélations, montrant une mentalité inqualifiable. J'ai déjà fait précédemment un léger emprunt à cette diatribe monstrueuse pour stigmatiser l'état d'âme de son auteur ; je la reproduis dans son entier car elle montre de façon concluante le caractère très gravement coupable de la campagne systématique et tendancieuse menée par le général Douay contre le maréchal Bazaine.

« Il sait à présent (le général Castelnau) quelle est la valeur des assertions du maréchal Bazaine, et a connaissance approfondie de sa duplicité. Tout ce que j'ai pu t'écrire et même les choses qu'il m'a paru imprudent de mettre sur le papier lui sont connues. Il est inévitable qu'il n'ait été dans la dure obligation d'en faire la révélation à notre Empereur. Tout cela est à présent tombé dans le domaine public, et tu peux te faire une idée du discrédit dans lequel le Maréchal est tombé. On débite tout haut dans le corps expéditionnaire des faits qui font dresser les cheveux sur la tête. Ce ne sont plus des cancans et des critiques ordinaires, mais bien les plus grosses accusations qui partent des bouches les plus officielles et les plus autorisées. Je n'ai pas besoin de te dire de nouveau combien je m'applaudis de l'arrivée du général

Castelnau. Il fallait, pour faire justice de cette situation inouïe, un personnage aussi autorisé et en même temps bien trempé et animé du désir sincère de rendre service à l'Empereur. »

Il convient, à ce dernier propos, de remarquer avec quelle sollicitude et quel art délicat sont incorporés par l'auteur, à la fin de chaque période oratoire, la note que réclame son association d'admiration mutuelle avec Castelnau et la douce flatterie qu'il convient à un ambitieux résolu d'adresser au Souverain dispensateur des grâces et des grades.

« Si j'avais eu le malheur d'être obligé de révéler tout ce qu'il a découvert, dès le début de son séjour en ce pays, je n'aurais jamais obtenu le crédit suffisant pour cela et j'aurais sans doute succombé dans cette lutte que je redoutais et qui me répugnait tant. »

Cette simple phrase, un peu alambiquée du reste, paraît avoir été conçue avec quelque difficulté et causé un certain embarras à son auteur, car elle veut dire beaucoup sans en avoir l'air. Aussi doit-on lui accorder une minutieuse attention, car elle a un but tant soit peu machiavélique qui est une révélation. Elle me paraît vouloir « détourner les chiens »; soyons bon limier.

En effet, il ne viendrait pas à l'esprit d'un homme sincère et qui n'a rien à se reprocher de prendre de semblables précautions en vue d'éviter qu'on ne le suspecte. Cette crainte d'être soupçonné ne germe que dans l'esprit d'un coupable et elle est pour moi la présomption la plus sérieuse que c'est le général Douay qui, dans les entretiens qu'il a eus avec le général Castelnau, pendant le séjour qu'il venait de faire à Mexico, l'a initié à toutes les rumeurs que la malveillance ou l'intérêt politique lançaient dans les esprits troublés où elles trouvaient un accueil d'autant plus sympathique que les circonstances étaient plus angoissantes. Il est à remarquer que le général Douay ne précise rien, ne formule pas d'accusations positives, mais se borne à qualifier, de la façon la plus dure et la plus sévère, celles qu'il pense que le général a dû faire connaître en détails à l'Empereur, après les avoir découvertes *lui-même*. Ce procédé est d'une astuce et d'une duplicité machiavéliques raffinées. Ponce Pilate se lave les mains.

Puis, après avoir ainsi mis sa personne hors de cette vilaine cause de délation calomnieuse, il a l'audace de parler de la « sérénité de son âme » pure et laisse comprendre qu'il attend la récompense de ses modestes services. Ce morceau jésuitique mérite une attention spéciale, car il décèle les vraies aspirations de l'auteur.

« Aussi, ai-je rapidement repris toute la sérénité de mon âme, et j'éprouve une bien vive satisfaction de voir que mes services modestes, mais honorables et sincères (oh !), ne me seront pas comptés comme autant de manifestations hostiles et que le moment n'est pas éloigné où l'Empereur reconnaîtra quels étaient ici ses véritables et fidèles serviteurs. Je ne pense pas que, pour cela, on soit obligé de me mettre au rang des saints du calendrier, ni de me préparer une châsse, je me contenterai d'un accueil cordial. »

In petto : « Une plaque de la Légion d'honneur ferait bien mieux mon affaire et plus tard, un bâton de maréchal. »

« Je suis vengé au delà de tout ce que mon cœur contenait de colère contre le Maréchal, à cause de ses dédains et de sa malveillance (encore la paille et la poutre!) par le mépris public dans lequel il est tombé dans les rangs de son armée. Et je trouve affligeant de voir une haute dignité prostituée de cette façon par les accusations les plus honteuses de félonie, de cupidité, etc. » (Mais lesquelles?)

« Il faut enfin remonter au cardinal Dubois pour trouver un type faquin pareil, ayant abusé de sa situation de haute confiance pour vendre son pays et son maître. »

La haine tourne à la rage ! En tout cas, M. le général Douay devrait bien faire connaître l'acquéreur assez riche qui a pu payer tout ça?

M'efforçant de découvrir la vérité possible sur la dépêche télégraphique envoyée par le Maréchal à l'Empereur à Puebla, j'ai présenté deux solutions qui me paraissent vraisemblables pour le cas où il aurait lui-même envoyé ce télégramme et pour celui où il ne serait pour rien dans cette démarche qui incomberait alors uniquement au Père Fischer; mais voici qu'en péroraison de sa lettre-réquisitoire, le général Douay, craignant évidemment que son récit non motivé, puisse soulever quelques doutes, le complète par des explications destinées à en prouver l'exactitude et à ajouter le ridicule à une mauvaise action qu'il qualifie de félonie.

« Il faut qu'il ait complètement perdu tout sens moral pour s'être aventuré dans une semblable démarche, telle que celle de se rétracter dans un acte aussi solennel que celui de la négociation Dano-Castelnau. Il paraît qu'après le départ de Mexico de ces messieurs, il y a eu des scènes domestiques dans le palais de Buena-Vista. La tribu entière des Pena a donné l'assaut. La jeune Maréchale, qui est enceinte, a fait jouer les grandes eaux et les grands ressorts, et on a arraché à ce malheureux éperdu la fameuse rétractation qu'il a envoyée à Maximilien. Et voilà comment il se fait que les intérêts de l'Etat et de la Patrie sont sacrifiés aux péripéties de l'alcôve. Ah! comme la France en tenait pour plusieurs centaines de millions, si l'Empereur Napoléon n'avait pas eu enfin la bonne idée d'envoyer ici Castelnau. » Un vrai Messie!

« Il est certain que sans lui nous aurions continué pendant plus d'une année la stérile besogne de rester au Mexique. »

Quel français, grand Dieu! rester au Mexique n'est vraiment pas une besogne!

Cette dernière sortie n'est, dans le fond comme dans la forme, qu'une inconvenance que des allures badines et goguenardes rendent ignoble. Si quelqu'un dans cette affaire a perdu le sens moral, c'est bien plutôt le chroniqueur de mauvais goût qui se permet ainsi de traîner une femme dans le ridicule, et compromet sa dignité personnelle en pénétrant de façon si grossière dans l'intimité de la famille du Maréchal. Et tout cela pour amener l'inévitable flagornerie destinée à Castelnau et à son maître!

Je néglige la courte et oiseuse finale de la lettre car elle ne concerne que le rôle personnel qui va incomber au général, soit qu'il s'embarque le dernier ou qu'au contraire le Maréchal reste à l'arrière-garde, ce qui est pour lui un devoir que n'a pas l'air de comprendre le général Douay.

Il ne me reste donc plus qu'à formuler une conclusion sur cette trop fameuse correspondance et à en extraire la caractéristique principale.

Ce long et venimeux document destiné en réalité, par la voie indirecte de son frère, à l'Empereur Napoléon III, n'est donc qu'un tissu de faussetés, de médisances, de calomnies, d'inconvenances et enfin d'actes d'indiscipline les plus graves, car ils proviennent d'une des plus hautes personnalités militaires. J'ai pris à partie toutes les assertions de ce réquisitoire passionné et je me suis efforcé d'y stériliser tous ses bacilles corrupteurs de l'opinion publique; mais je ne puis négliger son auteur à qui je dois tout naturellement faire les honneurs d'une radicale mise au point.

Ce qui ressort principalement de ses attaques variées, sans cesse répétées et à propos de tout, directes ou indirectes, contre le maréchal Bazaine, c'est la haine implacable qu'il paraît avoir vouée à son chef, soi-disant à cause des faits qu'il lui reproche, mais aussi pour ses dédains et sa malveillance. Tout cela est faux. D'abord le Maréchal n'a jamais eu pour son subordonné, pour le premier de ses lieutenants, ni dédain, ni malveillance. Tous les officiers qui connaissaient le fond de ses sentiments, et en particulier nous tous de sa maison militaire, auraient pu et ceux qui restent encore peuvent en témoigner. En aucune circonstance, le Maréchal n'a manifesté de telles impressions à l'égard de personne et en particulier à l'égard de cet officier général. Il pouvait parfois critiquer des actes commis par des subordonnés, mais, en aucune façon, il ne laissait paraître ni dédain ni malveillance. Pour le général Douay, il a toujours eu les plus grands égards et lui a souvent témoigné une extrême bonté que, dans une de ses lettres, le général qualifie même d'hypocrite. Pourtant, il savait déjà que son subordonné frondait dans ses correspondances avec Paris et dans ses propos avec les officiers. Il est vrai qu'alors il ne pouvait pas avoir l'idée de la gravité de ses critiques.

Le général Douay n'avait donc pas, à proprement parler, de haine, mais il avait par dessus tout de l'envie et de l'ambition, et ce sont uniquement ces sentiments qui l'ont fait agir dans cette abominable campagne contre son chef ; sentiments qu'il cherche à déguiser sous la manifestation d'une haine qu'il s'efforce de justifier.

Dans toutes les lettres que, pendant une année, depuis le 25 novembre 1865, le général Douay a écrites à son frère et qui ne sont que des rapports secrets déguisés, il a accusé le maréchal Bazaine d'être un ambitieux qui a toujours rêvé prendre la place de Maximilien, d'une façon ou d'une autre, et avec des titres variés selon les circonstances. Cette rengaine est devenue depuis un acte de foi pour beaucoup de gens ; elle a créé la base de la « Légende Bazaine » et s'y cramponné.

Dans cet exposé détaillé, je me suis efforcé de rendre aussi complet que possible l'historique des deux principales conspirations ourdies contre le maréchal Bazaine et dont il fut la victime retentissante ; car s'il a pu démontrer le mal fondé des accusations portées contre lui, il n'en a pas moins subi les conséquences de la calomnie. « Calomniez un peu, il en reste toujours beaucoup. » Il en a eu la preuve quelques années plus tard, car cette calomnie lui avait créé un passé qui lui a été escompté, en un jour de malheur!!

J'ai fait connaître l'attaque et pour exposer la défense, il me reste à faire connaître comment ont été confondues les imputations calomnieuses qui ont été les armes dirigées contre le Maréchal et dont le général Castelnau a fait un si déplorable usage, de bonne foi, je veux bien le croire, mais avec une passion trop mal dissimulée.

Le Maréchal, pour la deuxième fois, venait, à Puebla, d'échapper encore à un danger et sans s'en douter. Il aurait peut-être ignoré toujours les deux tentatives infâmes dont il avait été l'objet et dont il aurait été la victime inconsciente, par conséquent incapable de se défendre et de se disculper. Mais, par une grâce du ciel, quelques jours après l'affaire de Puebla, survint la fameuse découverte qui lui ouvrit les yeux sur le véritable caractère du général Castelnau et sur les orages qu'il accumulait sur sa tête.

Le Maréchal ne dit rien mais fit confidentiellement une enquête personnelle qui amena des résultats matériels destinés à confondre ses détracteurs et ses ennemis. On avait lancé contre lui trois lettres accusatrices; il s'adressa franchement, mais discrètement à chacun de leurs signataires, ou soi-disant tels, pour les prier d'authentiquer par écrit leurs correspondances.

L'archevêque de Mexico répondit par lettre qu'*il n'avait dit ni écrit rien de ce qu'on lui prêtait*, et qu'il se prêterait à réparer la calomnie par le moyen qu'on pourrait lui demander. La lettre et sa signature étaient donc des faux.

Le colonel Kodolitch fit savoir, par lettre des plus respectueuses, qu'il n'avait fait que répéter par écrit, sur la demande du capitaine Pierron (?) une conversation qu'il avait eue avec le Maréchal le 18 novembre, dans laquelle le Maréchal disait « qu'il avait l'espoir qu'au cas où l'Empereur se déciderait à conserver les rênes du gouvernement, les troupes françaises pourraient rester jusqu'en novembre 1867 ».

Cette déclaration est bien différente du travestissement qu'on lui a fait subir dans la lettre remise au général Castelnau et n'a aucune importance même; car, à cette date du 18 novembre, l'Empereur Napoléon n'avait pas encore envoyé l'ordre formel de rapatrier toutes les troupes, même la légion étrangère, dès le commencement de cette année. La lettre de Kodolitch est donc un document truqué.

Ici, j'ouvre une parenthèse pour exprimer mon étonnement de voir le capitaine Pierron mêlé à cette affaire; surtout de la façon que relate le colonel Kodolitch au Maréchal : « A mon retour à Mexico, *M. le capitaine Pierron me pria de lui certifier par écrit* d'avoir tenu ce langage à l'Empereur, ce que j'ai fait. » Cette requête du capitaine Pierron, à Mexico, est au moins étrange ! Mon opinion pour l'expliquer est que cet officier, ayant appris la conversation que Kodolitch avait eue avec l'Empereur, l'avait communiquée au général Castelnau et que celui-ci lui avait demandé à en avoir la preuve écrite. Ce qu'a fait le capitaine Pierron. Celui-ci savait-il l'usage qu'on voulait en faire ? Je ne le crois pas. Ou bien est-ce le Padre Fischer qui lui a fait cette demande ? Je le crois plutôt, car j'ai la conviction que c'est ce misérable intrigant qui a fabriqué de toutes pièces la lettre de l'archevêque et truqué les autres. Ne pouvant avoir par écrit ce qui n'était qu'une conversation du colonel Kodolitch, il a trouvé l'ingénieux moyen de l'avoir par supercherie avec l'intermédiaire du capitaine Pierron, qui croyait sans doute que Maximilien tenait à avoir cette déclaration peu importante au fond. Je suis persuadé que mon camarade Pierron a joué ce rôle fort innocemment. Il a envoyé cette déclaration, à ses yeux sans valeur et sans conséquences pour son auteur et pour lui naturellement. Mais le fourbe Padre Fischer en a fait, en la truquant, une des trois pièces du dossier accusateur qu'il a expédié au général Castelnau.

Quant à la pseudo-lettre du général Tavera, on n'en entendit plus parler. Le Maréchal n'y a-t-il pas donné suite, en raison de son importance à peu près nulle, ou bien n'a-t-il pas pu joindre par lettre, le général Tavera qui, si je m'en souviens bien, a dû quitter le Mexique, sitôt après sa démission de ministre de la Guerre pour se soustraire aux tripotages politiques du moment qui ne pouvaient amener que des catastrophes ? Du reste, la lettre qu'on lui prêtait, si elle n'était pas un faux, comme j'en suis convaincu, n'avait en tout cas aucune portée.

Restait enfin, en plus des signataires de ces trois lettres, une quatrième personne qui était mise en cause dans le fameux brouillon du général Castelnau, c'était le président du Conseil, M. Larès. En effet le général donnait à l'Empereur

Napoléon cette indication formelle et d'une exceptionnelle gravité :

« Il résulte de ces pièces et d'une lettre du Maréchal à M. Larès, président du Conseil, lettre qui a passé sous les yeux de tous les membres de la conférence d'Orizaba, que si l'Empereur Maximilien restait au Mexique, le Maréchal s'engageait à maintenir ses troupes jusqu'au mois de novembre. »

L'attaque était grave, surtout en raison des conséquences de la lettre qui, disait-on, avait décidé les membres de la conférence à conseiller à Maximilien de rester au Mexique.

Le Maréchal, certain de n'avoir rien écrit de pareil, s'adressa au président du conseil lui-même pour avoir des explications sincères. A cette juste démarche, M. Larès répondit de la façon la plus courtoise et la plus catégorique « qu'*il n'avait jamais reçu pareille lettre du Maréchal*, que, par conséquent, elle ne pouvait avoir été communiquée aux membres de la conférence, et qu'encore moins elle n'avait pu influencer les conseils donnés à l'Empereur ». Cette déclaration du premier ministre mis en cause est nette, précise et irréfutable. La lettre incriminée n'était pas même un faux, *elle n'avait jamais existé*.

Que restait-il donc des accusations infâmes portées par le général Castelnau, avec pièces à l'appui? Rien, absolument rien, que des pièces fausses ou truquées. Le représentant de Napoléon III, ce commissaire omnipotent, pourvu de toute la confiance du Souverain, avait donc été la dupe d'une conspiration ourdie contre le Maréchal et menée avec plus d'audace que d'habileté, car il était bien dangereux de mettre ainsi en cause quatre importantes personnalités qui pouvaient découvrir le rôle qu'on leur faisait jouer.

Ce qui est plus surprenant encore, c'est la naïveté du général qui accueillait quatre déclarations aussi étranges en elles-mêmes et dont l'objet commun aurait dû paraître invraisemblable, car elles provenaient de sources absolument différentes. Comment admettre une pareille entente fortuite entre quatre personnages aussi variés ? Le général Castelnau ne chercha même pas à contrôler la véracité de l'une d'elles au moins. Et puis, de qui tenait-il ces documents? On ne le saura jamais, il ne l'a peut-être jamais su lui-même! S'il avait connu le Mexique par quelques années de pratique, il ne se serait pas laissé rouler d'une façon si ridicule.

On reste confondu en voyant un personnage investi de si haute mission, traiter avec une pareille désinvolture des affaires aussi importantes. Ce qui mérite un jugement sévère, c'est de formuler, d'appuyer, des accusations d'une telle gravité à l'égard d'une si haute personnalité, sur des documents dont on ne vérifie même pas la véracité ni l'authenticité! c'est inqualifiable !

Le Maréchal, très justement indigné, se trouvait dès lors puissamment armé pour sa défense et aussi pour l'offensive. Malheureusement, dominé par l'influence constante d'une excessive bonté, qu'en la circonstance j'appelle de la faiblesse, il eut la générosité de se borner à se défendre en parant le coup; mais il dédaigna la contre-attaque que méritait pourtant bien le général Castelnau. Il est vrai qu'en agissant ainsi, par sa mansuétude et sa réserve pleine de dignité, il témoignait à l'Empereur Napoléon un dévouement et une déférence bien supérieurs aux flatteries et aux palinodies que prodiguaient au Souverain les courtisans qui calomniaient un maréchal de France.

Par un sentiment hiérarchique correct et délicat, le maréchal Bazaine ne porta pas sa cause directement devant le tribunal suprême et personnel de l'Empereur; il s'adressa à son chef direct, le ministre de la Guerre, et le fit avec une modération et une simplicité qui révèlent la quiétude de sa conscience.

Après avoir exposé brièvement comment il a eu connaissance de la campagne occulte menée contre lui, qui ressort des documents utilisés par le général Castelnau, et signalé leur fausseté, il fait connaître avec beaucoup de tact et de finesse, en s'abstenant de toute critique, la nature des relations qui étaient délicates, imprécises, mais qui, par leur élasticité et aussi, malgré une irresponsabilité plus apparente que réelle, décélaient parfois la menace de la part du général Castelnau.

Puis, perdant quelque peu patience, il entre dans le vif de la question et s'écrie : « Qu'ai-je donc fait de coupable pour être ainsi traité dans le rapport de M. le général Castelnau, dont il ne m'a pas parlé, bien entendu, pas plus que de rappel à de meilleurs sentiments, à un dévouement absolu à l'Empereur Napoléon ?

« Il doit y avoir en tout cela une vilaine intrigue que j'ignore. Je n'ai pas influencé la décision de l'Empereur Maximilien par des manœuvres secrètes... »

Puis il expose simplement les sentiments qu'il a toujours eus et exprimés dans ses conversations privés sur l'attitude que devait prendre l'Empereur et sur la ligne de conduite qu'il devrait adopter, et cela conformément aux conventions et aux dispositions du moment adoptées par la France.

Il donne, légèrement mais de façon catégorique, un caractéristique coup de griffe à MM. Dano et Castelnau, à propos de leur démarche de Puebla, et leur applique les griefs que l'Empereur Maximilien lui avait exprimés quelques jours avant, à leur sujet même, « manque de formes et trop de raideur hostile ».

Enfin, le sentiment d'une grande dignité offensée et une tristesse qui ne peut se résigner que dans l'accomplissement du devoir, s'exhalent de cette péroraison vengeresse : « Le général Castelnau joue ici le rôle d'un inspecteur général, et, si cette expédition n'était pas arrivée à son terme, j'aurais remis immédiatement le commandement. J'accomplirai ma tâche jusqu'au bout et porterai ma croix jusqu'au dernier moment... »

Puis, avec l'accent d'une noble fierté, il relève l'outrecuidante et inconvenante prétention du général Castelnau de le ramener au dévouement à l'Empereur : « Fort de ma conscience, de ma loyauté, de mon dévouement à notre Souverain, *sans être obligé d'y être rappelé par qui que ce soit*, je prie V. E. de mettre cette lettre sous les yeux de Sa Majesté et de lui exprimer mon désir d'être mis en disponibilité à ma rentrée en France, si j'ai perdu sa confiance et si la plus haute dignité de l'armée peut être ainsi abaissée. » Fier et beau langage qui s'élève bien au-dessus des platitudes flatteuses de certains courtisans plus ambitieux que dignes. Belles pensées que devraient méditer les détracteurs abusés de cet homme dont la mémoire a été si durement traitée.

Ici une question se pose. Lorsque le Maréchal écrivit à son ministre, avait-il connaissance du deuxième acte du drame monté contre lui par le Padre Fischer et Cie ? La scène de Puebla entre l'Empereur et MM. Dano et Castelnau avait eu lieu le 22 décembre et c'est le 10 janvier seulement qu'il écrivait à Paris; mais, en raison de la nature mystérieuse de l'entrevue et du mutisme observé par les trois ou quatre personnes qui y avaient pris part, il ne pouvait avoir rien découvert de précis qui permît d'en écrire à Paris. Et pourtant l'Empereur avait indirectement vendu la mèche; mais d'une façon si vague que le Maréchal n'avait pu se rendre un compte exact de ce qui s'était passé.

En effet, aussitôt qu'il fut revenu à Mexico, le 5 janvier, le lendemain même, Maximilien appela auprès de lui le maréchal Bazaine et l'accueillit avec la plus affectueuse sympathie, ce qui contrasta singulièrement avec le mécontentement que, selon MM. Dano et Castelnau, l'Empereur avait manifesté à l'égard du Maréchal douze jours auparavant et dont le général Douay s'était fait l'écho trompeur. Plus caractéristique encore que cet accueil très bienveillant, c'est que Maximilien fit au Maréchal certaines confidences suggestives sur la fameuse entrevue dont personne ne connaissait les détails. Avait-il pour but de savoir ainsi ce que le Maréchal pouvait en connaître et si MM. Dano et Castelnau lui avaient fait part de l'incident du télégramme ? Mais comme Bazaine ne savait rien, il ne put rien dire. Alors, soit que la scène en question ne se fût pas déroulée comme on l'apprit plus tard par la correspondance Douay, soit que ce récit étant exact, l'Empereur eût découvert que le télégramme était faux, ce qui avait soulevé ses ressentiments contre ses deux victimes, Maximilien ne parla pas de cette affaire sans doute trop délicate ; mais il confia au Maréchal combien il avait été froissé par l'attitude hostile de MM. Dano et Castelnau, et par la façon blessante dont ces messieurs avaient parlé de son abdication, du mécontentement du gouvernement français et surtout de la mission dont était chargé le général Castelnau, par l'Empereur Napoléon.

On ne peut nier, en effet, que le général Castelnau, en prenant la parole aux lieu et place du ministre de France, seul accrédité auprès de l'Empereur, a fait preuve d'une brutalité extra-diplomatique et grossière, en déclarant qu'il n'avait qu'une chose à dire à Sa Majesté, c'est qu'*investi de la mission de faire embarquer les troupes* (c'est-à-dire le seul soutien de l'Empire), *il la mènerait sans aucun atermoiement*. Ce général a manqué de sang-froid ; profondément vexé d'avoir échoué dans sa tentative pour obtenir l'abdication, ce qui lui aurait valu une belle récompense de la part de son maître, il se laissa emporter par une inconvenante irascibilité et sortit des limites de son rôle.

Je veux croire que ce n'est pas aux Tuileries que ce général de brigade, si aide de camp d'Empereur qu'il fût, avait appris cette façon de parler à un Souverain étranger, à un prince d'une des plus illustres et plus anciennes maisons régnantes d'Europe. Aussi, à ce moment, Maximilien dut-il se raidir contre toute tendance à l'abdication et se souvenir des paroles que lui avaient adressées ses conseillers accourus à Orizaba : « Un Prince de Habsbourg ne peut pas se retirer devant un aide de camp de Napoléon III qui arrive avec mission de le chasser du Mexique. » Castelnau porta donc, par sa maladresse et son manque de mesure, le coup de grâce à l'abdication.

Si l'Empereur, justement froissé de ce ton comminatoire,

avait tourné le dos au général, celui-ci n'aurait pas pu faire dire au général Douay qu'après ce colloque si peu parlementaire, Maximilien entreprit avec MM. Dano et Castelnau une conversation familière, ce qui doit être faux. En tout cas, le général Douay n'aurait sans doute pas osé prétendre qu'en cette mésaventure, c'est le Maréchal qui fut coupable. Après tout, cependant, il n'y aurait rien d'extraordinaire ni d'impossible à ce que cet écrivain entreprenant eût risqué cette hardiesse calomniatrice.

Cette entrevue entre Maximilien et Bazaine, au retour de l'Empereur, fait un contraste frappant avec le refus qu'opposa, au moment de son départ, le même Souverain de recevoir le Maréchal demandant à le saluer. Elle a donc une signification importante surtout par le caractère de sympathie et d'expansion sentimentale que lui donna le Souverain, dont la mentalité, alors bienveillante, affectueuse et surtout confiante, démontrait ainsi la fausseté des affirmations d'hostilité qu'on lui prêtait contre Bazaine. Je suis persuadé même qu'en cette circonstance, l'infortuné Prince, ballotté par les flots agités de la tempête politique secouant son Empire, avait découvert l'iniquité des attaques passionnées dont le Maréchal était l'objet, et eut un réveil de conscience qui le ramena vers cet homme qui l'avait servi pendant quatre ans. Il se sentit, pour un moment, heureux de confier encore ses impressions à celui pour lequel il avait, au fond du cœur, une réelle confiance et un affectueux attachement; car, en somme, il lui avait toujours donné des preuves d'un dévouement désintéressé et d'un loyalisme conforme aux volontés de la France.

Cette entrevue expansive, une des dernières qui eut lieu, dut être pour l'âme attristée de Maximilien l'apparition d'un arc-en-ciel brillant sous l'averse un instant ensoleillée, et pour le Maréchal une éclaircie dans son ciel sombre. Ce tête-à-tête intime dut impressionner ces deux plus hautes personnalités du drame mexicain qui, abreuvées l'une et l'autre de sentiments pénibles, de préoccupations douloureuses, à des points de vue différents, allaient se séparer pour toujours et poursuivre le cours de deux destinées opposées mais vouées cependant à une fin cruelle. Aussi lorsque le Maréchal revint au quartier général, il ne put dissimuler l'impression émue qu'il rapportait de sa visite à l'Empereur décadent. Son attitude satisfaite mais tristement pensive fut très remarquée.

Je puis donc finalement conclure de l'entretien sollicité par l'Empereur et des impressions manifestées par Maximilien que si l'infortuné prince n'avait pas payé de sa vie sa résolution de rester au Mexique et qu'il eût pu, un jour, écrire pour dévoiler les mystères de la conférence de Puebla, ainsi que l'avait annoncé le général Douay, les révélations de cette publication n'auraient pas été, sans doute, celles que le général s'était plu à déclarer susceptibles de confondre des gens qui ne s'y attendaient pas.

Quels furent donc enfin, de cette lettre de protestation et des documents qui l'accompagnaient, le sort et les conséquences? Ce dossier adressé au ministre de la Guerre ne put arriver en France que le 10 février environ, car le maréchal Niel répondit le 13. Cette réponse avait dû partir de France le 15, mais ne pouvait arriver au Mexique par le paquebot français, que vers le 10 ou 12 mars. C'est, en effet, le 12 mars que je l'ai croisé dans les eaux immédiates de Vera-Cruz et en vue de ce port, à 3 heures de l'après-midi, alors que je faisais route pour la France à bord du vaisseau *Castiglione* marchant de conserve dans les eaux du vaisseau à trois ponts *Souverain* portant le maréchal Bazaine. Le paquebot *France* croisa les deux vaisseaux de guerre, salua le pavillon de maréchal de France que portait le *Souverain* et continua sa route vers les passes de Saint-Jean-d'Ulloa où ne flottait plus notre pavillon national, car le Maréchal fut le dernier soldat français qui quitta le Mexique.

Le Maréchal n'eut donc pas la consolation de recevoir, sur la terre mexicaine, la lettre de son ministre qui était destinée à apporter à ses douleurs morales un soulagement bien dû.

Ce contre-temps de quelques heures seulement fut très regrettable, car ce paquebot portait un message précieux qui était destiné à adoucir, pendant la longue traversée du retour, les amertumes des souvenirs du Maréchal. Le ministre de la Guerre lui adressait, en effet, une véritable réhabilitation morale que Bazaine ne devait recevoir qu'en France, où elle l'attendit jusqu'à son retour de Vera-Cruz. On ne connut que plus tard cette lettre du 13 février 1867. Elle est pourtant très suggestive et concluante ; certains passages, certaines déclarations, doivent même tout particulièrement être retenus par l'Histoire et médités par les apôtres de la Légende Bazaine :

« ....Votre belle carrière, les grands services que vous avez rendus au Mexique et la haute dignité que l'Empereur vous a conférée vous placent, croyez-le bien, au-dessus de toutes les accusations qui vous préoccupent. C'était l'opinion du maréchal Randon qui m'a précédé au ministère, comme c'est la mienne ; nous vous aurions défendu l'un comme l'autre, s'il eût été besoin ; mais je dois vous dire que l'Empereur est toujours resté à votre égard dans les sentiments de bienveillance et de confiance dont il vous a donné des preuves éclatantes ; qu'il voit avec satisfaction l'ordre et la précision avec lesquels vous retirez vos troupes ; qu'à votre retour vous recevrez de Sa Majesté l'accueil qu'ont droit d'espérer ceux qui l'ont le mieux servie ; enfin, monsieur le Maréchal, l'Empereur *m'a chargé de vous dire qu'il déplorait les inventions et les indiscrétions qui avaient pu vous blesser et mettre de la mésintelligence entre des officiers qui avaient son estime et sur la loyauté desquels il n'avait jamais élevé le moindre doute.* »

Cette lettre, assurément, honorait le souverain qui l'avait inspirée et le haut personnage qui l'avait écrite ; elle était surtout un titre des plus honorables pour celui à qui elle était destinée ; elle a dû être, dans les circonstances d'alors, un immense soulagement pour le maréchal Bazaine. Je l'admire, mais elle m'inspire quelques réflexions que je ne puis taire, quarante ans après.

Qualifier modestement d'*inventions* et d'*indiscrétions* les graves imputations du général Castelnau, comporte évidemment un blâme indirect à l'égard des inventeurs et des indiscrets, mais révèle aussi une pensée de ménagement regrettable. C'est innocenter la victime sans condamner suffisamment le coupable. Taxer, en outre, de simple mésintelligence, le sentiment qui sépare l'accusateur à faux de l'accusé innocent, me semble n'être qu'une demi-justice. Mais, si la réprobation des manœuvres plus que maladroites du général Castelnau n'a pas été formulée avec la précision qui convenait, il faut en excuser le ministre de la Guerre, qui se trouvait obligé d'atténuer les reproches mérités; car un reflet de responsabilité remontait à l'Empereur Napoléon qui choisit pour remplir la mission un de ses aides de camp ne répondant pas à sa confiance. Pour saisir la note vraie de la lettre ministérielle au maréchal Bazaine, il faut lire entre les lignes.

Mais si le maréchal Niel avait connu l'incident de Puebla, il est probable que son mécontentement se serait manifesté d'une façon plus sérieuse.

La finale de la lettre est plus catégorique, plus franche, car elle vise directement le général Castelnau.

« ...Toutes les opérations difficiles et si lointaines que vous avez entreprises ont été couronnées de succès et les mouvements combinés de vos troupes qui se retirent avec un ordre parfait sont un nouveau témoignage de votre habileté.

« *Quand les faits parlent si haut, ne vous préoccupez pas, mon cher Maréchal, des intrigues par lesquelles on a pu tromper l'opinion du général Castelnau, si, en effet, elle l'a été au point que vous croyez*, et achevez paisiblement votre œuvre en rapatriant complètement l'armée que vous avez si bien commandée. »

Enfin, et malgré sa réserve de commande, le Ministre reconnaît qu'on a pu tromper le général Castelnau. C'est déjà beaucoup; mais on sent qu'il en pense davantage; en tout cas, cela suffit pour détruire toutes les calomnies lancées contre le Maréchal à l'égard de son habileté stratégique.

Les constatations très flatteuses relatives à la direction des troupes, c'est au général Douay qu'il eût fallu, pour le confondre dans ses outrecuidants reproches, adresser une copie de cette lettre. Mais cet officier général a dû en avoir connaissance à son retour en France, car cette histoire était connue dans ses détails au ministère de la Guerre. J'en eus la preuve moi-même.

Tels furent, en somme, le sort et les conséquences immédiates de cette fâcheuse campagne Castelnau.

CHAPITRE XVIII

RUPTURE entre le GOUVERNEMENT MEXICAIN et l'INTERVENTION FRANÇAISE

Dernières convulsions de l'hostilité du gouvernement clérical de Maximilien contre les représentants de l'Intervention française. — Manœuvres du Padre Fischer. — Conflits avec le Président du conseil. — Entrevue de l'Empereur avec le Maréchal. — Lettres du Maréchal au Président du conseil. — Réunion d'un grand conseil consultatif. — Déclaration du Maréchal. — Lettre de Bazaine à l'Empereur. — Séquestration de Maximilien. — Manœuvres et lettres du Padre Fischer.

Le retour de Maximilien à Mexico devait naturellement précipiter les événements, non pas à l'égard de l'armée française dont l'embarquement était irrévocablement fixé pour le mois de février et qui s'acheminait déjà vers Vera-Cruz ou se concentrait autour de Mexico, mais bien dans les relations entre les représentants de l'Intervention qui, en fait, n'existait pour ainsi dire plus, et le gouvernement de combat dans lequel l'Empereur avait mis sa destinée et celle de son Empire. En tout cas, les conditions faites par la présence du Souverain dans sa capitale allaient devenir absolument extraordinaires et invraisemblables.

Depuis plusieurs mois, précisément depuis le départ de l'Impératrice, le Padre Fischer avait pris à la Cour un ascendant qui s'accentuait de jour en jour et était devenu une absorption complète de la personnalité de l'Empereur. J'ai signalé cet état de choses pendant le séjour du Souverain près d'Orizaba d'abord, puis à Puebla, et j'ai fait ressortir, dans les pourparlers relatifs à l'abdication, les funestes conséquences de cette situation. Le Padre Fischer, soutenu, inspiré par la passion astucieuse et implacable du général Marquez, s'était fait le véritable chef de l'Etat, et, pour faire endosser ses actes par l'Empereur, employait les procédés les plus criminels. C'est par la divulgation de ses manœuvres odieuses, de ses faux, de ses soustractions de documents, que j'ai pu expliquer des faits que, jusqu'à ce jour, on n'avait pas osé présenter sous leur véritable caractère, notamment la vérité sur l'incident Dano-Castelnau, à Puebla.

Cet état de choses allait s'aggraver encore. D'abord, Maximilien, revenant dans sa capitale, délaissa ses palais, même celui de Chapultepec, sa résidence d'été favorite; il se laissa enfermer par Fischer encore, dans une hacyenda, La Téja, sorte de prison champêtre d'où il voyait les clochers et les coupoles de Mexico, mais où les habitants de la capitale ne pouvaient l'apercevoir. Fischer l'avait emmuré.

Cependant, dès son arrivée, les précautions du Cerbère n'avaient sans doute pas été bien prises, car le malheureux prisonnier put faire appeler le Maréchal et avoir avec lui une conférence, longue, expansive, affectueuse et dont j'ai déjà parlé. Cette entrevue soudaine et inattendue, préparée spontanément par le Prince, causa dans Mexico, surtout dans la camarilla de la Cour et dans le monde gouvernemental, une émotion profonde. Quel complot avaient donc pu tramer ces deux hommes, quelle résolution grave avait seule pu les réunir? Le Maréchal n'avait pu inspirer à l'Empereur que les plus sombres et les plus funestes projets. Le Souverain allait-il donc échapper encore à la faction qui l'absorbait? L'effarement et la colère furent grands dans le clan clérical et le gardien Fischer fut sévèrement remis au point pour sa négligence.

A dater de ce jour, Maximilien ne fut plus seulement séquestré mais emprisonné; ses actes, ses initiatives ne furent plus uniquement contrôlés ou influencés, ils furent supprimés; le vide se fit autour du Souverain, et Fischer gouverna sous la conduite de Marquez. Les événements qui vont suivre en sont la preuve et trouvent dans cette situation nouvelle une explication naturelle et logique qu'on ne pourrait avoir autrement ni ailleurs.

Dès lors que l'Intervention n'était plus à la dévotion du gouvernement nouveau de l'Empire et qu'elle allait disparaître du pays, ce gouvernement résolut de rompre immédiatement avec elle, afin d'éviter que, par un changement subit et imprévu de circonstances, elle ne parvînt à ravir aux cléricaux le mannequin impérial qui était devenu pour leur cause, un drapeau, un fétiche, leur dernière espérance. En un mot, le gouvernement allait brusquer les événements, de façon tellement brutale et agressive que, sans le sang-froid imperturbable du Maréchal qui, laissant de côté MM. Dano et Castelnau, manœuvra tout seul, les incidents les plus graves et les plus invraisemblables auraient pu nous créer, pour nos derniers jours à passer au Mexique, une situation inextricable et incompréhensible : celle d'une âme charitable qui a voulu séparer deux combattants et qui se voit assaillir par tous les deux.

Les dernières pages de l'histoire de l'Intervention furent donc saisissantes; elles commencèrent à l'entrevue du Maréchal avec Maximilien dont les détails ont été tracés par l'Empereur lui-même dans une lettre adressée au général Mejia, son plus fidèle serviteur jusqu'au bout.

Un des sujets de conversation, qui dut être le plus intéressant pour le Maréchal, fut assurément le récit, par Maximilien lui-même, de la visite que lui firent à Puebla MM. Dano et Castelnau. Il eût été vraiment peu banal que le Maréchal eût appris ainsi les détails de l'intrigue abominable dont il avait été la victime en cette circonstance et qu'il ignorait absolument. On ne le saura jamais sans doute, à moins que Bazaine n'en ait fait la confidence à quelqu'un qui n'a pas encore parlé; mais reste la partie la plus importante de l'entretien des deux personnages. Questionné sur la situation actuelle de l'Empire et l'avenir qui lui était réservé, le

Maréchal termina sa réponse par cette conclusion caractéristique dépourvue de toutes circonlocutions: « Mon avis aujourd'hui est que Sa Majesté se retire spontanément. » Cette déclaration était sans appel. Aussi, à la fin de l'entretien, l'Empereur prononça ses paroles suggestives : « J'ai la plus grande confiance en vous, vous êtes mon véritable ami, et je vous prie d'assister à une Junta que je vais convoquer pour lundi 14 janvier, au palais de Mexico; j'y serai présent. Là, vous répéterez ce que vous pensez. Si la majorité se range à votre avis, je partirai; s'ils veulent que je reste, tout sera dit; je resterai parce que je ne veux pas ressembler au soldat qui jette son fusil pour fuir plus vite du champ de bataille. » Belles paroles devant lesquelles on ne peut que s'incliner respectueusement, ce que malheureusement ne voulut pas faire la destinée.

Le lendemain, le Maréchal recevait du président du Conseil, une lettre brève, sèche, gênée et peu protocolaire, qui décelait dans l'âme du premier ministre un dépit profond que S. E. aura dû remarquer.

« Mexico, le 11 janvier 1867.

« Maréchal,

« S. M. l'Empereur désirant entendre confidentiellement et amicalement l'opinion de Votre Excellence et celle d'autres personnes sur une affaire de grave importance, m'ordonne de m'adresser à Votre Excellence, comme j'ai l'honneur de le faire, en la priant de vouloir bien assister à la réunion qui aura lieu au palais du gouvernement lundi prochain, 14 du courant, à deux heures.

« *Le Président du Conseil des Ministres,*
« Larès. »

Economie de salutations, ce qui est à remarquer, car les Mexicains, très formalistes par tempérament, vous baisent les mains avec onction, à tout propos!

Nonobstant l'incorrection de cet appel ambigu et uniquement sur la prière verbale et bien motivée que l'Empereur lui avait adressée, le Maréchal se rendit au palais où se trouvait déjà réunie une assemblée d'une quarantaine de personnes qui lui apprit que l'Empereur avait décidé de ne pas assister à la Junta.

Il était aisé de découvrir les causes de cette abstention du Souverain qui avait lui-même pris l'initiative de la réunion, avec la pensée très loyale de se conformer aux décisions qui sortiraient de ses délibérations après avoir entendu les déclarations sincères très autorisées du maréchal Bazaine.

C'était encore la camarilla impériale, l'astucieux Marquez et le néfaste Fischer qui avaient détourné, ou, pour mieux dire, empêché l'Empereur de s'associer personnellement à la consultation importante qu'il avait préparée. Et par quels moyens a-t-on empêché le malheureux prince de suivre ses propres inspirations? Il n'est pas douteux que l'ignoble Fischer a dû employer les procédés les plus coupables et les plus déloyaux pour obtenir que l'Empereur manquât de parole au Maréchal. Il a dû faire jouer des documents faux ou truqués qu'on ne connaîtra jamais, ainsi qu'il l'avait fait dans l'entrevue de Puebla. On savait quelles déclarations allait faire le Maréchal et qu'elles étaient de nature à impressionner l'Empereur, et avec lui peut-être un certain nombre des membres de l'assemblée ; on redoutait que Maximilien, dont les résolutions semblaient chancelantes, se laissât influencer par les considérations et les vérités que ferait entendre publiquement la voix si persuasive du Maréchal. Il fallait à tout prix conjurer ce danger et les plus criminelles machinations furent mises en jeu pour hypnotiser, paralyser Maximilien et le tenir enchaîné moralement et physiquement dans sa prison de La Téja, pendant que ces messieurs allaient escamoter le sort de la couronne et de l'Empereur.

Le Maréchal, surpris tout d'abord par ce coup de théâtre louche mais caractéristique, eut la pensée bien naturelle de se retirer aussi, ce qui aurait fait le jeu des conspirateurs et les aurait comblés d'aise. Mais, très maître de lui, il comprit qu'il serait préférable de proclamer, *urbi et orbi*, son sentiment à l'égard de la situation *in extremis* dans laquelle allaient se trouver l'Empire et l'Empereur après le départ de son armée. Le maréchal Bazaine eut raison et agit avec une grande clairvoyance en lançant une déclaration officielle qui était pour l'abdication un plaidoyer plein de franchise et d'énergie, appuyé sur les arguments les plus irréfutables, sur les vérités les plus éclatantes, et qui concluait formellement à « la remise spontanée par l'Empereur de ses pouvoirs à la nation mexicaine ».

Ce manifeste est trop caractéristique et instructif pour que je ne le reproduise pas. Le voici tel qu'il a été publié par la presse de Mexico, à la grande confusion du gouvernement :

« L'évacuation sans coup férir, par les garnisons mexicaines, des principales places fortifiées et suffisamment armées, à la simple démonstration d'un ennemi plus faible que ces mêmes garnisons, a fait disparaître le peu de confiance qui restait dans la protection militaire que l'Empire pouvait accorder aux populations. Aujourd'hui, elles sont généralement prononcées contre l'Empire ; chaque Etat a repris son rang dans la fédération ; les élections sont venues valider la plupart des autorités fédérales établies de fait après le départ des employés impériaux ; le régime fédéral est donc rétabli dans la plus grande partie du territoire.

« A quoi servirait de faire des efforts militaires et de grandes dépenses pour reconquérir le terrain perdu ? A rien, car les populations sont, après l'expérience des deux dernières années, peu disposées en faveur du maintien de l'Empire. Il arriverait donc que les colonnes dirigées dans l'intérieur subissant petit à petit cette influence se prononceraient, ou s'affaibliraient tellement par les garnisons, que l'ennemi, ainsi que nous le voyons à chaque instant, les tiendrait bloquées, et empêcherait toute communication avec le gouvernement central. Comme conséquences immédiates, le commerce paralysé, les travaux industriels et agricoles suspendus, un mécontentement général dans les populations, enfin un manque absolu de ressources pour maintenir les troupes dans le devoir.

« L'organisation fédérale paraissant devoir mettre le pays à l'abri des tentatives hostiles des Etats-Unis, cette considération semble influencer l'esprit des populations qui, avec raison, craignent que toute autre forme du gouvernement leur attire en conquérants leurs voisins du nord.

« 1° Au point de vue militaire, je ne crois pas que les forces impériales puissent maintenir le pays dans un état de pacification assez complète pour que le gouvernement de l'Empire puisse s'exercer dans toute sa plénitude : les opérations militaires ne seront que des combats partiels qui soutiendront la guerre civile par les mesures arbitraires qu'elles entraîneront forcément avec elles.

« 2° Au point de vue financier, le pays ne pouvant être régulièrement administré, ne fournira pas les moyens nécessaires au gouvernement impérial, et on sera toujours obligé d'avoir recours à des emprunts forcés, qui ne feront qu'accroître le mécontentement des populations.

« 3° Au point de vue politique, le pays paraît être aujourd'hui plutôt porté vers la fédération que vers l'Empire ; je doute qu'un appel au peuple soit favorable au régime actuel et que peut-être même il n'obéirait pas à la convocation.

« En résumé, je crois que Sa Majesté ne peut continuer à gouverner le pays dans des conditions normales et honorables pour sa souveraineté, sans descendre au rang de chef de parti, et qu'il est préférable pour sa gloire et sa sauvegarde qu'il fasse la remise du gouvernement à la nation. »

Cette déclaration remarquable par sa netteté et sa précision, si fortement documentée, aurait dû impressionner l'assemblée si elle eût été impressionnable et susceptible de sentir la grandeur de cette péroraison où éclate dans le dernier cri d'un cœur généreux une apostrophe vibrante à la dignité de Maximilien et qui se termine dans un sombre et lugubre avertissement qui fut, hélas ! une prophétie. Elle aurait dû émouvoir ces hommes qui allaient sacrifier à leur passion sectaire la gloire et la sauvegarde du prince qui confiait à leur loyauté sa cause et peut-être sa vie. Mais leur cléricalisme fut encore plus farouche et intransigeant que celui de leur archevêque, qui, inspiré par une noble grandeur d'âme et une pieuse charité chrétienne, eut la sage prudence et la loyauté de s'abstenir. Son Eminence comprenait bien que la continuation d'une lutte désormais impossible conduirait à une catastrophe où sombreraient l'Empire et la Religion. Et pourtant ce prélat était l'homme des résolutions viriles, parfois même violentes, et il avait à sa disposition personnelle une somme de huit millions de piastres, cachée par ses soins dans un couvent de Mexico, ainsi que j'en ai eu la preuve par mon policier du ministère de la Guerre. Il faut remarquer en outre, à l'honneur de ces princes de l'Eglise, que l'Archevêque de San-Luis imita son collègue de Mexico. Son Eminence, dans l'exposé de ses sentiments devant la Junta, alla même jusqu'à protester contre la déclaration d'un membre de cette assemblée qui affirmait que tous les chefs de l'armée de Juarez n'étaient que des bandits; l'archevêque déclara qu'il y avait, là aussi, des gens honorables; et il s'abstint de voter.

Mais il y eut des orateurs qui osèrent laisser entendre que le succès final de la lutte serait assuré du jour où le pays, livré à lui-même, serait débarrassé des baïonnettes étrangères. Deux imposteurs, les ministres des Finances et de la Guerre, eurent l'audace de déclarer : Le premier, qu'il disposait de sommes considérables, disponibles sur le moment et, par une monstrueuse fantasmagorie de chiffres, qu'il promettait pour l'avenir des ressources financières qu'on n'avait jamais connues jusqu'alors. Le second qu'il disposait de 26.000 soldats, ce qui était faux; qu'il avait, lui aussi, des centaines de mille piastres dans le ministère de la Guerre. Ce farceur de Murphy, mon ancien directeur du personnel qui m'avait remplacé comme sous-secrétaire d'Etat de la Guerre, mentait avec impudence, car il savait pertinemment que cinq semaines auparavant la caisse du ministère pouvait à peine solder ses employés. Ces gens-là se trompaient eux-mêmes ; quelle folie!

Il y eut cependant dans cette assemblée, et en dehors des prélats, des hommes sincères et surtout courageux qui n'hésitèrent pas à condamner la continuation de la lutte et attaquèrent violemment les déclarations optimistes faites par les ministres des Finances et de la Guerre.

Enfin, après que tout le monde eut fait sa petite profession de foi, ou de mauvaise foi, on vota pour obtenir les résultats que voici : Sur trente-trois personnes triées sur le volet par le président du conseil et maître Fischer, qui s'étaient rendues à leur appel, neuf s'abstinrent, dix-sept se prononcèrent pour le maintien de l'Empire et sept votèrent pour l'abdication. Naturellement, le Maréchal n'avait pas pris part au vote; mais le citoyen Fischer avait voté. C'est donc sur une majorité d'une voix que l'Empereur joua sa couronne et sa vie; et encore cette unique voix fut celle de l'ignoble Fischer qui n'aurait pas dû mettre les pieds dans cette assemblée consultative. Cette chétive majorité n'était même pas réelle car la Junta n'était pas au complet, un certain nombre de hautes personnalités convoquées ne s'y étant pas rendu, évidemment par crainte de se compromettre en votant contre le maintien de l'Empire. Il est donc incontestable que si tous les appelés avaient répondu à la convocation, la majorité était acquise à l'abdication.

En considérant ce pitoyable résultat d'une consultation plébiscitaire réduite à la plus modeste expression, on est en droit de penser que si l'Empereur avait eu connaissance des arguments courageux et persuasifs présentés par les opposants de la Junta, s'il avait entendu le langage du Maréchal, si simple mais d'une sincérité et d'une logique si convaincantes et parfois même d'un pathétisme si pénétrant, il aurait compris quelle était la voie que lui imposait sa sauvegarde et ce qui était pour lui bien plus précieux encore, son honneur et sa gloire. Enfin, d'un geste magnanime, il aurait déposé la couronne sur l'autel de sa patrie d'adoption et rendu à son peuple inconstant les pouvoirs qu'il lui avait confiés. Alors, par une attitude naturelle, sans engager pour la France une responsabilité délicate par une manœuvre brutale, le Maréchal aurait réussi ce qui fut un échec pour l'envoyé extraordinaire de Napoléon III. Mais le geôlier Fischer faisait bonne garde.

Le vote de la Junta, si peu régulier et si peu concluant qu'il fut, aurait dû mettre un terme à la tension des relations entre l'élément français et le clan gouvernemental; c'est le contraire qui eut lieu. Par le fait qu'il était en opposition avec les déclarations du maréchal Bazaine, il eut une conséquence des plus regrettables, car il sanctionnait brutalement la rupture déjà accusée par la déclaration ministérielle du 8 décembre. Mais cela ne suffisait pas encore à ce fantôme de gouvernement, dont la faiblesse augmentait les craintes, car il avait eu, depuis l'entrevue du Maréchal avec l'Empereur, une frayeur tellement intense qu'il n'en était pas encore débarrassé. Alors, son chef, le turbulent Larès, qui avait cependant toujours été, pour le Maréchal, d'une correction et d'une courtoisie parfaites, entama contre lui une lutte ouverte, conduite avec une arrogance et une impertinence qui transformèrent la rupture morale en une rupture matérielle, et donnèrent aux relations un caractère d'hostilité ridicule pour ce gouvernement qui ne reposait plus sur rien et devait s'effondrer, sitôt après notre départ. Cette hostilité ne tarda pas à se manifester par un incident particulièrement fâcheux et stupide.

Un corollaire qui s'imposait à la suite de l'attitude du Maréchal à la Junta, prouva que, dans cette affaire, Maximilien fut indignement circonvenu par son confesseur Fischer. En effet, le Maréchal ayant été convoqué pour faire une déclaration loyale à l'Empereur, devant les membres de la Junta, Sa Majesté n'étant pas venue, il considéra comme un devoir de communiquer cette déclaration au Souverain et lui en envoya immédiatement une copie avec la lettre dont voici les termes.

« Sire,

« Par l'intermédiaire de M. le Président du Conseil des ministres, Votre Majesté m'a invité à lui exposer d'une façon franche et amicale mon opinion sur la situation.

« J'ai l'honneur d'adresser à Votre Majesté l'exposé que j'ai lu à la réunion de ce jour, et qui est la sincère expression de ma manière de voir.

« C'est avec le plus profond respect, Sire...

« BAZAINE. »

Or, l'officier envoyé pour remettre le tout à l'Empereur en personne, ne put parvenir jusqu'à lui; il dut laisser son message entre les mains du sieur Fischer, qui ne remit jamais à Maximilien ni lettre ni déclaration.

Quelle triste cour restait à ce fier archiduc de la maison d'Autriche! Plus de chambellans, d'écuyers, plus de garde palatine! Le tout était remplacé par un concierge en soutane et vivait dans une ferme!

La situation devint rapidement tellement tendue entre le gouvernement et le chef de l'Intervention, qu'il était impossible que les relations entre les hauts fonctionnaires des deux partis ne s'en ressentissent pas, d'autant que des indices d'hostilité provocante s'étaient déjà manifestés du côté des Mexicains, qui devenaient agressifs. Heureusement qu'en raison de la concentration du corps expéditionnaire, des troupes nombreuses se trouvaient réunies dans la capitale ou ses environs. Heureusement aussi que, lorsque le gouvernement demanda qu'on lui remît tous les établissements militaires, le Maréchal, avec une perspicacité et une prudence très justifiées, avait conservé la citadelle. Cette mesure nous préserva des événements les plus sérieux, car le général Marquez se trouvait être investi du commandement de Mexico, ce qui était du reste une inconvenance tant qu'il y avait des troupes françaises dans cette place. Ce n'était assurément pas Maximilien qui l'avait nommé, mais bien Marquez lui-même qui s'était octroyé cette position lucrative, peu périlleuse, et qui lui permettrait, dans la suite, d'être le maître de la situation selon ce que seraient les événements.

Ce personnage, qualifié de cruel et d'astucieux par les Libéraux, s'était fait bon diable ou bon apôtre, quand, cinq ans auparavant, il vint avec quelques soldats miséreux, je ne dirai pas se joindre à nos troupes, mais les placer sous la protection de nos baïonnettes. Il reprenait alors son caractère naturel et le Maréchal dut regretter de n'avoir pas cédé aux instances que je lui portais de la part de mon ministre et de ne l'avoir pas fait arrêter quand il revint d'Europe sans permission, en compagnie du général Miramon. S'il avait consenti ce coup de justice et d'opportunité, il est vraisemblable qu'à ce moment, c'est-à-dire au mois de janvier 1867, Maximilien eût quitté le Mexique et que notre situation eût été tout autre. Mais la poigne a manqué au moment opportun!

Les relations étaient donc des plus délicates et la moindre rencontre d'atomes crochus pouvait amener de graves conséquences.

Depuis un certain temps vivait à Mexico un certain Pedro Garay, ancien ministre de Juarez, qui avait sollicité de l'autorité militaire française l'autorisation de se rendre à Mexico et d'y résider. Il n'avait pas fait adhésion à l'Empire mais s'était retiré de la vie politique, en apparence du moins, couvert par un sauf-conduit de l'autorité militaire.

Or, le 15 janvier, Marquez, qui avait sans doute conservé quelque vieille rancune contre cet ancien ennemi, le fit tout simplement appréhender et incarcérer, malgré la sauvegarde française. C'était une maladresse et une inconvenance. Il avait le droit de trouver cet homme dangereux, car il prétendait qu'il avait des relations avec l'ennemi. Mais, avant d'agir, il aurait dû faire une demande aux autorités françaises, qui vraisemblablement auraient retiré leur sauf-conduit, après avoir fait reconduire le personnage hors de la capitale, dans la région occupée par les libéraux. C'était une règle élémentaire du droit des gens.

Les amis de Pedro Garay ayant porté plainte au Maréchal, celui-ci prescrivit au commandant d'armes de Mexico de remettre les choses en l'état où elles étaient avant la mesure arbitraire du général Marquez et de régler cette affaire conformément aux règles ordinaires. Le général de Maussion, voulant rendre à Marquez la monnaie de ses procédés, fit appeler le chef de la police de Mexico, le général Ugarté et lui annonça qu'il le gardait prisonnier jusqu'à ce qu'on ait relâché Pedro Garay. Impressionné par cette vigoureuse riposte, Marquez fit rendre le captif, et son chef de police lui fut restitué. Pedro Garay fut reconduit au loin et on lui rendit la liberté en lui retirant son sauf-conduit.

En même temps surgit une autre affaire, insignifiante au fond, mais dont les conséquences furent graves et amenèrent un conflit entre le Maréchal et le président du Conseil, grâce à la maladresse de celui-ci qui envenima un incident en s'en mêlant directement et d'une façon qu'il était impossible de supporter.

Un journaliste ayant publié dans une feuille ministérielle de Mexico, un article contenant des attaques violentes et injurieuses pour l'armée française, le Maréchal signala le fait au ministre de l'Intérieur et, après lui avoir déclaré qu'il donnait l'ordre d'arrêter l'auteur et le gérant, il demanda qu'on les punît; et tout d'abord, il supprima le journal.

L'émoi fut grand dans Mexico et le ministre écrivit au Maréchal une lettre qui déchirait tous les voiles par deux déclarations audacieuses et impertinentes. « Le gouvernement ayant fait connaître par une déclaration officielle que l'Intervention avait pris fin, l'armée française n'était plus qu'une armée amie, accidentellement sur le territoire mexicain, mais elle n'y avait aucun droit. Dans ces conditions, le gouvernement de l'Empereur du Mexique ne connaît plus que le ministre de France et, si le Maréchal, commandant ladite armée, a quelques réclamations à adresser au gouvernement, il doit le faire par voie diplomatique. » On n'a pas idée d'une telle impudence et d'une pareille aberration d'esprit, de bon sens et même de prudence. Car le Maréchal, d'un geste, pouvait jeter bas tout l'édifice de carton qu'était ce gouvernement.

Le Maréchal, cependant, gardant un calme imperturbable, ne répondit pas à ces prétentions exorbitantes et insolentes; il attendit une occasion propice pour prendre sa revanche, mais, pour ne pas déterminer un éclat sur une affaire aussi simple, il fit relâcher le journaliste qu'on avait déjà incarcéré.

En même temps que le président du Conseil paraissait chercher à mettre le feu aux poudres, celui-ci résolut de trancher plus nettement encore la question des rapports entre les chefs de l'ex-Intervention et le gouvernement de Maximilien. M. Larès eut l'audace de convoquer à une conférence, organisée par lui, les trois représentants de la France. Mais le Maréchal, qui répondait à l'appel de l'Empereur, ne pouvait accepter d'obtempérer à une convocation de M. Larès, tout premier ministre qu'il fût et, prenant pour règle la signification que ce ministre lui avait adressée, pas même au nom de l'Empereur, d'avoir à n'employer avec le gouvernement que la voie diplomatique, s'abstint de se déranger et envoya M. Dano tout seul, c'est-à-dire le diplomate patenté.

En même temps, à ce ministre impertinent qui croyait n'avoir plus rien à redouter du mécontentement du commandant en chef, puisque ses moyens d'action, c'est-à-dire les troupes françaises, étaient déjà, en grande partie, sur la route de Vera-Cruz, le Maréchal envoya la réponse méritée.

« A M. Larès, président du Conseil des ministres,

« Mexico, le 27 janvier 1867.

« J'ai reçu votre lettre du 25 courant, je pourrais me borner à vous en accuser réception seulement, parce que je n'admets pas que vous me convoquiez à votre gré; puis, parce que cette lettre traite des questions qui ont déjà été résolues tant par écrit que dans les conférences antérieures.

« C'est donc dans mes réponses, soit à vous, soit aux divers sous-secrétaires d'Etat, que Votre Excellence trouvera les éclaircissements qu'elle désire.

« Vous semblez accuser l'armée française d'inertie... N'aurais-je pas bien plutôt le droit de me récrier contre les actes arbitraires, contre les violences commises jusqu'à ce jour, depuis plusieurs semaines et dont notre présence à Mexico semble rendre complice le drapeau de la France ?

« C'est pourquoi, monsieur le Ministre, et comme la rédaction de votre lettre laisse percer un sentiment de défiance, constamment basée sur des appréciations calomnieuses qui froissent notre loyauté, je tiens à vous exprimer qu'à l'avenir je ne veux avoir aucune relation avec votre ministère.

« BAZAINE. »

Cette déclaration rendait la rupture encore plus radicale et créait une situation absolument invraisemblable entre les deux puissances parallèles. C'était l'état d'hostilité latent. Et pourtant le Maréchal ne pouvait agir autrement pour l'honneur de son armée et la dignité de son chef.

M. Larès fut très irrité par l'abstention du Maréchal et, déversant sa mauvaise humeur sur l'unique M. Dano, qu'il aurait cependant voulu ménager en raison de sa liaison avec le parti clérical, il l'accabla de prétentions toutes aussi ridicules les unes que les autres et particulièrement inacceptables. Ce que voyant, le ministre de France déclara qu'il ne pouvait même entendre de semblables propositions et il se retira. Fort mécontent de ce triple insuccès, le ministre mexicain devint agressif et adressa au Maréchal une longue lettre empreinte d'une colère insolente, qui se traduisait par des attaques et des appréciations outrageantes pour l'armée française et son chef suprême.

Le maréchal Bazaine, malgré son calme habituel, commençait à craindre l'explosion de graves événements et prenait discrètement des mesures de prudence pour éviter un conflit matériel et l'étouffer dans l'œuf s'il venait à se produire. En tout cas, ne pouvant laisser son armée et lui-même sous le coup des attaques blessantes d'un monsieur Larès et voulant tenter un dernier effort de conciliation auprès du Souverain, il adressa à l'Empereur, malgré la défense dudit Larès, une énergique protestation contre les insinuations et les fantaisies politiques de son premier ministre.

« Mexico, 28 janvier 1867.

« Sire,

« J'ai l'honneur d'adresser à Votre Majesté copie de l'extrait d'une lettre que m'a fait parvenir, à la date du 25 de ce mois, M. le président du Conseil des ministres.

Il est écrit dans cette lettre :

« ...Le Maréchal et le général Castelnau, par une communication du 7 novembre dernier, ont affirmé que tant que les troupes françaises seraient au Mexique, elles protégeraient, comme elles ont protégé jusqu'ici, les autorités et les populations, l'ordre en un mot, dans les zones qu'elles occupaient, sans entreprendre toutefois d'expéditions lointaines; mais, comme dans l'attaque récente de Texcoco, le Maréchal n'a pas jugé convenable de fournir le moindre secours, le gouvernement désirerait savoir quelle sera l'attitude des troupes françaises dans la capitale si, avant leur départ, celle-ci venait à être assiégée par les dissidents ou si quelque acte d'agression était commis par l'ennemi. »

L'inconvenance de ce langage n'échappera pas à Votre Majesté qui ne m'a jamais fait l'injure de supposer un seul instant que la loyauté de l'armée française puisse être mise en suspicion.

« En signalant à Sa Majesté l'Empereur du Mexique les procédés dont ses ministres usent envers moi et en son nom, je crois faire un dernier et suprême acte de confiance et de loyauté.

« Je crois, en effet, rendre encore service à l'Empereur en

essayant de l'éclairer sur les tendances et sur les insinuations perfides d'une faction qui ne réunit que peu de sympathies et dont les chefs abusent de l'ascendant qu'ils croient avoir ou de la confiance qu'ils ont su inspirer pour préparer au Mexique et à Votre Majesté une ère de sanglantes représailles, de douloureuses péripéties, de ruine, d'anarchie et d'humiliations sans nombre.

« J'ai l'honneur d'informer Votre Majesté que, plus que jamais désireux de conserver son estime et l'amitié dont elle a bien voulu m'honorer, j'ai fait savoir à M. le président du conseil qu'en présence des termes de la lettre précitée, je ne voulais plus, à l'avenir, avoir aucune relation directe avec l'administration dont il est le président.

« J'ajouterai, Sire, que les chefs d'armes de M. le général Marquez sont journellement en relations avec les commandants du génie et de l'artillerie de l'armée française pour se mettre au courant des fortifications, des défenses, des approvisionnements en matériel, en armes, en munitions de la place.

« Sa Majesté m'ayant témoigné les désirs de savoir, à l'avance, à quelle époque je quitterai Mexico, j'ai l'honneur de l'informer que mon départ, avec les derniers contingents du corps expéditionnaire, aura lieu dans la première quinzaine du mois de février.

« Jusqu'au dernier moment, Sire, je serai toujours prêt à me rendre aux appels que Sa Majesté voudra bien m'exprimer, et toujours disposé à faire concorder mes efforts à ses désirs dans la limite de mes instructions.

« Maréchal BAZAINE. »

Cette lettre était sévère pour les ministres, mais justifiée et imposée par l'impertinence de celle du président du Conseil, par les insinuations blessantes à l'égard du rôle de l'armée française qui n'avait qu'un tort, celui de ne plus se plier aux fantaisies d'un gouvernement révolutionnaire impuissant, aux abois, affolé enfin par la perte de la seule planche de salut qui pouvait soutenir son règne d'aventure fatalement éphémère. En outre, le ministre étant devenu agressif, une riposte s'imposait. Du reste cette protestation n'était pas rendue publique; elle s'adressait à l'Empereur seulement, à son chef qu'on ne pouvait laisser dans l'ignorance des mauvaises actions qu'on commettait en son nom et à son insu. A ce titre, elle était d'une correction parfaite à l'égard du Souverain, et, comme toujours, empreinte d'une respectueuse déférence et d'expressions de dévouement. C'était enfin un cri d'alarme, un sincère et loyal avertissement que le Maréchal avait le devoir impérieux de donner au prince qui avait toujours recherché ses conseils dévoués et qui, récemment encore, dans sa retraite de La Teja, lui déclarait qu'il était son meilleur ami et lui demandait ses avis loyaux et sincères. J'ajoute qu'on doit remarquer dans cette lettre dernière une prophétie sanglante qui, hélas! se réalisa.

Quel fut donc le sort de cette démarche et quel en fut l'effet? Il était facile de le prévoir ; ce ne pouvait être qu'une grave offense officielle, si tant est que le drôle qui la commit fût quelque chose d'officiel.

Le soir même du jour où le message fut porté à La Teja, il fut retourné au Maréchal avec une lettre de renvoi dont voici le texte invraisemblable.

« 28 janvier, 7 heures du soir.

« Monsieur le Maréchal,

« Sa Majesté l'Empereur m'ordonne à l'instant de retourner à Votre Excellence la lettre ci-jointe, ne pouvant admettre que vous parliez de ses ministres dans les termes qui s'y trouvent employés.

« A moins que Votre Excellence ne juge opportun de donner une satisfaction sur ces termes, Sa Majesté m'ordonne de faire savoir à Votre Excellence que dans ces conditions, Elle ne veut plus à l'avenir avoir aucune relation directe avec Votre Excellence.

« FISCHER. »

Un poulet de ce genre signé « Louis XIV » eût été quelque chose; mais Fischer, quel grotesque! C'était une offense internationale faite par un prêtre ou soi-disant tel, de complicité avec le président du conseil. Cela n'est pas douteux. Cette offense était-elle à relever? Assurément non. La Cour tournait au funambulesque. Du reste, le fac-similé de premier ministre, qui faisait commettre une pareille monstruosité extra-diplomatique, ne savait même pas être conséquent avec lui-même, car, pour se conformer à ses précédentes déclarations, il aurait dû faire signer l'ultimatum impérial de Fischer par son ministre des Affaires étrangères qui l'aurait remis au ministre de France pour être notifié au Maréchal. Il aurait dû opérer de même à l'égard de la lettre qu'il écrivit lui-même et fut la cause première du conflit. Telle était la voie diplomatique qu'il avait préconisée, mais ne suivait pas. Il n'y avait pas à s'y méprendre, c'était là encore un coup machiavélique de Fischer, entendu avec Larès pour creuser entre l'Empereur et le Maréchal un fossé désormais infranchissable. Jamais la lettre du Maréchal ne fut remise à Maximilien qui, naturellement, ne donna pas l'ordre de la renvoyer à son auteur. Ce prince de haute race, si déprimé qu'il put être, avait trop le sentiment de sa dignité pour commettre une goujaterie de cette force. Faire signer une pareille offense au premier représentant de Napoléon III, à un Maréchal de France, par son confesseur! Ce n'était pas possible; et il ne convient pas d'infliger un pareil affront à sa mémoire. Il n'est pas douteux, au contraire, que l'Empereur eût pris la démarche d'une toute autre façon qui n'eût pas été du goût des ministres.

Que faire en présence d'un pareil attentat politique et diplomatique? Si on le prenait au sérieux, il n'y avait qu'un parti à prendre, celui de la force; c'eût été celui du maréchal Pelissier : Faire empoigner l'imposteur Fischer et obtenir, même par la force encore, une entrevue avec l'Empereur séquestré, pour établir légalement un *modus vivendi* honnête et honorable jusqu'au départ du dernier soldat français de

Mexico. Ou bien, il fallait traiter ces malheureux ministres avec le mépris qu'ils méritaient et se retirer à son heure, en les tenant sous la menace de représailles à la moindre manifestation matérielle d'hostilité. C'est à cette solution, sans doute la plus sage, que s'arrêta le Maréchal. Il était, du reste, trop tard pour adopter une autre règle de conduite.

Il n'en est pas moins très fâcheux, et je l'ai toujours regretté personnellement, que le misérable Fischer n'ait pas reçu, à ce moment, le châtiment qu'il avait tant de fois mérité et qu'on n'en ait pas ainsi débarrassé l'Empereur, car le malheureux ne fut certainement pas allé à Queretaro.

CHAPITRE XIX

RETRAITE DE L'ARMÉE FRANÇAISE

Du 1ᵉʳ Janvier au 28 Février 1867

Problème exceptionnel de grande stratégie. — Echange des prisonniers. — Négociations courtoises avec les chefs juaristes. — Redditions accomplies de façon digne par les Mexicains. — Lettre d'avertissement adressée par le Maréchal au général Riva-Palacios, le plus rapproché de ses troupes. — Le Maréchal ne fit de compromis avec personne. — Fin Janvier, la division Castagny est réunie autour de Mexico, formant l'arrière-garde de l'armée. — Incident final des décorations mexicaines à nos troupes. — Encore l'abominable Fischer ! — Dispositions en vue de l'évacuation de Mexico. — Etat défensif de la capitale. — Livraison des ouvrages et du matériel de défense. — Liquidation du matériel et des animaux de l'armée française. — Situation de la colonie militaire française de Mexico et du quartier-général. — Préparatifs de départ. — Liquidation personnelle du Maréchal. — Accusations du général Douay. — Sort des Français résidant au Mexique. — Rapatriement des corps belge et autrichien. — Lettre du commandant de la légion autrichienne au maréchal Bazaine.

Désormais débarrassé ouvertement et officiellement des affaires de la politique et du souci que lui causaient sans cesse celles du pays, le maréchal Bazaine n'avait plus guère à se préoccuper que de son armée, pour achever son mouvement de retraite d'une façon aussi parfaite qu'il en avait été jusqu'à ce moment, où aucun incident fâcheux ni aucun conflit ne s'étaient produits.

L'Empereur Napoléon et son ministre de la Guerre avaient bien raison, le premier de penser, l'autre d'écrire que le Maréchal « commandait si bien son armée et exécutait avec habileté » la retraite la plus difficile que puisse opérer un commandant en chef, car l'opération de grande stratégie avec laquelle Bazaine se trouvait aux prises fut une des plus délicates et des plus compliquées que présente l'histoire militaire. L'échiquier était immense, l'ennemi y était partout, le terrain constamment difficile et traître, les ressources étaient rares, les populations manquaient de confiance, étaient apeurées ou bien hostiles. Enfin les lieutenants du général en chef se trouvaient presque toujours dans l'impossibilité de combiner entre eux leurs opérations à cause des distances considérables qui les séparaient et des difficultés des communications dans un pays troublé. Le Maréchal était alors dans l'impérieuse nécessité de diriger lui-même et de résoudre de loin, presque chaque jour, un nouveau problème de stratégie.

Il est vrai que les actions de guerre étaient très rares, en raison des dispositions que prenait le général en chef de ne jamais laisser à aucune de ses colonnes la possibilité de se trouver en trop grande infériorité numérique avec la force matérielle des adversaires qui pouvaient les menacer.

Afin de montrer avec quel soin et quel souci d'éviter des incidents fâcheux le Maréchal combinait ses dispositions, je reproduis comme spécimen caractéristique les instructions qu'il envoya au commandant de la légion belge occupant la ville de Tulancingo, où elle résistait depuis quelque temps aux attaques de forces relativement considérables et qu'il fallait ramener à Puebla d'où cette vaillante petite troupe, délaissée par Maximilien, devait gagner le port d'embarquement.

Le message, réduit matériellement au volume d'une cigarette dissimulée dans les assemblages d'osier constituant une hotte pleine de fruits et légumes, portée par un Indien, parvint à entrer dans Tulancingo, étroitement bloqué par l'ennemi et fut remise au colonel Van der Smissen.

« Mexico, 22 décembre 1866.

« Colonel,

« Je vais prendre les mesures pour vous faciliter le moyen d'évacuer Tulancingo. Une colonne française commandée par le commandant Saussier sera le 27 décembre à Tisayuca et le 28 à la Venta del Cruz ou à l'hacyenda de Reyes. Le 29, elle viendra coucher à Zinquilacan. Vous devez quitter, ce jour-là, Tulancingo avec tout votre monde et venir aussi coucher à Zinquilacan. Vous vous rendrez ensuite à Puebla où vous arriverez le 5 janvier, couchant successivement à la Venta del Cruz, Teotihuacan, Texcoco, Buena-Vista, Rio Frio et San Martin. Je vous envoie ci-joint une copie de la proclamation par laquelle l'Empereur Maximilien licencie le corps austro-belge.

« Tâchez de vous mettre, le plus tôt possible, en relations avec le commandant Saussier. Concertez-vous avec lui pour vos opérations. En évacuant Tulancingo, vous emmènerez avec vous toute l'artillerie et les munitions de guerre qui sont dans cette place. Je crois que vous n'êtes pas tenu de faire un mystère de votre départ; je crois même que vous feriez bien d'en prévenir le chef des dissidents qui se trouve le plus à proximité de vous. Je ne verrais nul inconvénient à ce que vous entriez en pourparlers avec lui, afin qu'il fasse occuper Tulancingo après votre départ, afin d'éviter ainsi que la ville ne tombe au pouvoir de ces bandes nombreuses qui ne recherchent que le vol et le pillage. Je compte d'ailleurs sur votre connaissance de la situation et sur votre habileté pour mener à bonne fin cette négociation.

« Le Commandant en chef,
P. O. le chef d'Etat-major général « OSMONT. »

Cette dernière précaution conseillée par le Maréchal était bien nécessaire, car elle évita à la ville abandonnée le pillage que lui réservait une bande de 500 Platéados, bandits de la pire espèce, qui guettaient la proie.

L'évacuation de Tulancingo et la retraite du corps belge appuyée par le commandant Saussier se firent en ordre parfait et sans incidents. Il en fut ainsi dans presque tous les postes que nos troupes durent abandonner. Je dois cependant ajouter ce détail caractéristique que le 6ᵉ régiment de cavalerie impériale, qui était adjoint à la légion belge, à peine sorti de Tulancingo, quitta subitement la colonne, et, prenant le galop, passa à l'ennemi. Voilà un fragment des 26.000 soldats accusés par le ministre de la Guerre à la Junta, dont l'existence fallacieuse décida de continuer la lutte.

Si donc le Maréchal dirigeait les opérations de ses troupes selon les règles classiques de l'art militaire, il agissait aussi avec une certaine habileté sur le moral de ses adversaires pour faciliter encore ces opérations. C'est ainsi que, pour éviter d'être obligé d'infliger aux troupes de Juarez des représailles sanglantes qui ralentiraient la retraite de son armée, il avait fait savoir à leurs chefs que, s'il était entendu par la France que les troupes françaises n'entreprendraient pas de nouvelles expéditions, il entendait bien que les Libéraux en fissent autant et qu'il ordonnait de les attaquer s'ils approchaient à moins de deux journées de marche. Du reste, ceux-ci étaient peu disposés à se mettre en travers de sa route, car ils savaient par expérience combien ce jeu était dangereux.

Dès le mois de juillet, après la destruction de la division impériale du général Mejia et la perte de Matamoros sur la frontière américaine, le Maréchal avait décidé de replier les lignes les plus excentriques de la division Douay et même d'évacuer Monterey. Il s'était porté lui-même jusqu'auprès de cette place pour étudier les mesures défensives à prendre dans ces régions troublées, menacées par les Américains, et préparer la retraite sur Mexico et Puebla des troupes du général Douay.

Quant à la première division aux ordres du général de Castagny, sa concentration et sa marche en retraite furent une opération délicate, difficile et la plus pénible, car le général de Castagny avait occupé tout l'ouest et le nord-ouest du Mexique, jusqu'à l'Océan Pacifique; sur terre, sa division s'était étendue jusqu'aux confins sauvages du Mexique, le pays des Apaches, les Indiens autochtones, à plus de 500 lieues de Mexico. Il est vrai que ces troupes, lancées ainsi en enfants perdus, furent portées à Guaymas, presque au fond du golfe de Californie, par nos bâtiments de guerre et ravitaillées par leurs soins.

Dès le mois d'août, le Maréchal se préoccupait déjà de concentrer cette division par trop dispersée; aussi refusat-il à Maximilien de faire réoccuper Chihuahua et s'attira-t-il le mécontentement de l'Empereur. Puis, le 19 du même mois, il se décidait à évacuer les ports de la Sonora et à abandonner Guaymas et Mazatlau, encore malgré les protestations de Maximilien; il envoyait l'ordre à l'amiral Mazère, commandant nos forces navales du Pacifique, de prendre les dispositions nécessaires pour confier ces ports à la garde des troupes impériales locales et de transporter nos détachements, notamment le 62° de ligne, à San-Blas, d'où ils se porteraient sur Tépic, au pied de la Cordillère, et rentreraient ainsi dans la main du général de Castagny.

Le commandant de la division alla en effet recueillir ces troupes si longtemps éloignées de lui, les ramena sur Guadalajara et exécuta alors, avec un ordre et une précision remarquables, la concentration et la marche en retraite de toute sa division jusqu'aux abords de Mexico.

A la grande œuvre stratégique qui ramenait toute l'armée vers la capitale et l'acheminait sur Vera-Cruz, s'ajoutait encore un devoir d'un autre ordre qui présentait aussi des difficultés matérielles, mais surtout comportait des considérations morales particulièrement délicates, nécessitant pour l'accomplir, de la part du Maréchal, une habileté et un tact tout particuliers. C'était l'échange des prisonniers réciproques et le recouvrement de tous les blessés français, même autrichiens, qui se trouvaient entre les mains de l'ennemi, principalement à la suite des tristes affaires où succombèrent les bataillons de cazadores comprenant, en assez grand nombre, des soldats français et surtout des officiers.

C'est cette œuvre longue et délicate que le Maréchal mena avec un succès inespéré, grâce surtout au prestige qu'il exerçait sur les chefs libéraux et à la grande considération que ceux-ci avaient pour sa personne ; car la droiture et la générosité qu'il avait toujours témoignées à eux et à leurs troupes, avaient su gagner leurs sympathies pendant les cinq années de guerre acharnée qu'il avait soutenue contre eux. Aussi les négociations et les pourparlers engagés avec les principaux chefs libéraux furent toujours empreints d'une courtoisie parfaite et les lettres des généraux mexicains, notamment de Porfirio Diaz et de Riva Palacios témoignent de la haute estime que ces officiers professaient pour le caractère de l'armée français, de ses officiers et de la haute considération en laquelle ils tenaient le maréchal Bazaine. Les mesures spéciales qui furent prises par des chefs secondaires pour assurer la protection des détachements de blessés et convalescents français rejoignant les postes occupés par nos troupes sur lesquels les généraux libéraux les avaient dirigés, témoignent de leur part des sentiments de loyauté et d'humanité qui les honorent. Ainsi Riva Palacios écrivait, le 19 janvier, au chef du cabinet du Maréchal une lettre dans laquelle on lisait cette information caractéristique : « Vous pouvez assurer en mon nom, au Maréchal, que ses compatriotes qui doivent parcourir les chemins de Morelia à Mexico, seront entièrement respectés dans leurs personnes et dans leurs intérêts, sur toute la ligne de mon commandement, et je donne des ordres pour prévenir tout contretemps. »

D'ailleurs, ces manifestations courtoises n'empêchaient pas le Maréchal de rappeler les généraux à la prudence quand l'occasion opportune s'en présentait. C'est ainsi que, dans les premiers jours de janvier, ce même général Riva Palacios, qui opérait dans les environs de Toluca, avait envoyé un officier parlementaire pour inviter le commandant de la garnison mexicaine de cette place à la lui rendre. Ce messager fut arrêté en route et capturé. Le général Palacios écrivit au Maréchal pour le prier de lui faire rendre le prisonnier qui avait été fait contrairement au droit des gens. Il terminait sa lettre par cette courtoise flatterie : « Comme j'ai toujours connu vos sentiments de galant homme, je compte sur eux pour réparer le mal. »

Le Maréchal fit faire droit à cette juste requête et en fit informer le général mexicain par la plume de son chef de cabinet. Il profita de la circonstance pour lui rappeler, délicatement, ses idées à l'égard de la suspension tacite mais conditionnelle des grandes hostilités de la part des troupes françaises. Cette notification était ainsi formulée par le colonel Boyer :

« Permettez-moi d'ajouter, M. le Général, que dans les circonstances actuelles, les mouvements qui s'exécutent du côté de Toluca, à vingt lieues de la vallée de Mexico, ne sauraient rester indifférents au chef de l'armée française, vous le comprendrez sans peine.

« Il ne m'appartient pas de vous conseiller telle ou telle manière d'être, mais je tiens à ce qu'aucun malentendu ne puisse faire supposer que Son Excellence reste inactive, alors que vos troupes prennent l'offensive et s'approchent de nos lignes plus qu'il ne convient à l'armée française de le supporter.

« Vous voudrez bien apprécier la situation sous son véritable jour, et vous comprendrez que vous restez responsable des mesures que croit devoir prendre le Maréchal pour tenir, pendant tout son séjour à Mexico, les corps de l'armée républicaine à distance de la capitale et des points stratégiques qu'il croit devoir occuper. »

Cet avertissement était, comme il convenait qu'il fut, aussi fier qu'énergique, et ne supportait pas de réplique, sous peine de faire parler la poudre.

Ce langage condamne sans appel l'erreur commise par certains écrivains qui ont prétendu que le maréchal Bazaine avait fait des compromis avec les généraux de Juarez pour qu'on n'inquiétât pas la retraite de nos troupes. Singulier compromis, en effet, que des menaces de coups de canon !

A la fin de janvier, le corps expéditionnaire était échelonné en entier sur la route de Mexico à Vera-Cruz ; à Mexico même se trouvait une très forte arrière-garde, presque toute la première division, général de Castagny, renforcée même en artillerie et cavalerie, qui devait évacuer la capitale en un seul bloc et fermer la marche de l'armée se repliant sur la côte.

A ce moment si proche de la séparation finale, il se produisit encore un incident regrettable qui découvrait, de triste façon, l'état de décrépitude dans lequel était tombé le pouvoir impérial. Afin de récompenser les services de ces troupes qui venaient de rentrer dans la capitale après avoir guerroyé au loin pendant des années pour le service et souvent les fantaisies capricieuses de Maximilien, le Maréchal avait, depuis quelque temps déjà, avant les derniers incidents de rupture des relations, adressé à la chancellerie impériale des propositions pour la croix de Guadalupe et la médaille militaire créée par Maximilien, en faveur d'officiers et d'hommes de troupe, en particulier pour ceux ayant servi dans les cazadores. Le départ était imminent, le Maréchal avait écrit à l'Empereur pour le lui rappeler, mais les résultats de cette démarche furent incroyables. L'inquisiteur séquestre de l'Empereur garda pour lui la dépêche du chef d'Etat-major de l'armée française, général Osmont, et se permit de faire lui-même la réponse suivante :

« Confidentielle et réservée.

« Mexico, le 1er février 1867.

« Mon cher général,

« Vous n'ignorez pas que la ligne de conduite observée ces derniers jours par le maréchal Bazaine a donné pour dernier résultat que Sa Majesté s'est déterminée, bien à son regret, à cesser toute relation avec le Maréchal.

« A raison de cet incident lamentable, j'ai cru devoir m'abstenir de soumettre à l'approbation de Sa Majesté l'état de proposition que vous m'avez adressé avant-hier, car je considère qu'il ne ferait qu'augmenter le déplaisir de l'Empereur.

« Mais le respect que je vous dois et ma haute estime pour vos mérites me font vous parler avec cette franchise.

« Désireux, cependant, de ne pas laisser sans la récompense méritée les bons services de dignes militaires compris sur ces Etats, je viens soumettre à votre choix deux moyens qui, à mon avis, seraient bons pour réussir. Demandez les vous-même à l'Empereur, non pas au nom du Maréchal, mais au vôtre.

« Ou bien, adressez-moi une lettre particulière dans le même sens et, dans ce cas, j'éprouverai grande satisfaction à provoquer la haute approbation de Sa Majesté.

« *Le Secrétaire de l'Empereur,*

« Augustin FISCHER. »

Quel ignoble gredin! Tel est le seul commentaire que comporte cette multiple infamie. En présence d'un acte aussi scandaleux, on se pose cette question qui remonte plus haut : Cet escarpe politique et gouvernemental était-il le seul coupable dans cet escamotage honteux de l'autorité et de l'initiative impériales? Evidemment non. Les ministres, les conseillers de la couronne, les officiers de la maison militaire, les dignitaires de la Cour, ne furent-ils pas criminels de laisser le misérable Fischer faire jouer au malheureux Empereur, et par des procédés infâmes, un rôle abominable qu'il n'aurait jamais consenti à remplir, s'il avait eu la libre disposition de ses facultés et contre lequel Sa Majesté se serait révoltée, si elle en avait eu connaissance?

Le général Osmont, indigné à la lecture de la lettre aussi ridicule qu'impudente du comédien Fischer et surtout du rôle qu'il lui proposait de remplir, porta ce factum au Maréchal. Son Excellence, ne pouvant admettre qu'une insanité aussi impertinente ne fût pas relevée, fit lancer par la plume de son chef de cabinet, le colonel Boyer, un dernier cri de mépris au grotesque et vaniteux *alter ego* de Maximilien.

« Mexico, le 2 février 1867.

« Monsieur l'abbé,

« S. E. le maréchal Bazaine, auquel le général Osmont a communiqué votre lettre du 1ᵉʳ février, confidentielle et réservée, me charge d'avoir l'honneur d'y faire réponse.

« Votre ignorance des usages militaires, vous fait adresser au général Osmont une double proposition qui témoigne du désir que vous avez de ne point voir privés de braves soldats d'une récompense à laquelle ils attachent du prix.

« Vous ajoutez que vous ne croyez pas devoir soumettre les états de proposition à Sa Majesté l'Empereur du Mexique, à cause du lamentable accident qui s'est produit dans ces jours derniers.

« Il est regrettable, en effet, que des propositions faites depuis longtemps aient été envoyées dans des circonstances aussi peu favorables; mais, monsieur l'abbé, on ne saurait admettre que le désir particulier que vous témoignez d'être agréable au général Osmont autorise cet officier général à s'écarter des règles de la hiérarchie qui, dans l'ordre militaire comme dans l'ordre religieux, constituent la base de la discipline.

« Quant à l'incident que vous invoquez, vous ne sauriez ignorer qui l'a provoqué, et, en mettant de l'ordre dans les faits, vous vous apercevriez peut-être que la loyauté méconnue, le sentiment et la dignité offensés, ont nécessité de la part du Maréchal une première rupture dont la conscience de vos amis politiques seule restera chargée.

« Agréez... Le colonel, chef du Cabinet. »

J'ai tenu à faire connaître ces détails invraisemblables qui caractérisent douloureusement les dernières relations du chef de l'Intervention avec l'Empire mexicain, afin de bien faire comprendre qu'au moment de notre départ, nos plus grands ennemis au Mexique étaient les membres de ce gouvernement clérical intransigeant que nous avions écarté au début pour appuyer le trône de Maximilien sur des bases plus libérales et qui, après avoir hypnotisé l'Empereur, l'avoir morphiné peut-être, avaient pris en mains un pouvoir qu'ils rendaient tyrannique; pour montrer enfin combien étaient justifiées les mesures de prudence que le maréchal Bazaine avait dû prendre pour évacuer la capitale avec ses dernières troupes, sans conflit, sans insultes imprudentes et conséquemment sans effusion de sang. Car ces mesures, d'ordre varié, que j'aurai du reste à faire connaître en détails, ont été inconsidérément critiquées, reprochées même.

Le fameux moraliste encore plus irréfléchi qu'inexorable, le général Douay, dans sa dernière lettre, n'a-t-il pas écrit : « Le Maréchal, qui veut faire un départ guerrier, quittera Mexico du 8 au 10, avec une véritable armée, 10 bataillons, 8 escadrons et 24 canons. » Nonobstant le persiflage ridicule de M. Douay, le Maréchal a agi avec une très sage prévoyance, en appliquant, dans la circonstance, le classique : *Si vis pacem para bellum*. Car, envers les misérables troupes de Marquez, affublées, comme on le verra, de nos fonds de magasins, la gloire du *bellum* n'eût rien ajouté à l'honneur de nos armes; bien au contraire !

La concentration et la retraite de l'armée comportaient encore un corollaire qui s'était présenté dans tous les postes plus ou moins importants qu'occupaient nos détachements : c'était l'abandon matériel de ces postes et leur remise aux autorités et aux troupes impériales. Cette opération, partout où elle fut possible, s'effectua d'une façon satisfaisante et sans incidents.

Dans les localités où elle ne put se faire ainsi, soit qu'il n'existât pas de troupes impériales pour garder ces postes, soit que ces troupes se sentissent incapables ou impuissantes pour assurer leur garde après notre départ, nos commandants entrèrent en relations avec les chefs réguliers des forces ennemies les plus voisines, afin d'établir une entente pour que les localités fussent occupées par des troupes régulières dissidentes, au moment où nos arrière-gardes sortiraient, de manière à éviter aux populations les conséquences d'une occupation violente et brutale, ou le pillage des guerillas. Cela se fit, ainsi que j'en ai donné un exemple, dans l'évacuation de Tulancingo par le corps belge.

Le premier des cas d'évacuation par livraison aux troupes impériales était seul applicable à la capitale, où cette opération importante, compliquée et des plus délicates avait été préparée à l'avance par le maréchal Bazaine. Cela était indispensable pour éviter tout désordre et, sans doute même, des conflits qui auraient pu devenir graves en raison de l'état d'esprit qui animait le gouvernement, car il y avait lieu de penser que, outre l'hostilité déloyale qui nous était témoignée, ce gouvernement ou même seulement M. Larès, premier ministre, et le général Marquez, voire même le malfaisant Fischer, pouvaient avoir l'espoir de faire naître *in extremis* un conflit violent, afin de retenir nos troupes et d'ajourner leur embarquement. Ces trois hystériques de la politique étaient capables de tout et cette conception de leur part pouvait seule expliquer les incidents diaboliques qu'ils soulevaient, chaque jour, pour lasser la patience du Maréchal, ce qui heureusement n'était pas chose facile. Bazaine vit clair dans ce jeu ténébreux.

Lorsque, le 10 juin 1863, j'entrai, un des premiers Français, dans Mexico, cette ville n'était pas fortifiée et n'avait pour toute ressource défensive que sa citadelle, susceptible tout au plus de résister à une surprise ou à un pronunciamiento. Quatre années après, nous en avions fait une forteresse enveloppée par un immense camp retranché, contre laquelle serait venue se briser l'action expirante d'une invasion américaine.

La ville proprement dite était entourée d'une enceinte

continue du côté de la terre et gardée par des ouvrages isolés placés à tous les débouchés donnant accès entre les grands lacs. En outre, le Maréchal avait fait préparer par le génie français une ligne de fortins extérieurs, à une grande distance, qui constituaient un vaste camp retranché de treize kilomètres de ceinture. Cet ensemble défensif était armé d'un nombre considérable de pièces de siège et de campagne, approvisionnés à trois cents coups. Tout cet armement fut livré, administrativement, par les soins de notre artillerie, conformément aux règles en usage et, afin d'éviter que, par des coups de surprise, les Libéraux n'enlevassent quelques parties de cet armement laissées dans les ouvrages fortifiés, les pièces de campagne furent ramenées dans la citadelle et livrées avec leurs munitions et leur outillage à l'artillerie impériale, contre procès-verbaux de livraison remis à l'Etat-major français. Quant aux pièces de siège, trop lourdes pour être emportées par surprise, elles furent laissées sur les remparts, comptées et livrées comme le matériel léger. Cette opération ne s'appliqua naturellement qu'au matériel d'origine mexicaine, car notre artillerie devait rentrer en France ; nous ne pouvions pas abandonner là-bas nos canons victorieux. Cependant leurs projectiles, dont la valeur matérielle ne compensait pas les frais de transport et qui ne pouvaient être utilisés pour les pièces mexicaines, furent brisés et laissés comme ferraille, de manière que les dissidents, dont le retour était facile à prévoir, ne pussent les considérer comme des trophées. Enfin, les poudres destinées aux pièces de la citadelle furent noyées dans les fossés, au dernier moment, avant le départ de l'extrême arrière-garde. On a critiqué, blâmé cette mesure. Pourtant elle était dictée par la prudence, car nous laissions en batterie sur les parapets quelques grosses pièces, notamment des mortiers, et on avait lieu de craindre que des énergumènes aux ordres de Marquez n'aient l'audace de saluer le départ de nos derniers soldats par une insulte *in extremis* qui nous aurait obligés à faire demi-tour pour les châtier. J'ajoute qu'on avait si bien à redouter quelque acte de folie de la part des exaltés de Mexico, que, dans les derniers jours de notre occupation, les mortiers de la citadelle restèrent en batterie, non pas contre l'extérieur, mais contre la ville même pour la tenir en respect.

Quant au matériel, que je qualifie d'administratif, campement, habillement, subsistances, transports, et qui avait encore une certaine importance, l'Intendant de l'armée offrit au ministre de la Guerre de le prendre contre remboursement d'une valeur relative très minime. Mais cet office, représenté par le sous-secrétaire d'Etat Murphy, qui s'était affirmé si riche pour décider Maximilien à continuer la lutte, se déclara trop pauvre pour acheter, à un prix infime, le matériel indispensable pour soutenir cette lutte. Il se borna à prendre les effets d'habillement pour vêtir les 8.000 soldats que Marquez avait recrutés dans Mexico de force et « tout nus ».

Restait enfin à résoudre la liquidation du personnel animal, chevaux et mulets. Le ministre de la Guerre français avait décidé que le rapatriement de ces animaux étant trop onéreux, on devrait se débarrasser, à n'importe quelle condition de la plupart d'entr'eux. Du reste, le plus grand nombre étaient âgés et plus ou moins usés par la campagne. Cependant quelques exceptions furent faites. On autorisa les officiers à ramener en France les chevaux leur appartenant et qu'ils désireraient conserver. Un certain nombre de nos chevaux de cavalerie, ceux de race arabe en particulier, qui étaient encore jeunes, en bon état et susceptibles de faire des reproducteurs, devraient être transportés dans nos colonies des Antilles; tous les autres seraient vendus au Mexique par le service des domaines. Malheureusement cette vente, pour être tant soit peu productive, aurait dû se faire dans l'intérieur du pays et en différents endroits à Mexico, Puebla et Orizaba; mais cela n'était pas possible, car nos officiers ne pouvaient descendre à Vera-Cruz en commandant leurs troupes sans être montés, notre artillerie avait besoin de ses chevaux pour conduire au port nos canons, enfin notre cavalerie devait servir jusqu'à la dernière heure pour montrer aux troupes de Porfirio Diaz quelle était la limite que celles-ci ne devaient pas franchir. On fut donc réduit à vendre une énorme quantité de chevaux, au point terminus de notre marche en retraite. Cette opération forcée et faite en hâte donna des résultats déplorables, financièrement et moralement. Quant au matériel roulant, on en vendit à Mexico à des prix dérisoires.

Cette liquidation ressemblait plutôt à une débâcle qu'à une opération commerciale; aussi a-t-elle été vivement critiquée. Qu'on l'ait déplorée, c'eût été naturel, car ce dernier acte de notre campagne fut pour nous tous, douloureux, humiliant même, et pourtant il s'imposait. Mais on a eu bien tort de blâmer, de reprocher; car les censeurs sévères auraient dû tout d'abord se rendre compte si on pouvait faire autre chose qui fût mieux. On a prétendu qu'il eût été plus convenable d'abandonner à Maximilien tout ce que nous ne pouvions emporter. Un pareil acte de générosité était-il possible à l'égard d'un prince et d'un gouvernement qui nous avaient interdit toute relation avec eux et qui ne nous considéraient plus que comme une troupe stationnant, à titre momentané, au Mexique ? Ces gens-là étaient devenus pour nous des ennemis déclarés, menaçants même. D'ailleurs, quel usage en auraient donc fait les troupes impériales ? Les livrer aussitôt aux Juaristes comme elles le firent à l'égard de presque toutes les localités et de leurs armements que nous avions remis régulièrement. Ce n'était pas les armes, les chariots, les munitions, les chevaux qui faisaient défaut aux troupes de Maximilien, mais bien le dévouement et la confiance, souvent même la conscience du devoir et la bravoure. Les soldats de cet Empereur n'étaient pas de ceux qui brûlent leurs dernières cartouches!

Enfin, n'avions-nous pas été assez généreux en leur donnant par centaines les canons que nous leur avions remis? Car, en somme, toute cette artillerie était bien notre propriété, puisque nous l'avions conquise au prix de notre sang, et c'était bien un riche présent que nous offrions à ce gouvernement d'ingrats qui refusait à nos soldats les quelques croix, les quelques médailles, que le Maréchal demandait pour prix de ce sang, versé si généreusement.

Mais il fallait critiquer tout et quand même. Pourtant si on avait cédé tout cela au gouvernement mexicain, comme il ne serait pas entré de ce fait un centime dans les coffres du trésor français, les esprits chagrins et malveillants auraient prétendu que le Maréchal avait fait une affaire... véreuse ! Le général Douay n'y aurait pas manqué, et les naïfs l'auraient cru, comme ils ont cru bien d'autres choses tout aussi invraisemblables.

La concentration de l'armée était accomplie ; celle-ci n'attendait plus que des vaisseaux pour abandonner, sans regrets, la terre mexicaine ; la liquidation administrative de son immense matériel était assurée dans les conditions seules possibles. Le Maréchal avait ainsi rempli tout son devoir vis-à-vis de son gouvernement et de son pays. Mais il lui en restait un vis-à-vis de lui-même et de ses intérêts personnels, devoir qu'on ne pourrait lui contester : c'était la liquidation des éléments matériels de la haute situation que, depuis 4 ans, il occupait au Mexique ; mais cette opération privée et délicate fut chose fort difficile. Elle fut même panachée d'incidents variés, souvent désagréables. Dans cette affaire purement personnelle, les dispositions matérielles, si importantes qu'elles fussent, ne présenteraient en elles-mêmes qu'un médiocre intérêt si des esprits médisants et inspirés par les plus mauvais sentiments ne s'étaient occupés des détails de la vie privée, intime même, du Maréchal pour en tirer des suspicions, des accusations indignes et non justifiées. C'est en raison de ces accusations qu'il importe de faire la lumière sur ces questions particulières.

La haute situation politique et mondaine du Maréchal imposait un train de maison considérable qu'il n'était pas possible de songer à transporter en Europe. Le Maréchal était donc obligé de s'en défaire. Il vendit à peu près tout le mobilier, ses chevaux d'attelage, ses voitures, etc., ne conservant que quelques chevaux de selle et une voiture ordinaire pour transporter la Maréchale et son fils à Vera-Cruz.

Restait une partie de ses intérêts matériels qui étaient encore moins transportables : c'était le palais de Buena-Vista qui avait été donné en dot à sa femme par l'Empereur Maximilien et le gouvernement, en vertu d'une donation faite en bonne et due forme par décret impérial, ainsi que je l'ai fait connaître en son temps. Cet acte stipulait en particulier que « le jour où le Maréchal ne voudrait pas conserver la jouissance de cette propriété, elle lui serait rachetée moyennant une somme déterminée ». Dans ces conditions et lorsque fut fixée l'époque du départ de l'armée française, le Maréchal et sa femme, bien que Mexicaine, ne voulant pas conserver une si lourde charge pendant qu'ils devaient résider en France, firent, auprès du gouvernement, les démarches nécessaires et conformes à l'acte de donation, pour restituer le palais dans les conditions fixées sur cet acte. Que furent ces négociations? Nous ne le sûmes pas exactement; mais ce qui est certain c'est que rien ne put être réglé à ce sujet avant le départ et que le Maréchal dut confier l'immeuble et ses dépendances à un liquidateur chargé de soutenir ses intérêts.

Ce qui ressort de positif dans cette affaire n'est pas flatteur pour l'Empereur et son gouvernement, qui se sont dérobés afin de ne pas faire honneur à leur parole et à leur signature. C'est sans doute une des raisons qui les ont poussés si déloyalement à rompre toute espèce de relations avec le Maréchal. En tout cas, il n'y avait là qu'un préjudice matériel. Mais ce qui a dû être encore plus douloureux moralement pour le maréchal Bazaine, c'est qu'alors qu'il était ainsi frustré, il a trouvé des calomniateurs assez indignes pour l'accuser d'avoir commis des tripotages et de s'être enrichi, d'avoir même sacrifié ses devoirs pour s'enrichir, alors que le malheureux est rentré en France aussi pauvre qu'il l'était en partant et que, malgré les hautes positions qu'il a occupées, il est mort je ne dirai pas « dans la misère » mais bien « de misère même » !

J'avais bien raison, dès 1865, dans les tête-à-tête discrets de nos promenades en coupé, de mettre en garde le grand chef contre les malveillances calomnieuses dont il était déjà l'objet et de lui signaler les accusations qu'on formulait contre lui, afin qu'il pût un jour se défendre, si cela devenait nécessaire. Et pourtant alors on ne pouvait supposer que ces attaques sourdes et imprécises pourraient un jour partir de si haut dans la hiérarchie pour aller plus haut encore inspirer le doute et la malveillance.

Mais il semble que le maréchal Bazaine ait eu autant de mépris pour les dangers de la calomnie qu'il avait toujours eu de dédain pour les risques des champs de bataille. Ce fut une grande faute qu'il paya trop cher!

J'ai exposé les grandes lignes et certains détails particuliers des prodromes du départ du corps expéditionnaire. Il me reste un devoir patriotique que je ne puis négliger. Il y avait en effet au Mexique un autre élément de la France qui méritait notre sympathique attention : c'était la colonie civile que formaient nos compatriotes établis au Mexique, soit qu'ils s'y trouvassent avant l'intervention, soit qu'ils y fussent venus après et sous ses auspices protecteurs. Quelle allait être leur situation après notre départ? Tous l'envisageaient avec tristesse, un grand nombre avec appréhension, terreur même. Pourtant il y avait lieu d'espérer qu'ils n'avaient pas à redouter les représailles des Juaristes, puisque leurs chefs proclamaient qu'ils n'en voulaient pas aux Français. Aussi, presque tous ceux qui étaient depuis longtemps au Mexique et avaient eu autrefois de bonnes relations avec les Libéraux, restèrent; mais la plupart de ceux d'importation plus récente et qui n'avaient pas eu l'heur d'épouser la fortune, avaient résolu de quitter le Mexique et de reprendre avec l'armée le chemin du pays natal.

Du reste, l'Empereur Napoléon avait prescrit de rapatrier tous les Français qui en feraient la demande ou, tout au moins, de faciliter le retour de tous ceux qui rentreraient en France, avec ou sans assistance. Aussi tous ceux-là réalisèrent du mieux possible les intérêts qu'ils avaient au Mexique et se tinrent prêts à se joindre à nos convois descendant à Vera-Cruz. Il y en eut un nombre considérable, car il en était venu de tous les points du Mexique, sous la protection de nos colonnes revenant de l'intérieur.

Quant à la colonie militaire française, elle n'avait pas les préoccupations morales de nos compatriotes du pays, si ce n'est les regrets de nous éloigner pour toujours de la société de Mexico, avec qui nous avions entretenu les plus sympathiques relations et qui nous voyait partir avec tristesse. Mais nous avions les soucis du voyage terrestre par étapes; surtout les ménages possesseurs d'enfants, car il fallait créer des moyens de transport et d'habitat champêtre appropriés. La femme, ça monte à cheval; mais les gosses? comme on dit *in populo* ! Alors, prenant modèle sur Robinson Crusoë, chacun s'organisa selon ses ressources inventives.

Ma solution du problème, étant simple et de bon goût, fut plagiée par plusieurs camarades : c'était un chariot aménagé en dortoir à étagères mobiles, à l'instar des paquebots, muni d'une toiture hemicylindrique et d'une échelle d'ascension; l'étage supérieur était destiné à la mère et à l'enfant, le rez-de-chaussée à la bonne du sus-dit; le tout accompagné d'un certain confort et de dispositions ornementales. Pour moi, mes chevaux et ma tente, chambre à coucher la nuit et le jour, salon ou salle à manger. Avec ce train de maison on pouvait faire le tour du monde.

Quant au voyage par mer, je ne me souciais pas d'embarquer sur le vaisseau destiné à mon grand chef qui, encombré par la Maréchale, ses suivantes et sa maison, n'aurait sans doute que le fond de la cale à mettre à la disposition de ma smalah. Alors, adroitement et manifestant la crainte d'être moi-même un encombrement, je m'en ouvris franchement au Maréchal, qui comprit mes scrupules et voulut bien décider que je prendrais passage sur le vaisseau destiné à accompagner le sien. Tout allait donc à souhaits et je n'avais plus qu'à attendre l'heure du départ.

Pendant qu'à Mexico s'accomplissait la désagrégation de l'Intervention, je puis même ajouter de l'Empire, les légions belge et autrichienne qui auraient dû être, de l'Empereur, l'*ultima ratio*, et rester ainsi les dernières avec le Souverain défendant sa couronne, ces troupes, en quelque sorte d'élite, partirent au contraire les premières, ainsi que le Maréchal en avait pris l'engagement avec Maximilien. Le 20 janvier s'embarqua la légion belge et le lendemain 21, ce fut la légion autrichienne; les deux troupes sur des transports français. Le départ de la légion autrichienne fit naître un incident intéressant, en raison des circonstances du moment. On avait pensé au quartier général qu'on pourrait profiter du retour à Trieste de la frégate autrichienne *Dandolo*, mouillée depuis longtemps à Vera-Cruz pour convoyer la *Novara*, devant ramener Maximilien en Europe; mais l'Empereur, sollicité à ce sujet, répondit que cette frégate était à sa disposition et qu'elle devait y rester. Ce qui prouva une fois de plus que la pensée d'un retour prochain ne l'avait pas abandonné. Il fallut donc embarquer sa légion sur des bâtiments français.

A ce propos, il est intéressant de rappeler une démarche faite par cette vieille troupe européenne, qui contenait pourtant des vaincus de Magenta et de Solférino, au moment où elle se séparait de l'armée française avec laquelle elle avait guerroyé pendant trois ans. Ces braves gens, toujours animés des sentiments de solidarité et d'estime qui unissaient les armées entr'elles, adressèrent au maréchal Bazaine et à ses troupes une lettre d'adieu qui honorait la légion autrichienne et le corps expéditionnaire français. Ce document est un souvenir pour tous les militaires qui ont compté dans notre vaillante phalange du Mexique et nous devons le conserver.

« Orizaba, 17 janvier 1867.

« Monsieur le Maréchal de France,
« Au moment où nous allons bientôt quitter le Mexique pour rentrer en Autriche, j'ai l'honneur de vous exprimer toute notre reconnaissance pour la bienveillante protection de Votre Excellence sans laquelle le sort du corps autrichien serait devenu bien triste.

« Ce sera pour nous, à jamais, un glorieux souvenir d'avoir combattu sous les ordres de Votre Excellence et à côté du corps expéditionnaire français.

« Dieu le veuille, qu'il arrive une époque où il nous sera permis de donner des preuves de notre dévouement pour Votre Excellence et notre reconnaissance envers la France qui nous a protégés au Mexique et nous a comblés de bienfaits. »

« Pour le corps autrichien :
« Le Lieutenant-colonel,
« POLAK. »

Cette manifestation, peu flatteuse du reste pour Maximilien, est d'autant plus intéressante qu'elle fait ressortir et condamne le mauvais esprit du général Thun, qui commandait cette légion et, s'étant refusé à exécuter les ordres d'un maréchal de France, dut quitter son commandement et rentrer en Autriche.

Enfin ce témoignage de reconnaissance, ces sentiments généreux envers le Maréchal et la France, sont vraiment suggestifs. En les admirant, en en conservant un précieux souvenir, nous ne pouvons que regretter que, trois ans plus tard, ils ne se soient pas trouvés dans le cœur du gouvernement de leur pays! Ces braves gens auraient eu une belle occasion de mettre leur morale en action.

CHAPITRE XX

DERNIERS EFFORTS DE BAZAINE POUR SAUVER MAXIMILIEN

Proclamation du maréchal Bazaine à la nation mexicaine annonçant le départ de l'armée française. — Inqualifiable indifférence de Maximilien. — Le 5 février, les couleurs françaises sont amenées du quartier-général. — Emotion silencieuse de la population. — Abstention du gouvernement. — Le Maréchal tente encore un effort pour sauver Maximilien — Le général Castelnau, sorti de Mexico avec le Maréchal, le quitte le lendemain pour rentrer en France par le premier paquebot. — Jugement que comporte le rôle du général Castelnau au Mexique et le général lui même. — Arrivé à Puebla, le Maréchal se préoccupe encore du salut de Maximilien et met cette place en état de se défendre et de couvrir toute retraite de l'Empereur. — Dernières nouvelles des opérations entreprises par les troupes impériales. — A Orizaba, le Maréchal s'arrête encore pour expédier toutes ses troupes à Vera-Cruz et partir le dernier. — Dernière machination du général Douay. — Le trait du Parthe !

Le 5 juin 1863, l'armée française entrait triomphalement dans la capitale du Mexique, et son chef, le général Forey, adressait au peuple mexicain une proclamation qui était le salut du Drapeau de la France. Quatre années plus tard, au moment où cette même armée allait quitter Mexico, son chef, le maréchal Bazaine adressait encore à la nation mexicaine une proclamation qui était cette fois l'adieu de la France.

C'était bien. Mais à cette seconde manifestation, il manqua la voix du Mexique; le silence de l'Empereur fut regrettable. On aurait pu s'attendre, en effet, à ce que le Souverain adressât à cette armée un ordre du jour, un message quelconque, qui fût une manifestation de regrets, une expression de sympathie et de gratitude. Ces sentiments s'imposaient en lui, puisque cette armée l'avait fait ce qu'il était, avait forgé sa couronne, façonné son Empire, et, si l'une chancelait sur sa tête, si l'autre se dérobait sous sa main, ce n'était pas cette armée qui était responsable, mais bien son gouvernement, sa personne elle-même. Mais ce jeune prince que l'on disait magnanime, insensibilisé par les Larès, les Fischer, et autres mauvais génies, ne sentit rien vibrer en lui au moment de cette séparation. Il avait oublié sans doute que les soldats qui partaient lui avaient consacré cinq années de peines, de misères, avaient généreusement et glorieusement versé leur sang pour sa cause et emportaient la conscience du devoir accompli, que leur chef enfin avait toujours été pour lui un conseiller sûr et dévoué, qu'en toutes occasions il l'avait lui-même qualifié d'ami fidèle et sincère. Il oubliait tout cela. Et pourtant le maréchal Bazaine allait encore, jusqu'à la dernière heure de sa présence au Mexique, lui donner des preuves de ce dévouement en faisant un effort suprême pour l'arracher à l'abîme dans lequel il allait se perdre.

L'avant-veille de son départ, le Maréchal, correct jusqu'à la fin, lança au Mexique tout entier sa dernière parole et les adieux de son armée :

« Quartier général à Mexico, 3 février 1867

« Mexicains,

« Dans peu de jours, les troupes françaises quitteront Mexico.

« Durant les quatre années qu'elles ont passées dans votre belle capitale, elles n'ont eu qu'à se féliciter des relations sympathiques qui se sont établies entre elles et la population.

« C'est donc au nom de l'armée française qu'il commande, en même temps que sous l'impression de ses sentiments personnels, que le Maréchal de France commandant en chef prend congé de vous.

« Je vous adresse donc les vœux communs que nous formons pour la chevaleresque nation mexicaine.

« Tous nos efforts ont tendu à établir la paix intérieure. Soyez assurés, et je vous déclare au moment de vous quitter, que notre mission n'a jamais eu d'autre objet et que jamais il n'est entré dans les intentions de la France de vous imposer une forme quelconque de gouvernement contraire à vos sentiments.

« Maréchal BAZAINE. »

Dès l'aube du 5 février, les couleurs françaises furent, comme de coutume, hissées au fronton du quartier général, où elles avaient flotté pendant quatre années, puis elles redescendirent lentement, disparaissant pour toujours. La France quittait la capitale du Mexique. En même temps, de tous les quartiers de la ville, des localités voisines, les détachements de nos troupes se mirent en marche, se dirigeant vers le Paseo, point de rassemblement de la dernière colonne de l'armée française ; leurs Aigles ouvraient leurs ailes vers la France. C'était l'arrière-garde de l'armée française ne laissant plus derrière elle que des souvenirs. Elle formait une belle division mixte sous le commandement du général de Castagny, sans peur et sans reproche, qui revenait gaiement et plein d'entrain des rivages de l'Océan Pacifique.

Ce grand événement avait soulevé une émotion considérable dans toute la grande ville et une foule immense se pressait dans les rues, suivait nos détachements et se massait sur le Paseo. Elle était muette, silencieuse et semblait atterée ; sur les visages un épais nuage de tristesse et d'inquiétude décelait des sentiments intérieurs de sympathiques regrets.

Lorsque toutes les troupes furent rassemblées, la foule qui s'était massée à l'entrée du parc du quartier général, vit apparaître les spahis de pointe du général en chef, le fusil haut sur la cuisse ; puis le maréchal Bazaine, ayant à son côté le général Castelnau, suivi de son fanion aux sept étoiles, et entouré de ses officiers et de son État-major général.

Quand le Maréchal franchit la grande grille du parc, les sombreros lentement s'abaissèrent, aucune manifestation bruyante ne se produisit, mais une tristesse profonde était répandue sur tous les visages. Le Maréchal, très ému lui-même, salua affectueusement du geste tous ces braves gens et gagna lentement la grande place où aboutit le Paseo. Là, les troupes lui rendirent les honneurs en même temps que le général de Castagny le recevait et le conduisait jusqu'à la droite de sa division.

Le Maréchal continua sa route et la colonne entière, suivant sa plume blanche, se mit en marche. Les musiques et les fanfares résonnant partout, allaient répandre sur la grande cité les derniers accents des refrains classiques de l'armée française.

La note caractéristique qui marqua ce départ, sensationnel pourtant, fut l'abstention systématique et dédaigneusement impertinente que manifestèrent l'Empereur et son gouvernement.

Etait-ce par honte d'eux-mêmes ou par haine stupide et stérile? Ces malheureux se tinrent cachés; on ne vit ni le Souverain, ni ses conseillers, ni ses ministres. L'astucieux Marquez même n'osa pas affronter les regards d'adieu du Maréchal qui, pourtant jadis, l'avait comblé de bontés. Le palais impérial, lui aussi, resta silencieux et clos hermétiquement. Cette attitude préméditée manqua absolument de dignité; elle ne fut que ridicule et ne put soulever qu'un sentiment de pitié et de mépris.

Cependant le Maréchal montra une grandeur d'âme qui contrasta singulièrement avec la vilaine mentalité des soi-disant Impériaux.

En effet, sa première étape ne fut pas longue; car un lien magnétique mystérieux le retenait encore à Maximilien. Le Maréchal ne put se résoudre à s'éloigner tout à fait et à brûler ainsi le dernier vaisseau de l'Empereur. Mû par un sentiment généreux dont il ne pouvait s'affranchir, il voulut tenter encore un effort pour sauver ce prince. Il s'arrêta à

La Piedad, à 5 kilomètres de Mexico, et campa avec toute sa colonne. Il avait accusé le départ, mais il était encore présent, car deux autres considérations, généreuses aussi, inspirèrent cette détermination.

En restant encore une journée et une nuit à proximité de la capitale, il donnait le temps au général Marquez et aux troupes, qu'il commandait dans la ville, de prendre toutes les dispositions d'armement et les mesures de défense nécessaires pour parer à un coup d'audace que pourraient tenter les Libéraux qui guettaient leur proie, mais se tenaient néanmoins à distance prudente de nos troupes. En outre, il redoutait que le gouvernement de cléricaux affolés qui tenaient le pouvoir, profondément irrité de notre départ, ne résolût de tenter un coup machiavélique d'hostilité à notre égard qui nous obligeât à revenir sur nos pas. Aussi, se tint-il sur un qui-vive attentif et prêt à tout événement pendant qu'il tentait encore une démarche auprès du Souverain. Enfin, le Maréchal avait encore le but, en ralentissant son mouvement de retraite, de tendre la main aux familles mexicaines qui se sentaient menacées par la tyrannie cruelle de Marquez tenant désormais la capitale sous son joug de vengeance et de leur donner la possibilité de le rejoindre pour émigrer sous la protection de notre dernière colonne.

Dans la soirée de ce séjour à La Piedad, le Maréchal écrivit à l'Empereur afin d'ouvrir encore une fois ses yeux sur l'inutilité de son héroïque résistance, le supplier de prendre une mâle et digne résolution, et de venir le rejoindre, afin qu'il se fît un dernier devoir de l'escorter jusqu'à la frontière maritime de son Empire. Ce message, plein de cœur et de grands sentiments, fut porté par un des officiers les plus attachés au Maréchal. Mais l'infortuné Maximilien refusa de le recevoir! Du moins c'est ce que répondit son ignoble geôlier Fischer.

Le sort en était jeté; il ne restait plus que la force pour arracher ce malheureux à l'inexorable destin et à ses tentacules de pieuvre. Le Maréchal y pensa; mais ne put se résoudre à prendre une mesure aussi violente, à assumer une si lourde responsabilité. Et pourtant, plus tard, on lui a reproché de ne l'avoir pas fait. Ces censeurs l'auraient-ils fait eux-mêmes? Non assurément; mais il fallait blâmer quand même.

Le lendemain, 6 février, le Maréchal continua sa retraite. Il marchait en tête de la colonne, précédé et flanqué par une forte avant-garde de chasseurs d'Afrique, et suivi par l'infanterie tout entière qui encadrait le convoi. Castagny se tenait avec l'arrière-garde, suivie elle-même par une longue file d'émigrants. Quant à ce qui, jusqu'alors, avait été l'ennemi, il se tenait toujours à très grande distance et partout invisible.

Le Maréchal entra à Puebla le 10 février et s'y arrêta encore.

Le départ de Mexico, avec accompagnement du représentant particulier de Napoléon III, n'était qu'une mise en scène de courte durée, car, dès le lendemain matin, un événement se produisit au quartier général. Son hôte forcé et encombrant, le général Castelnau, le quitta avec un empressement que justifie parfaitement la chronique de son ami d'association ambitieuse, M. le général Douay, en faisant savoir à Paris qu'il ne s'y trouvait pas sur un lit de roses et que sa santé s'y était profondément altérée.

Quelle fragilité de tempérament pour un général! Il est vraiment fâcheux d'être mis dans un si triste état par une campagne à l'eau de roses, sinon sur un lit de roses, sans sortir de Mexico, et ayant pour bivouac le plus beau palais de cette capitale. Décidément, le général Douay maniait assez convenablement le fameux « pavé de l'ours »! En tout cas, ces deux graves considérations morbides expliquent surabondamment pourquoi le général mit à quitter le quartier général une hâte qui n'avait d'égale que celle qu'on y avait de le voir partir.

Bref, cet important et importun personnage, ayant vu sortir de Mexico le dernier soldat français, considéra que sa haute mission était terminée. Aussi, las de l'existence imprécise et spécieuse qu'il menait depuis quelques mois et peu soucieux de chevaucher par petites journées sous le climat fantasque du Mexique qui l'avait maltraité, il s'empressa de prendre congé du Maréchal pour rentrer en France le plus vite possible et y recueillir le prix de ses actions d'éclat au Mexique. Il saisit au passage la diligence de Mexico à Vera-Cruz et s'y installa pour descendre jusqu'au terminus du chemin de fer. Le paquebot pour la France devait partir le 15 et il ne voulait pas manquer cette occasion, relativement rapide, de traverser l'Atlantique.

Vers le 10, en effet, il était à Vera-Cruz, et au moment de quitter la terre mexicaine où il pensait s'être couvert de gloire, il crut nécessaire de faire précéder sa personne auprès de Napoléon III par l'annonce du grand succès qu'il avait obtenu, non pas comme cela devait être, selon la logique, sur les Libéraux, les ennemis que nous combattions depuis quatre ans, mais bien sur le maréchal de France qui les avait battus pendant tout ce temps. A cet effet, il formula, dans le style laconique particulier aux triomphateurs, le bulletin de victoire que voici et qu'il fit porter par le *Bouvet*, aviso rapide de notre escadre, à la Nouvelle-Orléans, pour de là gagner Paris par le télégraphe :

« Le général Castelnau à l'Empereur Napoléon III :

« L'évacuation de Mexico a eu lieu le 5, et n'a provoqué que des manifestations sympathiques, la retraite s'effectue dans un ordre parfait, sans un coup de fusil, l'Empereur resté à Mexico où tout est tranquille..... Je rentre aujourd'hui en France. »

L'emphase de ce télégramme semblait incarner la fameuse déclaration de l'antique : *Veni, vidi, vici ;* malheureusement, le pauvre général n'avait accompli que le premier élément de cette fière trilogie. Il est venu, et c'est tout! car il n'a pas vu et il a encore moins vaincu! pas même la patience du maréchal Bazaine, ce qui lui aurait fourni l'occasion désirée de lui retirer son commandement pour le donner à son ami le général Douay qui aurait achevé la retraite déjà préparée, et ainsi mangé les marrons que son chef Bazaine aurait fait rôtir.

La moralité de cette affaire, c'est que les honneurs du triomphe acquis par Bazaine furent donnés à Castelnau et que Douay ne mangea pas les marrons. Il appartiendrait à l'Histoire de rendre à cette moralité la morale qui lui a manqué.

Aussi, afin de l'aider dans cette œuvre, le moment me paraît opportun d'apprécier à sa valeur et dans ses résultats la mission remplie par cet officier général, aide de camp de Napoléon III, car cette fameuse mission, mal connue, mal comprise, a jeté le trouble dans l'esprit des chroniqueurs, a compromis la marche de notre politique au Mexique, et, depuis que, quelques années plus tard, ont été divulguées, volontairement ou non, les révélations scandaleuses du général Douay qui s'en était fait en quelque sorte le chroniqueur scandaleux, elle a formé de fortes assises à la « Légende Bazaine » qui est un travestissement monstrueux de la page historique qui s'appelle trop aisément « l'aventure mexicaine ».

Le général Castelnau passait pour un officier d'Etat-major distingué. Il avait fait une partie de sa carrière auprès de hautes personnalités et était arrivé au summum des fonctions d'aide de camp et attaché à la personne de l'Empereur, avec qui il avait suivi et étudié la plupart des événements militaires ou autres qui s'étaient produits au Mexique. Il connaissait ainsi les idées personnelles du Souverain sur presque toutes les questions mexicaines. Cet officier général était doué d'une intelligence assez souple, d'un tempérament froid et réservé, mais peut-être trop dissimulé et méfiant, d'un esprit observateur, mais trop confiant en sa perspicacité. Il avait assurément des qualités qui devaient attirer sur lui le choix du Souverain pour remplir la mission qu'il méditait, malheureusement peut-être.

Cependant, et je l'ai déjà dit, il avait deux graves défauts : Le premier était une trop grande infériorité de grade que la confiance de l'Empereur, quelqu'illimitée qu'elle fût, ne pouvait compenser. La deuxième est qu'il n'était pas suffisamment au courant du milieu dans lequel il allait manœuvrer, ni des pratiques, parfois peu ordinaires, qu'inspirait la mentalité des gens qu'il allait fréquenter. Enfin, ce qui est plus grave, il n'avait pas conscience de ces insuffisances et, une fois grisé par le grand honneur qui lui était fait, il se crut beaucoup plus habile et plus infaillible qu'il ne l'était réellement. Presque tous ses actes en sont la preuve, car il se laissa souvent berner et duper par des malins peu scrupuleux et il ne s'en douta pas.

Il subit enfin les conséquences de l'erreur qu'avait commise l'Empereur en s'imaginant qu'une mission aussi difficile et délicate dans les circonstances presque désespérées où se débattait la solution de la question mexicaine, pouvait être accomplie par un néophyte dans la pratique même de la question, quels que fussent du reste sa valeur personnelle, et même son grade et sa position.

Enfin, ce qui influença de façon déplorable le général Castelnau dans l'accomplissement impartial et indépendant de sa mission, ce furent les préventions qu'il apportait de Paris contre le Maréchal lui-même, préventions inspirées tout spécialement de longue date, et entretenues secrètement par le général Douay qui voulait pousser au renvoi de Bazaine afin de prendre sa place, comme il avait tenté de le faire à l'égard de Lorencez et de Forey. Le général Castelnau était constamment hanté par l'idée fixe de voir le Maréchal résolu à retarder le départ des troupes et à empêcher l'Empereur d'abdiquer ; tout cela pour des satisfactions d'intérêts personnels. Il le croyait enfin capable de nourrir des projets qui n'étaient qu'absurdes et invraisemblables. De sorte qu'en voulant enfoncer des portes ouvertes, il ne s'apercevait pas qu'il fermait celles par où Maximilien pouvait se retirer.

D'autre part, il paralysait toutes les initiatives du Maréchal, entravait les négociations qu'il entreprenait et entamait lui-même des intrigues inopportunes et maladroites qu'il conduisait fort mal, en raison de son ignorance des mœurs et des habitudes du pays ainsi que du caractère des politiciens qui le recherchaient pour le rouler. Dans cette voie, déplorable et peu digne, de suspicion constante, il était soutenu par les excitations incessantes et les révélations calomnieuses du général Douay. Pour l'honorabilité de son caractère, je veux bien admettre qu'il les croyait sincères, malgré le contrat tacite qui unissait leurs intérêts réciproques.

Dans ces conditions, le général Castelnau manœuvra toujours sur un terrain faux et trompeur, guidé par des suspicions non fondées; ce qui lui fit commettre bien des maladresses et entreprendre des démarches absurdes ou dangereuses.

En dehors des conditions qui lui étaient personnelles et qui entravèrent la bonne exécution de sa mission, il en existait une, d'ordre protocolaire, qui paralysa toujours ses moyens d'action; c'était ce que je crois pouvoir définir un péché originel. Le général n'était pas accrédité officiellement, à quelque titre que ce fût, auprès de l'Empereur du Mexique. Sa position auprès de l'Empereur des Français et les pleins pouvoirs que ce Souverain lui avaient conférés en faisaient un personnage important et il eût été séant de faire connaître officiellement à la Cour du Mexique le but, ou un but quelconque, de sa présence dans l'Empire. Ce fut une erreur de Napoléon III et une des causes qui rendirent sa tâche difficile et infructueuse, d'autant que le général ne parut s'en être jamais rendu compte, ce qui révèle, de sa part, une insuffisance de jugement et de perspicacité. Autrement, il aurait évité certains impairs, notamment sa visite à l'Empereur qu'il rencontra sur sa route en montant à Mexico, alors que Maximilien descendait à Orizaba, visite qui fut une maladresse, puisque le Souverain refusa de le recevoir et fut irrité par cette démarche qui semblait être le premier acte de sa mission tendant à le pousser hors du Mexique.

Le Prince, alors absolument découragé par ses chagrins domestiques et sous le coup des émotions violentes motivées par l'état de santé de l'Impératrice, n'ayant pas encore connaissance du scandale politique que devait produire, peu de temps après, l'incident de la correspondance Eloin, paraissait aller tout droit à Vera-Cruz, et si bien lancé dans son désir de partir qu'il avait annoncé au Maréchal qu'il allait lui envoyer des instructions pour publier son abdication et prendre les dispositions que devait comporter ce grand événement. Mais la démarche inconsidérée de Castelnau arrêta cet élan et fit tout manquer. Aussi, on peut dire avec assurance que si ce pseudo-ambassadeur était arrivé quinze jours plus tard, il eût, avec succès cette fois, joué les carabiniers d'Offenbach : trop tard! Maximilien eût été parti et sa mission terminée avant d'avoir commencé.

A quelques semaines de là, Castelnau commit encore une autre gaffe, d'une gravité beaucoup plus grave, car elle fut préparée de longue main et produisit deux résultats absolument déplorables. Ce fut la fameuse démarche montée par lui et M. Dano, faite auprès de l'Empereur à Puebla, et où tous les deux furent roulés par le père Fischer. Cette tentative fut d'autant plus maladroite qu'elle était inutile et inspirée seulement par l'impatience qu'éprouvait Castelnau à faire partir Maximilien. En effet, le 7 décembre 1866, cet officier général ne trouvant pas au quartier général l'empressement qu'il désirait pour « mettre brutalement Maximilien à la porte de son empire » et, d'autre part, n'ayant, sans doute, pas les pouvoirs suffisants pour « mettre à la porte de son commandement » le maréchal Bazaine, trop prudent pour brusquer les choses, Castelnau demanda aux Tuileries de nouvelles instructions spéciales. Le 10 janvier suivant, l'Empereur Napoléon répondit par ce télégramme : « Reçu dépêche du 7 septembre. Ne forcez pas Maximilien à abdiquer, mais ne retardez pas le départ des troupes, rapatriez tous ceux qui ne voudront pas rester. La plupart des navires sont partis. » Mais, trente-trois jours d'attente séparant la demande et la réponse, Castelnau, impatient de gagner les trois étoiles de son épaulette, par l'extradition de Maximilien, commit la tentative brutale que j'ai exposée en son temps et qui eut pour résultat déplorable de détruire dans l'esprit de Maximilien les dernières velléités d'abdication. Elle eut encore la conséquence très grave de faire naître entre le Maréchal et le duo Dano-Castelnau d'une part, l'Empereur d'autre part, une situation des plus fâcheuses qui fut l'origine de la rupture entre le gouvernement impérial et le Maréchal. Le général Castelnau commit ainsi, sous l'inspiration d'un intérêt personnel, une faute impardonnable.

Enfin, cet aide de camp de l'Empereur Napoléon, qui lui avait accordé sa confiance absolue, eut le tort grave d'établir avec le général Douay une association occulte de secours mutuels destinée à exploiter la situation difficile du Maréchal et les pouvoirs considérables dont il disposait, pour en tirer des avantages personnels à chacun d'eux et faire présenter, au moyen des correspondances du général Douay, des difficultés qui n'existaient pas, ou aggraver celles qui existaient, prêter au Maréchal des tendances et des aspirations coupables qu'il ne pouvait avoir. Tout cela afin de grandir les titres de Castelnau aux yeux de Napoléon III. Cette combinaison ténébreuse est pour le moins d'une correction douteuse; d'aucuns diraient d'une moralité analogue!

En résumé, quel a donc été le résultat de la mission du général Castelnau? Nul!

Animé, sans doute, au départ de France, des intentions les meilleures, cet officier ne tarda pas à céder aux plus funestes influences, à se laisser entraîner dans des intrigues inextricables qu'il croyait honnêtes et commença à s'enliser dans les fondrières du gâchis où agonisait l'Empire mexicain. Dès lors, les maladresses, les fautes se succédèrent dans toutes les entreprises du messager de Napoléon III, compliquant les situations, brouillant les affaires et les gens, n'obtenant aucune solution et empêchant les autres d'en trouver. Enfin, après avoir cru « sauver le capitole », il reprit le chemin de la France sans laisser au Mexique, ou dans l'œuvre de l'Intervention, aucune trace fructueuse de son séjour. Son extraordinaire intervention personnelle *in extremis* ne produisit rien, ne changea rien et les événements suivirent, quand même, leur inexorable destin!

Quand je dis qu'elle ne produisit rien, je ne suis pas absolument juste, il convient de dire « rien de bon » et d'ajouter qu'il fit une mauvaise action en créant, avec le concours intéressé de l'indiscipliné général Douay, les premiers termes de la « Légende Bazaine ». Cet unique haut fait eût été vraiment peu honorable, s'il avait été justifié. Qu'est-ce donc, alors qu'il ne repose que sur l'intrigue et la calomnie?

Le général Castelnau aurait mieux fait de rester aux Tuileries, où, *sur un lit de roses*, il n'aurait pas *vu s'altérer profondément* sa santé.

Aussi, avec une conviction profonde, j'estime que le grade de général de division que, dès son retour, lui conféra l'Empereur, sans même s'être assuré s'il l'avait gagné, donna satisfaction à un amour-propre et à une ambition, mais ne récompensa rien, puisqu'il n'y avait rien qui méritait récompense, au contraire! Peut-être même cette mesure n'eût-elle pour objet que de dissimuler une déception dans les espérances du Souverain?

J'ai fait jusqu'au port, la conduite au général Castelnau qui, dans le firmament du quartier général, passa comme une comète éphémère, plutôt malfaisante que lumineuse et je reviens à Puebla où j'ai laissé sa victime.

Le Maréchal dont la pensée protectrice ne pouvait se détacher du malheureux Empereur confié à sa garde, tant que son épée brillerait au soleil du Mexique, s'arrêta encore à Puebla, espérant, jusqu'au dernier moment, pouvoir sauver au moins la vie du Prince, si celui-ci pouvait enfin retrouver assez d'énergie pour s'arracher à l'étreinte des misérables qui, pour sauver leur cause, l'entraînaient avec eux vers l'inévitable catastrophe.

Pendant son séjour dans cette forteresse, dernier point

d'appui de Maximilien, au cas où, vaincu, il serait réduit à gagner Vera-Cruz avec quelques troupes restées fidèles, il se préoccupa encore d'assurer ses propriétés défensives et ses éléments de résistance, afin de faciliter la concentration sur Puebla des détachements de troupes impériales dispersés dans les localités environnantes, il envoya sa cavalerie escadronner vers le sud dans la direction d'Oajaca, pour tenir en respect et à distance les troupes de Porfirio Diaz qui guettaient leur proie et s'assemblaient pour l'attaquer après notre départ. En tout cas, bien qu'il fût évident que Puebla serait attaqué à bref délai, le Maréchal eut la sollicitude de s'assurer que les travaux de défense qu'il avait ordonnés, étaient complètement exécutés. En effet, cette ville était devenue, par nos soins, une forteresse bien plus importante que lorsque nous l'avions assiégée et, comme nous y laissions un matériel considérable et puissant, une artillerie nombreuse et largement approvisionnée, une profusion de munitions de toute nature, la place, si peu qu'elle fût défendue, devait pouvoir résister aux plus violentes attaques et soutenir un long siège. C'était donc une puissante ressource que nous laissions à Maximilien.

Malheureusement les troupes impériales n'étaient pas de celles qui résistent, quels que soient leurs moyens de résistance. Car un mois après, Porfirio Diaz l'attaquait brusquement et l'enlevait presque du premier bond de ses soldats, à son grand étonnement même. Aussi, le 7 avril, il adressait à ses troupes facilement victorieuses un ordre du jour dans lequel se trouve la preuve que nous avions laissé à Puebla tous les moyens de résistance nécessaires, résumée dans une phrase trop flatteuse à l'égard des armes françaises pour que je ne la reproduise pas : « La place, non sans raison dénommée invincible, puisque les premiers soldats du monde n'ont pu la prendre d'assaut, a cédé au premier effort de votre valeur entraînante. Toute la garnison et *l'immense matériel de guerre réuni par l'ennemi* sont les trophées de votre victoire. » Pas flatteur pour les soldats et les généraux de Maximilien.

Le Maréchal repartit le 15 février et continua sa marche, laissant en arrière une très puissante arrière-garde commandée par Castagny pour servir encore de liaison avec Mexico et tendre la main à Maximilien si l'Empereur se décidait enfin à abandonner cette lutte désespérée. Le Maréchal était du reste à peu près sans nouvelles de Mexico, ni de l'Empereur, car les communications n'avaient pas tardé à devenir difficiles. Après le passage de notre dernière colonne, les guerillas avaient aussitôt inondé toute la région traversée par la route, et arrêtaient, pillaient à leur aise, les diligences et les voyageurs isolés sans défense.

Cependant, en arrivant à Puebla, le quartier général avait reçu quelques nouvelles assez importantes, notamment une communication de notre Ministre de France qui, naturellement, était resté à son poste diplomatique à Mexico ; du reste, il se trouvait avec les amis de son épouse!

Miramon qui, depuis quelques mois, s'était porté dans le nord avec la division impériale qui lui avait été confiée, alors que l'Empereur se décida à lutter, avait remporté un succès dont la voix publique avait exagéré l'importance, car il n'avait eu affaire qu'à Fragoso qui n'était guère qu'un chef de bande. Ce triomphe ne fut qu'éphémère. Miramon entra à Zacatécas le 29 janvier. Ce fut un grand enthousiasme et on donna des fêtes. Mais, quelques jours après, Miramon, obligé de se mesurer avec Escobédo qui accourait au secours de Zacatécas, essuya une défaite complète à San-Yacinto, à une douzaine de lieues de la ville où il avait savouré les honneurs d'un succès bien passager. Cet engagement fut à peu près un désastre, car il perdit toute son artillerie, 500 prisonniers, ses munitions, ses bagages, son trésor. A la suite de cet événement significatif, il s'était replié vers Queretaro.

Quant à Mexico, l'inquiétude était grande, mais tout y était calme, grâce surtout à la poigne de fer de Marquez qui, après notre départ, en guise de proclamation à la population, s'était résumé dans ce simple et éloquent langage : « C'est moi, Marquez, qui commande maintenant; vous me connaissez bien; je n'ai pas besoin d'en dire davantage. » Cela avait suffi pour terroriser tout le monde.

Les nouvelles désastreuses de la campagne de Miramon ne parvinrent au Maréchal qu'au moment où il arrivait à Acutzingo, à la limite des hauts plateaux, d'où il allait descendre l'immense gradin que forment les assises de la Cordillère, pour pénétrer dans les Terres-Chaudes, par le fameux défilé des Cumbres.

En apprenant la défaite symptomatique du brillant mais présomptueux Miramon, Bazaine pensa avec raison que ce grave évènement, qui caractérisait l'avenir, serait peut-être de nature à influencer l'Empereur et à fléchir l'obstination de ses partisans à se cramponner à lui. Il voulut profiter de cette dernière chance pour tenter un effort suprême, s'arrêta et suspendit son mouvement vers la mer.

Il envoya aussitôt un message à M. Dano, notre ministre, lui demandant des nouvelles et l'invitant à lui faire connaître si, en raison des revers de ses troupes, l'Empereur ne modifierait pas ses décisions. Il l'avisait en outre qu'il s'arrêtait encore pour tendre la main au Souverain; qu'il y avait urgence, car dans quelques jours il serait trop tard. Il expédia cette communication au général de Castagny, resté en arrière, pour la faire passer par une voie sûre, ce qui était difficile; mais, ce qui l'était bien davantage, c'est qu'elle arriva vite. En effet, le message partait le 13, et, dès le lendemain 14, M. Dano écrivait pour lui annoncer que la veille, l'Empereur avait quitté Mexico pour aller se mettre à la tête de son armée. Quelle pitié ! Il emmenait Marquez avec quelques milliers d'hommes de sa division, notamment le régiment de lanciers de l'Impératrice commandé par le colonel Lopez.

Par conséquent, les deux messages s'étaient croisés en route; et le 16, M. Dano répondait seulement à celui du Maréchal par une deuxième communication qui contenait cette déclaration suggestive que « personne ne pouvait retenir l'Empereur et les Français encore moins que personne ». Cette information ne parvenait au Maréchal qu'à Orizaba, car lorsqu'il avait appris à Acutzingo que l'Empereur avait quitté Mexico, il jugea que tout était fini, qu'il n'y avait plus rien à faire et il s'était remis en route.

Après toutes ces préoccupations pleines de sollicitude, ces démarches, ces attentions spéciales, ces efforts répétés jusqu'à la dernière heure, pourra-t-on dire ou écrire encore que le maréchal Bazaine n'a pas fait ce qu'il aurait dû pour sauver Maximilien? Ce serait par trop de mauvaise foi!

Le Maréchal resta quelques jours à Orizaba pour faire filer ses troupes sur Vera-Cruz, attendre le moment de gagner le dernier la mer et s'embarquer. On aurait pu croire qu'était épuisée la coupe des amertumes, il n'en était rien cependant. Il se produisit, en effet, encore un incident qui ajoute au dossier des calomnies du général Douay, un chapitre confirmant, une fois de plus, la perfidie de cet officier général contre son chef et dont j'ai donné pourtant plus de preuves qu'il n'en faut pour justifier le jugement que j'ai formulé à son égard. Cet homme était atteint d'une folie localisée. Voici l'histoire. Le Ministre de France, pour un motif que j'ai ignoré, ne sachant pas, après le départ de l'armée, où se trouvait le Maréchal, avait écrit au général Douay une lettre traitant de diverses questions, notamment d'une somme de 8.000 piastres que le gouvernement mexicain avait remise à la chancellerie et provenait, autant qu'il m'en souvient, de cessions mobilières. Du reste, lorsque le même M. Dano répondit à la dépêche du Maréchal relative à Maximilien, il avait envoyé copie de sa lettre au général Douay. Or, ce personnage, avec l'esprit diabolique qui le caractérisait, avait vu dans cette affaire d'argent un tripotage malpropre du Maréchal et, aussi intempérant de langage que de plume, il en avait répandu la nouvelle dans le monde militaire d'Orizaba. C'était aussi bête qu'ignoble, car il aurait dû penser que ce canard irait se faire entendre à l'intéressé ; ce qui eut lieu immédiatement.

Le Maréchal, qui avait eu déjà bien des échos plus ou moins vagues des accusations qu'on portait contre lui, se fâcha. Il résolut de mettre un terme à ce débordement de lâches calomnies et de brider enfin les langues venimeuses. Il réunit tous les généraux et chefs de corps qu'il avait autour de lui et fit bonne justice des rumeurs et des insinuations dont il avait connaissance. Malheureusement, il n'avait pas assez de preuves matérielles des vilenies du général Douay et ne put sévir à son égard, ainsi qu'il aurait dû le faire, même par devoir envers la dignité dont il était investi.

CHAPITRE XXI

RETOUR en FRANCE. — De MEXICO à VERA-CRUZ

Départ de Mexico. — Premier bivouac. — Puebla et ses souvenirs. — Les Cumbres. — Orizaba. — Le Cerro-Borrégo. — Environs d'Orizaba. — Excursion au Salto de Agua de Tuxpango. — Physionomie d'Orizaba. — Ecoulement des troupes vers la mer. — Le Maréchal se rend à Vera-Cruz. — Paso del matcho. — Liquidation de notre train de campagne. — En chemin de fer. — Incident du pont de la Soledad. Vera-Cruz. — Les Egyptiens. — Reprise de mon service auprès du Maréchal. — Visite du Maréchal à la division navale. — Préparatifs d'embarquement. — Conflit personnel avec le vomito négro. — Embarquement sur le *Castiglione* escortant le *Souverain* portant Bazaine. — Le 12 mars, départ. — Rencontre du paquebot français. — Liberté de manœuvre pour le *Castiglione*.

Lorsque le 16 février 1867 le maréchal Bazaine arriva à Orizaba, je m'y trouvais déjà depuis plusieurs jours et en la nombreuse compagnie de la presque totalité de la colonie française ayant émigré de Mexico, qui attendait là le moment de gagner la côte pour s'embarquer.

En effet, mon départ de Mexico avait été fixé au 1er février avec le dernier convoi précédant la colonne du Maréchal.

Depuis longtemps, chacun faisait ses préparatifs et j'ai déjà indiqué le procédé que j'avais adopté pour transporter ma smalah, mais les dernières opérations d'un départ aussi radical et aussi définitif sont encore une opération complexe surtout quand il comporte un transbordement de tout ce que l'on possède, vif ou inerte, à trois mille lieues de distance. Ce n'est plus un voyage mais une émigration; le coup de la dernière heure est surtout affolant. Quel contraste avec mon départ de France où la mise en mouvement des accessoires de ma personne s'appliquait uniquement à une tente et deux cantines. Et dire que les sages ont proclamé que « pierre qui roule n'amasse pas mousse » !

Dès le point du jour du 1ᵉʳ février, la maison est en révolution, tout s'agite, se trémousse; les dernières malles voient se précipiter dans leurs flancs toute espèce de choses; et il semble que jamais tout ce qui reste, épars de tous côtés, n'y pourra trouver place. Cependant tout se case et, à mesure que les chariots s'emplissent, le vide se fait dans les appartements.

Puis, il faut déjeuner; les voisins, les amis qui restent, viennent épancher leur tristesse et dire des adieux touchants qui, évidemment, seront pour toujours. Ces effusions de sentiments qui sont sincères inspirent des émotions qu'on ne peut dominer.

Les voitures sont attelées, les chevaux attendent sous le porche; les pauvres inconscients croient sans doute qu'ils ne vont faire qu'une promenade! Quelle déception les attend!

Mon fils — il a dix mois — se voit installé avec son Indienne vigilante et dévouée dans son équipage. Ce jeune gars reste bien indifférent aux émotions qui l'entourent; il dort à poings fermés et part sans regrets, sans inquiétudes. Décidément l'homme n'est réellement heureux qu'avant l'âge de raison! C'est peu flatteur pour celle-ci!

Enfin, nous montons à cheval, au milieu des larmes de nos domestiques mexicains, qui ne nous verront plus et nous aimaient d'un dévouement sincère, car nous étions bons pour eux. Nous nous arrachons à tous ces attendrissements pour aller prendre la tête de notre petite colonne et rejoindre ensuite la smalah similaire de la mienne, comprenant la femme et les enfants de mon camarade le commandant de Noue, retenu au bureau politique du Maréchal, et qu'il m'avait confiés pour le voyage. Mme de Noue était une compatriote américaine amie de ma femme, ce qui rendait la jonction encore plus agréable.

Nous nous engageons pour la dernière fois sur le Paseo, qui

n'est plus pour nous la select promenade du sport de Mexico, mais l'amorce de la route de France. C'est à ce moment, qui semble clore tout un passé de charmes, de joies et aussi de peines, que la pensée semble se cramponner une dernière fois à ces souvenirs dont les témoins matériels vont disparaître pour toujours. C'est cette ville, où nous vécumes heureux, où notre enfant poussa son premier cri de salut à la vie, dans cette rue de la Providence dont le nom parut alors être pour lui un présage heureux. Hélas! il était pourtant bien trompeur; depuis longtemps la Providence ne le protège plus! C'est la grande ville que nous quittons, où nous menions une existence large et facile, si différente de la vie compassée, méthodique que nous allons retrouver en Europe. D'autres impressions plus pénibles encore arrêtaient mon esprit lorsque je passai devant le cimetière français où reposaient pour toujours, loin de la Patrie, des camarades d'autrefois, des amis même. Instinctivement, je me découvris et, de mon cœur serré, partit pour eux un dernier adieu, principalement pour deux héros, morts glorieusement, les colonels de zouaves Tourre et Mangin.

Il semble que le hasard ne fut pas seul à choisir le terrain auquel furent confiés, pendant quatre années, les restes de nos braves morts, rapportés à Mexico. Il était sur la route de France. Lorsque toutes nos troupes, quittant la terre mexicaine, défilèrent devant ce patriotique sanctuaire, elles rendirent les honneurs militaires aux frères d'armes qui y restaient et les drapeaux s'inclinèrent.

Enfin, nous sortions de la pénombre mondaine de la capitale et nous nous engagions sur la route où les éléments hétérogènes de la colonne s'acheminaient en désordre vers le point fixé comme rendez-vous, où se rendaient les troupes qui en formaient l'élément principal devant y mettre tout en ordre. Vers midi, nous atteignîmes une petite ville aztèque, au nom étrange d'Ixtlapalapa. Cette vieille cité indienne, établie tout près du grand lac de Texcoco et sur d'anciens terrains lacustres, présente, en raison du voisinage parfois indiscret des eaux, un aspect des plus étranges; presque toutes les cases d'Indiens sont entourées d'une haute et épaisse levée de terre, bourrelet destiné à les préserver contre les inondations qui parfois couvrent tout le pays voisin des grands lacs.

A notre arrivée, cette localité indéfinissable était aux prises avec une inondation d'un tout autre genre. Elle avait été choisie comme point de réunion, ce que dans la tactique de marche, nous autres, gens de guerre, appelons de nos jours « le point initial » de tous les éléments devant composer le dernier convoi descendant à la côte. Nous la trouvâmes complètement envahie par une foule composite extraordinaire. C'était une migration en règle qui absorbait toutes les ressources de l'habitat et occupait tous les terrains vagues que comportait cet immense village en des campements les plus variés et les plus singuliers. Les allures et le grouillement de ce groupement insolite rappelaient les abords de la tour de Babel. Il y avait de tout dans cette caravane panachée civile et militaire : Français et étrangers, gens de toutes classes, de toutes catégories. C'étaient d'abord des officiers de toutes armes isolés, une partie de l'Etat-major général du corps expéditionnaire, des fonctionnaires des services administratifs, un convoi immense de l'administration, la trésorerie de l'armée portant des millions de piastres, enfin un grand nombre de familles françaises, espagnoles, mexicaines surtout, fuyant les représailles révolutionnaires qui ne manqueraient pas de se produire. Quant à la partie effectivement militaire destinée à protéger ce flot désordonné descendant à la plage libératrice, elle comprenait le 62° régiment d'infanterie et deux escadrons de cavalerie. Ces troupes étaient campées aux alentours de la ruche humaine, à leur garde confiée.

Dans ces conditions peu hospitalières et si petit que fût mon groupe des deux ménages, il ne restait plus de place pour nous, même sous la voûte céleste. Aussi, en approchant de ce caravansérail... « complet », nous rencontrâmes le colonel du 62°, commandant de la colonne qui, à la vue des deux dames qui m'accompagnaient, eut l'amabilité d'exprimer son grand embarras d'avoir à les installer convenablement, et son regret de n'avoir pas été avisé de leur arrivée pour leur réserver un gîte à peu près sortable. Mais je le rassurai en lui annonçant que ces dames préféraient le plafond du firmament aux toits en roseaux pourris, et la verte pelouse aux planches crasseuses et vermineuses des cases des Indiens, qu'en conséquence elles désiraient camper. Aussitôt, je partis en reconnaissance aux abords du village afin de trouver un terrain, vierge de toute souillure d'habitat antérieur, pour y établir un bivouac absolument champêtre. Mes recherches ne furent pas longues; promptement je revins chercher ma tribu. Je l'installai, à la sortie du village, près de la route que nous devions prendre le lendemain, dans une petite et verte prairie, entourée de grands arbres et proche d'une source d'eau vive, le type d'un délicieux et poétique bivouac, auquel la solitude et l'isolement apportaient un charme spécial, en la circonstance. Rapidement, les chariots furent groupés par smalah, les chevaux rivés à la corde, les tentes dressées, et bientôt les feux des cuisines flambèrent joyeusement. Quand on en a la pratique, camper ainsi est la chose la plus simple et la plus prompte. Une heure après l'arrivée, tout était installé, en ordre rangé, comme si depuis longtemps nous habitions ce coin rustique. Les dames avaient quitté les amazones, rafraîchi leurs toilettes et lisaient, étendues dans des fauteuils de voyage, d'une fabrication toute particulière et alors inédite; les enfants se roulaient sur des tapis étendus. En somme, un bout de rocher, une pelouse, des arbres, un ruisselet, tout à l'heure solitaires mais disposés avec l'art de la simple nature étaient devenus un petit monde, tout un poème, et, pour un artiste, un délicieux tableau de genre. Cette première journée s'écoula dans un calme champêtre, en compagnie d'officiers et de quelques Mexicains de choix qui, en flânant, vinrent deviser. Le soir, chacune des deux familles se groupait autour de son foyer pour dîner dans la plus belle des salles à manger, celle d'Adam et d'Eve, mais avec quelques frais de toilette en plus! Puis, une fois la nuit close, les dames grimpèrent dans leur roulotte respective, je m'allongeai sous ma tente et, bientôt, dans notre petit domaine on n'entendit plus que le pétillement des feux expirants.

Le lendemain, au soleil levant, la colonne se mettait en route, cette fois pour marcher sérieusement. Je pris place, immédiatement après l'avant-garde et en tête de l'immense caravane cosmopolite, polyglote et bigarrée qui composait « les passagers ». Nous chevauchions avec nos équipages et, accompagnés par des cavaliers isolés, officiers ou civils, on se livrait à une joyeuse palabre, tout en admirant une dernière fois le panorama changeant des sites pittoresques des hauts plateaux mexicains. Cette première étape sérieuse consacra, *ipso facto*, un certain ordre de marche régulier dans la variété de la composition du convoi, qui, grâce aux soins et à la mansuétude du colonel commandant la colonne, se maintint d'une façon à peu près identique pendant les journées qui suivirent. Il en fut de même pour les bivouacs du soir dont le pittoresque seul variait à chaque étape, n'aboutissant pas à une localité suffisamment importante pour procurer à tout le monde une hospitalité urbaine convenable.

L'arrivée à Puèbla fut, pour un grand nombre de voyageurs de la colonne, une source d'émotions rétrospectives jaillissant de tous les points où s'attachaient pour eux les souvenirs divers et si nombreux du drame dont nous avions été les acteurs. C'est avec une étreinte au cœur que je passai au pied de ce majestueux Pénitencier, où j'avais vécu de si durs moments dans la nuit sanglante de l'assaut. Déjà, quelques heures avant, j'avais envoyé, au loin, un regard intéressé vers le clocher de San-Lorenzo où s'attachait un des souvenirs les plus impressionnants de ma vie de soldat.

L'aspect de Puebla et des quartiers si chaudement disputés, où tant de ruines avaient été accumulées, était complètement modifié; je ne retrouvais presque plus de traces de l'affreuse dévastation d'autrefois. Quatre années d'une végétation puissante avaient suffi pour reparer, d'une verdure jeune et riante, ces terrains saccagés par la guerre. Cependant les hautes façades du couvent de San-Xavier portaient encore, béantes, les immenses et glorieuses cicatrices dont nous avions marqué leurs puissantes murailles.

C'est presque avec regret que je m'éloignai pour toujours de cette ville, à qui nous avions infligé une place importante dans nos fastes militaires et même dans l'Histoire de France, pour y affirmer, une fois de plus, les vertus guerrières de notre race.

Dès le lendemain, en quittant Puebla, à partir d'Amozoc, nous parcourions une voie inconnue pour moi qui avais suivi, pour venir, la route par Jalapa. Elle ne m'offrit aucun intérêt nouveau, tout au moins pendant le parcours monotone du haut plateau, au travers d'immenses plaines souvent dénudées et presque partout hérissées de bizarres mamelons volcaniques.

Après plusieurs jours de marche insignifiante, dépourvue d'incidents et même des charmes du pittoresque, le décor se transforma, au moment de dévaler de ces hautes régions sur les pentes immenses qui les relient aux terres basses et chaudes que baigne le golfe du Mexique. Nous nous trouvions en présence de l'expression orographique grandiose que présentent les gigantesques talus sur lesquels serpentent les innombrables lacets des Cumbres.

C'était, au matin, le pic d'Orizaba qui, tout proche, dressait vers le ciel son chef coiffé de neige, répandant alentour un froid vif et piquant, dans une atmosphère brumeuse qui voilait l'horizon; le vide se faisait à nos pieds. On grelottait tristement au pas tranquille de nos chevaux. Soudain, sous la tiède action d'un soleil de tropique, le voile fragile se déchira, disparut en lambeaux vaporeux et apparut le magnifique panorama qui, de l'altitude de 2.000 mètres où se trouvaient nos regards, s'étendait au loin sur l'azur du golfe du Mexique pour se perdre dans l'infini. Ce fut dans la colonne une explosion de joie bruyante. Et ce qui, bien plus que le merveilleux spectacle qui captivait nos yeux, émut particulièrement nos cœurs, fut l'apparition de cet Océan, qui devenait pour nous la route de France sur laquelle nos vaisseaux allaient tracer le sentier du retour au foyer natal.

Le 10 février, nous arrivions à Orizaba où nous devions attendre le moment de descendre à la mer. Cette fois, nous abandonnions, pour toute la durée de notre séjour, la vie champêtre afin de savourer les douceurs de celle des citadins. Presque tous les voyageurs officiels reçurent des autorités militaires et municipales des logements chez les habitants. Cette mesure s'imposait, car la ville était encombrée, ainsi que ses environs où campaient la plus grande partie des troupes attendant l'heure de descendre à la mer par éléments successifs, pour embarquer au fur et à mesure de l'arrivée des navires.

En outre, une foule d'émigrants de toutes sortes attendant également les occasions pour gagner Vera-Cruz emplissaient tous les petits logis. Parmi eux se trouvaient bon nombre de Français de toutes conditions, l'Empereur Napoléon ayant donné l'ordre de rapatrier tous nos compatriotes désireux de quitter le Mexique avec l'Intervention. Presque tous ces braves gens, avec leur petit matériel, transportant tout ce qu'ils possédaient, s'établissaient au camp de la Escamela, dans une plaine attenant à Orizaba, où étaient régulièrement campées les troupes françaises.

Dans la distribution des gîtes, je fus particulièrement bien traité. J'étais logé dans une habitation, aussi vaste que confortable, où nous reçûmes une hospitalité large, empressée et donnée avec la plus parfaite cordialité par des femmes dont les frères ou maris avaient toujours été nos ennemis. Ceux-ci étaient absents, se trouvant encore dans les rangs des troupes de Juarez.

Sitôt installé, et après une reconnaissance rapide de la ville, ma première excursion extérieure fut pour le fameux « Cerro Borrego ». Cette antique et rustique montagne, dont le nom « montagne du mouton » révèle le caractère pastoral, n'était autrefois fréquentée que par les Mérinos espagnols. Elle prit un jour une place glorieuse dans les fastes du premier corps expéditionnaire du général de Lorencez, grâce à la valeureuse initiative du lieutenant Détrie. C'était plus qu'une excursion que j'allais faire, c'était un pèlerinage de soldat.

Je contemplai avec recueillement ce talus presque abrupt, hérissé de rochers et de plantes épineuses, que nos vaillants petits soldats, guidés par le plus intrépide des officiers, escaladèrent dans la nuit sombre, sans crainte ni souci de ce qu'ils trouveraient à son sommet, d'où descendait un murmure de voix inconnues et le cliquetis mystérieux des armes. J'aurais voulu suivre le même chemin qu'eux, bien qu'il me parût impraticable, mais tout était changé. Ce nid d'aigles, presqu'inaccessible alors, avait été transformé par nos soins prudents. Une voie carrossable escaladait, en lacets repliés, un des flancs de la montagne. A son sommet nous avions construit un fortin que, depuis quatre ans, gardaient nos soldats et où flottaient nos couleurs. Je pris vaillamment cette voie relativement facile et escaladai, à mon tour, sans péril et sans gloire, le Cerro-Borrego.

Ce n'est pas, à proprement parler, une montagne, mais bien plutôt l'extrémité d'un contrefort terminant une des grandes chaînes détachées des assises entassées, sur lesquelles se dresse le Pic d'Orizaba. Le sommet de cet étroit promontoire présente une petite plate-forme, entourée par nos soins d'un bon retranchement, avec une redoute intérieure pour réduit. C'était, depuis quatre ans, la sauvegarde d'Orizaba.

En parcourant cette position d'où on pouvait lapider la ville et les troupes qui s'y trouvaient, je restais confondu par l'imprévoyance, l'incurie dont fit preuve le général de Lorencez, en ne faisant pas même reconnaître ce sommet si dangereux, en ne l'occupant pas pour empêcher qui que ce soit de s'y établir. Comment pouvait-il dormir tranquille sous cette épée de Damoclès?

Je quittai tout rêveur ce Cerro historique, où deux canons français étaient encore en batterie et allaient, dans quelques jours, descendre la garde qu'ils montaient depuis quatre années.

Autour de la ville s'étendait une oasis de sombre végétation, épais maquis savamment ordonné où, chaque matin, j'allais promener mon désœuvrement insolite, sous la feuillée légère des caféiers, sous les fruits d'or des orangers végétant à l'abri des ombrages protecteurs des manguiers, des avocatiers, bananiers; je foulais des tapis de bégonias toujours fleuris, de mousses tendres et moelleuses, de plantes fragiles, au délicat feuillage, qui font en France la parure de nos serres, de nos appartements même. Je découvrais enfin, dans ces minuscules explorations botaniques, les phénomènes les plus extraordinaires de la végétation dans ces régions bénies du soleil. Ce n'était pourtant, là, qu'une miniature! Il nous fallut rechercher des impressions plus larges, plus empoignantes, dans une nature plus sauvage, plus vierge, que l'homme n'avait pas encore domestiquée. Mais nous dûmes la chercher au loin, dans des contrées moins accessibles.

Le pays ambiant d'Orizaba était un foyer de splendeurs pittoresques, un chaos saisissant de grandeur et de majesté, formé par l'entassement désordonné des soubassements de la chaîne orientale de la Cordillère, soutenant le pic géant d'Orizaba. Ces colosses géologiques échappaient à toute analyse orographique. Ces plans inclinés, ces falaises, ces pics, ces gorges, ces ravins, aux effrayantes profondeurs, recouverts d'une végétation tropicale puissante et infiniment variée, bouleversaient toutes les règles de la genèse terrestre. Dans tous ces désordres des exubérances, au fond des barrancas déchirées, glissent, se faufilent, grondent, des ruisseaux, des rivières torrentueuses, aux cours capricieux et parfois fantastiques, qui bondissent des gradins supérieurs en des cascades gigantesques, se jouant de tous les principes topographiques.

C'est dans ces éléments d'une nature bouleversée, mais

pompeusement parée, que nous voulûmes aller contempler quelques-uns des mystères de la création et recueillir les dernières impressions d'admiration que nous devions emporter de ce riche pays, qui échappait si malheureusement au protectorat de la France. Nous la fîmes, en effet, cette excursion inoubliable en une caravane de touristes audacieux et entreprenants, bien escortée, bien accompagnée et munie de pionniers destinés à nous frayer un passage au travers des obstacles matériels de toutes sortes accumulés par une nature sauvage, inhospitalière. Nous pûmes contempler un spectacle incomparable, impressionnant par son imposante et majestueuse grandeur dans les chutes de Tuxpango, rivière bondissant de mille mètres entre deux montagnes, en un chaos effroyable de cascades vaporeuses et d'un fracas épouvantable, montrant à nos esprits troublés combien l'homme est petit dans le monde, combien est fragile son action matérielle devant la grandeur de la création et la puissance de son génie éternel. C'était, pour nous, l'apothéose des splendeurs de la nature au Mexique.

Cependant les troupes de la division Douay opéraient presque journellement leur mouvement sur Vera-Cruz et étaient remplacées à Orizaba par la division d'arrière-garde que venait d'amener le Maréchal, fermant la marche en retraite de l'armée. Les départs quotidiens de tout ce monde rentrant en France donnaient une physionomie étrange à la vie que nous menions à Orizaba, nous qui devions partir les derniers. Cette agitation, plutôt gaie généralement, était assombrie cependant par le spectacle des Français et des Mexicains qui s'éloignaient aussi de ce pays devenu pour eux inhospitalier.

Et puis nous assistions au dernier acte de notre Intervention qui commençait à se jouer et était le plus triste : celui de la liquidation... forcée de tout ce que nous ne pouvions pas remporter en France.

L'administration française des domaines vendait, les militaires vendaient, les civils vendaient, et dans quelles conditions!

Le Maréchal, arrivé le 19 février à Orizaba, y resta jusqu'à ce que les dernières troupes fussent établies en avant de cette ville, échelonnées sur la route de Vera-Cruz. L'embarquement battait son plein. Les bâtiments arrivaient généralement en conserve par deux ou trois. Dès qu'ils étaient mouillés à Sacrificios, la marine télégraphiait et, aussitôt, on acheminait vers la côte une colonne destinée à constituer leur chargement. Ces colonnes se rendaient à pied à Paso del Macho, point terminus du chemin de fer. Là, elles laissaient tout ce qu'elles ne devaient pas emporter, matériel et animaux. Ceux-ci étaient pris en charge par un service des domaines qui, sans tarder, vendait le tout aux enchères, c'est-à-dire au plus bas prix! La troupe montait en chemin de fer, était déposée à Vera-Cruz, quelques heures après, et, généralement, l'embarquement commençait aussitôt. Si la mer était mauvaise, on attendait le moment favorable. En opérant ainsi on évitait l'encombrement et le stationnement en Terres-Chaudes, ce qui diminuait les chances de fièvre jaune dont malheureusement quelques cas s'étaient déjà manifestés. Aussitôt munis de leur chargement, les navires prenaient la mer et s'éloignaient des plages malsaines.

Cette dernière opération de la mise en route en bloc du corps expéditionnaire, si compliquée qu'elle fût, était bien organisée; elle s'opérait régulièrement et sans incidents, lorsque, vers le 26 février, une bande de guerilles, étant parvenue à se glisser entre nos patrouilles surveillant la voie ferrée, put s'approcher du grand pont de la Soledad et y mettre le feu. Ce viaduc, qui permettait de franchir la large et profonde vallée du Rio Jamapa, le cours d'eau le plus important de la contrée, ayant été construit, non pas en maçonnerie, ce qui eût demandé un temps considérable, mais en bois, piles et tablier, était une proie facile pour l'incendie, bien qu'il fût très solidement établi. Dans ces conditions, les malfaiteurs purent mettre le feu à deux piles qui, heureusement, composées de madriers énormes de bois verts et très durs, avaient refusé le feu; les flammes n'avaient avarié que

VUE DE VERA-CRUZ

quelques pièces de la charpente des arches et du tablier. Le Maréchal envoya des renforts d'ouvriers du génie, qui, rapidement, réparèrent les dégâts et la circulation fut rétablie. En marchant avec une prudente lenteur, les trains pouvaient franchir ce passage endommagé; du reste, un poste fut établi pour garder le viaduc.

Le point délicat de tous ces transports aboutissant à des embarquements étant devenu Vera-Cruz, où de grandes précautions étaient à prendre, le Maréchal se décida à s'y établir. Aussitôt après l'alerte du pont de la Soledad, il quitta Orizaba avec une colonne légère, le 28 février, et arriva le 1er mars à Vera-Cruz. Le général de Castagny, resté à Orizaba, avait mission de diriger sur le port tout ce qui restait de troupes échelonnées entre cette ville et le chemin de fer.

Quant à nous, les autres officiers de son état-major, nous partions sitôt après lui, avec un convoi considérable. Nous n'avions que deux étapes à faire et le surlendemain seulement nous arrivions à Paso del Macho, la limite de nos chevauchées au Mexique. Et pourtant, il nous fallut encore coucher à la belle étoile. Dès le point du jour, après avoir porté à la gare nos impedimenta et les quelques chevaux que nous emmenions, je revins faire au domaine la remise du matériel et au dépôt de remonte le versement des chevaux et mulets. Ce fut pour moi une obligation pénible de me séparer de deux fidèles et robustes mulets qui, pendant près de cinq années, avaient vaillamment porté tout ce que je possédais, aussi bien des deux chevaux mexicains qui, durant le même temps, avaient porté ma personne, souvent au milieu des dangers, et, en particulier, mon incomparable petit cheval que j'avais pris à Vera-Cruz même en arrivant sur la terre mexicaine. C'est avec un réel chagrin que j'abandonnai à l'inconnu, à la misère peut-être, cet intrépide serviteur dont j'étais certainement un ami dans son âme de cheval.

Après un déjeuner archi-champêtre, mais ayant le mérite d'être la dernière de nos agapes rustiques, nous montions dans un train démesurément long qui n'inspirait qu'une confiance médiocre dans la rapidité de ses allures. Heureusement, nous partions de 800 mètres d'altitude pour arriver au zéro de la mer. A part les contre-pentes des vallées à traverser, nous devions dévaler constamment. Aussi notre machine, malgré son long tuyau de cheminée en forme de tromblon, se comporta convenablement, tout en nous donnant le temps d'admirer le merveilleux pays que nous parcourions, ce que ne permettraient pas les machines actuelles qui, sans souci du pittoresque, dévorent les espaces.

Cependant, en descendant dans une large et belle vallée, nous remarquions que la vitesse diminuait et que nous nous engagions sur un viaduc, très haut perché sur une large et torrentueuse rivière : c'était le fameux pont du Jamapa, incendié trois jours avant. Nous passâmes lentement, et tout le monde, aux fenêtres, manifestait une certaine inquiétude en voyant, au fond du ravin, les débris des madriers en partie calcinés. On éprouva un grand soulagement en sortant de ce passage peu rassurant. On remontait la contre-pente de la vallée à une très faible vitesse qui nous parut même diminuer à mesure que l'on gravissait la rampe. Le train s'arrêta, la machine siffla désespérément, et enfin nous reculâmes ! Entraînés par la pente, malgré les freins bloqués, nous redescendîmes jusqu'au pont, où le train s'arrêta. Grand émoi, vive inquiétude partout; la situation se corsait ! Au travers du tablier en partie à claire-voie, on voyait le gouffre sous ses pieds, tout prêt à nous recevoir. Enfin, on obtint une explication qui avait la prétention d'être rassurante, mais ne rassura que fort peu les esprits inquiets. Outre la crainte d'une catastrophe matérielle, on redoutait quelque entreprise des guerillas contre le train en panne, bien que pourtant nous ayions un détachement de troupes. La cause de l'incident, qui pouvait avoir des conséquences graves en la circonstance, était pourtant bien naturelle. Pour passer le pont avec les ménagements que commandait son accident, on dut ralentir et s'y engager lentement; on perdit ainsi la vitesse acquise à la descente et qui était nécessaire pour gravir la contre-pente avec un train très chargé. Dans ces conditions, la machine ne put remorquer sa charge jusqu'au sommet de la rampe. Le conflit entre la force et la résistance était engagé. Le chef de train résolut le différend par le jugement de Salomon : il coupa le convoi en deux, rompit l'attelage, et la locomotive emmenant aisément la première partie, la conduisit à la station prochaine, la Soledad, qui n'était qu'à quelques kilomètres, puis revint chercher l'autre moitié. C'était simple et de bon goût, mais pas pour les voyageurs de la deuxième partie qui durent rester pendant près d'une heure sur un pont dont la solidité était douteuse, et contempler avec angoisse le gouffre sur lequel ils étaient suspendus, menacés d'être précipités en bas, surtout au moment où le démarrage produirait un effort auquel les échaffaudages de bois qui nous supportaient ne pourraient sans doute pas résister. Je me trouvais dans cette partie du train peut-être sacrifiée, et eus à rassurer les femmes qui étaient avec nous.

Enfin, notre mise en mouvement s'opéra sans accidents et ce fut avec une satisfaction bien naturelle qu'on se sentit roulant sur la terre ferme; après quelques heures de retard, le train reconstitué dévalait vers Vera-Cruz où il arrivait dans l'après-midi.

Le débarquement ne fut pas facile. Nous dûmes nous rendre à pied en ville pendant que des chariots emportaient nos nombreux bagages. Avec ma tribu, je fus logé dans un hôtel du quartier de la marine. Je dis : « logé », ce qui est un peu risqué, car nous étions plutôt entassés. Vera-Cruz étant absolument envahie, un grand nombre de familles d'émigrants, ne pouvant trouver des gîtes, s'étaient installées au bivouac sous les « portalès » bordant certaines rues voisines de l'embarcadère et la place de la marine. Les portalès sont des galeries couvertes dans le genre de celles de la rue de Rivoli. On ne peut s'imaginer le grouillement qui se produisait alors dans la ville, en raison des gens et des marchandises arrivant de l'intérieur pour prendre la mer. Je ne reconnaissais plus cette Vera-Cruz que j'avais traversée cinq ans avant; elle avait largement profité de notre occupation et du transit constant dont elle était l'objet. Nous l'avions même embellie. A l'extérieur, le Paseo était devenu un merveilleux jardin public; à l'intérieur, la place d'armes était un square délicieux, planté des plus riches essences tropicales, les rues bien dallées et surtout propres, au grand désespoir des zopilotes qui n'y trouvaient plus, dans les ordures, leurs repas quotidiens. Enfin, on ne retrouvait pas ces vieilles ruines pestilentielles de vieux monastère, au sein desquelles grouillait, vivait une population sordide, foyers de misère et de pourriture matérielle et morale. A tous les points de vue, sous l'action de nos gouverneurs militaires, Vera-Cruz s'était enrichie, embellie, purifiée, assainie; elle aurait dû, après notre départ, élever à la France un monument commémoratif de ses bienfaits.

L'impression la plus étrange que j'éprouvai en parcourant la ville me fut inspirée par l'apparition des Egyptiens qui, depuis trois ans, formaient la garnison de Vera-Cruz. Ces noirs enfants de la haute Egypte, à l'appel de Napoléon III, au nom de la France, alors l'amie et presque la protectrice de leur pays, étaient accourus sous son drapeau et, sous le soleil brûlant des Terres-Chaudes du Mexique, y prendre la garde à la place des soldats français que décimait un implacable climat. Aussi, dans le recueil de ces souvenirs, dois-je une parole de reconnaissance à ces amis d'antan, qui nous ont rendu si généreusement un si important service.

Elles étaient superbes ces cariatides d'ébène, drapées de cachemire blanc. Ils étaient imposants ces descendants des guerriers des Pharaons, par leur belle stature, la fierté de leur attitude et la dignité de leur maintien. Ils mettaient un amour-propre jaloux à être admirés par les soldats français; leur façon de saluer les officiers, de leur rendre les honneurs des armes, était d'une éloquence caractéristique profondément flatteuse pour la France.

Aussi, qui donc pourrait nier la probabilité que, trente ans plus tard, plusieurs d'entr'eux inspirèrent les patriotes

Egyptiens, accourus à Fachoda, les bras tendus vers ce drapeau dont ils avaient gardé un précieux souvenir, et qui, après avoir traversé tout le continent noir, venait à eux, guidé par une âme persévérante, patriote, intrépide et porté par le bras inflexible du commandant Marchand, ce vaillant camarade qui, sans doute, plus qu'un autre, devrait être qualifié de « grand Français » ?

Au moment où ils allaient remonter à bord de nos vaisseaux pour regagner leur beau Nil, le maréchal Bazaine les passa en revue et, au nom de la France, de son Empereur, les remercia de leurs services et de leur dévouement.

Dès mon arrivée, je repris mon service auprès du Maréchal, ce qui était d'autant plus nécessaire que plusieurs officiers de la maison militaire et du Cabinet avaient demandé à rentrer en France par les Etats-Unis et venaient de prendre le Packet anglais qui devait les déposer à la Havane d'où ils gagneraient le continent américain. Mon service s'appliqua surtout aux relations du commandement en chef avec la marine et la direction du port qui assurait et réglait tous les embarquements militaires. Il y avait en ce moment, dans les eaux de Vera-Cruz, toute une flotte de grands bâtiments de guerre mouillés à Sacrificios, et dont les mâtures semblaient une forêt émergeant des flots. C'étaient tous des vaisseaux armés en transports, ou des transports de l'Etat. A mesure que quelques-uns de ces colosses reprenaient la mer, d'autres arrivants les remplaçaient. Je retrouvai là presque toutes les belles unités de notre marine qui nous avaient apportés au Mexique.

Peu après son arrivée, le Maréchal avait informé le commandant Cloué, chef de la division navale, qu'il visiterait l'escadre du golfe du Mexique et prescrivait que tous les officiers seraient réunis, au jour fixé, à bord du *Magellan*, frégate amirale, mouillée à Saint-Jean-d'Ulloa. Devaient également s'y trouver les sous-officiers mariniers, quartiers-maîtres et matelots des navires présents sur rade auxquels il devait remettre des récompenses. Je devais l'accompagner et porter les croix et médailles qu'il se proposait de distribuer aux états-majors et aux équipages qui avaient si noblement servi l'Intervention pendant cinq années et qui, s'ils n'avaient pas eu l'occasion de se sacrifier sur le champ de bataille, n'en avaient pas moins lutté sans cesse contre deux ennemis terribles et insatiables : la mer trop souvent déchaînée dans ces parages et le vomito aux atteintes impitoyables, auxquels nos marins avaient payé un trop lourd tribut.

En un matin ensoleillé, le Maréchal, que j'accompagnais avec deux officiers d'ordonnance et le général Osmont, son chef d'état-major, embarqua dans un grand canot bien armé et commandé par un lieutenant de vaisseau. Il gagna rapidement le *Magellan* où il fut reçu avec les honneurs dus à sa haute dignité et à son grand commandement. Tout l'équipage était sur le pont; sur un rang, se tenaient tous les officiers de la division navale. Le Maréchal passa devant leur front, s'entretenant aimablement avec chacun. Puis, ayant passé l'équipage en revue, il se porta devant les états-majors et leur adressa une allocution empreinte du plus émouvant patriotisme. Après avoir rappelé les services que notre marine avaient rendus sur tous les rivages du Mexique et bien souvent sur terre, aussi bien dans les eaux du golfe que dans celles du Pacifique, il remercia les états-majors et les équipages, au nom de l'Empereur, de la France, et en son nom personnel, du dévouement sans borne et de l'esprit de sacrifice qu'ils avaient montré partout, faisant honneur à la marine française. Il réunit tous ceux auxquels il accordait des récompenses et conféra aux élus les croix de la Légion d'honneur et les médailles militaires qu'ils avaient si bien gagnées. Il remit, en outre, des croix de Guadalupe, qu'il avait obtenues de l'Empereur Maximilien. Enfin, il fit des adieux émus et, laissant aux mains du commandant en chef un ordre du jour qu'il adressait à la division navale en quittant son commandement, il remonta dans son canot qui nous ramena à terre, impressionnés par cette cérémonie vibrante du plus pur chauvinisme.

Cependant, l'émission des troupes vers la France se faisait rapidement et le jour approchait où notre dernier homme serait embarqué. Vera-Cruz se vidait et, tous les jours, des vaisseaux reprenaient la mer. Si, matériellement, nous étions encore attachés au Mexique, moralement, nous en étions déjà séparés, car nous ne recevions plus de nouvelles de l'intérieur où toutes les communications se fermaient à mesure que nos derniers soldats s'approchaient de la côte. De Maximilien on n'entendait plus parler. Dans ces conditions, nos esprits n'étaient plus guère tendus que vers la France. Le vaisseau *Souverain*, qui devait porter le Maréchal, venait d'arriver et le *Castiglione*, sur lequel je devais embarquer, était mouillé à Sacrificios. J'allai même à son bord pour y rendre visite à son commandant et reconnaître les conditions d'installation des chevaux du quartier-général, qui m'étaient confiés pour le retour. Je revins de cette petite excursion maritime, très satisfait de l'accueil que je reçus du commandant et de l'état-major du *Castiglione*, et du premier aperçu qui me fut offert de l'hospitalité gracieuse que j'y recevrais avec ma femme et mon fils.

Toutes les phases d'un départ si compliqué pour moi se déroulaient de la façon la plus satisfaisante, lorsqu'un incident, qui faillit tourner au tragique, vint fortuitement brouiller les cartes dans mon jeu. Avais-je reçu un mauvais coup de soleil dans ma traversée de douze kilomètres pour aller à Sacrificios, ou absorbé quelques funestes microbes sur le môle où mon service m'avait retenu longtemps? Je ne pouvais le savoir. Toujours est-il qu'un après-midi, je me sentis envahi par les symptômes caractéristiques de la fièvre jaune. Mon expérience acquise lors de mon premier séjour dans ce foyer de la terrible maladie, ne me laissait aucun doute sur la sûreté de mon propre diagnostic. Aussi cette découverte, sans m'émouvoir autrement, me plongea dans une perplexité bien naturelle. Si, en effet, le mal se déclarait formellement, si j'attendais la crise aiguë de la première attaque de la maladie, il ne m'était sans doute plus possible de m'embarquer, ce à quoi on se serait vraisemblablement opposé. Que serais-je devenu, abandonné tout seul avec femme et enfant à Vera-Cruz, alors que serait parti le dernier Français? La situation était grave; il fallait à tout prix la vaincre sans tarder et surtout sans rien dire. Je me rendis immédiatement dans l'officine d'un pharmacien du pays à qui, fort tranquillement, je déclarai que j'éprouvais les premières manifestations du vomito, mais que j'entendais les dominer d'un coup et être débarrassé le lendemain. Je le priai de me fabriquer, à l'instant, une drogue violente, un remède de cheval, car j'étais de force à le supporter, et qui produirait sur le champ une réaction radicale dans mon état d'incubation du mal.

Etonné, le docte potard m'examina, me questionna, m'impatienta, et, enfin, sur mes injonctions presque impératives, se décida à passer à son laboratoire. Je l'attendis en fumant des cigarettes pour chasser les microbes. Au bout d'un quart d'heure, il reparut portant une fiole avec cette ordonnance verbale : « Rentrez à votre logement, couchez-vous et prenez un quart du contenu; puis, de quart d'heure en quart d'heure, les trois autres quarts; je ne doute pas que la réaction favorable se produise, mais le remède est violent. » Je pris la bouteille et en avalai plus d'un quart. Le pharmacien m'arrêta énergiquement, prétextant que j'allais me tuer, si j'absorbais une dose si forte. Je soldai, revins à mon logis et, prétextant une violente migraine, je me couchai, vidant encore la moitié de ma bouteille. Je ne tardai pas à apprécier la violence de la potion, qui certes n'était pas « calmante ». Il me semblait que tout était en feu dans mon intérieur; je me tordais et eus un moment l'inquiétude d'être empoisonné. Cela dura une heure, un vrai supplice. Puis je sentis mes membres brisés; ma peau, qui était sèche, devint souple et enfin je fus pris d'un accès de transpiration invraisemblable. Je me demandais d'où pouvait sortir tant d'eau, mais je comprenais que j'étais sauvé. Le soir, je dus changer de lit, je n'éprouvais plus rien des symptômes alarmants, mais, pris d'une lassitude complète, je dormis jusqu'au lendemain.

Trop faible pour me lever, je patientai, mais je me considérais comme guéri. Je le fus, en effet, sans autre intervention médicale. Cependant je conservai pendant plusieurs jours une sorte de cholérine qui ne me quitta qu'en mer et fort loin du Mexique, m'estimant encore bien heureux de me tirer à si bon compte d'une aventure qui eût pu fort mal tourner. J'ai toujours regretté d'ignorer la formule du contenu de ma bouteille miraculeuse pour en faire part à mon prochain. C'était sans doute un secret professionnel précieusement gardé par mon sauveur.

Entre temps, l'embarquement du corps expéditionnaire touchait à sa fin et, le 8 mars, il ne restait plus guère à terre que le 7ᵉ de ligne; arrivé le dernier au Mexique, il en partirait le dernier. Ce régiment devait, par moitiés, constituer le chargement du *Souverain* et du *Castiglione*, le vaisseau sur lequel devait embarquer le Maréchal recevant l'Etat-major et la musique, afin de charmer l'oisiveté de la Maréchale, ce qui était fort naturel. Le Maréchal, qui n'était pas encore fixé exactement sur le jour de son départ, prescrivit néanmoins que les deux bâtiments fussent tenus prêts à appareiller au moment où il se déciderait à gagner son vaisseau. Le 9 mars, le 7ᵉ de ligne fut embarqué.

Quant à moi, je procédai au transport à bord du *Castiglione*, des chevaux du grand quartier général et de tous nos bagages. Le lendemain matin, j'embarquai moi-même avec ma petite smalah et me rendis au mouillage de Sacrificios dans une chaloupe à vapeur. Notre installation se fit rapidement et facilement. Ma femme fut accueillie de la plus gracieuse façon par le capitaine de vaisseau Allemand, commandant le *Castiglione*. Nous eûmes, pour logis, une cabine de lieutenant de vaisseau, comprenant deux compartiments; dans l'un fut installé mon fils avec sa bonne, et la pièce la plus importante, quelques mètres carrés, devint la chambre à coucher et le salon du ménage. Cet appartement confortable, sinon vaste, se trouvant dans la batterie haute, était éclairé et aéré par un sabord remplaçant avantageusement le hublot minuscule qui, lors de mon voyage sur le *Saint-Louis*, ne donnait qu'un mince pinceau lumineux et jamais d'air. En outre, le commandant avait eu l'aimable prévenance de décider que ma femme et moi serions les hôtes de sa table. Nous en inaugurâmes, dès le matin de notre arrivée à bord, la plantureuse hospitalité, car le commandant Allemand ne faisait pas mentir sa réputation d'avoir toujours le meilleur cuisinier de Toulon. Bien que qualifié dans la marine, de vieux loup de mer, il n'en était pas moins un parfait galant homme. Il mit gracieusement son grand salon avec son balcon d'arrière à la disposition de ma femme pour s'y tenir et s'y promener pendant les longues et monotones journées de la traversée. L'existence, ainsi assurée dans des conditions matérielles confortables, promettait de l'être agréablement au point de vue intellectuel et mondain, les hôtes réglementaires du commandant composant un petit groupe select et enjoué dans lequel figurait brillamment le chef de bataillon de Musset, du 7º de ligne, le parent distingué et digne du grand Alfred, compagnon de voyage aussi gai que spirituel, et surtout un personnage très important à bord après le grand chef, le capitaine de frégate Gazielle, second du vaisseau, vieux loup de mer comme son chef, et, comme lui, comme tous les officiers de marine, gracieux et hospitalier pour les étrangers qui sont à bord, malgré qu'ils les appellent « les éléphants » évidemment parce qu'ils sont encombrants !

Il fallut attendre l'heure du départ, le vaisseau se tenant toujours prêt à allumer ses feux. Cela dura trois jours qui furent bientôt monotones, j'ajouterai peu délirants, car nous étions mouillés tout près de l'îlot de Sacrificios dont on avait fait, depuis cinq ans, le cimetière de la marine. Ce fragment de terre plate, un banc de sable plutôt, émergeant à peine des flots, que ne paraient que quelques massifs de joncs et de roseaux, était hérissé de croix tumulaires. Ils étaient lugubrement nombreux nos infortunés marins qui, terrassés par le vomito, avaient payé de leur vie leur séjour sur cette plage funeste de Vera-Cruz. Quelques jours avant le départ, l'aumônier de la flotte y avait célébré solennellement un service de Requiem et de pieux adieux à nos morts qu'on allait abandonner sur cet îlot désert.

Le 12 mars, dans la matinée, le *Castiglione* reçut l'ordre de se disposer pour l'appareillage. Les feux furent allumés, les embarcations rappelées de terre et vers une heure, le commandant des forces navales mouillées encore à Saint-Jean-d'Ulloa, signala d'appareiller, de sortir des passes et d'attendre, au dehors, le départ du *Souverain*. Enfin, nos ancres dérapèrent et le *Castiglione* se mit en route, se porta au large en face de Vera-Cruz et stoppa. Bientôt nous vîmes les couleurs françaises descendre des mâts de pavillon de l'entrée de la ville et du fort Saint-Jean-d'Ulloa, puis le *Souverain* quitter son mouillage.

Le sort en était jeté ! A cet instant solennel, tous les officiers passagers eurent un moment de recueillement et d'émotion. Il semblait qu'une métamorphose se produisait dans nos existences, que la vie que nous avions vécue pendant tant d'années s'effondrait dans le néant, que nous sortions d'un rêve.

Puis, le *Souverain*, immense et magnifique vaisseau à trois ponts, la plus puissante unité de combat d'alors, rejoignit le *Castiglione* et le doubla. Notre vaisseau salua le pavillon du maréchal de France et se mit en route, suivant à petite distance le bâtiment qui portait Bazaine. A ce moment, à la pointe du promontoire fermant au nord la baie de Vera-Cruz, apparut, venant à nous, un grand vapeur aux couleurs françaises. C'était le paquebot *France* arrivant de Saint-Nazaire. Il marchait à vive allure et passa très près de nous saluant le pavillon du Maréchal et les deux navires de guerre.

On pensait, à notre bord, que le Maréchal allait l'inviter à stopper pour remettre son courrier à une embarcation qui se serait détachée du *Souverain*, car il devait porter des dépêches importantes du gouvernement français; mais il n'en fut rien. Le paquebot-poste continua sa route vers le port et disparut bientôt derrière le rocher de Saint-Jean-d'Ulloa. Que s'était-il passé à bord du *Souverain* ? Quelle fut la mentalité qui dicta la réserve du Maréchal. Ce fut un mystère. Il était bien naturel que Bazaine, en un pareil moment, tînt à cœur de recevoir les instructions ou dispositions de son gouvernement qui ignorait son départ, le jour où le courrier avait quitté la France. L'opération matérielle, dans la circonstance où la rencontre du paquebot se produisait, était d'une exécution prompte et facile.

Cependant on ne fit rien, et nos deux vaisseaux poursuivirent leur marche vers la haute mer. Nous pûmes constater promptement et avec inquiétude, à bord du *Castiglione*, un des meilleurs marcheurs de son type de vaisseau mixte, que l'obligation de convoyer le *Souverain* allongeait d'une façon déplorable la durée de notre traversée, car notre compagnon de route, malgré son imposante majesté, peut-être même à cause d'elle, passait dans la marine pour un « sabot » à marche lente. Heureusement, vers le soir, alors que nous étions sortis des eaux mexicaines et devenus invisibles pour la côte, le *Souverain* signala au *Castiglione* « liberté de manœuvre » pour rentrer en France. Ce fut à bord une joie intense. A l'instar d'un cavalier bien monté, le commandant « rendit la main » et le vaisseau prit son allure normale. En s'éloignant du Maréchal, il salua son pavillon. La nuit vint et nous ne vîmes plus le *Souverain*.

CHAPITRE XXII

DE VERA-CRUZ A TOULON

Traversée. — Passage du canal de la Floride. — Panne dans le Pot-au noir. — Vache et requins. — Ouragan du 29 mars. — Accidents et blessures. — Scorbut. — Relâche aux Açores. — Quarantaine. — Départ pour l'Europe. — Trafalgar. — Gibraltar. — Arrivée à Toulon, 25 avril.

Six jours après le départ de Vera-Cruz, nous sortions du golfe du Mexique en pénétrant dans le canal de la Floride, entre la pointe sud du continent nord-américain et l'île de Cuba dont nous apercevions la silhouette vaporeuse. Engagés dans le long couloir maritime que parcourt le rapide courant du gulf-stream et naviguant en son milieu, nous ne pouvions découvrir les terres basses qui forment les rivages américains de ce grand fleuve océanique. Le *Castiglione* naviguait sans voiles et, bien que le vent fût défavorable, nous marchions à une allure convenable. Mais, une fois sortis du canal, et marchant dans le nord-est pour nous éloigner de la terre, notre vitesse se ralentit désespérément, si bien que quelques jours après elle devint nulle et le 23 mars, nous restions immobiles, en panne complète, sur une mer inerte. Nous étions entrés dans ce que les navigateurs appellent le « pot au noir », sans doute parce que lorsqu'on s'y trouve paralysé, on y « broie du noir ». Géographiquement, cette région maritime fait partie de la mer des Sargasses. Les calmes atmosphériques y règnent fréquemment et c'est là que les cyclones de l'hémisphère nord de l'Atlantique prennent naissance. Ces météores sortent, en effet, de ces parages et, prenant leur course folle et dévastatrice vers le nord-est, ils traversent l'Océan pour venir s'abattre sur le nord de l'Europe et finir dans la Russie septentrionale.

Pendant les périodes de calme, l'atmosphère est lourde, la chaleur accablante. Il nous fallut rester plusieurs jours dans un état d'immobilité complète, flottant sur la même eau où restaient tous les débris expulsés du navire. D'autre part, une circonstance spéciale justifiait peut-être encore la qualification de pot au noir : c'est la présence dans cette mer de requins en immense quantité. Après quelques heures de stationnement ces horribles bêtes foisonnaient autour de nous, flairant sans doute le garde-manger de chair humaine dont ils sont très friands, ce qui d'ailleurs était flatteur pour nous, sinon rassurant. C'était un fort vilain spectacle que d'observer les évolutions attentives de ces monstres qui nous regardaient avec des yeux dévorants et circulaient autour du vaisseau pour happer tout ce qui pourrait tomber à la mer. Ils eurent, du reste, le lendemain, une proie plantureuse. Une vache étant crevée à bord, fut jetée à l'eau, mais resta flottant près de la muraille du bâtiment. Alors les requins accoururent pour se disputer cet immense régal qui doit entrer rarement dans le menu de leurs repas. La curée fut longue et mouvementée, malgré la voracité des convives, mais en raison du grand nombre qui se disputait les bons morceaux, sans que pourtant nous ayions remarqué que ces rivalités aient engendré entre eux des combats singuliers. Les quatre membres de la bête furent tout d'abord dévorés successivement et par fractions, puis ce fut le tour de la tête. Mais l'opération fut plus difficile, car les cornes firent une résistance désespérée. Elles y passèrent, cependant, puis le cou qui fit plusieurs heureux ; enfin la queue disparut aussi, mais ce fut long car elle était difficile à saisir. Il ne restait que le corps; celui-ci, gonflé comme un ballon, flottait en partie hors de l'eau. A ce moment, l'horreur du festin tourna au comique. En effet, en raison de la disposition de la mâchoire des squales, qui est placée en dessous et en arrière d'un volumineux groin servant de museau, les requins avaient beau se retourner, conformément aux prescriptions de la nature qui les créa, ouvrir un immense gouffre aux bords hérissés de triples rangées de dents articulées, cet arsenal âpre à la curée restait pourtant impuissant. Lorsque le requin s'élançait pour happer une énorme tranche de rosbif, son groin heurtait la boule ronde de la vache qu'il repoussait, lui faisant exécuter une horrible gymnastique en partie souvent hors de l'eau. Lorsque parfois cette malheureuse proie était ainsi l'objet des attaques simultanées de plusieurs requins, cet assaut gastronomique des gloutons marins faisait naturellement la joie de tout le monde à bord, à l'exception cependant des matelots pêcheurs, la présence des requins éloignant tout autre espèce de poissons, ce qui les privait du plaisir et du profit des pêches miraculeuses qu'ils auraient faites grâce au calme de la mer et à l'immobilité du bâtiment.

Cependant, malgré ces intermèdes panachés « vache mexicaine et requins américains » joués pendant l'entr'acte de la navigation, que certains mauvais esprits ont considéré comme un pronostic épilogique de la question mexicaine, la stagnation prolongée sur la surface de la mer infinie commençait à devenir monotone. On se demandait avec anxiété si notre immobilité allait durer longtemps encore, car nous touchions au quatrième jour de panne. On se demandait surtout à quoi pouvait bien servir la machine à vapeur que le *Castiglione* cachait dans ses flancs, si ce n'était pas pour sortir d'une pareille impasse, et aller chercher ailleurs le vent qui ne venait pas à nous ! « Et le charbon, grand Dieu ! vous n'y pensez pas » répondait le ministre de la Marine, car, à cette époque, on se préoccupait des économies.

Hélas ! nous demandions du vent, et bientôt on nous donna la tempête ! Au soir du quatrième jour, une brise folle, un souffle, fit frissonner notre pavillon, puis nos voiles flasques parurent s'émouvoir, le vaisseau semblait s'éveiller. Alors, un vent du sud le poussa vers le nord et, fraichissant chaque jour, il fallut diminuer la voilure, la mer devenant dure. Enfin, le soir du 28 mars, la brise passant à l'ouest avec violence, on dut serrer toutes les voiles supérieures. La nuit fut mauvaise, le baromètre s'effondrait et, au matin c'était un ouragan, le cyclone classique de ces parages, en marche pour l'Europe. Le commandant ordonna de suspendre les chevaux et j'allai surveiller l'opération, assez difficile du reste, car le vaisseau était secoué de façon désordonnée. Puis, je revins m'installer dans le salon du commandant où j'avais laissé ma femme lisant sur un caisson-canapé. J'en fis autant, mais un épouvantable coup de mer imprima un roulis brusque, qui lança ma femme au milieu du salon. Instinctivement, plutôt bêtement, je me levai pour la secourir. Mal m'en prit. Entraîné moi-même, je fus projeté avec violence contre la muraille opposée. Le choc fut terrible et les moulures artistiques (?) des boiseries mirent leur empreinte sur toutes les parties saillantes de mon visage. Ma femme, glissant sur le sol, en fut quitte pour une syncope passagère, mais j'étais en piteux état, avec des avaries nombreuses et variées. Menton ouvert, déchiré, mâchoire ébranlée, lèvre coupée, nez et front mis à mal, une vraie mascarade ! Enfin, mes deux poignets foulés, pour avoir amorti le choc, bien qu'ils fussent solides. Je devenais pour le médecin du bord un client difficile à raccommoder, d'autant que si, à terre, les opérations chirurgicales sont délicates, sur mer elles sont pénibles et fort désagréables, pour ledit client.

Il fallut plusieurs matelots pour tenir immobiles le patient et l'opérateur, qui mit près d'une heure à réparer le désordre de mes tissus déchirés et récalcitrants. Enfin, quand je fus remis en point, je ne pus m'empêcher d'éclater de rire en contemplant ma tête ficelée comme celle d'une momie. Tout le monde en riait ! Ce qui me consola et me procura un bonheur relatif, ce fut la déclaration d'Esculape m'assurant que, sans l'effort sous lequel avaient succombé mes poignets, j'étais tué net; je devais donc reconnaître que j'avais une chance de première classe. D'ailleurs, dans ma mésaventure, et en dehors des souvenirs cuisants qui m'en restaient, ce qui me préoccupait surtout étaient les conséquences, car, après tout, ma femme ne pouvait m'en vouloir de posséder une tête avariée, puisque c'est en volant à son secours que je m'étais mis en si piteux état. Cependant j'aurais préféré être balafré par un joli coup de sabre.

Quoi qu'il pût advenir, le présent était lamentable, surtout en raison de l'inertie de mes poignets, car on dut m'attacher sur un caisson pour résister au roulis, ce qui faillit m'occasionner une deuxième catastrophe, en me faisant massacrer par la bibliothèque du salon du commandant. Ce meuble, arraché de la muraille, bondissait à travers la pièce, au gré des coups de roulis, brisant tout sur sa route, et détachant en outre ses volumes en guise de projectiles secondaires. Il fallut, une escouade de matelots pour maîtriser ce monstre déchaîné. Etre assommé par une bibliothèque eût été un record peu flatteur pour la littérature et surtout pour moi !

Pendant deux jours, le chambardement fut général à bord ; tout l'équipage resta à ses postes, l'officier de quart amarré, les soldats passagers secoués dans les batteries comme des noix dans un sac, un matelot une jambe cassée, etc... mais le *Castiglione*, dont le commandant n'avait même pas calé les mâts de perroquet, luttait contre les fureurs déchaînées du cyclone et de la mer avec une maëstria impressionnante. Ce drame maritime se déroulait entre le cap Hatteras et les Bermudes, parages les plus redoutables de l'Atlantique. Puis les vents et les flots reprirent des façons plus convenables, permettant de vivre plus à l'aise, et la traversée suivit son cours normal et régulier, mais avec une sage lenteur de huit ou dix nœuds, car on avait consommé tant de vent qu'il semblait n'en plus rester sur l'Océan.

Enfin, après douze jours de cette allure des galères antiques, nous n'étions pas encore arrivés à la hauteur des Açores et nous étions en mer depuis un mois. Les vivres frais s'épuisaient, on était réduit aux conserves et aux salaisons. Soudain un passager inattendu monta à bord. C'était le scorbut, qui s'attaquait promptement à un grand nombre de soldats et de matelots. Alors la docte faculté s'émut et fit des observations au commandant, lui demandant de relâcher aux Açores dont nous n'étions qu'à une journée de marche. Sur ces instances le *Castiglione* changea sa route et ses feux furent allumés.

Le lendemain, au jour, grimpant sur le pont, j'eus la joie de contempler un spectacle qualifiable d'enchanteur après un mois de séjour en mer. A petite distance s'élevait sur les flots une large terre basse sur laquelle planait un immense bandeau de nuages peu élevés d'où surgissait une haute et épaisse montagne en tronc de cône volcanique à large base et au sommet couvert de neige. C'était l'île del Pico. A gauche, plus loin, apparaissait l'île de Fayal où se trouve la capitale de l'Archipel, petit port situé dans le chenal qui sépare cette île de celle del Pico. C'est là que, dans l'après-midi, mouillait le *Castiglione*, à l'entrée du port où se trouvait en station un brick de guerre portugais. On salua la terre, qui rendit la politesse.

Nous arrivions tout joyeux de pouvoir prendre nos ébats sur le sol de cette île qui nous souriait; mais une désillusion cruelle nous guettait au port ! L'abominable pavillon jaune de la santé nous mit tout simplement en quarantaine, parce que nous venions du Mexique où habite la fièvre jaune. Quelle guigne ! Et on dit dans la chanson que les « Portugais sont toujours gais ». Erreur ! Il nous fallut rester à bord et personne ne put y monter. Nous étions entourés d'embarcations, mais on ne pouvait que dialoguer. Le consul de France dut palabrer avec le commandant du fond de son canot et recevoir ses demandes pour assurer le ravitaillement de son vaisseau. Notre consul, très ennuyé de cette réception si peu hospitalière, fut néanmoins fort gracieux, car, ayant vu une dame sur la galerie du commandant il lui envoya le soir un magnifique bouquet dont le charme nous accompagna jusqu'à Toulon. Enfin pendant deux jours nous fûmes soumis au supplice de Tantale. Le seul profit qu'on tira de cette escale ratée fut d'inonder le vaisseau de tous les produits alimentaires que réclamaient ses garde-manger. Une nuée d'embarcations nous entouraient et constituaient un marché flottant des plus pittoresques, des plus bruyants où les insulaires vendaient aux passagers toutes sortes de denrées. Ces échanges se faisaient au moyen de paniers hissés avec des cordes et des ficelles amenant la marchandise et ramenant la monnaie que ces bons Fayalais recevaient avec précaution du bout des doigts, se signant avec onction pour conjurer les microbes du vomito redouté. Du reste, la police veillait sévèrement sur toutes les relations entre indigènes et pestiférés. On ne peut imaginer ce qui s'engouffra dans les flancs du vaisseau et dans l'estomac des passagers, surtout en bananes, oranges et citrons. En outre le commissariat du bord embarqua des troupeaux de bœufs et de moutons, des milliers d'oranges et de citrons antiscorbutiques, des montagnes de salades et de légumes. Aussi, le résultat bienfaisant de ce ravitaillement fut la disparition complète du scorbut.

Le 17 avril, nous reprenions la mer et trois jours après apparut à nos yeux charmés, la vieille terre d'Europe, sous les espèces du cap Saint-Vincent. Le lendemain le *Castiglione* contournait la sinistre silhouette du cap de Trafalgar; nous naviguions dans les eaux de sombre mémoire, lugubre suaire qui, sous nos pieds, recouvrait les squelettes mutilés des vaisseaux français de l'infortuné Villeneuve.

A midi le *Castiglione* donnait dans le détroit de Gibraltar et passait dans la soirée devant le repaire des Anglais, dont le rocher fit bientôt un sombre repoussoir aux horizons de feu d'un merveilleux coucher de soleil dans l'Océan. Le lendemain, nous défilâmes devant la terre d'Espagne qui, sur les eaux bleues et dans le cadre de la Sierra Nevada, compose le riant panorama de la côte d'azur espagnole.

Deux jours après, en nous éloignant des Baléares, nous entrions presque dans les eaux françaises. Il nous semblait déjà percevoir les effluves de la terre natale abandonnée depuis si longtemps. L'émotion était grande à bord. Comment peut-il exister des êtres humains qui repoussent l'idée de Patrie?

Le 25 avril, apparurent enfin, trouant les brumes marines, les blancs îlots de Marseille et les sombres îles d'Hyères. Toulon était devant nous. Ce fut à bord, dans le clan des passagers, un branle-bas général. La mer était d'huile, comme dit le poétique Marseillais; aussi l'équipage s'agitait pour préparer le débarquement du matériel; quant aux colis vivants, les éléphants, ils groupaient tous leurs menus bagages et disposaient coquettement leur personne pour se présenter dignement devant les compatriotes, toujours curieux de contempler ces revenants du bout du monde. En ce qui me concernait, ma personne était plus difficile à montrer en raison de ses détériorations faciales. Cependant l'habile Esculape du vaisseau m'avait assez bien retapé, et les quelques bandes de taffetas qui se croisaient encore sur mon menton me permettaient même de passer pour une glorieuse victime des combats !

Enfin, le *Castiglione* faisait son entrée dans la rade de Toulon et allait s'amarrer à un quai de l'arsenal où le débarquement du 7° de ligne se fit aussitôt et rapidement. Je fis ensuite mettre à terre les chevaux dont j'avais la charge et les envoyai dans une caserne de la place.

Ces grosses opérations terminées, ayant fait nos adieux aux officiers du vaisseau et tout particulièrement au commandant Allemand, auquel Mme Blanchot témoigna toute sa gratitude pour les prévenances et les attentions gracieuses dont elle avait été l'objet pendant son long séjour à bord, nous quittâmes le *Castiglione* pour aller établir nos pénates provisoires à l'hôtel de La Croix de Malte, sur la riante et délicieuse place aux Foins, qui était jadis le centre du mouvement select et des attractions mondaines de la grande ville de guerre de la marine française.

Pour moi, finissait la campagne du Mexique, le 25 avril 1867 commencée le 25 août 1862.

Colonel Ch. Blanchot.

CHAPITRE XXIII

ARRIVÉE EN FRANCE

Séjour à Toulon. — Arrivée du *Souverain*. — Entrevue avec le maréchal Bazaine. — Correspondance officielle. — Incidents des honneurs officiels. — Mentalité du Maréchal. — Licenciement de sa maison militaire. — Je reste seul. — Débarquement du maréchal Bazaine. — Visite au préfet maritime. — Promenade dans Toulon. — Dispositions d'esprit du Maréchal. — Mise en route de la famille. — Mon départ pour Loches — Installation au foyer familial. — Incident de mon changement de situation. — Nomination à l'État-major de la division de voltigeurs de la garde impériale. — Une décoration de Belgique.

En débarquant sur la terre de France, je reprenais la vie normale et réglementaire de tout militaire français dont les obligations s'accusaient aussitôt par le devoir de me rendre à l'intendance pour faire régulariser ma situation et me maintenir à Toulon en y attendant l'arrivée de mon chef, le maréchal Bazaine. J'allai me présenter au Préfet maritime et lui faire part de mon séjour provisoire dans la place. Je le priai de me faire prévenir, aussitôt que le *Souverain* serait signalé, et dont il n'avait pas, du reste, la moindre nouvelle, ce qui prouvait, tout au moins, que le vaisseau n'était pas encore passé à Gibraltar.

Dès lors, il ne me restait plus qu'à attendre patiemment, ce que je fis consciencieusement durant les premiers jours que je consacrai à visiter, ou plutôt à faire visiter à ma femme, les curiosités militaires et navales de l'arsenal, du port et de la rade, celles plus mondaines de la ville, les environs pittoresques et les panoramas grandioses de l'amphithéâtre merveilleux des monts de l'Esterel. Mais la patience est une denrée mentale qui se consomme généralement assez vite, et bientôt je trouvai le temps long.

Enfin, le 6 mai dans la soirée, je reçus l'avis que le *Souverain* était signalé et qu'aussitôt mouillé, le préfet maritime mettait un canot à ma disposition pour me conduire à bord. Je me mis en tenue et me tins prêt, mais ce ne fut qu'assez tard que je pus me mettre en route. Le *Souverain* avait mouillé en grande rade et je n'arrivai qu'à la nuit. Je trouvai le Maréchal dans son salon avec les officiers d'ordonnance qui l'avaient accompagné. L'entrevue fut des plus cordiales et des plus affectueuses. Je demandai à saluer la Maréchale qui me fit un fort gracieux accueil. La malheureuse femme semblait heureuse d'arriver au terme d'un voyage qui avait été, lui aussi, fort pénible. J'eus le regret de ne pas trouver mon vénérable ami le commandant Willette. Il avait quitté le *Souverain* quelques moments avant mon arrivée et dans des circonstances douloureuses. Un télégramme l'attendait, l'appelant à Paris au chevet de sa mère mourante; il avait sauté dans une embarcation pour descendre à terre et prendre le premier train. Je restais ainsi le seul aide de camp pour faire le service.

Aussitôt que le *Souverain* avait été signalé, le service des postes avait envoyé au point où le vaisseau devait mouiller, pour remettre au maréchal Bazaine, un gros et important courrier qui l'attendait. Quand j'arrivai, Son Excellence avait déjà pris connaissance de plusieurs lettres de l'Empereur et du ministre de la Guerre. Je n'ai pas su exactement ce que contenaient les premières, mais je pus en deviner le sens. Quant à celles du ministre, il y en avait une à laquelle j'ai déjà fait allusion et qui était revenue du Mexique par le paquebot que nous avions rencontré au sortir de Vera-Cruz. Cette lettre expliquait l'air de résignation calme et sereine que je constatai chez le Maréchal. Elle avait, en effet, été écrite par le maréchal Niel le 13 février, et répondait à la remarquable protestation que le maréchal Bazaine lui avait adressée au sujet des accusations Castelnau.

Conçue dans les termes les plus sympathiques, elle donnait une satisfaction morale susceptible de faire échec aux déceptions qui attendaient le maréchal Bazaine à son retour. Ces déceptions venaient de se produire, quand j'arrivai auprès de lui.

En effet, aussitôt que le *Souverain* eut mouillé, le Préfet maritime de Toulon montait à bord pour saluer le Maréchal et lui faire connaître que, d'après les ordres du gouvernement, *il ne lui serait pas rendu d'honneurs exceptionnels*. Cette mesure semblait pouvoir être interprétée comme un symptôme de disgrâce. Mais, outre la lettre palliative du maréchal Niel, le maréchal Bazaine venait de recevoir communication d'une autre lettre, écrite en même temps que celle de son ministre, et qu'il est intéressant de connaître, car elle confirmait, en les accentuant, les sentiments de celle du ministre. Cette correspondance émanait du général Colson, chef du cabinet du maréchal Niel, et était adressée au colonel Boyer, chef du cabinet du maréchal Bazaine. Elle était une réponse à une lettre de protestation que cet officier lui avait écrite au sujet de l'affaire Castelnau et qui, ainsi que j'ai connu l'homme, ne devait pas être à l'eau de guimauve. La réponse du général Colson était brève mais caractéristique ; et, si on la rapproche de la déclaration faite au maréchal Bazaine par le Préfet maritime de Toulon, on peut, on doit même se demander ce que signifiaient ces contradictions. Il y avait là un imbroglio fâcheux dont on ne connaîtra, sans doute, jamais l'explication véritable, sinon la justification.

En effet, voici ce qu'écrivait le général Colson au colonel Boyer :

« Le maréchal Niel écrit par ce courrier à M. le maréchal Bazaine une bonne lettre. Elle a été mise sous les yeux de l'Empereur qui l'a fort approuvée. J'espère qu'elle cicatrisera la blessure du Maréchal et que l'accueil qui lui sera fait à son retour en France complètera la guérison. Il est bien temps que l'on en finisse avec cette malheureuse question du Mexique ; le plus tôt sera le mieux.

« Que de guignon, que de fatalités se sont attachés à cette grande mais bien difficile entreprise ! Je serai bien heureux de vous revoir et de causer des tristes détails qui vous ont si fort irrité... »

Cette dernière phrase vise évidemment les intrigues Castelnau, les calomnies de Douay, les agissements Eloin et Fischer.

D'ailleurs, il ressort absolument de cette correspondance officielle que les sentiments de Napoléon III à l'égard du Maréchal étaient alors sympathiques, puisqu'on lui écrivait, avec l'approbation du Souverain, que la réception qui lui serait faite à son retour achèverait la cicatrisation de ses blessures morales. Comment donc expliquer le changement qui s'est produit depuis le 13 février, en deux mois ? Le retour du général Castelnau, puis du général Douay dut être un des facteurs de ce revirement dans les dispositions de l'Empereur. Ou bien, peut-être, le Souverain n'a-t-il été inspiré que par un sentiment de haute et prudente politique en voulant éviter de heurter trop brusquement l'opinion publique, généralement mal disposée à l'égard de l'entreprise mexicaine qui finissait d'une façon si peu conforme aux espérances. Et alors il a voulu écarter toute mise en scène trop honorifique de la réception officielle en France de l'homme qui portait, dans l'esprit de beaucoup de gens, la lourde responsabilité des événements marquant le dénouement de l'expédition du Mexique ? D'après ces considérations, on peut admettre que Napoléon III eut raison ; mais le fait n'en était pas moins regrettable, parce qu'il était injuste et immérité, surtout parce que les esprits malveillants en ont dénaturé et augmenté la portée.

C'est dans ces dispositions d'esprit que se trouvait le Maréchal lorsque je le rejoignis à bord de son vaisseau. Il appela à lui les officiers de sa maison qui l'avaient accompagné pendant la traversée, et leur exposa la situation qui lui était faite à sa rentrée en France. N'ayant, pour le moment, aucun commandement ni mission particulière, il ne pouvait conserver entière sa maison militaire et remettait ses officiers d'ordonnance à la disposition de leurs corps respectifs. Puis, avec une émotion débordante, il remercia, dans les termes les plus affectueux et les plus flatteurs, les officiers qui, depuis plusieurs années, le servaient avec un dévouement sans bornes, s'associant avec une sollicitude de tous les instants à ses peines comme à ses joies. « Je débarquerai, dit-il, demain matin, sans pompes ni cérémonial; le capitaine Blanchot seul m'accompagnera. » Puis, se tournant vers moi : « Mon cher Blanchot, vous serez ici à neuf heures, en tenue du jour et vous m'accompagnerez pour rendre visite au Préfet maritime; puis, nous nous mettrons en bourgeois et nous flânerons (*sic*) dans la ville de Toulon. Après mon départ avec la Maréchale, vous pourrez vous rendre auprès de votre mère et jouir tranquillement du congé de trois mois que vous avez demandé et auquel vous avez droit. Quand j'aurai besoin de vous, vous viendrez à Paris où je compte rester et où je prévois que je n'aurai rien à faire. Du reste, vous m'écrirez de temps en temps. »

Après cette entrevue, plutôt pénible et douloureuse, car je n'avais jamais vu mon vénéré chef aussi profondément ému, je quittai le Maréchal, embrassai mes camarades qui allaient se disperser dès le lendemain matin, et je revins à terre, le cœur gros de voir se dissoudre ainsi une association d'affections, de dévouement, de confraternité qui durait depuis si longtemps et avait, inébranlable et sans nuages, pu traverser tant d'événements de toute nature, le plus souvent graves ou périlleux.

Le lendemain, à neuf heures, je montais à bord du *Souverain*. La Maréchale et son fils étaient déjà descendus à terre. Quant au Maréchal, il était prêt à monter dans une baleinière du Préfet maritime, bien armée et commandée par un lieutenant de vaisseau. Nous embarquâmes aussitôt, pendant que le vaisseau saluait de onze coups de canon le Maréchal de France qui quittait son bord. Après quelques minutes d'une traversée rapide, nous accostions au débarcadère de la préfecture maritime où attendait un aide de camp de l'amiral. Le Maréchal fit sa visite et, la cérémonie faite, nous montâmes en voiture pour gagner l'hôtel où la Maréchale était installée.

La population toulonnaise, toujours chauvine, sachant que le maréchal Bazaine débarquait, était accourue aux abords de l'arsenal. Elle prodigua, sur son passage, les témoignages d'une curiosité bienveillante et d'une respectueuse sympathie. L'abominable légende n'avait pas encore envahi l'esprit simplex et généreux du peuple !

Après le déjeuner, je rejoignais le Maréchal. Déguisés en bons bourgeois, nous partions, tous les deux, d'un pas alerte, à la reconnaissance d'une ville française. Nous avions l'air de deux échappés d'une oubliette, lui surtout. Cet homme, naturellement simple d'allures, gauchement accoutré du reste dans un complet chocolat, acheté sans doute à la Havane, ne représentait pas du tout le haut personnage qu'il venait d'être pendant cinq années et dont le nom était connu déjà dans le monde entier. Sur ce sol français, au milieu des braves gens qu'il croisait et qui ne pouvaient soupçonner un si gros bonnet dans son feutre mou, il se sentait heureux et se croyait sortir d'un rêve. Le bonheur de se retrouver en France chassait de son esprit toutes autres préoccupations.

Après avoir été visiter nos chevaux et assuré leur voyage en chemin de fer, nous parcourûmes toute la ville et je le ramenai à son hôtel, ravi de sa longue et vagabonde promenade.

Moi aussi, j'étais ravi, car le Maréchal, abandonné à lui-même, avec moi qu'il connaissait depuis bien longtemps, était redevenu l'homme d'autrefois et me traitait avec la plus paternelle bienveillance, me confiant ses impressions privées et me chargeant des plus affables messages pour ma mère qui, depuis la mort de mon père, restait seule des deux amis de 25 ans qu'étaient pour lui mes parents.

Ce qui me frappa surtout et m'impressionna dans ces épanchements de sentiments, c'est la persistance étrange avec laquelle il se plaisait, à propos des choses les plus banales qu'il revoyait, à reporter sa pensée cinq années en arrière, à l'époque où, dans ce même port, nous nous embarquions tout joyeux pour le Mexique. Il paraissait regretter sa joie d'autrefois et trouver plus légères les épaulettes de général de division qu'il portait alors, que le bâton de maréchal de France. Avait-il déjà une prescience de l'avenir ?

Quoi qu'il en soit, si cette promenade fantaisiste mais démesurément longue, était pour moi fort intéressante, elle ne cessa de m'intriguer, car il me semblait que rien ne la nécessitait. Cependant, je parvins à découvrir qu'elle avait pour but, fort logique du reste, de soustraire le Maréchal aux visites plus ou moins importunes et aux interview plus ou moins discrètes dont il aurait assurément été l'objet, s'il était resté à son hôtel ou à portée des curieux. Et la manœuvre réussit parfaitement.

Le lendemain, dans la matinée, je fis porter à la gare mes nombreux bagages, préparer les wagons nécessaires au transport de nos chevaux et, à midi, devant le train rapide de Paris, je saluai le départ du maréchal Bazaine et de sa famille. Quelques heures après, je mettais ses chevaux en route dans un train de moindre vitesse et enfin, dans la soirée, je m'embarquais moi-même avec ma smalah et mes chevaux à destination de Loches (Indre-et-Loire), où se trouvait alors mon foyer familial. *Sic finis coronat opus mexicanum !*

Je fus heureux de revenir à ce foyer depuis si longtemps déserté ; mais je n'éprouvai qu'une joie voilée d'une sombre tristesse, car si j'y retrouvais ma mère dans une retraite confortable et pleine de vieux souvenirs, je la revoyais solitaire. Le chef de la famille manquait et sa place abandonnée me parut bien grande. Enfin, le bonheur de ma mère de recevoir son fils et, en plus, une belle-fille et un petit-fils, dissipa mes cruels regrets, et une vie douce, calme et affectueuse commença de suivre, moralement et matériellement, un cours tranquille que je n'avais pas connu depuis bien des années.

Les premières journées furent cependant laborieusement employées à cimenter les nouvelles et précieuses relations que me procurait la situation sympathique de ma mère dans ce pays nouveau pour moi, et à subir les innombrables et tenaces interview de tous les indigènes lettrés de la société lochoise. Ils étaient nombreux dans cette vieille cité de nos anciens rois, dont les merveilleux et innombrables souvenirs matériels éveillent et passionnent les esprits des heureux qui vivent dans ce sanctuaire de notre histoire française. Ces premiers coups de feu supportés en conscience, je commençai à préparer et à mettre en ordre les souvenirs, les documents, les notes, relatifs aux événements que j'avais vécus depuis mon départ de France; matériaux précieux pour moi et qui devaient, quarante ans plus tard, alors que je serais rentré dans la vie indépendante de la retraite, me permettre d'écrire les pages que je vais clore, pour un moment, afin de les livrer, je l'espère du moins, à la curiosité, à l'intérêt peut-être, de la génération d'hommes éclairés qui suit la mienne.

Je vivais donc ainsi, le corps et l'esprit bien tranquilles et dégagés des choses de ce monde, lorsqu'un léger incident vint, non pas troubler si peu que ce fût, cette douce existence, mais m'imposer, pour un instant, quelques préoccupations distrayantes de ma béatitude indifférente à tout.

En un matin du joli mois de mai, le 21 je crois, m'arriva une communication officielle émanant du ministre de la Guerre et me faisant connaître que, M. le maréchal Bazaine m'ayant remis à sa disposition, j'étais nommé à un emploi de mon grade à l'état-major général du 6e corps d'armée à Toulouse et que je devais rejoindre, sur-le-champ, mon nouveau poste. J'avoue que je trouvai la nouvelle de fort mauvais goût; non pas que je regrettâsse ma position d'aide de camp auprès d'un si grand personnage qu'était le maréchal Bazaine, car il n'avait ni commandement ni emploi, ce qui eût rendu mon service insignifiant et dépourvu d'intérêt, militaire proprement dit. Au contraire. Si je n'avais pas voulu demander à quitter le Maréchal, alors qu'il était, non pas précisément en disgrâce, mais dans une position quelque peu effacée, j'étais enchanté de ne pas rester dans cette maison militaire où l'influence de la Maréchale et de sa coterie allait tout dominer et où j'aurais une situation difficile, n'ayant jamais été *persona grata* de la jolie Maréchale. Dans cette affaire, c'était ma désignation pour Toulouse qui m'était désagréable. Le Midi de la France était trop loin de Paris. Aussi je résolus aussitôt d'éviter ce bolide qui menaçait ma tête. J'avais, du reste, du temps devant moi, bien qu'on me prescrivît de m'y rendre sur-le-champ, ce à quoi s'opposait le congé dont j'étais détenteur.

D'ailleurs, je fus fort peu satisfait de la façon dont le maréchal Bazaine m'avait remis à la disposition du ministre, sans me prévenir, et je lui en conservai un certain ressentiment, bien que je fusse convaincu qu'il y avait là une intrigue sourde de la Maréchale qui avait profité de mon éloignement pour obtenir de son époux, trop complaisant, une mesure qui ne lui était pas personnelle et était contraire à nos derniers entretiens de Toulon. Si j'insiste sur cet incident personnel, c'est afin de bien établir que, si j'ai passé pour un défenseur systématique, et cela à tort, ce n'est pas, en tout cas, que j'aie jamais été inspiré par un sentiment de reconnaissance.

J'écrivis aussitôt au Maréchal une lettre pleine de déférence, où je lui exprimais mon regret, non pas de la mesure en elle-même, mais bien de ce qu'il ne m'avait pas fait prévenir qu'elle allait être prise, afin que je pusse faire des démarches pour éviter d'être envoyé à l'extrémité de la France. Je ne cachai pas que le dévouement sans bornes et parfois dangereux pour moi, que j'avais consacré non seulement à mon chef élevé, mais encore à sa personne même, ne pouvait me laisser prévoir que je serais ainsi, sans avis préalable, l'objet d'une mesure si contraire aux instructions de service qu'il m'avait données à son départ de Toulon.

Le Maréchal n'eut pas le courage de répondre lui-même. Il chargea de ce soin M. le colonel Boyer, qui, du reste, n'avait plus aucune qualité officielle pour le faire, car il ne pouvait plus parler au nom du Maréchal comme chef d'un cabinet qui n'existait plus. Cet officier le fit, du reste, dans une lettre alambiquée, d'une habileté maladroite, qui ne répondait pas à ma démarche auprès du Maréchal, et restait à côté de la question en se livrant à des considérations latérales et inexactes. En tout cas, elle ne produisit pas l'effet qu'il en attendait. Je vis parfaitement que le Maréchal n'était pas l'auteur de la mesure qui me concernait mais l'avait plutôt subie, et qu'elle était inspirée par la Maréchale, de concert avec le colonel Boyer qui, lui, visait à la place de premier aide de camp, mon ami Willette devenant le deuxième, combinaison qui nécessitait mon départ. Cette raison était fort naturelle. Cet officier, pour des considérations qui lui étaient personnelles, devait préférer me désintéresser des affaires mexicaines, et pour cause. Enfin, ma position auprès du Maréchal était convoitée depuis Mexico par un officier, brillant et mondain, qui était *persona grata* pour la Maréchale, et dont le père était grand personnage à la cour. Tout cela produisait autour de Mme Bazaine un imbroglio dont j'étais enchanté de m'éloigner.

Au surplus, je me flattais d'avoir eu du flair en prenant le congé de trois mois auquel j'avais droit, bien que le Maréchal m'eût dit, à Toulon, que je pourrais m'en dispenser; car je n'aurais pas, pour le moment, beaucoup de travail à faire pour lui et je pourrais rester le plus souvent auprès de ma mère et venir tous les huit jours voir ce qui se passerait auprès de lui. C'est cela qui déplaisait à la Maréchale !

Malgré que j'eusse du temps devant moi, je partis aussitôt pour Paris afin d'intriguer moi aussi et de parer le coup de Toulouse.

Ma première visite, qui, du reste, devait me dispenser de toute autre, fut pour mon ancien chef de la campagne d'Italie, le maréchal Regnaud de Saint-Jean-d'Angély, commandant toujours la Garde impériale. Je me présentai d'abord à son chef de cabinet, le colonel Robinet. C'était le matin, à l'issue du rapport. Je fus reçu avec la plus parfaite cordialité et, après m'avoir fait causer du Mexique et de ma situation présente, le colonel alla demander au Maréchal s'il voulait me recevoir : « Blanchot ? mais certainement, répondit le grand chef, je veux le voir de suite. » Mon vieux maréchal me reçut, les mains tendues vers moi, avec une sympathie qui m'émut. Il eut la bonté de me dire qu'il m'avait suivi avec intérêt au milieu des péripéties de notre longue et dure campagne, et il me félicita, de la façon la plus flatteuse, pour mes succès. Puis il me demanda ce que j'allais faire ! C'était le moment de donner l'assaut, je n'y manquai pas : « Mon plus grand désir, Monsieur le Maréchal, serait de servir encore sous les ordres de Votre Excellence, dans cette Garde Impériale où j'ai fait, auprès de votre personne, mes premières armes. » Le coup fit mouche. Mon bon vieux chef, en souriant, m'assura qu'il ne demandait pas mieux que de m'accorder cette faveur et qu'il me proposerait à l'Empereur pour rentrer dans la Garde. Je remerciai avec effusion ; puis ayant demandé quand je pourrais saluer la maréchale Regnault : « Mais tout à l'heure, répliqua-t-il, restez à déjeuner ; elle sera enchantée de pouvoir ainsi causer longtemps avec vous. » J'acceptai naturellement avec une satisfaction marquée et retournai au cabinet du colonel Robinet avant de me retirer pour attendre l'heure du déjeuner. J'y étais à peine que la sonnette du Maréchal appela le colonel. Celui-ci revint un instant après et me tint ce simple langage que je trouvai plein d'éloquence : « Eh bien ! vous avez de la chance ! Le Maréchal vient de me donner l'ordre de vous porter son premier candidat à un emploi dans un état-major de la Garde. Quelle veine ! Songez donc : il y a des vieux capitaines, chaudement appuyés, qui attendent depuis longtemps, et vous allez, sans doute, passer avant eux ! » Décidément la chance soufflait à pleins poumons dans mes voiles !

Un déjeuner, sélect et satisfaisant à tous égards, compléta merveilleusement cette souriante matinée. La comtesse Regnault de Saint-Jean-d'Angély, une vraie grande dame, me fit le plus gracieux accueil et s'amusa longtemps à me faire conter toutes sortes d'histoires, d'anecdotes sur les faits et les gens. Je sortis de cet intérieur, bon, affable et hospitalier, emportant une forte provision de réconfort et d'espérance.

Je n'avais plus rien à faire à Paris et je revins au sein de la famille, reprendre la vie douce et facile du soldat au repos, plein de confiance dans la parole du vieux Maréchal.

J'avais bien raison. Le 15 août suivant, à l'occasion de la Fête nationale de l'Empereur, je fus nommé à l'Etat-major de la division des Voltigeurs de la Garde impériale. C'était une immense faveur qui comblait tous mes vœux du moment, et parait le coup de Toulouse !

Du reste, tout alors semblait me sourire, car il m'arrivait, d'autre part, une satisfaction honorifique absolument précieuse pour moi. En effet, par la voie du ministre de Belgique à Paris, je recevais du Roi des Belges une lettre m'informant qu'en attention des services que, comme sous-secrétaire d'Etat de la Guerre de l'Empereur Maximilien, j'avais rendu à la légion belge, Sa Majesté me conférait la croix d'officier de l'ordre de Léopold. Cette distinction, inattendue et encore moins sollicitée, me causa un plaisir extrême et je m'empressai d'adresser au Roi, le frère de la malheureuse impératrice Charlotte, un chaud témoignage de reconnaissance.

Quelques semaines plus tard, attiré à Paris par l'Exposition Universelle, le Roi des Belges s'y trouvant, je sollicitai de Sa Majesté une audience de déférence et de remerciements. Et, dans cet ordre d'idées, il m'arriva alors un incident personnel assez bizarre. A l'occasion de cette manifestation internationale, l'Empereur d'Autriche était également l'hôte de Napoléon III. Un sentiment de convenance bien naturel de ma part, puisque j'avais servi directement son frère Maximilien, m'inspira la pensée de demander à lui être présenté.

Je m'adressai dans ce but à un officier d'ordonnance de l'Empereur des Français, attaché à la personne du Souverain autrichien. Cet officier considéra que j'avais raison de tenter cette démarche de haute déférence à laquelle François-Joseph serait certainement sensible, et il ajouta malencontreusement que Sa Majesté me conférerait assurément une croix autrichienne. Cette conséquence probable de ma visite ainsi escomptée d'avance me produisit l'effet d'une douche d'eau glacée. Je compris, en effet, qu'on pourrait penser que la faveur d'une décoration serait l'unique considération ayant déterminé de ma part une démarche qui n'était pourtant que respectueuse et sympathique. Dans ces conditions, qui me déplaisaient fort, bien que j'eusse été très fier de porter une croix d'Autriche qui ne provînt pas d'une intrigue quelconque, je déclarai à mon camarade de la cour que si on pouvait interpréter ainsi ma démarche, j'y renonçais absolument et je me retirai.

Du reste, on semblait un peu partout, en France, surtout dans les sphères gouvernementales, disposé à dégager les esprits de la pensée, du souvenir même, de l'entreprise mexicaine, à faire le vide autour de cette affaire qui n'avait abouti à la satisfaction de personne, d'autant que les rares échos qui arrivaient du Mexique n'étaient pas précisément rassurants ni de nature à calmer l'opinion.

ÉPILOGUE

Evénements au Mexique après le départ des Français. — Maximilien entame la lutte. — Succès et défaite. — Maximilien à Queretaro. — Fautes stratégiques. — Rôle de Marquez. — Défense de Queretaro. — Projet de sortie. — Faux déserteur. — Rôle de Lopez. — Sa trahison. — Maximilien capitule. — Intrigues de Lopez. — Genèse de la trahison. — Fin du traitre. — Rôle de Juarez. — Sentences barbares. — Evénements de Puebla et de Mexico. — Maximilien au conseil de guerre. — Irrégularité du conseil. — Sentence inutile. — Mentalité et procédés de Juarez. — Cruautés superflues. — Derniers jours des condamnés. — Exécution.

L'odyssée de l'Intervention française était achevée, mais non à la satisfaction rêvée. Elle n'avait pas résolu la question mexicaine. Aussi, en France, fit-on, à son égard, la conspiration du silence.

Les acteurs du long drame, dont ils avaient quitté le théâtre avant le dernier acte, reportaient encore leurs pensées inquiètes vers ce Mexique où le dénouement se déroulait dans l'inconnu, lorsque retentit en France cette nouvelle sinistre : « Maximilien a été fusillé ! »

Cette fin tragique impose le devoir, si douloureux qu'il soit, de relater les événements qui ont suivi notre départ du Mexique et déterminé ce coup de foudre d'une inexorable destinée.

C'est en condensant, en groupant les nouvelles très rares que nous reçûmes avant de quitter la terre mexicaine et celles qui parvinrent en France pendant notre longue traversée, que je puis établir le résumé des événements qui se sont succédés au Mexique depuis le départ du maréchal Bazaine de Mexico.

Dès que le dernier soldat français eut quitté la capitale, l'Empereur Maximilien poussa, paraît-il (?), un soupir de soulagement en se voyant débarrassé de notre tutelle qui était le seul soutien de son trône et en recouvrant une liberté d'action qui allait être sa perte.

Il se prépara à entrer en campagne pour conquérir à nouveau son Empire. Héroïque folie ! Folie, parce qu'il se bornait à supputer le nombre des soldats dont disposaient ses généraux et les millions dont les cléricaux et les évêques avaient assuré l'existence. Mais les millions étaient volages dans ce pays, et les ressources militaires allaient fatalement se dissoudre sous l'influence de la lâcheté, des défections, des rivalités des chefs, et enfin sous les coups plus terribles de la trahison. Déjà, son lieutenant Miramon s'était lancé en avant avec une forte partie de l'armée dont il disposait. Ce bouillant Achille obtint, dès le début, un léger succès qui, bien que relatif, donna de l'espoir à tout le monde, d'autant qu'il lui permit de rentrer à Zacatecas où était Juarez. Mais ce sourire de la fortune fut passager. Le 8 février, alors que le maréchal Bazaine venait de sortir de Mexico, Miramon était complètement défait pas Escobedo ; sa colonne dispersée, et il dut battre en retraite sur Queretaro où il s'efforça de réorganiser ce qui lui restait de troupes.

En apprenant ce désastre, qui était un avertissement, Maximilien n'en comprit même pas la portée. Il résolut d'aller à son secours et de prendre la direction des opérations. C'était une faute, car il eût dû rester dans sa capitale, le point d'appui de la campagne et le réduit de la défense. Il ordonna à ses généraux, dispersés dans les provinces voisines, de se diriger sur Queretaro avec leurs troupes. Il se mit en route le 13 février, alors que le Maréchal était à peine à Orizaba, et il marcha sur Queretaro, emmenant le général Marquez comme chef d'état-major. C'était encore une faute, car il emportait un serpent qu'il réchauffait dans son sein. C'était son habitude !

Le 19 février, l'Empereur entrait à Queretaro, où presque

toutes ses forces étaient réunies. D'autre part, les troupes de Juarez s'avançaient en deux colonnes, encore très éloignées l'une de l'autre, chacune d'elles étant inférieure à la petite armée impériale. Dans ces conditions, le problème stratégique à résoudre était simple et la solution commandait de marcher contre une des colonnes, la plus rapprochée et la plus faible, de la battre, puis de se porter rapidement contre l'autre, et, avec le prestige d'un premier succès, de la battre à son tour. Miramon conseilla l'opération, mais Marquez s'y opposa. Le serpent commençait son œuvre.

Les troupes impériales restèrent inertes, les deux colonnes républicaines purent faire leur jonction autour de Queretaro et, le 5 mars, investir la place. L'Empereur était emmuré avec son armée. Mais, fait étrange, Marquez ne le fut pas longtemps ! Mystère et trahison au premier degré ! Ce général, comme chef d'état-major de la petite armée, prit une part active aux événements qui suivirent l'investissement, mais, quelques jours après, Marquez sut démontrer au naïf et inconscient Maximilien que, pour dégager la place, il importait, à tout prix, qu'une partie des troupes restées à Mexico vinssent attaquer à revers la ligne d'investissement des Libéraux. Il s'offrit de se dévouer (?) pour aller chercher et organiser cette colonne de secours, et de conduire lui-même l'opération. Maximilien laissa partir Marquez, qui emmena presque toute sa cavalerie, à l'exception du régiment du colonel Lopez. Traversant, sans difficultés, les lignes juaristes, il gagna Mexico où il s'établit en dictateur, mais il ne rejoignit jamais l'Empereur et n'envoya pas les secours.

On ne m'ôtera jamais de l'idée qu'il existait entre ce madré, cet astucieux Marquez et le gouvernement de Juarez quelqu'entente cordiale qui eut pour effet d'empêcher Miramon d'aller battre les deux colonnes juaristes et, en échange de ce bon procédé, de permettre au général Marquez d'abandonner tranquillement l'Empereur qu'il avait mis dans une fâcheuse position et de gagner Mexico où il resterait spectateur platonique et indemne des événements qui allaient fatalement se produire.

Cependant, la petite armée impériale, une dizaine de mille hommes et une cinquantaine de canons, résista énergiquement aux forces républicaines trois fois supérieures et fortement approvisionnées, dont le nombre augmentait chaque jour. Celles-ci tentèrent plusieurs attaques de vive force qui furent repoussées, parfois même avec des pertes importantes.

Maximilien, bien conseillé, voulut adopter la tactique des contre-attaques, mais celles-ci ne purent être exécutées pour des causes diverses qu'on ne put jamais expliquer et encore moins justifier. Pourtant, l'Empereur avait quelques braves gens parmi ses généraux; mais, si l'ennemi extérieur était vigoureusement tenu en échec, il en apparaissait un autre, à l'intérieur, qui devenait menaçant. C'était l'ennemi classique des assiégés, la faim. Les vivres, en effet, commençaient à manquer. Alors, à l'instar des loups affamés qui sortent des bois pour manger, et ne voyant pas arriver Marquez avec ses secours, on se décida à faire des sorties vigoureuses qui coûtèrent fort cher aux Juaristes; ce qui donna l'assurance que si Marquez avait fait son devoir, ceux-ci auraient pu être repoussés. Ils avaient du reste reçu plusieurs fois de Juarez l'invitation d'abandonner la place et de se retirer. Le 27 avril, l'armée impériale fit un bel effort qui faillit délivrer complètement Queretaro, car l'ennemi fut complètement battu et chassé de ses positions les plus avancées, perdant une vingtaine de canons et de nombreux prisonniers. Maximilien lui-même avait prodigué sa personne sur le champ de bataille. Mais, hélas ! Ce fut le chant du cygne ! La trahison, cette arme lâche, allait venir au secours des impuissants soldats de Juarez.

Dès le commencement du mois de mai, les privations, les souffrances, la perte de tout espoir de secours commençaient à démoraliser, à décourager les soldats, fidèles jusqu'alors à la cause de leur Empereur. Maximilien résolut de tenter un suprême et dernier effort dans une sortie décisive pour briser le cercle de fer qui l'étreignait. Après avoir appelé en conseil de guerre ses généraux, ses chefs de corps y compris son « fidèle Lopez » (?), il fut décidé que le 15, au point du jour, on ferait une sortie générale pour traverser l'ennemi et marcher sur Mexico. Toutes les mesures de détail étaient arrêtées. Une colonne spéciale, d'élite et vigoureusement constituée, sous le commandement de l'intrépide général Mendez, devait former la garde particulière de l'Empereur pour lui permettre de passer au travers de l'ennemi. Le 14, au soir, toutes les troupes étaient prêtes.

Que se passa-t-il à Queretaro pendant cette nuit où des milliers de braves gens se recueillaient dans la veillée des armes ? Un misérable, rampant dans l'ombre, grâce au rôle important que lui procurait la confiance impériale et celle de tout le monde dans l'armée, grâce à un commandement qui lui ouvrait les portes les plus closes, paralysait les consignes les plus sévères. Ce traître, ce parjure, se rendait, à la nuit close, à un des avant-postes où ses propres soldats avaient le devoir d'arrêter tout émissaire de l'ennemi. Il prenait la main d'un officier d'Escobedo qui se présentait comme désertant son drapeau et annonçait que, le lendemain matin, les troupes républicaines lèveraient le siège, épuisées par les pertes qu'elles avaient subies. L'officier de l'armée impériale faisait entrer cet étranger dans la place, l'amenait auprès de l'Empereur pour faire lui-même sa déclaration. Maximilien, avec une inconscience incroyable et toujours inspiré par les illusions les plus irréfléchies, eut confiance dans un déserteur qui aurait dû tout au moins être suspect, et décida d'ajourner l'attaque préparée. Quelle aberration ! En somme, une telle détermination de la part de l'ennemi était une preuve de sa faiblesse et commandait, au contraire, de profiter de cette révélation pour l'attaquer à fond et précipiter son mouvement de retraite, le transformer même en déroute. La fatalité s'attachait à ce malheureux Prince et lui donnait le coup de grâce par le bras de l'homme en qui il avait mis toute sa confiance, le colonel Miguel Lopez; car c'était lui, le misérable !

Après cette démarche, qui allait faire rester au repos les troupes de la garnison, Lopez retourna dans le secteur confié à sa garde. Que fit-il pendant la nuit ? Il avisa ses avant-postes que des troupes de Juarez se prononçaient en faveur de Maximilien et qu'il avait l'ordre de l'Empereur de les faire entrer dans la place avant que les troupes libérales pussent s'opposer à leur pronunciamiento. Ce détachement pénétra dans le quartier de la Cruz, dont Lopez avait la garde et où résidait l'Empereur, dans le couvent de la Cruz. Puis, par la porte entr'ouverte, d'autres troupes passèrent, se précipitant dans le quartier et faisant prisonnier tout ce qu'elles rencontraient, notamment les officiers qui accouraient isolément pour se rendre compte de ce qui se passait. Et Lopez dirigeait, disposait l'occupation de cette partie de la ville, celle même où reposait Maximilien, confiant sa personne à sa garde. La garnison surprise, affolée, s'efforçait de se grouper, de s'armer, des luttes partielles s'engageaient, mais le flot des assaillants avait déjà tout envahi et les cloisons étanches cédaient partout devant lui.

Le crime était consommé : l'Empire, l'Empereur, les plus nobles dévouements, les plus pures fidélités, s'effondraient terrassés; tout croulait sous les coups criminels de l'infamie la plus abjecte qui puisse souiller un homme.

Les scènes les plus émouvantes, les plus tragiques, se déroulaient de tous côtés dans la grande ville. Les récits en furent rapportés en France par les nombreux Français, débris des bataillons de cazadores, dont l'inaltérable fidélité, la vaillance dans la mêlée désespérée, honora grandement notre race. Partout répartis, au moment où sombrait le vaisseau, voyant tout perdu, ils accoururent spontanément, isolément, au point de ralliement, au drapeau, à l'Empereur; ils l'entourèrent et s'offrirent pour lui faire un rempart de leurs corps, avec quelques chefs mexicains qui l'avaient entraîné hors des atteintes de la soldatesque juariste dont Lopez avait entouré le couvent où il reposait, afin qu'il ne put échapper; car, sans doute, il avait vendu sa personne vivante! Ils étaient plus de 50 Français devenus officiers mexicains impériaux; avec eux se trouvaient bon nombre de fidèles dévoués, courageux et prêts au sacrifice, groupés autour du Souverain et, parmi eux, encore des Européens, des officiers autrichiens et autres, attachés à l'Empereur.

Les Mexicains aussi firent les plus nobles efforts pour rallier leurs troupes et les épisodes les plus sanglants se produisirent partout. Maximilien se trouva enfin conduit au Cerro de Las Campanas, où il était accompagné de plusieurs officiers généraux et d'un régiment de cavalerie; il y fut rejoint par celui des dragons de l'Impératrice, celui du colonel Lopez, mais son chef n'était pas à sa tête. Maximilien pouvait encore, peut-être, sauver sa personne du naufrage; mais il ne put se résoudre à abandonner ainsi tous les braves gens qui lui étaient restés fidèles jusqu'au bout, peut-être jusqu'à la mort qui les attendait, surtout les officiers qui allaient être les victimes des rigueurs farouches des Libéraux. Il ordonna de parlementer et d'offrir de capituler selon les conditions de l'ennemi. Mais celui-ci refusa toute condition, et l'Empereur se rendit à discrétion. L'œuvre de Lopez était terminée.

Le dénouement de ce triste drame de la fin de l'Empire mexicain a inspiré depuis bien des réflexions, bien des sévérités. Quatre personnes ont joué des rôles prépondérants dans cette affaire, avant, pendant et après. Le plus vilain personnage est d'abord le colonel Lopez, dont l'infamie ne peut être mise en doute ni discutée, bien que le gouvernement mexicain, plusieurs années après, sentant toujours la tache qui pesait sur le parti libéral, et voulant rendre plus honorable pour les armes républicaines d'alors la prise de Queretaro, ait essayé, par des publications tendancieuses, de démontrer que Lopez n'avait pas trahi, mais qu'il n'avait été que l'agent de négociations entamées par Maximilien avec le général commandant l'armée libérale. Toutes ces vagues considérations, ces arguties tortueuses ne tiennent pas debout devant les faits vus et connus par des centaines de témoins qui, par la parole et la plume, ont affirmé, prouvé, la trahison et fait connaître même les phases de cette infamie et les suites qui en affirmèrent encore la triste réalité.

Voici, d'après les déclarations écrites ou verbales que j'ai pu recueillir plus ou moins longtemps après les événements, les indications les plus indéniables, l'historique sommaire de l'acte de ce Judas moderne qui vendit son maître, non pas pour trente deniers, mais pour cent mille piastres. Il donna même à son maître le baiser traditionnel; car, en le rencontrant au moment où il s'éloignait du couvent où il se trouvait, il lui cria : « Sire, je cours chercher et réunir mes hommes, afin de tâcher de vous sauver. » Quel impudent cynisme ! S'il ne se pendit pas par repentir, on est heureux de constater, à l'honneur des Mexicains, que la conscience publique le pendit moralement.

Le colonel Lopez, comme les rats d'un navire sentant le naufrage approcher, chercha à monter dans une autre barque pour sauver sa vie, s'il tombait aux mains des Libéraux qui avaient certaines peccadilles à lui reprocher, et enfin pour s'assurer, dans l'avenir, une existence, matérielle tout au moins, à l'abri du besoin, voire même confortable, si possible. Il entra en relations mystérieuses avec le général commandant l'armée assiégeante; celui-ci confia le soin de suivre les négociations au colonel Pedro Rincon Gaillardo qui, par un singulier hasard, était le propriétaire du palais donné par Maximilien en dot à la maréchale Bazaine et avait été, pendant quatre années, le quartier général du chef de l'Intervention française. Ce personnage, en apparence secondaire dans l'affaire, était un grand seigneur de vieille souche espagnole. Escobedo, comprenant bien que, pour se rendre maître de Queretaro qu'il ne pouvait prendre par la force, de l'Empereur ainsi que de tous les officiers étrangers et mexicains fidèles au régime impérial, il importait de ne pas mesurer le sacrifice, ouvrit largement un crédit de deux cent mille piastres à son négociateur. Quelle fut exactement la forte somme promise au traître ? On ne put le savoir exactement. Mes meilleures informations la fixent à cent mille piastres.

Les négociations durèrent assez longtemps; d'autant qu'il fallait s'entendre minutieusement sur les moyens et dispositions nécessaires pour pouvoir faire entrer les troupes ennemies dans la place, sans résistance. Le colonel Lopez, commandant un secteur de la défense, dont la situation était assez excentrique, pouvait aisément, et sans éveiller aucun soupçon, conférer, en avant de ses avant-postes, avec le négociateur d'Escobedo. L'exécution du complot était fixée pour la fin de la nuit du 15 mai. Toutefois, par un concours bizarre du destin, cette même fin de nuit coïncidait avec la grande tentative de sortie qu'avait décidée Maximilien. Le coup allait rater. Alors Lopez, avec une audace extraordinaire que stimulaient les cent mille piastres en perspective, imagina l'histoire de l'officier déserteur qu'il conduisit à l'Empereur pour lui annoncer la levée du siège pour le lendemain et décider Maximilien à contremander la prise d'armes malencontreuse. Cette manœuvre, bien que grossière, réussit avec le malheureux Prince; elle eut échoué avec un chef d'armée avisé. Bazaine se serait méfié, Pélissier aurait fait arrêter le déserteur et celui qui l'amenait et aurait enfin avancé l'heure de son attaque.

Un incident singulier se produisit au moment où l'Empereur et quelques officiers sortaient du couvent de la Cruz. Les sentinelles ennemies, qui déjà entouraient le couvent, s'opposèrent par la force à sa sortie. Mais, par un étrange hasard, se trouvait là le colonel Pedro Rincon; celui-ci, fort galamment, en parfait gentleman qu'il était, ordonna à ses hommes de laisser passer. Noble action si elle était sincère et sans arrière-pensée. On a même depuis, au Mexique et aux États-Unis, exploité ce geste pour glorifier le noble caractère du colonel. Soit, j'admets la noblesse de l'acte; le coup qu'il avait préparé ayant réussi, il savait que l'Empereur ne pourrait plus échapper, et il avait intérêt à éviter qu'un soldat maladroit ne le tuât. Il est absolument extraordinaire que ce soit cet officier lui-même qui se trouvât là, si peu de temps après l'irruption de ses soldats dans la ville. Il est évident qu'il avait dirigé, avec le colonel Lopez son compère, le coup de la trahison et le drame qui en était la suite.

Enfin, un fait matériel impose à lui seul la certitude de l'entente entre Lopez et l'ennemi. Le voici : Après que la prise de possession de Queretaro, sans attaque, sans assaut, eut été accomplie, que toutes les troupes impériales eussent été emmenées au dehors, l'Empereur et tous les officiers de son armée qui ne purent s'échapper, comme quelques-uns seulement y réussirent, tous, au nombre de 600 environ, furent enfermés dans le couvent de la Cruz et sévèrement gardés. Un seul manquait et c'était celui qui aurait dû accourir auprès de l'Empereur puisqu'il commandait le premier régiment de sa Garde : c'était le colonel Lopez. Mais on ne le revit plus; il était resté avec l'ennemi, peut-être attendant la rémunération de sa belle action (?). J'ai tout lieu de croire qu'il n'y parvint jamais, malgré ses démarches assez justifiées du reste. Il paraît qu'il devint, pour cette raison, importun, et que le gouvernement de Juarez, ne voulant pas laisser soupçonner le procédé employé pour vaincre sans péril et triompher sans gloire, se résolut à classer cette affaire de règlement de compte. Lopez en fut pour la perte de l'honneur et de l'argent. Que devint la forte somme ? On ne l'a pas su, je crois; mais ce que l'on a bien su, c'est que Miguel Lopez, repoussé de partout, ayant perdu ses grades, fut réduit à courir l'aventure et tomba dans la misère. Quand il put revenir à Mexico, il se présenta à son foyer domestique, où il avait laissé sa femme et son enfant. Mais il trouva là le châtiment du ciel. La belle Concha Lopez, au vieux sang andalou, au cœur ardent et fier, révoltée par l'infamie de son époux, le repoussa dehors avec un écrasant mépris et lui rendit son enfant, craignant qu'il fût un jour l'image de son père. Plus tard, on vit dans les rues de Mexico, un homme humble et miséreux qui conduisait, au matin, de par la ville, un troupeau de vaches dont il vendait le lait aux habitants : c'était Miguel Lopez !! Grandeur et décadence ! Ces détails suggestifs m'ont été personnellement confirmés, des années plus tard, alors qu'en 1871, j'étais, avec ma division de l'armée de Versailles, cantonné à Ville-d'Avray, après les événements de la Commune, par M. D..., un Anglais bien apparenté. Gros banquier à Mexico, où j'avais eu avec lui les meilleures relations, il était revenu en Europe. Il vint me visiter et me conta cette fin d'histoire de la trahison dont il avait été presque le témoin à Mexico. Sa qualité d'étranger lui assurait des relations aussi bien avec Juarez qu'elle lui en avait procuré avec nous et avec l'Empire. La trahison de Lopez est donc un fait indéniable.

Quant au deuxième grand rôle du drame, celui qui incombait au général Escobedo, il fut assez correct et tenu même avec une certaine dignité, car ce général en chef de l'armée assiégeante évita de tremper ses mains dans les pourpalers préparatoires de la trahison, en confiant ces négociations à un intermédiaire. Je démontrerai qu'il montra même quelque grandeur d'âme dans une circonstance tragique qui suivit l'occupation de Queretaro.

Enfin, le Président de la République mexicaine s'adjugea le quatrième grand rôle par une intervention peu digne d'un chef d'Etat qui a des prétentions aux mœurs modernes et à la civilisation. Aussitôt que le Président Don Benito Juarez apprit, non pas la prise de Queretaro, mais la livraison commerciale de cette ville, en même temps la capture traîtresse de l'Empereur Maximilien et de tous les officiers de la garnison, ce vieil Indien, ravivé par quelque instinct primitif de ses ancêtres Peaux-Rouges, envoya aussitôt l'ordre, non pas de scalper ses ennemis, mais de fusiller, sur-le-champ, l'Empereur avec tous les étrangers, officiers ou non, et tous les officiers mexicains jusqu'au grade de capitaine inclus.

Une bagatelle de 400 personnes dont une soixantaine d'officiers français. Quelle boucherie ! quel carnage ! pour assouvir la vengeance lâche de ce lettré non combattant, aigri par les cinq années d'exil vagabond qu'il venait de subir, fuyant de désert en désert pour conserver un lambeau nominal de pouvoir et surtout l'intégralité de sa liste civile. A ce ressentiment devenu chronique, il ajoutait l'exaspération, toute chaude encore, causée par la frayeur intense que lui avait inspirée la chasse que, récemment à Zacatecas, venait de lui appliquer son ennemi intime le général Miramon. Aussi, dans son transport de joie sauvage, il voulut tout massacrer et ordonna la mort par supplice de 400 personnes. Ce qui est encore plus grave qu'un acte d'ignoble cruauté résolu de sang-froid, c'est qu'il n'avait pas le droit de le commettre sous le manteau de la légalité. En principe, en droit constitutionnel absolu, il n'était plus président de rien du tout, mais bien au contraire, un usurpateur qui avait conservé un pouvoir expiré, revenant de droit, d'après la constitution, au président de la cour suprême qui l'avait même revendiqué et avait été repoussé par le tenace Juarez, président sortant et même sorti selon la loi.

La lugubre sentence fut notifiée aux malheureuse victimes de cette sauvagerie qui, pendant plusieurs jours, durent se préparer à la mort qui pouvait apparaître à chaque instant. Heureusement, le général Escobedo, avec son cœur de soldat, comprit l'infamie que commettait son maître et ne put se résoudre à appliquer sur l'heure une sentence barbare, prononcée illégalement et surtout *ab irato*.

Il considéra que si ces officiers, combattant en belligérants pour une cause légale, avaient été pris les armes à la main, à la suite d'une assaut glorieux pour le vainqueur, cette cruauté d'un autre âge, aurait pu invoquer des circonstances atténuantes. Mais faire égorger des victimes vendues à prix d'or, livrées par un traître pendant leur sommeil, ne serait plus qu'un lâche et honteux assassinat. Inspiré par ces sentiments, le général Escobedo, comme chef de l'armée à qui cette façon de vaincre ne pouvait procurer aucune gloire, ne put se résoudre à se faire l'exécuteur de telles œuvres, à souiller ainsi sa conquête et à soulever l'indignation et le dégoût de la nation mexicaine elle-même. Il envoya un message au soi-disant président pour le supplier de revenir sur sa décision et d'adoucir les procédés. Grâce à cette intervention qui honore le général Escobedo, le crime ne fut pas commis. Tous les captifs furent condamnés sans jugement, sur la simple décision de M. Juarez, à deux années de *travaux forcés*, comme des criminels de droit commun. Quant à l'Empereur Maximilien, son sort était réservé; on lui préparait sans doute une mesure de faveur spéciale ! Mais, si l'inqualifiable président Juarez, cédant aux instances du général commandant ses troupes, consentit, à contre-cœur, à laisser la vie aux officiers d'origine française, anciens sous-officiers de notre armée, il leur infligea une existence plus dure que la mort. Ces malheureux furent emmenés par petits groupes dans des villes de l'intérieur où ils furent emprisonnés, les fers aux pieds, avec les bandits ordinaires du pays, et où on ne leur donnait ni solde ni nourriture. Ce furent les Français résidant dans les localités qui les assistèrent pendant des mois, jusqu'au jour où, Juarez n'étant plus président, le gouvernement qui succéda au sien, les mit tout simplement hors du Mexique, mais sans leur donner le moindre subside pour faire le voyage. Je m'abstiens charitablement de qualifier ces procédés, si peu charitables. Ils ont eux-mêmes leur éloquence !

Pendant que se succédaient à Queretaro les événements que je viens d'exposer et que la lugubre solution qui en était la conséquence se tramait dans l'ombre, que s'était-il passé sur les scènes de Mexico et de Puebla où le drapeau de l'Empire flottait encore ?

Marquez, arrivé à Mexico, ne resta pas inactif. Quel but poursuivait-il ? Ce qui est certain, c'est qu'il n'alla pas au secours de l'Empereur, comme il en avait reçu l'ordre et comme l'y poussaient chaudement les officiers autrichiens et français qui étaient restés avec les troupes, en particulier les colonels Kodolitch, Khévenhüller, Wickemburg, Chanot...; mais, sous le prétexte de couvrir la ligne de Puebla, comme le lui avait recommandé Maximilien, il alla lui-même au secours de cette place menacée par Porfirio Diaz. Il manœuvra énergiquement et avec habileté, mais il arriva trop tard. La forteresse fut en partie enlevée d'assaut par le général qui l'avait si vigoureusement défendue contre nous; le reste capitula. Marquez revint à Mexico malgré de grandes difficultés, car il avait commis une grosse faute en le quittant, et fut bientôt assiégé dans la capitale. Une défense vigoureuse fut soutenue, principalement par les troupes autrichiennes restantes et par quelques autres commandées par des Français. Plusieurs attaques de vive force furent repoussées. Mais enfin, le 19 mai, la nouvelle de la catastrophe de Queretaro et de la captivité de Maximilien étant parvenue secrètement au baron de Lago, ministre d'Autriche à Mexico, ce diplomate considéra, avec juste raison, que désormais toute action militaire de la part des troupes étrangères n'avait plus aucune raison d'être, et prescrivit à leurs chefs de refuser de combattre. Et le lendemain, les troupes autrichiennes signaient une capitulation particulière. La résistance n'était plus possible pour les troupes impériales; elle cessa, *ipso facto*, et l'armée juariste entra sans efforts dans la capitale.

L'Empire de Maximilien n'existait plus.

Nous ne connûmes en France ces événements extraordinaires que par nos camarades rentrant au pays qui apportèrent la lumière dans les ténèbres et la vérité dans le mensonge où le gouvernement mexicain entretenait le monde. Nous ne recevions, en effet, que des échos vagues d'où il ne ressortait guère que ce fait que Maximilien avait succombé dans la lutte et qu'il était prisonnier de Juarez, ce qui ne constituait qu'un événement politique important. Mais, à la fin de juin, retentit comme un éclat de la foudre dans un ciel pur, l'émouvante nouvelle : « Maximilien a été fusillé. »

Je dois avouer que lorsque j'appris cette affreuse réalité, je m'écriai : « Mon Dieu, les gens de Juarez ont mieux fait les choses que je m'y attendais de leur part, car je croyais bien qu'il serait pendu ! »

Ce fut dans le monde une stupeur presque incrédule, puis une explosion d'indignation et de dégoût. Et, avec anxiété, on attendit les détails. Ils vinrent enfin, pour faire éclater une universelle réprobation et prononcer un jugement sévère contre un tel acte, crime d'autant plus odieux qu'il était inutile, et ne devait avoir pour résultat que de rendre plus intéressante, plus sympathique la victime, martyr pour le monde civilisé, dont la mort fut une iniquité devant la justice et, dans l'histoire, une tache pour le gouvernement qui l'immola à la satisfaction de ses passions et de ses rancunes âpres à la vengeance.

Quant à la façon dont fut traité Maximilien, elle fut odieuse parce que la mort fut préméditée, décidée en principe et que le sentiment d'une vengeance sauvage fut le seul inspirateur de la conception d'un acte qui ne devenait plus qu'un meurtre. Il est impossible, en effet, de l'excuser par la raison d'Etat qui, à ce moment, n'existait plus, en fait ni en principe puisque Maximilien avait déjà remis son abdication et qu'en outre il offrit au gouvernement de Juarez, s'il le faisait conduire à un port d'embarquement quelconque, d'engager son honneur par déclaration écrite, à ne plus jamais remettre le pied au Mexique.

On a prétendu que le président Juarez, en voulant la mort de l'Empereur du Mexique, avait obéi à une suggestion étrangère qui, par un coup de théâtre sanglant et retentissant d'horreur à travers le monde, frapperait de terreur dans l'avenir tout prétendant à l'établissement d'une monarchie quelconque en Amérique et au Mexique en particulier. Cela est possible, vraisemblable même ; mais c'était au moins une prétention non fondée. Il était présomptueux de croire qu'on peut être maître de l'avenir ; c'est ignorer l'Histoire. Le drame dont Louis XVI fut la victime n'empêcha ni l'Empire ni la Restauration; la mort tragique, au Mexique même, de l'Empereur Iturbide, n'avait pas empêché l'Empire de Maximilien.

Si on est obligé de reconnaître la volonté formelle et arrêtée à l'avance de frapper la victime de la peine capitale, ce qui est misérable dans la conduite de Juarez et de ses conseillers, c'est qu'on n'a pas eu le courage d'agir spontanément en affectant d'user du droit absolu du plus fort que certains moralistes prétendent être le meilleur, et qu'on a voulu chercher une apparence de légalité dans l'intervention d'un conseil de guerre et d'un procès criminel, mené dans les formes les plus incorrectes et les plus illégales. En effet, le tribunal militaire qui fut appelé à juger l'Archiduc d'Autriche, Empereur du Mexique, reconnu tel par presque tous les Etats de la terre, sauf les Etats-Unis, fut illégal dans le fond, dans la forme, dans la composition, et irrégulier dans sa procédure. Ce procès fut un outrage à toutes les nations qui avaient reconnu le gouvernement de ce Prince. La procédure en elle-même fut en outre ridicule. On fit subir à l'accusé des interrogatoires; sur quoi? D'après sa demande, on eut l'ironie de lui désigner des défenseurs choisis dans le personnel entourant l'accusateur; pour plaider quoi? On l'accusa de quoi? D'avoir été Empereur du Mexique! Mais Maximilien était aussi légalement Empereur du Mexique que Juarez avait été Président de la République du Mexique, grâce à des pronunciamientos fomentés par lui et armés pour lui, prétendant tout simplement, grâce surtout aux coups de fusil qu'il fit tirer pour renverser son prédécesseur. Conformément aux usages adoptés depuis longtemps dans le pays, les mutations de chefs de l'Etat ne se faisaient guère que d'après la formule : « Ote-toi de là, que je m'y mette ! » Aussi on en trouvait partout, de ces vieilles lunes présidentielles éteintes. Je puis même ajouter que c'était une distinction honorifique bien portée.

Enfin l'irrégularité, la plus scandaleuse peut-être, fut caractérisée par le groupement impudent de six capitaines quelconques, désignés arbitrairement, sans aucune règle, pour composer le conseil, et présidés par un commandant choisi selon le bon plaisir de l'ordonnateur de la mise en jugement, je devrais dire de la mise en scène, car il se réunirent dans une salle de spectacle ! On n'a pas dit si le public fut invité à payer ses places. Et là, dans le cadre d'un décor du *Barbier de Séville* peut-être, les pontifes d'une justice invraisemblable, invoquant, de la façon la plus fantaisiste et la plus partiale, des articles de code appliqués faussement, osèrent prononcer la culpabilité des accusés et condamner à mort trois soldats sans peur : un chef d'Etat, commandant son armée et ses deux lieutenants, les généraux de division Mejia et Miramon, ce dernier ennemi personnel de Juarez et son prédécesseur à la présidence de la République. Le troisième lieutenant, général Mendez, était déjà fusillé et sans jugement !

Enfin, tout cet étalage d'irrégularités, de monstruosités juridiques était lui-même absolument illégal dans son essence, dans son principe, car il était établi, animé par un homme qui n'avait pas qualité pour le faire. Ce qui est plus grave encore, car l'illégalité commise était irréparable, c'est que les condamnations capitales furent prononcées et exécutées au nom d'un homme qui n'était plus le chef de l'Etat et qui, depuis deux années, en usurpait les fonctions, les droits, les pouvoirs ! Cette œuvre abominable ne fut ainsi qu'une monstrueuse, une macabre parodie de la justice. Elle fut un crime pour le soi-disant gouvernement de Juarez. Et si, depuis lors, des explications, des arguties tendancieuses se sont efforcé de justifier l'acte de Juarez, en créant d'imaginaires circonstances atténuantes, le sentiment d'une équité outragée, d'une humanité révoltée n'en maintient pas moins son droit d'accusation contre ce faux chef d'Etat, cet usurpateur des droits de haute justice, qui serait plutôt de basse justice. Le crime prémédité et préparé avec un acharnement barbare, apparaît uniquement dicté par la vengeance puisque la suppression du condamné était notoirement devenue inutile. Il était impossible, en effet, d'admettre qu'après le départ des Français, n'ayant plus les éléments de résistance indispensables, ayant formulé et signé son abdication et sa renonciation formelle à toute revendication future, Maximilien pût jamais jouer un rôle au Mexique. La phase maximilienne de la vie de ce pays était désormais terminée, la personne du Prince n'était plus à redouter. Dans ces conditions, on portait à ses partisans, désabusés déjà, un coup d'autant plus efficace, qu'on le renvoyait purement et simplement en Europe.

J'ajoute une autre considération qui doit faire ressortir davantage encore l'odieux de la mesure cruelle de Juarez. On n'ignorait pas que la santé de Maximilien était gravement compromise et que, s'il ne tombait pas sous les balles d'une fausse et scandaleuse justice, il serait terrassé, à bref délai, par cette dysenterie implacable inoculée par le poison absorbé à Cuernavaca. Les prodromes de cette lugubre solution se manifestaient déjà sous les yeux du tribunal suprême, puisque Maximilien ne put se rendre devant ses juges et que ceux-ci firent constater eux-mêmes cet état très grave de la santé de leur victime.

M. Benito Juarez, ex-président de la République mexicaine, eut donc le grand courage (?) de faire sciemment fusiller un moribond, de lui donner le coup de grâce !

Et pourtant ce ne fut pas tout.

La sentence de mort fut prononcée le 14 juin, et le gouvernement républicain, le soi-disant pouvoir exécutif, l'ex-président Juarez enfin, foulant aux pieds tous les principes de l'universelle justice, tous les droits des condamnés, même les plus criminels, transformèrent sans considérants, sans décrets, sans causes matérielles et après coup, le conseil de guerre, déjà illégal, en cour martiale; ils supprimèrent les droits d'appel et les délais que ces droits et cet appel comportent chez tous les peuples civilisés. Ils décidèrent que l'exécution aurait lieu quarante-huit heures après, le 16 juin. C'est le comble de l'infamie ! Le brave capitaine Casoni, sergent-major au 2ᵉ zouaves, capitaine de cazadores, qui était là-bas avec Maximilien, a bien raison de s'écrier dans son récit de ces abominations : « Mais non, ils l'ont assassiné. »

Je ne veux point raviver les émotions qu'éveillèrent en France les récits poignants faits par des plumes plus autorisées que la mienne, sur *les derniers jours d'un condamné*. Je dois plutôt dire de trois condamnés, car les trois victimes offertes en holocauste à ce qu'on appelle « la liberté des peuples », ont associé fraternellement dans leur foi chrétienne, leurs dernières préoccupations, unissant dans un même cœur brisé leurs sentiments de famille, leurs adieux aux êtres chers, leurs dernières consolations pieuses, emplissant enfin en commun la coupe d'amertume qu'ils allaient vider ensemble. Maximilien, Miramon, Mejia, après avoir épanché leurs dernières pensées terrestres dans le cœur de ceux qui les avaient servis, qui les avaient aimés, reçurent côte à côte la sainte communion et attendirent l'heure du martyre déjà trop lente pour eux, avec une sérénité qui n'était déjà plus de ce monde.

Mais, par un machiavélisme infâme, on jugea, dans le clan des bourreaux, que le supplice n'était pas assez cruel, que les souffrances morales qu'ils croyaient infliger à leurs victimes n'avaient pas assez duré. Ils reculèrent encore le moment où s'assouvirait leur vengeance. Juarez télégraphia de surseoir à l'exécution jusqu'au 19 juin. C'était prolonger la torture.

Les fidèles, des ennemis mêmes, ceux au cœur généreux et loyal, se reprirent à espérer et pensèrent que cet ajournement aboutirait à un acte de clémence désiré. Mais les condamnés restèrent insensibles à ces impressions et continuèrent à égrener le chapelet de leur martyre, à gravir les âpres gradins de leur calvaire. Maximilien ajouta aux manifestations d'un grand cœur, les démonstrations écrites de sentiments dont l'apparence d'outre-tombe donne le frisson.

L'heure fatale sonna enfin. Le 19 juin, à 7 heures du

matin, au sommet du mont « Campanas », trois hommes, noblement unis, calmes, fiers et dédaigneux, portant sur la poitrine l'image mutilée du Christ, tombèrent foudroyés sous une grêle de balles frappant au cœur.

L'infamie était perpétrée, la vengeance de Juarez était satisfaite. Mais l'Histoire restera indignée, marquant toujours d'un sceau de flétrissure ce Barbare d'un autre âge.

Un long frémissement de stupeur, d'horreur, parcourut tout le Mexique, qui, depuis lors, a vécu dans un silence recueilli pouvant seul faire oublier cette sombre page de son histoire. Il y réussira sans doute, grâce à la sage et prudente direction que lui donne depuis longtemps l'homme éminent et digne qui le gouverne actuellement et qui fut un des principaux artisans de la chute de l'Empire de Maximilien, mais ne trempa jamais dans les infamies de Queretaro. Je ne doute pas, connaissant l'élévation de son caractère, que si le général Porfirio Diaz avait tenu le rôle d'Escobedo, le crime de Queretaro ne se serait pas commis; il aurait mis en œuvre des procédés plus nobles pour vaincre, et n'aurait pas souillé sa victoire acquise en soldat, dans le sang de son ennemi vaincu. Aussi, lui seul pouvait-il dissiper les nuages qui, pendant longtemps, ont plané sur le Mexique.

Jusqu'à ce jour il a assuré l'indépendance nominale de son pays. Puisse-t-il la rendre invulnérable pour l'avenir. C'est le vœu, qu'en fermant le livre de mes souvenirs d'antan, j'adresse à ce merveilleux Mexique que j'ai tant admiré.

5 mai 1908.

Colonel CH. BLANCHOT.

Table des Matières du Troisième Volume

	Pages
CHAPITRE PREMIER	
Anarchie gouvernementale....................	1
CHAPITRE II	
Coup d'état de Juarez........................	21
CHAPITRE III	
Graves incidents.............................	53
CHAPITRE IV	
Rappel des troupes..........................	78
CHAPITRE V	
Campagne de calomnies......................	103
CHAPITRE VI	
Aggravation de la situation financière.........	119
CHAPITRE VII	
Réorganisation de l'armée mexicaine...........	129
CHAPITRE VIII	
Désorganisation de l'armée impériale..........	145
CHAPITRE IX	
L'Empereur Maximilien veut abdiquer..........	163
CHAPITRE X	
Désorganisation des légions belge et autrichienne....	203
CHAPITRE XI	
Etat de siège dans l'empire...................	224

	Pages
CHAPITRE XII	
Opinions contradictoires des chefs militaires........	237
CHAPITRE XIII	
Maximilien veut abdiquer.........................	253
CHAPITRE XIV	
Maximilien revient sur sa décision................	287
CHAPITRE XV	
Les derniers jours d'un empire....................	311
CHAPITRE XVI	
Fin de l'intervention française....................	336
CHAPITRE XVII	
Le Maréchal confond ses accusateurs..............	347
CHAPITRE XVIII	
Rupture entre le gouvernement mexicain et l'intervention française.............................	393
CHAPITRE XIX	
Retraite de l'armée française.....................	413
CHAPITRE XX	
Derniers efforts de Bazaine pour sauver Maximilien..	435
CHAPITRE XXI	
Retour en France. — De Mexico à Vera-Cruz........	453
CHAPITRE XXII	
De Vera-Cruz à Toulon.........................	477
CHAPITRE XXIII	
Arrivée en France...............................	485
EPILOGUE	499

Imp. M Bousrez, Poitiers.

www.ingramcontent.com/pod-product-compliance
Lightning Source LLC
Chambersburg PA
CBHW051400230426
43669CB00011B/1709